是有关各学科未来的学术带头人。他们的博士学位论文有
在出版之后，已在国内外的同行学者中受到了关注，产生
的影响。但因种种原因，学术著作的出版甚难，尤其是中
者的学术著作出版更难。因此还有相当多的博士学位论文
时发表。不及时解决这一难题，不仅对中青年学者的成长
且对弘扬中华优秀传统文化，促进学术交流也不利。我们
解决此一难题久矣，始终均以各种原因未能如愿。直到
，经与香港圆玄学院商议，喜得该院慨然允诺捐资赞助
儒道释博士论文丛书》，当年即出版了第一批共5本博士
文。此后的10余年间，在圆玄学院的鼎力支持及丛书编
仁的共同努力下，一批又一批优秀的博士学位论文通过这
展现在世人面前，到2013年，已出版了15批共130部；
著的作者，有很多已经成长为教授、博士生导师。2014
玄学院因自身经济方面的原因，停止资助本丛书，我们深
，同时也对该院过往的付出与支持致以敬意和感谢！
人欣慰的是，当陈耀庭教授得知本丛书陷入困境的消息
与上海城隍庙商议，上海城隍庙决定慷慨施以援手。2015
氏文教基金有限公司董事长王联章先生也发心资助本丛
术薪火代代相传，施善之士前赴后继。在党中央弘扬中华
秀传统文化的英明决策指引下，本丛书必然会越办越好，
的深远影响。
丛书面向全国（包括港澳台地区）征稿。凡是以研究儒、
译为内容的博士学位论文，皆属本丛书的出版范围，均可向
书的编委会提出出版申请。
本丛书的编委会是由各有关专家组成，负责审定申请者的博

刘陶 著

儒道释博士论文丛书

宋代道教炼度研究

巴蜀书社

# 《儒道释博士论文丛书》总序

国家"985工程"四川大学…

社会研究创新基地首…

《儒道释博士论文…

编委会主编　卿…

儒道释是中华民族传统文化的三大…富，影响深远，它对中华民族的共同心…力的形成与发展，均起了极其重要的作…一切困难、经过无数险阻、始终立于不…天仍然显示着它的强大生命力，并在新…烂的光彩。

自从1978年中国共产党第十一届三…线以来，我国对儒道释传统文化的研究…展，在全国各地设立了许多博士点，使年…作走上了有计划有组织地进行的轨道，一…正在茁壮成长，他们是我国传统文化研究…

力量，…一部分…了很好…青年学…难以及…不利，…有志于…1999年…出版《…学位论…委会同…个平台…这些论…年，圆…感遗憾…令…后，即…年，熟…书。学…民族优…产生…道、…本丛…

士学位论文的入选工作。我们掌握的入选条件是：（1）对有关学科带前沿性的重大问题做出创造性研究的；（2）在前人研究的基础上有新的重大突破、得出新的科学结论从而推动了本学科向前发展的；（3）开拓了新的研究领域、对学科建设具有较大贡献的。凡具备其中的任何一条，均可入选。但我们对入选论文还有一个最基本的共同要求，这就是文章观点的取得和论证，都须有科学的依据，应在充分占有第一手原始资料的基础上进行，并详细注明这些资料的来源和出处，做到持之有故、言之成理，避免夸夸其谈、华而不实。我们提出这个最基本的共同要求，其目的乃是期望通过本丛书的出版工作，在年轻学者中倡导一种实事求是地、一步一个脚印地进行学术研究的严谨学风。

由于编委会学识水平有限和经验与人力的不足，难免会有这样或那样的失误，恳切希望能够得到全国各有关博士点和博士导师以及博士研究生们的大力支持和帮助，对我们的工作提出批评和建议，加强联系和合作，给我们推荐和投寄好的书稿，让我们一道为搞好《儒道释博士论文丛书》的出版工作、为繁荣祖国的学术文化事业而共同努力。

2015 年 10 月 1 日于四川大学宗教、哲学

与社会研究创新基地，道教与宗教文化研究所

编委会按：2017 年，慈氏文教基金有限公司因自身原因中止资助，其资助金额由北京东岳庙管委会慷慨承担，谨此致谢。

# 目　录

# 绪　论

## 一　研究对象与研究意义

宋代是道教发展史上的一个特殊时期，这一时期出现了许多新道法、新道派，"法"与"派"的关系表现为"派因法而兴，法因派而显"。① 在此背景之下，道教斋科的增衍与变化成为宋代道教科仪发展的必然趋势，炼度仪即是这一趋势下的产物。从整体上讲，宋代道教科仪呈现出"即仪即法"的特点。仪，即宗教仪式；法，指这些仪式所蕴含之内法。宋代科仪外仪与内法并举，尤重内法在仪式中的作用，对行仪主体的内功修为提出了极高的要求。"炼度"仪就是这样一种即仪即法、修度结合的宗

---

① 道教的分派标准在宋前与宋后呈现出两种不同的趋向。丁培仁先生用"经教"一词概括了南北朝至北宋间的分派标准，即以经书系统作为道派划分的依据。两宋之际，道教的分派标准逐渐演变为"以法为派"，陈文龙先生注意到明正统《道藏》中有相当一部分宋元道经皆以"法"来命名，这批以"法"命名的"经典背后几乎都有一个新的道派"。参见丁培仁：《元前道派研究》，成都：四川人民出版社，2014 年，第 52 页。陈文龙：《"法"与宋元道教的变革——评〈道教天心正法研究〉》，《世界宗教研究》2012 年第 4 期，第 180 页。

教仪式。该仪式形成于北宋末，盛行于南宋，历经元、明、清延续至今，主张"以我之阳炼彼之阴，以我之全炼彼之缺"①，即道教法师内运身中阴阳二炁为亡魂炼聚灵识、度其超升。需要指出的是，炼度仪本有生亡两度之功能，只因在实践中多用于度亡，故而宋元及后世道书大多将其归入度亡科仪。

宋代道教炼度品目繁多、仪节繁冗，诸家所述内法亦不尽相同。炼度者的身份也有教内、教外之别，除道教法师（炼师）外，某些文人亦参与其中。② 以救度对象划分，宋代炼度仪可分为"生身受度"（度生）与"死魂受炼"（度亡）两大类。"生身受度"仪上承唐末九幽斋，下启元明预修黄箓斋，在道教预修斋科的发展历程中具有承上启下的作用。"死魂受炼"的情况则比较复杂，广义的度亡类炼度仪，通常包括破狱、摄召、天医全形、沐浴荡秽、水火炼、宣戒授箓、超度等诸多仪节，各仪节之间存在一种顺时性的逻辑关联。③ 而狭义的炼度仪则仅指"水火炼度"。本书的研究对象为"生身受度"仪和广义的度亡类炼度仪。

炼度仪的产生极大地丰富了道教度亡斋科和预修科仪，在道教仪式史上占据重要一席。目前关于宋代道教炼度仪的研究散见

---

① （宋）宁全真授，（元）林灵真编：《灵宝领教济度金书》卷三二〇，《道藏》，北京：文物出版社，上海：上海书店，天津：天津古籍出版社，1988 年，第 8 册，第 820 页。

② 祝逸雯：《郑思肖〈太极祭炼内法〉研究——在法师身中完成的济度仪式》，《汉学研究》2016 年第 34 卷第 4 期，第 37—40 页。

③ 通常情况下，法师先行破狱之法以拔魂出狱；次摄召众魂赴集坛场施予法食，以济其饥渴之念；次行沐浴之法，以为亡魂荡除阴秽；复以水火炼度行陶镕冶炼之法，为亡魂聚其精神、炼就纯阳；而后为其宣戒授箓，以示亡魂皈依大道；最后，发遣亡魂超升天界。诸仪节皆有相应的外仪与内法，尤以内法为重。

于某些道教科仪的综合性论著，或研究宋代新道法、新道派著作的部分章节中。迄今为止，尚未出现将宋代道教炼度仪作为一个整体进行专题讨论的研究著述。本书拟对该论题作一次尝试，通过爬梳道教经籍及相关文献，探究道门内部关于炼度仪的阐释，运用宏观与微观相结合的研究方法，勾勒出这类仪式在宋代发展演变之脉络，以便从整体上把握宋代道教炼度仪的类型、特点及其宗教功能，进而了解该类仪式对宋及宋后道教斋醮科仪所产生的影响。需要特别说明的是，炼度仪形成于北宋末年，本书题目虽设定为宋代，但文章考察的重点主要集中在北宋末至南宋这一时期。此外，就地域而言，与赵宋政权相峙的北方金、元治域下的太一道、真大道和全真道等新道派，因相关材料的缺乏，目前尚难以对这些道派的科仪活动作出合乎史实的推断与还原，故只得暂付阙如。

## 二　研究现状综述

学术界对炼度仪的研究由来已久，主要沿着炼度仪的历史与仪式个案两个方向展开。在研究方法上，中国学者注重经典文献的考证与解读，国外学者则重视文献与田野的结合，两种方法各有所长、互为补充。文献考证是宗教学研究的基础，有关炼度仪的文献研究主要涉及四个方面的内容：其一，探讨炼度仪形成的历史及仪式内容；其二，考察道教炼度观的演变；其三，揭示该仪式蕴含的生死观、救度观和忏罪意识等理念；其四，针对某一种炼度仪的个案研究。

1986 年柳存仁先生发表了《五代到南宋时的道教斋醮》一

文，他认为炼度仪当产生于北宋末，并提出"忏谢、破狱、炼度是道教超度亡灵的三部曲"。① 卿希泰先生主编的《中国道教史（第三卷）》指出北宋末年的神霄派道书《高上神霄玉清真王紫书大法》中始有炼度法的记载。② 陈耀庭先生考察了炼度仪形成的历史、仪式内容及其与施食仪的关系。他指出，在南宋时期，施食仪为炼度仪的一个节次，之后却逐渐发展成一种独立的且不包含水火交炼的施食科仪。③ 张泽洪先生对此持不同观点，他主张宋代道教炼度仪是在施食科仪的基础上发展而来，施食科仪的核心就是炼度。④ 刘仲宇先生在《道教科仪在近代的传承和演变》中指出，炼度仪是宋代灵宝斋科的重要内容之一，历经元、明、清，迄至近代，该仪式形成了诸多流派，并呈现出鲜明的地域特征。文中还简要介绍了几种当代道教仍在行用的济炼科仪，如江南正一派的"太乙炼""斗姥炼""太极灵宝济炼"以及全真派"铁罐炼""先天斛食济炼"等。⑤ 之后，刘先生在《道教法术》中对炼度仪的来源、仪程结构有较详细的论述，并将道教炼度与佛教焰口仪轨作了初步的比较。他认为佛教度亡仪式的着眼点为无形的精神，而道教基于性命双修的思想，其炼度

---

　　① 柳存仁：《五代至南宋时的道教斋醮》，初刊于《明报月刊》1986年第241、242期，收入氏著：《和风堂文集》，上海：上海古籍出版社，1991年，第753—780页。
　　② 卿希泰：《中国道教史》第三卷，成都：四川人民出版社，1996年，第794页。
　　③ 陈耀庭：《以生度死，以己度人——论炼度仪的形成及内容》，收入《道家思想文化——海峡两岸道家思想与道教文化研讨会论文集》，台北：宗教哲学出版社，1994年，第239—256页。并见氏著：《道教礼仪》，北京：宗教文化出版社，2003年，第103—115页。
　　④ 张泽洪：《道教礼仪学》，北京：宗教文化出版社，2012年，第175—179页。
　　⑤ 刘仲宇：《道教科仪在近代的传承和演变》，《宗教学研究》1996年第2期，第51—55页。

之目的则是令亡魂形神俱妙，往生天堂。① 此外，刘先生还就"太乙教蓬壶炼度科"展开个案研究，尝试通过对"蓬壶炼"的研究以弥补太乙道现存文献不足之憾。② 史孝君的《论炼度仪》对炼度仪的形成与发展、炼度仪的内容、炼度科仪所反映的思想、现代炼度仪及音乐和坛场设置作了介绍。③

除了对炼度仪形成的历史及仪式内容的考察，还有学者将目光投向道教炼度观的演变。谢世维、刘屹二位学者，分别从宗教学和历史学的角度探讨中古时期"炼度"观念与丧葬仪式。谢世维先生梳理了早期天师道、上清派的"太阴练形"以及灵宝派"炼度"观念的发展脉络，认为"炼度"观念是由六朝道教修仙思想转变出来的产物，反映出道教从重视个人修炼转向关注集体救度的过程。他同时指出，从六朝的"练形"与"炼度"到宋代的"炼度仪"，炼度的内涵与意义经过两度本质性的转变。④ 这意味着"炼度"一词的含义在宋前与宋后存在较大差别。刘屹先生考察了中古道教"炼度"观念的形成和"水火炼度"含义的演变，并就中古道教"炼度"说与尸解之道，以及从晋唐到宋明道教"炼度"思想与实践所发生的变化作了初步的回答。他认为，早期道教"炼度"之目的是使死者脱离幽狱，以其原有的身形升天重生，这种炼度观与尸解之道密切相关。而宋明炼度仪虽然以炼亡成仙为旨归，但亡魂的终极归宿是在法师

---

① 刘仲宇：《道教法术》，上海：上海文化出版社，2002年，第330—337页。
② 刘仲宇：《太乙教的唯一传世科仪——蓬壶炼度科》，《宗教学研究》2013年第2期，第15—22页。
③ 史孝君：《论炼度仪》，《中国道教》2004年第1期，第26—32页。
④ 谢世维：《大梵弥罗：中古时期道教经典中的佛教》，台北：台湾商务印书馆，2013年，第71—116页。

体内，经由水火荡炼，以"婴儿"的状态超度升天。① 此外，还有学者从内丹修炼的角度来讨论炼度仪，郑志明、简一女的《道教符咒法术养生学——以〈道法会元〉为核心》认为包括炼度仪在内的度亡仪式建立在道教法师内炼功夫的基础上，不仅生者要有内丹的道性修炼，亡魂同样地也要依靠内丹精气的修炼方法来开通升天之路。②

炼度仪中蕴含了道教的生死观、冥界观、祖先救度及忏罪意识等丰富的内容。黎志添先生的《道教施食炼度科仪中的忏悔思想：以当代四种广东与江浙道教科本作为中心考察》讨论了当代流传于粤港地区的《先天斛食济炼》《青玄炼》以及江浙一带盛行的《太乙炼》《蓬壶炼》等四种济炼科本，分析了四种仪式蕴含的罪过与忏悔意识。③ 黎先生认为"道教的忏悔思想一方面包含了悔过的意思，另一方面也包括对人生种种迷幻、沉溺和冤对的启悟"。④ 程群的《道教生死观研究》从生命的起源、现世生活、超越死亡等三个层面对道教的生死观展开论述，将道教的度亡斋醮视为一种超越死亡的方法。⑤ 张晓俊的《从炼度看道教的死亡观》从炼度仪入手，在对仪式产生的背景、仪式的内容、类型、程序等讨论的基础之上，力图呈现炼度仪背后所蕴含

① 刘屹：《死后成仙：晋唐至宋明道教的"炼度"主题》，《唐研究》2012年第18卷，第225—247页。并参氏著：《六朝道教古灵宝经的历史学研究》，上海：上海古籍出版社，2018年，第713—732页。

② 郑志明、简一女：《道教符咒法术养生学——以〈道法会元〉为核心》，台北：文津出版社，2013年，第356页。

③ 黎志添：《道教施食炼度科仪中的忏悔思想：以当代四种广东与江浙道教科本作为中心考察》，《中国文化研究所学报》2013年第57期，第277—298页。

④ 同上，第295页。

⑤ 程群：《道教生死观研究》，成都：四川大学博士学位论文，2007年。

的死后世界的图景，剖析道教的死亡观。①

　　关于炼度仪的个案研究成果则有很多。李志鸿的《道教天心正法研究》以天心正法为中心，从教派与教法两个层面来解读道教，考察了两宋时期天心正法的演变和特点，介绍了该派的"三光炼度"和"水火预修炼度"，②总结宋元道法体系呈现出"内修外法""内丹外符"的倾向。陈文龙的《王契真〈上清灵宝大法研究〉》追溯了炼度仪的来源，着重介绍南宋上清灵宝大法炼度仪式的内容。在研究方法上除传统的文献考证外，他还引入了西方人类学有关宗教仪式的理论来解释炼度仪。③方强的《郑所南〈太极祭炼内法〉研究》分析了太极祭炼的仪式结构及内含意蕴，并将郑所南的思想特征总结为：内炼外法、三教合流、性命双修。④丁强的《"书符篆法"所体现的象征义蕴——以清微派"玉宸经法"炼度科仪为例》探讨了清微派玉宸经法炼度科仪的程序与内炼依据，阐述了炼度仪中"书符篆法"的象征意义和作用。⑤王驰在《宋元清微雷法研究》中对"清微炼度"作了个案研究，认为这种炼度法的产生与内丹学的渗透密切相关。⑥祝逸雯以《太极祭炼内法》为研究对象，对其文本源

　　① 张晓俊：《从炼度看道教的死亡观》，杭州：浙江大学硕士学位论文，2013年。
　　② 李志鸿：《道教天心正法研究》，北京：社会科学文献出版社，2011年，第75—80页。
　　③ 陈文龙：《王契真〈上清灵宝大法〉研究》，北京：中国社会科学院博士论文，2011年。并氏著：《王契真〈上清灵宝大法〉研究》，济南：齐鲁书社，2015年，第275—321页。
　　④ 方强：《郑所南〈太极祭炼内法〉研究》，上海：华东师范大学硕士学位论文，2010年。
　　⑤ 丁强：《"书符篆法"所体现的象征义蕴——以清微派"玉宸经法"炼度科仪为例》，《云南民族大学学报》2006年第2期，第99—101页。
　　⑥ 王驰：《宋元清微雷法研究》，南京：南京大学博士学位论文，2014年。

流、仪式特征有较为细致的析论，并将之与宋元时期其他祭炼仪进行比较，指出该法具有三教兼修的特色。① 叶聪霈的《宋元时期道教"太极炼度"考探》考察了"太极炼度"的形塑过程与实践意涵。② 从以上不难看出，国内学者对于宋代道教炼度仪的关注已经呈现出多角度、多层次的研究取向。

　　与国内学界相比，国外汉学界更为关注道教仪式这一领域，相关研究的开展亦早于国内学界，并且十分重视文献研究与田野调查的结合。诚如索安所说："记录下道教和中国传统民间文化的现有遗迹很有现实意义，且带有悲剧意义上的紧迫性"③。从施舟人、苏海涵到劳格文，他们的研究可以说既是历史的，也是现实的。在研究角度上，国外学者更注重将研究对象置于广阔的历史背景之下展开叙述，其特点可概括为"以点带面、小中见大"。有关宋代道教及其宗教仪式的研究，国外汉学界已有大量成果。早在 1979 年，司马虚的《十二世纪道教的复兴》④ 提出北宋道教的复兴，他认为这种"复兴"来自新教派的兴起、新道经的确立，以及宋真宗、宋徽宗对道教的大力支持。1983 年，松本浩一在《道教と宗教儀禮》中指出宋代道教黄箓斋始有炼度仪，他注意到宋代黄箓斋较之唐代增加了破狱、召灵、咒食、

---

　　① 祝逸雯：《郑思肖〈太极祭炼内法〉研究——在法师身中完成的济度仪式》，《汉学研究》2016 年第 34 卷第 4 期，第 35—62 页。

　　② 叶聪霈：《宋元时期道教"太极炼度"考探》，台北：辅仁大学硕士学位论文，2017 年。

　　③ ［法］索安著，吕鹏志、陈平等译：《西方道教研究编年史》，北京：中华书局，2002 年，第 12 页。

　　④ ［美］韩明士：《道与庶道：宋代以来的道教、民间信仰和神灵模式》，南京：江苏人民出版社，2007 年，第 32 页。

炼度、升度等仪式。① 同年，Judith M. Boltz 发表 "Opening the Gates of Purgatory：A Twelfth-century Taoist Meditation Technique for the Salvation of Lost Souls"，这篇文章颇具启发性，主要涉及三个方面：首先，文中认为"炼度"这一概念汲取了 4 世纪上清经、灵宝经的传统，以及佛教相关内容。研究指出，上清经的"炼气""炼形"属于道徒个人修炼之法，而灵宝经中的"炼度"则致力于群体利益。其次，她注意到内法在炼度仪中的重要性，指出外部仪式的效果完全取决于法师存想的效力。仪式中，法师借助内丹精思之法，将自身化为一个微观宇宙，存想自己在这个内化的宇宙中救度炼狱幽魂。再次，她译释《灵宝无量度人上经大法》卷五七《元始灵宝自然九天生化超度阴炼秘诀》，并比照另一份内容相近的炼度文献——《灵宝大炼内旨行持机要》，列出二者在文本上的细微差别。② 1985 年，施舟人先生在《唐朝的道教仪式和地方崇拜》中指出唐末至宋代，道教仪式与地方圣贤崇拜发生了新的牵连。这种发展所反映的并非道教的"通俗化"，而是新的地方权力精英（如新兴商会）利用道教仪式神化其领袖的职位，并通过官方的认可和归入道教神系以抬高他们的地方崇拜传统。③ 之后，韩森的《变迁之神：南宋时期的民间信

　　① ［日］松本浩一：《道教と宗教儀禮》，初刊于福井康顺等监修：《道教》第一卷，《道教とは何か》，东京：平河出版社，1983 年。此据朱越利中译本：《道教》第一卷，上海：上海古籍出版社，1990 年，第 184—185 页。

　　② ［美］Judith M. Boltz, "Opening the Gates of Purgatory：A Twelfth-century Taoist Meditation Technique for the Salvation of Lost Souls", in Michel Strickmann, ed., *Tantric and Taoist Studies*, Bruxelles：Institut Belge des Hautes Études Chinoises, 1983, v. 2, pp. 487—511.

　　③ ［法］索安著，吕鹏志、陈平等译：《西方道教研究编年史》，北京：中华书局，2002 年，第 65 页。

仰》从民间神祇体系的形成来研究宗教的变迁，尽管此书的落脚点为民间信仰，但这种研究进路提示我们，不仅要注意到宋人信仰世界的转变，还应当看到民间信仰与道教之间所呈现的一种渗透与反向渗透的关系。①索安亦注意到此种现象，她认为不可将二者的关系简单地理解为道教与民间宗教的融合，而应当理解为提升（包括大量地改造）地方祭祀，使其纳入普世性道教体制中。②

　　诚如劳格文先生所言："从仪式的角度来观察、诠释道教，可以更准确、深刻地把握道教的本质。"③ 这种将"仪式"作为探究道教本质的研究路径在国外汉学界颇受欢迎。通过对仪式的考察，有助于准确把握宗教的内核（道教自身），并在此基础上进一步拓展宗教的"外延"，比如道教与中国社会的互动，道教对于古人信仰世界之影响等。丸山宏的《臺灣南部の功德について——道教儀禮史からの考察》以高雄永安乡为例，运用田野调查和文献研究相结合的方法，探讨道教功德仪礼的历史发展，并从历史与当代两个层面对炼度仪进行考察。他认为六朝《度人经》是道教黄箓斋的理论根据，而《太上洞玄灵宝灭度五炼生尸妙经》则几乎已具备宋代炼度的构成要素，炼度仪的多样化反映了从宋代至当代的历史进程中，地方基层道士在仪礼方

---

　　① ［美］韩森：《变迁之神：南宋时期的民间信仰》，杭州：浙江人民出版社，1999 年。

　　② ［法］索安著，吕鹏志、陈平等译：《西方道教研究编年史》，北京：中华书局，2002 年，第 66 页。

　　③ ［法］劳格文著，蔡林波、李兰译：《从仪式的角度解读道教》，《世界宗教文化研究》2011 年第 3 期，第 58 页。

面的创造力。① 这与索安的观点有相近之处。在索安看来，宋代以降，道士不再管辖一个团体，而成为了专门从事地方祭祀的仪式专家。道士们通过对新的仪式和经典的加工，进而将地方圣贤和"地位可上升"的鬼魔吸收进道教神系中。② 松本浩一在《宋代の道教と民間信仰》中，对宋代蒋叔舆《无上黄箓大斋立成仪》和王契真《上清灵宝大法》所载炼度仪作了译释。③ 横手裕的《張宇初の齋法觀とその周邊——南昌派考察序說》在研究明初道教南昌派时，对《太极祭炼内法》张宇初序文中提及的丹阳、南昌、洞阳等祭炼法作了初步探讨，并以专节介绍宋元道书所见南昌炼度之法。④ 玄英的 *The Encyclopedia of Taoism* 撰有"炼度"一条，梳理了"炼度"一词自六朝至宋代的演变，书中列有《度人经》《太上洞玄灵宝灭度五炼生尸妙经》等较早涉及"炼度"的灵宝经典，并对《灵宝玉鉴》、金允中《上清灵宝大法》、王契真《上清灵宝大法》等宋代道书中的炼度法作了介绍。⑤ 小林正美在《中国的道教》中将道教斋醮仪式的宗教功能

---

① ［日］丸山宏：《臺灣南部の功德について——道教儀禮史からの考察》，收入野口铁郎编：《中國史における教と國家》，东京：雄山阁出版，1994 年，第 15—47 页。此据张泽洪中译文：《论台湾南部的功德仪礼——从道教仪礼史角度的考察》，《宗教学研究》1999 年第 1 期，第 33—41 页。丸山氏对功德仪礼（包括炼度仪）的历史考察是以金允中《上清灵宝大法》为主要材料，结合高雄永安的功德事例来探讨该类仪式的历史变迁。

② ［法］索安著，吕鹏志、陈平等译：《西方道教研究编年史》，北京：中华书局，2002 年，第 66 页。

③ ［日］松本浩一：《宋代の道教と民間信仰》，东京：汲古书院，2006 年，第 168—175 页。

④ ［日］横手裕：〈張宇初の齋法觀とその周邊——南昌派考察序說〉，收入小林正美编：《道教の齋法儀禮の思想史研究》，东京：知泉书馆，2006 年，第 117—135 页。

⑤ ［意］Fabrizio Pregadio, *The Encyclopedia of Taoism*, London：Routledge，2007, v. 1, pp. 646—648.

归结为三点：第一，为帝王和国家祈求福祚，使皇帝长生不老；第二，将众人的父母和祖先从"三途"的世界救济出来，令其升仙天界；第三，却疾避灾，升仙证道。他指出，虽然为皇帝和国家祈佑安泰以及救度祖先等观念为儒、释、道三教共有。但是，让皇帝、王侯，以及父母先亡等成为不死神仙的功能却是道教所独有。在此意义上讲，道教具备的以上三种宗教功能是儒教和佛教所没有的。①

通过对前人研究成果的梳理可以发现，国内外学者有关宋代道教炼度仪的研究主要集中在三个方面：第一，文献研究。比如：炼度仪形成的历史；或在讨论某一新道法时述及炼度仪（这种情况较为普遍，且讨论的篇幅较小）；或对某一种炼度仪的程序、结构、特点展开论述。文献是道教学研究的基础，但在具体研究中如果将目光仅局限于文献考证上，难免会陷入"就事论事"的局面。第二，从社会史的角度去分析道教及其仪式在中国社会中所扮演的角色。比如：道教与民间祠神活动的交涉、道教仪式的多样化与宋代民众的信仰世界之关系等方面的讨论。这种研究进路的特点是，研究者在掌握大量社会史资料的基础上，站在一定的高度俯瞰"全景"，将若干看似孤立的事件联系起来，总结其中的发展规律或进行理论探讨（即从"个别"到"一般"）。就此而言，社会史的研究更注重"全局观"，但这种方式更多是从宗教的外部因素入手，对于推动宗教发展的内部动因却考察不足，缺乏对宗教本身的深入探究。第三，借鉴西方宗教学理论，将人类学关于宗教仪式的理论引入道教仪式的研究

---

① ［日］小林正美著，王皓月译：《中国的道教》，济南：齐鲁书社，2010年，第239—240页。

中。这种思路有助于扩大我们的研究视野，跳出"就仪式谈仪式"的框架。但是，中、西方毕竟有着不同的文化背景和宗教传统，因此这种借鉴应当非常谨慎，要充分考虑到中国社会的实际情况，避免削足适履、牵强附会。比如，在道教仪式田野调查中容易出现"由今及古"的推论，把"当下"的现象比附甚至等同于历史上的道教，[①] 实为误读。又如，借鉴西方二元论把中国社会简单地划分为上层与下层，将思想归结为精英思想和民间思想。这种强调对立的二元结构在讨论中国人的信仰世界时并不合适。

综上所述，本书将在广泛吸纳前贤研究成果的基础上，扬长避短，紧扣"宋代道教炼度"这一主题，对其思想渊源、仪式类型、行炼原理及特点，以及该仪式对道教斋醮科仪之影响等方面展开多层次、多角度的讨论，揭示炼度仪的宗教意涵与宗教功能，认识该仪式在道教科仪史上的地位与作用。

## 三　研究目的与总体思路

本书是将宋代炼度仪作为一个整体进行考察，以道门内部的相关解释为主要依据，梳理该仪式发展演变之脉络；同时辅以个案研究，通过分类整理与细化讨论，进而实现从"个别"到"一般"的理论提升，归纳总结出宋代炼度仪的整体特点及发展规律。

第一章主要介绍"炼度"之义的演变，即从早期道教"炼

---

① 丁培仁:《道教文献学》上册，成都：四川大学出版社，2019年，第11页。

度"说到宋代炼度仪之变。早期道经中的"炼度"一词大致有三种所指：其一，指尸解之道的"水火"二解；其二，指早期灵宝派葬仪的"水火炼度"；其三，指早期上清派的"水火自炼"。宋代以后，"炼度"的含义有了明显变化，特指高功法师以身中阴阳正炁（水火）炼化亡灵的度亡仪式。在炼度仪形成的过程中，传统道派与新兴道派都曾对其产生过一定的影响，尤以灵宝、上清两大传统道派的影响最甚，相关内容在本章第二节中有详尽论述。此外，本章还从救度观、身体观、炁法特点以及经典阐释的演变等四个方面归纳宋代炼度仪的特点。

第二、三章着重讨论宋代炼度仪的类型。首先，根据炼度的对象将其划分为"生身受度"（度生）与"死魂受炼"（度亡）两大类。在此基础上，再对这两类仪式进行细化分类与讨论。第二章对"生身受度"仪的概念作了界定，介绍该类仪式的内容，探讨"生身受度"仪与唐代九幽斋及元明预修黄箓斋之关联。第三章则根据"水"与"火"的行炼顺序，将宋代度亡类炼度仪划分为"先水后火、先火后水、水火交炼"三类，详尽阐释这三类仪式的行炼原理及其特点。其次，从行炼方法入手，将度亡类炼度仪分为"水火炼"与"其他炼法"两类，讨论"水火炼"及其他三种宋代常见炼亡之法。

第四、五章研究宋代度亡类炼度仪的主要仪节：变神、破狱、摄召、天医全形、沐浴、施食、水火炼、超度等。介绍这些仪式的用途、内容、特点，及其与早期道法或早期道教科仪活动的联系与区别。

第六章讨论炼度仪对宋代黄箓斋仪及元明道教度亡斋科和荐拔道场的重要影响，以便客观公允地认识该仪式在道教斋醮科仪发展过程中的历史地位与价值。

结语部分是对本书主要观点的归纳与提炼，总括了宋代道教炼度仪的实质。同时，以炼度仪为切入点，探讨宋代道教"法"与"箓"的变化及特点，从一个侧面印证了宋代道教世俗化发展的趋势。

## 四　研究方法与资料运用

在研究方法上，本书以文献研究为基础，并引入比较研究法，从内、外两个层面对宋代道教炼度仪进行纵向考察与横向比较。所谓"纵向考察"，即探究宋代炼度仪与宋前道法的联系与区别，以及宋代炼度仪对后世道教科仪的影响，通过这种"内部比较"有助于梳理炼度仪发展演进之脉络。所谓"横向比较"是指在研究过程中跳出"道教仪式"的框架，将"炼度仪"这一论题置于更为广阔的历史背景下进行讨论。比如，道教炼度仪与佛教焰口仪轨在仪节程序上有诸多相近之处，但两种仪式的内核以及各自蕴含的观念却存在较大差别。因此，在研究道教炼度时，不能回避其与佛教焰口之间的关联及异同等问题。又如，佛教有三大施食仪轨系统，即盂兰盆经系、焰口经系、水陆仪文系，[①] 它们都曾在不同的历史时期影响了道教施食仪的演变轨迹。通过对道教、佛教相关仪式的"横向比较"，探究两种宗教仪轨系统之间的交涉，并在此基础上进一步解析道、佛二教宗教

---

① 吉冈义丰先生认为中国佛教饿鬼施食仪轨有三大系统，即盂兰盆经系、水陆仪文系、瑜伽焰口经系。参见氏著：《道教と佛教》第一卷，东京：日本学术振兴会，1959 年，第 369—431 页。

仪式的共性与个性，有助于我们更好地认识并提炼道教炼度科仪的特色。此外，尽管本书的论题为宗教仪式（炼度仪），但仪式中蕴含的宗教观念，如救度观、身体观、地狱观等内容值得仔细钩沉。因此，思想史的研究方法亦不可或缺。总之，本书将以文献研究、比较研究以及思想史的研究进路，对宋代炼度仪作出合乎史实的解释，避免主观臆测或断章取义。

本书的研究资料以教内文献为主，同时借鉴前人的相关成果，对宋代炼度仪进行多角度的解读。在正文开始之前，我们有必要对本书使用的宋代道法科仪著述略作交待，详如下。

1.《高上神霄玉清真王紫书大法》，共十二卷，该书未题撰人，主述神霄派道法。学界关于该书的成书时间有两种观点：其一，主张该书出于北宋末年；① 其二，认为《紫书大法》仅前三卷出于北宋末，其余九卷乃后世所增补，② 此说有待商榷。本书考证了《紫书大法》卷一一的"炼度法"，发现其行炼原理明显有别于宋元道书中的常见说法，且仪式内容及内法亦甚为简易。鉴于该仪式的特殊性，我们推断该炼度法应属早期"神霄炼"，其问世时间当为北宋末年。③

2. 路时中《无上玄元三天玉堂大法》，成书于南宋初，共三十卷，是宋代道教天心派的代表性著述之一。④ 该派主张以"三光"为一切道法的基础，将存取三光正炁作为日常修炼之法，

---

① 卿希泰：《中国道教史》第 3 册，成都：四川人民出版社，1996 年，第 794 页。
② 任继愈：《道藏提要》，北京：中国社会科学出版社，1991 年，第 588 页。
③ 详见本书第三章第一节。
④ 李志鸿：《道教天心正法研究》，北京：社会科学文献出版社，2011 年，第 37—49 页。丁培仁：《元前道派研究》，成都：四川人民出版社，2014 年，第 343—344 页。任继愈：《道藏提要》，北京：中国社会科学出版社，1991 年，第 157—158 页。

并以之作为水火炼亡的前提，其称："大教以三光为主，是以水火之妙，我先得之，何难度亡!"①

3.《灵宝玉鉴》，共四十三卷，未题撰人。据陈文龙博士考证，该书出于两宋之交，属东华派经典。②《道藏提要》主张该书出于南宋，乃灵宝派道法之总汇。③丁培仁先生注意到该书不仅有灵宝法，还收有神霄、混元等派道法。④《灵宝玉鉴》主述斋醮科仪，书中涉及炼度仪的材料较为丰富。如卷一《道法释疑门》乃全书之总纲，其中有"神虎追摄论""扬幡招魂行天医论""为亡魂沐浴更衣加持法食论""水火炼度说"等内容，介绍了摄召、天医全形、沐浴荡秽、变施法食、水火炼度诸仪节的意义及用途。又如该书卷二九至卷三一《开明幽暗门》详述破狱济幽之法，卷三三《召摄幽灵门》、卷三六《变化法食门》载有摄召、施食诸法，卷三八至卷四三《炼度更生门》述"水火炼""太阴混元化形炼""阴尸九炼""五芽炼"等仪法。

4. 王契真《上清灵宝大法》与金允中《上清灵宝大法》。这两部同名道书分别体现了"革新"与"崇古"两种倾向，⑤是研究宋代道教科仪的重要参考文献。王氏《大法》成书于南宋淳熙八年（1181）至绍熙五年（1194）之间，最初可能仅有十卷，现存王氏《大法》有六十六卷，应为后人增补所致。⑥王

---

① （宋）路时中：《无上玄元三天玉堂大法》卷一八，《道藏》第4册，第57页。
② 陈文龙：《王契真〈上清灵宝大法〉研究》，济南：齐鲁书社，2015年，第79—83页。
③ 任继愈：《道藏提要》，北京：中国社会科学出版社，1991年，第396页。
④ 丁培仁：《元前道派研究》，成都：四川人民出版社，2014年，第423页。
⑤ 同上，第424页。
⑥ 陈文龙：《王契真〈上清灵宝大法〉研究》，济南：齐鲁书社，2015年，69—75页。

契真师承宁全真，属天台灵宝一系，该派对灵宝科仪颇有创新，也因此而招致金允中的批评。金氏《大法》的成书时间约为南宋宝庆元年（1225）前后，① 该书保存了较多古法，可以说是赓续了广成旧制。②

5. 蒋叔舆《无上黄箓大斋立成仪》，成书于南宋嘉定癸未年（1223），③ 共五十七卷。蒋氏师承留用光，他与金允中的籍师同为田居实。④ 金氏《大法》多次提及蒋氏《立成仪》，⑤ 从金氏的评语中可以看出，蒋氏《立成仪》虽多主古科，但又掺杂了"近世之式"，从浙东风俗而用之。⑥ 金允中以绍继古法自居，不过，他对于蒋氏因应世俗而作出变革的态度并没有像对天台灵宝那样过激，言辞上亦较温和。这说明蒋氏《立成仪》虽对古法有所变革，但却不属于天台灵宝的传统。该书主述黄箓斋法，所列斋醮仪范甚为详尽，载有数种炼度仪式，

6. 《灵宝无量度人上经大法》，题为"天真皇人"撰，实际著者不详，共七十二卷，是一部成书于宋元之际，以灵宝为宗，兼摄天心、神霄等道法科仪的汇编著述。该书所录道法按用途可划分为道徒自修真之法与斋醮仪法两大类。就炼度仪而言，书中既收录有灵宝炼、南昌炼、九天炼等灵宝仪式，还有三光炼、混元阴炼等其他法派仪式，以及大量的炼度符咒并附有详细的书符

---

① 王承文：《敦煌古灵宝经与晋唐道教》，北京：中华书局，2002 年，第 570 页。

② 丁培仁：《元前道派研究》，成都：四川人民出版社，2014 年，424 页。

③ （宋）蒋叔舆：《无上黄箓大斋立成仪》卷五七，《道藏》第 9 册，第 728 页。

④ 陈文龙：《王契真〈上清灵宝大法〉研究》，济南：齐鲁书社，2015 年，第 59 页。

⑤ （宋）金允中：《上清灵宝大法》卷一六、一九、二五、四〇，《道藏》第 31 册，第 432、460、506、625 页。

⑥ （宋）金允中：《上清灵宝大法》卷四〇，《道藏》第 31 册，第 625 页。

内法。

7. 郑所南《太极祭炼内法》，最初撰成于南宋咸淳六年（1270），① 之后在其流传过程中又出现了数个版本。② 该书现存三卷，卷上为《内法》，卷中和卷下为《议略》，后者为前者的释文。值得注意的是，郑所南是文人而非道士，其《祭炼内法》以灵宝仪程内化为特点，主张于身内完成祭炼仪式。③ "太极祭炼"源出灵宝法，应当是较早问世的祭炼法之一。据《无上玄元三天玉堂大法》载："若欲超度祖先，纵使佛乘可以度脱，今系道子，不当师别教，须以本教'太极祭炼'行之，庶几名正言顺。"④《玉堂大法》成书于南宋初，这表明"太极祭炼"于其时已流传于世，主要用于超度先亡。又，金允中《上清灵宝大法》称："近者传行祭炼之法，皆称'葛仙翁祭炼'，或者又去'仙翁'字，而止称'太极祭炼'者，尤为碍理。"⑤ 这是说，南宋以后道门内部多将"祭炼法"与葛仙翁联系在一起，又以"太极祭炼"指称"仙翁祭炼"，金氏对此种做法颇有微词。由以上不难看出，"太极祭炼"是一种在宋代是比较常见的炼亡之法。尽管郑所南的身份不是道士，但其所撰《太极祭炼

---

① 据《太极祭炼内法议略》卷下载："此祭炼说，在胸中久矣，集而成《祭炼议略》则庚午岁也。""庚午岁"即公元 1270 年，这一年南宋年号为咸淳六年，元朝年号为至元七年。《道藏提要》亦推断《太极祭炼内法》应成书于 1270 年，只是其采用的是元朝年号。此外，《道藏提要》称"庚午岁"为"至元六年"，此说有误。1264 年，元世祖忽必烈改年号"中统"为"至元"，即至元元年，1270 年应为至元七年。参见任继愈：《道藏提要》，北京：中国社会科学出版社，1991 年，第 397 页。

② 祝逸雯：《郑思肖〈太极祭炼内法〉研究——在法师身中完成的济度仪式》，《汉学研究》2016 年第 34 卷第 4 期，第 38—40 页。

③ 同上，第 48 页。

④ （宋）路时中：《无上玄元三天玉堂大法》卷二〇，《道藏》第 4 册，第 72 页。

⑤ （宋）金允中：《上清灵宝大法》卷一三，《道藏》第 31 册，第 412 页。

内法》却是了解宋代太极祭炼的重要参考书目。

8.《道法会元》，撰者不详，凡二百六十八卷，是一部成书于元代的大型道法汇编著述。① 尽管其问世于元代，但书中收录了宋元时期灵宝、清微、神霄、东华、净明、正一、混元、全真、北帝等派道法，其中也有大量的炼度文献，这在一定程度上弥补了宋代某些道书记载过简之缺憾。

9.《灵宝领教济度金书》，题为宁全真授，林灵真编，成书于元代，共三百二十一卷（含目录一卷），是明《道藏》中卷帙最多的一部道书，主述斋醮科仪。林氏属宁全真一系（天台灵宝），其所辑法书在绍继东华传统的同时，又"准绳正一教法"有所变通，这与元代正一教地位的提升不无关联。② 此书虽成于元代，但其所载炼度仪法内容丰富，相信并非短时间内所能形成，在一定程度上也能反映出宋代灵宝法炼度仪的情况，同时对于探究这类仪式在宋以后的演变轨迹也具有重要参考价值。

以上简要介绍了本书重用的几部宋（元）道法科仪著述。需要补充的是，炼度仪极为重视"内法"的作用，对行仪主体（高功、法师、炼师）的内炼修为有很高的要求，在内法上大量借用内丹相关概念及修持方法。因此，除充分利用科仪文献外，本书还需要借助相关内丹著述以探究其仪式原理与意涵。此外，道教炼度与佛教施食的相似性，意味着这两种宗教仪轨系统之间存在一定的关联，本书第五章对此有专论。为此，本书还要引入相关佛教典籍，以便考察佛、道二教施食、炼度仪式的联系与区别。

---

① 任继愈：《道藏提要》，北京：中国社会科学出版社，1991 年，第961—962 页。
② 丁培仁：《元前道派研究》，成都：四川人民出版社，2014 年，第422 页。

## 五　创新之处与写作难点

宋代炼度仪的情况比较复杂，即使是名称相近甚至相同的仪式在仪法上（符咒罡诀、奏申文检、炼度神将、行炼方式、存想取炁等）或多或少都存在一定的差异。以"九天炼"为例，宋代有两种较常见的九天炼，第一种是以《洞玄灵宝自然九天生神章经》为依据，主张以"九天九阳之炁"炼亡成仙；第二种是以"九阳梵炁"炼度亡魂。前者属灵宝法，后者出自神霄法。第一种"九天炼"见于《玉堂大法》《灵宝玉鉴》《度人经大法》以及王氏《大法》、金氏《大法》和蒋氏《立成仪》等书中，尽管诸书皆本于《九天生神章经》，但它们对"九天炼"的诠释及各自的仪式内容并不尽一致。第二种"九天炼"虽出自神霄法，但在实践中绝非仅限于神霄一派，某些灵宝炼度就同时使用了这两种九天炼，如蒋氏《立成仪》中的"上清南宫水火冶炼度命仪""上清南宫炼度幽魂仪"即属此类。① 这种不同法派之间互用其法或对他派道法稍加改动"为我所用"的现象在宋代十分普遍，反映出宋代道教在法派上的门户之见远不如宗派那样泾渭分明。② 因此，在讨论宋代炼度仪时不能仅限于考证其法派、宗派之归属，更重要的是对其具体内容进行细致的考察，以便从中发现宋代道教诸派及各种道法相互交涉之线索，而非以今人之视角对其强行"分派"，甚至割裂其间的联系。

---

① （宋）蒋叔舆：《无上黄箓大斋立成仪》卷二七、三一，《道藏》第9册，第541、563页。

② 丁培仁：《元前道派研究》，成都：四川人民出版社，2014年，第424页。

　　已往在研究炼度仪程时，通常只是介绍这些仪节的用途及特点，对道法本身最核心的宗教意涵似乎关注不够，对具体的炼度之法缺乏深入的探讨。例如：这类仪式是如何施行的？炼度仪在内法上与内丹修炼存在何种联系与区别？事实上，炼度中的某些仪节既与早期灵宝、上清二派的修真之法有密切关联，同时也借鉴了内丹道的理论与方法。以"变神"为例，过去研究都曾注意到"变神"的重要性，但却缺乏对"变神"之法更为细致的探究。在炼度中，法师变神的方式既有传统的存神之法，还有内丹所谓"丹中起火"冶炼形质之法。又如，以往在讨论"摄召"时，某些研究已经发现"神虎摄召"是炼度和黄箓斋的重要环节，但却未能仔细考察这类摄召之法的源起与流变。"神虎摄召"实际上与道教的星神崇拜相关，是一种建立在北斗与中斗信仰之上的召摄亡灵之法，其召亡所用"神虎玉札"很可能由天师道所创。再如"沐浴"仪，许多论著都曾提及该仪节旨在为亡魂荡炼阴秽，殊不知沐亡之仪是由早期道教沐浴自炼之法演变而来的，某些沐浴仪在炁法上还引入了内丹道"沐浴止火"之法。总之，在以往的研究中对这些涉及仪式内核的问题缺乏足够的关注，而这些问题正是炼度仪最为关键的部分，亦是炼度仪有别于其他道教仪式之所在。因此，对炼度仪的研究不能只停留在"外部性"的描述上，更重要的是探究其仪式内核，考察仪式的源起、流变、特点及用途，以便从整体上把握这类仪式形成与演变之脉络。

　　最后需要说明的是，宋代炼度品目繁多、程序复杂，要在卷帙浩繁的科仪著述中对诸种炼度仪进行文本释读与分类讨论，探究其道派归属，梳理其与早期道法、内丹道以及佛教仪轨之间的联系与区别，是一项颇具挑战性的任务。尤其是在讨论内丹与佛教仪轨时，晦涩艰深的机要隐语，佶屈聱牙的陀罗尼经咒，时常令人望而却步。此外，在解读宗教仪式经典时，极易陷入望文生义的窘境，而其真实的宗教意涵往往是"意在言外"。凡此种种，给本书的写作带来了一定的难度。在直面上述问题时，本书将尽力做到合乎经典原意的解释或推论，避免曲解误读。

# 第一章　从早期"炼度"说到
# 宋代炼度仪

　　"炼度",一般用于指称形成于宋代的用以生亡两度的道教科仪,炼度的对象涵盖生者与亡魂。只是该仪式在实践中多用作度亡,故而常被视为一种度亡仪式。炼度仪主张法师凭借自身的内炼修为炼化亡魂、度其超升。如《灵宝玉鉴》卷一称:"炼度者,以我身中之阴阳造化,混合天地阴阳之造化,为沦于幽冥者,复其一初之阴阳造化也。"[①] 这里的"炼"有两层含义:一指法师自炼阳神,即"炼自己之造化";二指炼化亡魂,即法师运己阳神为亡魂炼聚魂神。"度"则指度亡成仙或转生成人,是谓"炼之而后度之,故总谓之炼度也。"[②]

　　炼度仪有广狭之别。广义的炼度包括变神、破狱、摄召、天医全形、施食、水火炼、颁戒授箓、超度等数个仪节,各仪节之间存在顺时性的逻辑关联。如金允中《上清灵宝大法》卷一三

---

① （宋）《灵宝玉鉴》卷一,《道藏》第 10 册,第 145 页。
② 同上。

《济炼幽魂品》、卷三七《水火炼度品》即属此类。① 狭义的炼度则仅指"水火炼",如王契真《上清灵宝大法》卷五九"灵宝大炼""九天炼度",前者只有水火炼,后者则是水火混合九天炼,无破狱、召魂、施食诸仪节。② 需要指出的是,无论是广义还是狭义,宋代炼度仪皆以水火炼作为核心仪节,亡魂必须经过水火荡炼,方能由阴尸转变为阳质,从而获度超升。

　　关于"炼度"一词的由来,有学者将其溯源于晋末《灵宝无量度人上品妙经》,③ 经中称:"度品南宫,死魂受炼,仙化成人。"④ 事实上,早期道教"炼度"是一个比较复杂的概念,涉及尸解、葬仪和道徒修炼等诸类道法。下文将简要梳理早期道教"炼度"之义,以便与宋代炼度仪作一对比,从而发现其中的联系与区别。

---

　　① 金允中《上清灵宝大法》卷一三《祭炼幽魂品》设有破狱、摄召、咒施斛食、水火炼、宣九真戒、焚燎发遣等仪节,《道藏》第31册,第412—419页。金氏《大法》卷三七《水火炼度品》有召魂、沐浴、施食、水火炼、五芽炼、九天炼、宣戒、超度等内容,《道藏》第31册,第582—597页。

　　② (宋)王契真:《上清灵宝大法》卷五九,《道藏》第31册,第250—251页。

　　③ 〔意〕Fabrizio Pregadio, *The Encyclopedia of Taoism*, London: Routledge, 2007, v.1, p.647. 刘仲宇:《道教法术》,上海:上海文化出版社,2002年,第468页。陈耀庭:《以生度死,以己度人——论炼度仪的形成及内容》,收入《道家思想文化——海峡两岸道家思想与道教文化研讨会论文集》,台北:宗教哲学出版社,1994年,第239—256页。史孝君:《论炼度仪》,《中国道教》2004年第1期,第26页。

　　④ 《灵宝无量度人上品妙经》卷一,《道藏》第1册,第3页。按:该经共六十一卷,卷一为本经,出于东晋末,后六十卷出于北宋末。

# 第一节　早期道教"炼度"之义

## 一　尸解之"水火炼尸"

早期道经中多有"炼化""炼形""炼质"之说，旨在借助某些修炼方式以变炼形神，从而使修炼者证入超凡之境。[①] Judith M. Boltz 曾指出，"炼"与"度"这两个概念分别源自早期上清经和灵宝经。她认为上清经的"炼气""炼质""炼形"等概念是面向道徒而言，属于个人修炼的范畴。而灵宝经的"度"则是针对世俗大众的一种救度仪式。[②] 事实上，"炼度"一词最初与炼尸成仙的尸解之道以及道徒自炼形神之法密切相关。而后世炼度仪的核心仪节"水火炼"，旨在炼阴尸为阳质，这种以"水火"炼变尸质的观念，始见于早期尸解之道的"水火解"。所谓"尸解"，即死后解化成仙之法。尸解之法，名目众多，或以五行划分为金、木、水、火、土五解，[③] 或以死亡的时间划分

---

① 贺碧来认为，"炼"的目的是为了"变化"，即通过某种变化而达到超凡脱俗的境界，故而早期上清派有"炼化"之说。参见 ［法］ Isabelle Robinet, *Taoist Meditation: The Mao-shan Tradition of Great Purity*, trans. By Julian F. Pas and Norman Girardot, Albany: State University of New York Press, 1993, p. 168.

② ［美］ Judith M. Boltz, "Opening the Gates of Purgatory: A Twelfth-century Taoist Meditation Technique for the Salvation of Lost Souls", in Michel Strickmann, ed., *Tantric and Taoist Studies*, Bruxelles: Institut Belge des Hautes Études Chinoises, 1983, v. 2, p. 495.

③ （元）卫琪注：《玉清无极总真文昌大洞仙经注》卷五，《道藏》第2册，第638页。

为上尸解、下尸解和地下主者，① 或以解化所寄之物作为划分标准（如上尸解用刀，下尸解用竹木）。② "水解"指道徒投水溺解，"火解"即自焚解化。如《云笈七籤》卷八四《尸解·水解》称：

> 辛玄子，字延期，陇西定谷人。好道行，度秦川长梁溺死。西王母、酆都北帝愍之，敕三官摄取骸还其魄，复得成人，度命南宫。段季正，《道迹灵仙记》云：代郡段季正，隐士也。晚从司马季主学道，渡秦川，溺水而死，盖水解也，今在委羽山中。王进贤，琅琊王衍之女也。遭石勒略，共侍女名六出赴黄河，自誓不受辱，即投河中。时遇嵩山女仙韩西华出游，见而愍焉，抚接二人，救而度之，外示沉没，内实密济矣。③

上文中的辛玄子和段季正为意外溺亡，王进贤与侍女为自溺而亡。他们或因生前好道学道，或因坚贞不屈而获仙真垂愍，死后得度。④ 不难看出，"水解"其实就是一种借由"溺亡"以摈弃凡躯，进而重生成仙之途径。类似的说法亦见于"火解"，只是"火解"的解化方式为自焚，如《云笈七籤》卷八五称："宁封者，黄帝时人也，世传为黄帝陶正。有人过之，为其掌火，能出五色烟，久则以教封子。封子积火自烧，而随烟气上下。视其灰烬，犹有其骨，时人共葬于宁北山中，故谓之宁封。"⑤ 这是

---

① （梁）陶弘景：《真诰》卷四，《道藏》第20册，第515页。
② （宋）张君房：《云笈七籤》卷八五，《道藏》第22册，第601页。
③ （宋）张君房：《云笈七籤》卷八四，《道藏》第22册，第596页。
④ 王进贤与段季正的故事亦见于《真诰》卷一三、一四，《道藏》第20册，第567、576页。
⑤ （宋）张君房：《云笈七籤》卷八五，《道藏》第22册，第598页。

说，宁封子通过自焚而得解化，这则故事亦见于《列仙传》。[1]
闻一多先生曾推断，"火解"之说或许源于古羌人的火葬习俗。[2]
目前尚难以断定"水解""火解"观念的出处，不过可以确定的
是，两种尸解法将溺亡、自焚与死而更生联系在一起，试图通过
摈弃肉体以实现某种超越。或者说，"水解"与"火解"是将死
亡视为肉体仙化重生的途径。

值得一提的是，水解、火解既可分别行用，还可混合行用。
如上述水、火解的主人公或从水解，或从火解，两种解法分而行
之。所谓"混合行用"，是指同一尸解主体先后经由水解、火
解，最终仙化重生。如《云笈七籤》卷八六《尸解·水火荡炼
尸形》称：

> 《本行经》云：北方洞阴朔单郁绝五灵玄老君者，本姓
> 浩，字敷明……时天下大荒，人民饿死，一国殆尽。敷明于
> 地镜山下遇一顷巨胜，身自采取，饷惠穷乏，日得数过，救
> 度垂死数千余口……是时辛苦，形体颜悴，不暇营身，救于
> 百姓，遂致疲顿，死于山下。九天书其功德，金格记其玉
> 名，度其魂神于朱陵之宫。帝遣金翅大鸟，常敷两翼以覆其
> 尸。七百年中，形体不灰。至水劫改运，洪灾滔天，水捧其
> 尸，漂于无涯。水过之后，敷明尸落贝胃耶渠初默天郁单之
> 国，北垒玄丘。四十年中，又经山火，火行焚烧尸形。尸于
> 火中受炼而起，化生成人，五色之云，覆盖其上。火尚猛
> 盛，敷明嗽唾成洪雨大水，以灭火势。敷明虽已得道，辚轲

---

① 《列仙传》卷上，《道藏》第5册，第64页。按：《列仙传》二卷，原题西
汉光禄大法刘向撰，疑为魏晋时人所作。

② 闻一多：《神话与诗》，武汉：武汉大学出版社，2009年，第159—160页。

备经水火艰辛，亦为理尽。①

上文是关于浩敷明尸解成仙的故事，他因生前累积善功，死后获得道教神真的护佑，其尸体历七百年不腐，后经洪水"捧尸"、火烧尸形，遂受炼重生、得道成仙，是谓"北方洞阴朔单郁绝五灵玄老君"。不难看出，文中所谓"水火荡炼尸形"是指以自然界之洪水、山火炼变阴尸，令其重生成仙。这种"水火炼尸"之说与后世的"水火炼度"似有相近之处，如二者炼化的对象皆为死魂，"水火炼"之目的旨在转变尸质以炼亡成仙。然而值得注意的是，"水火炼尸"是以自然界之水火炼化尸形，而炼度仪之"水火"是指法师身中阴阳二炁，两者之间有着本质的区别。

## 二　葬仪之"水火炼度"

早期道教葬仪中已有"炼度"与"水火炼度"的说法。约出于东晋的《太上洞玄灵宝灭度五炼生尸妙经》②主述葬仪，原为一卷，明《道藏》中分作《太上洞玄灵宝灭度五炼生尸妙经》

---

① （宋）张君房：《云笈七籤》卷八六，《道藏》第22册，第605页。

② 丸山宏指出《太上洞玄灵宝灭度五炼生尸妙经》应当是最早提及"炼度"一词的道经，参见氏著：《台南道教の功德儀禮——道教儀禮史からの考察》，《道教儀禮文書の歷史的研究》，东京：汲古書院，2004年，第289—322页。Fabrizio Pregadio 亦注意到该经是较早涉及"炼度"一词的六朝道经，参见 *The Encyclopedia of Taoism*，London：Routledge，2007，v. 1，p. 647.

和《灵宝炼度五仙安灵镇神黄缯章法》两卷。① 经中主张法师以
"灵宝五帝炼度天文"② 镇墓护尸，并上黄缯章表祈请神真拔度
亡魂更生成仙。其"灵宝五帝"指五方之帝，"五帝炼度天文"
即五方炼度天文。行仪时，法师分别将"五方天文"书于青、
赤、黄、白、黑五色之石，并依五方之序将五石埋于亡者墓穴中
以镇卫尸形，如"灵宝黄帝炼度五仙安灵镇神中元天文"称：
"朱书此文于黄石上，师拜黄缯章毕，埋文于亡人尸形所住中
央。"③ 不难看出，《五炼生尸经》中的"炼度"是指法师借助
"灵宝五帝"之神力（五方天文）为亡魂护佑尸形、炼饬形骸，
进而更生成仙。也就是说，其"炼度"的主体是"灵宝五帝"，
如《五炼生尸经》中的"五仙沐浴""炼度五仙""五仙炼形"，
"五仙"即灵宝五帝。又如《灵宝炼度五仙安灵镇神黄缯章法》
称："以上金五两，或铁五十斤以奉五帝，安镇五方。"④ 这里的
金、铁乃拔度之信，由死者亲属上奉"五帝"，死者获度盖取决
于"灵宝五帝"，法师在仪式中只是沟通人与神之间的媒介或纽
带，这种救度观念和救度方式有别于后世炼度仪。在炼度仪中，
法师通常要以一套内炼存变之法"变神"为炼度主神，如"元

---

① 敦煌写本 P. 2865《太上洞玄灵宝灭度五炼生尸妙经》一卷，该经上半部分
即明《道藏》中的《太上洞玄灵宝灭度五炼生尸妙经》，其后半部分即明《道藏》
中的《灵宝炼度五仙安灵镇神黄缯章法》。参见李德范辑：《敦煌道藏》第 2 册，北
京：中华全国图书馆文献缩微复制中心，1999 年，第 1040—1062 页。《道藏》第 6
册，第 259—265 页，《道藏》第 32 册，第 732—734 页。

② 即"灵宝青帝炼度五仙安灵镇神九气天文""灵宝赤帝炼度五仙安灵镇神三
气天文""灵宝黄帝炼度五仙安灵镇神中元天文""灵宝白帝炼度五仙安灵镇神七气
天文""灵宝黑帝炼度五仙安灵镇神五气天文"。（东晋）《太上洞玄灵宝灭度五炼生
尸妙经》，《道藏》第 6 册，第 261—264 页.

③ （东晋）《太上洞玄灵宝灭度五炼生尸妙经》，《道藏》第 6 册，第 263 页。

④ （东晋）《灵宝炼度五仙安灵镇神黄缯章法》，《道藏》第 32 册，第 733 页。

始天尊""太乙救苦天尊""九华真人"等，遂以"神"的角色
主持各项炼亡仪节，其救度的主体为法师，而非天界神真。

《灵宝炼度五仙安灵镇神黄缯章法》中明确提及"水火炼
度"，其称："昔弃贤世界有道士姓浩，字敷明，少好山水，弃
家远游，功德未满，死于地镜山下。其子少信，就北郭先生受此
文，镇敷明尸形七百年，被水火炼度而得还人中。后师黑文子，
受升天之传，今为玄老之帝。"① 这则故事的主角"浩敷明"与
《云笈七籤》中经由"水火荡炼尸形"而受度成仙的"浩敷明"
当为同一人，《黄缯章法》称其为"玄老之帝"，《云笈七籤》
称作"北方洞阴单郁绝五灵玄老君"。② 不同的是，在《黄缯章
法》中，浩氏是通过"灵宝五帝炼度天文"安镇尸形，并经
"水火炼度"返生为人，后师从"黑文子"修升天之法，最终证
真为"玄老之帝"。而在《云笈七籤》中浩氏是因生前积功累德
死后获神真救度，经"洪水""山火"炼饬尸形后得道成仙。不
难发现，《黄缯章法》意在突显"灵宝五帝炼度天文"在度亡成
仙过程中的作用，而《云笈七籤》则无"炼度天文"一说。在
《黄缯章法》中，浩氏的成仙经历了天文镇尸、水火炼度、返生
为人、继续修道，最终登仙证真等五个环节，这一过程比《云
笈七籤》更为复杂。在《云笈七籤》中，浩氏成仙主要取决于
三个环节：其一，其魂神得度于朱陵之宫；其二，金翅大鸟覆护
其尸形；其三，洪水、山火荡炼尸骸。③

复次，《黄缯章法》中的"水火炼度"是指以自然界之水火

---

① （东晋）《灵宝炼度五仙安灵镇神黄缯章法》，《道藏》第32册，第734页。
② （宋）张君房：《云笈七籤》卷八六，《道藏》第22册，第605页。
③ 同上。

炼化尸骸。据《黄缯章法》载：

> 昔赤明天中有道士姓郑，字仁安，功德未满，死于常山北戎之阿。其子仲明，师玄和先生，以此文镇仁安尸形官宅三十年。仁安被度，应还人中，而为猎人所烧，形骸郁然而起，今为上官南帝老君。

> 昔善忍国有道士姓琭，字信然，师无常童子，受灵宝灭度升天之传，功德未足，死于青元山中，埋尸于流生之洲。无常童子以此文镇其尸形百年，而遇洪水所荡，于此化生，今受号为元灵老君。①

以上两则故事是将"炼度天文"与尸解中的水、火二解结合起来，以此作为度亡成仙之法。如文中的"郑仁安"死后，其子先以"炼度天文"镇其尸形，后经猎人焚其尸骸，遂受炼成仙。显然，这种焚炼尸骸之说就是"火解"。由上可知，《黄缯章法》所谓"水火炼度"就是以自然界之水火炼变阴尸之性质，其"水火炼度"的含义同于《云笈七籤》卷八六"水火荡炼尸形"。二者的区别在于，《黄缯章法》是将"炼度天文"与水、火解的观念融合于葬仪当中，特别强调"炼度天文"对度亡成仙的作用，且以"天文镇尸"作为尸解成仙的必要前提。因此可说，《太上洞玄灵宝灭度五炼生尸妙经》"水火炼度"应是早期道教"天文"崇拜与尸解之道融合的产物。

需要补充的是，《五炼生尸经》对后世道教葬仪影响甚大，这可以从唐宋镇墓石刻中得到体现。如唐代武三思镇墓石曰：

---

① （东晋）《灵宝炼度五仙安灵镇神黄缯章法》，《道藏》第32册，第733—734页。

　　南方三气丹天承元始符命，告下南方无极世界土府神乡诸灵官：大唐梁王灭度仙，托质太阴，令陪顺陵，庇形后土……清光充溢，炼饬形骸，骨芳肉香，亿劫不灰。南岳霍山，明开长夜九幽之府，升擢魂神，沐浴冠带，迁上南宫，供给衣食，长在光明，魔无干犯。一切神灵，侍卫安镇。悉如元始明真旧典女青文。①

　　这段文字与《五炼生尸经》"灵宝赤帝炼度五仙安灵镇神三气天文"所附文字大致相同，唯有关南岳的记载略异，上文记为"霍山"，《五炼生尸经》则作"衡山"②。又如成都青白江出土的宋代刘氏十三娘子墓，其中有"炼度天文"砖刻三方，分别为："太上洞玄灵宝青帝炼度五仙安灵镇神九气天文""太上洞玄灵宝白帝炼度五仙安灵镇神七气天文""太上洞玄灵宝黑帝炼度五仙安灵镇神五气天文"。③"三帝"之名除增衍了"太上洞玄"四字外，其余诸字皆同于《五炼生尸经》，只是砖刻之"天文"是以普通汉字呈现的，而《五炼生尸经》则为"云篆天文"④。类似的镇墓石刻还有很多，此处不再赘述。⑤

　　唐宋镇墓天文的"炼度"观延续了《五炼生尸经》中借助"灵宝五帝"之力以炼饬亡魂、度其成仙的做法，不同于形成于宋代的炼度科仪。不过，镇墓天文盛行于唐宋的事实却提示我

---

　　①　张勋燎、白彬：《中国道教考古》，北京：线装书局，2006年，第5册，第1557页。

　　②　（东晋）《太上洞玄灵宝灭度五炼生尸妙经》，《道藏》第6册，第262页。

　　③　张勋燎、白彬：《中国道教考古》，北京：线装书局，2006年，第5册，第1547—1548页。

　　④　同上。

　　⑤　同上，第1534—1579页。

们，这类融合了道教天文崇拜和尸解之道的"炼度"与法师自炼元阳生亡两度之"炼度"，可能在相当长的一段历史时期内是并行于世的。前者是葬仪，仅适用于死者下葬之时，后者为道场荐拔科仪，行仪时间灵活，且为生亡两用。

## 三　水火自炼

东晋上清派有"水火自炼"之法，即修道者存想水火灌炼己身，并辅以服符、诵咒、叩齿咽津诸法以变炼形神、飞升证真。《洞真上清神州七转七变舞天经》应是最早述及这类道法的上清经典，[①] 该经撰者不详，当出于东晋。据《太真玉帝四极明科经》卷一载："先读神洲七转之道，次读百神内名，乃得诵《大洞真经》"，[②] 其"神洲七转"即《洞真上清神州七转七变舞天经》。《四极明科》约成书于东晋中至南朝梁前，[③] 是早期上清派科律著述，《七转七变舞天经》的问世当早于《四极明科》。此外，《洞玄灵宝三洞奉道科戒营始》卷五《上清大洞真经目》列有"《上清神洲七转七变舞天经》一卷"，[④] 该经应即《洞真上清神州七转七变舞天经》。由上可知，《七转七变舞天经》是东晋上清派的重要经典之一，经中主述"七转七变"之道，即

①　经中记为"火炼变形之道"与"水炼变形之道"，《道藏》第33册，第548—549页。

②　(东晋)《太真玉帝四极明科经》卷一，《道藏》第3册，第420页。

③　丁培仁：《增注新修道藏目录》，成都：巴蜀书社，2008年，第210页。

④　《洞玄灵宝三洞奉道科戒营始》卷五，《道藏》第24册，第759页。该经题为金明七真撰，当出于唐初。参见 [法] Kristofer Schipper and Franciscus Verellen, eds., *The Taoist Canon: A Historical Companion to the Daozang* (Chicago: The University of Chicago Press, 2004), pp. 451—453.

七种炼化形神的道法。

据《七转七变舞天经》载:

> 第一之变,当先化身为云,召风超气,吐焰成烟,五霞冠匝,以变兆身,积感道降,上升太玄。……第二之变,当化身为光,映照室内,朗曜八荒,乘玄御虚,升入太空。……第三之变,当先使其身化为火精,精光流焰,烧炼身形,内外圆匝,从火反生,身被三炼,克登大清,唯使勤念,以招真灵。……第四之变,与气浮沉,炼身化水,九河为俦,引炁成涛,吐炁成流,制御蛟龙,召役水侯。……第五之变,当化身为龙,匡御五星,炼易形容,乘云宴景,上登玄官。……第六之变,当行出有入无之道,解形遁变流景之法。……第七之变,其法至精,纵体空洞,缠络七星,召风降云,啸叱群灵,吐内玄芝,改容炼形,皓华易色,朽齿更生,含真内发,万岁反婴,神州七转,乃升玉清。[①]

以上七种道法之间是层层递进的关系,其中"第七变"乃最高段位,修证至此,即可飞升玉清。七种道法盖以存想为主,以服符、诵咒、叩齿咽津为辅,如上文所谓"化身为云""化身为光"等,是指修道者存想"云气""日月精光"灌炼己身。文中"第三、四变"为火炼、水炼变形之道,即水火自炼之法。其中,"火炼"法行于甲午、丙午、戊午、庚午、乙卯、丁卯、己卯、辛卯等八日,"水炼"法则行于每月一、三、九、十八、二十七等五日。

《七转七变舞天经》"火炼"法大致有三个步骤:第一,行

---

① (东晋)《洞真上清神州七转七变舞天经》,《道藏》第33册,第547—550页。

者存想青烟之炁罩覆于顶，存左目"炎薰火光曜阳君"，右目
"赤圭耀灵通精玉女"，二神自双目出，上入顶上青烟之内，玄
光映照于顶。第二，叩齿诵咒，服"变景通光""神化七变炼
精"二符。第三，解衣散发，南首而卧，闭目存咽顶上青烟之
炁；次想口吐赤炁，并存火精灌己，身在火中，通体透热。遂南
向而立，存呼左目神赤精、右目神娥延，二神"共以大炎之烟
炼度"己身。① 该"火炼"法以存思双目之神为主，行者想象二
神以火烧炼己身，不难看出，这其实就是上清派传统的存神之
法。"火炼"的主要用途为役召六甲、飞升成仙，其称："此火
炼变形之道，能常思苦祝，行之七年，两目之中则生流电之
光。……役召六甲，回转天关，乘云御空，白日升晨。"② "六
甲"即六甲神，上清派认为存念六甲神名可以宣通七窍、祛疾
疗病，如《黄庭内景玉经注》卷下引《老子六甲三部符》称：
"甲子神王文卿，甲戌神辰子江，甲申神扈文长，甲午神卫上
卿，甲辰神孟非卿，甲寅神明文章。存六甲神名，则七窍开通，
元诸疾病。"③ 由此可知，《七转七变舞天经》"火炼"法旨在令
修道者通过变炼形神以招真通灵，进而证道成仙。

《七转七变舞天经》"水炼"法为第四变，也有三个步骤：
首先，行者存思九河帝君降下，入于己身脐下丹田宫。其次，存
五方五色之龙运神水灌注己身，服"命河九源宝章符"。再次，
北首而卧，存思己身乘五色之龙巡游于西海之中，游毕，遂存咽

---

① （东晋）《洞真上清神州七转七变舞天经》，《道藏》第 33 册，第 548—549 页。
② 同上，第 549 页。
③ （唐）梁丘子注：《黄庭内景玉经注》卷下，《道藏》第 6 册，第 535 页。

五方九炁。① 此"水炼"法的关键在于存思"九河帝君"安镇下丹田，经中宣称修行五年即可召役水官、乘云飞升。②

由以上不难发现，《七转七变舞天经》中的火炼与水炼属于早期上清派存神炼炁之法。修行者通过存想身中各部相应的神真，配以呼吸吐纳、叩齿咽津、祝咒服符诸法，以使身神安镇腑脏，并以炁之出入和合以淬炼形神。其"水火"的含义、出处以及用途与后世炼度仪尚有一定的区别，详如下。

第一，就"水火"的含义而言，《七转七变舞天经》是指修道者存想中的水、火二物，不同于炼度仪以阴阳二炁释"水火"，如《太极祭炼内法议略》释"水火"为"精神"，③ "精神"即法师体内的阴阳正炁。又如《灵宝玉鉴》卷一称："炼度者，以我身中之阴阳造化，混合天地阴阳之造化，为沦于幽冥者，复其一初之阴阳造化也。夫谓我身之阴阳造化者，神与气也。神为气之母，神动则气随也。所设有形之水火者，假天之象，地之形，日精月华之炁。又假诸符箓以神其变化，使死魂复得真精合凝之妙，而仙化成人也。"④ 这里有两种"水火"：其一，指法师身中"阴阳造化"，即阴阳二炁。其二，指"有形之水火"，即炼度坛场所设水、火二池，象征日精月华。行炼时，法师要将身中阴阳内炁与天地阴阳之炁相混合布入坛场水池、火沼以变降真水火，存想亡魂于其中澡炼更生。

第二，就"水火"的出处而言，《七转七变舞天经》的"水

① "五方九炁"指东、南、西、北、中五方各有九炁。(东晋)《洞真上清神州七转七变舞天经》，《道藏》第33册，第549页。
② (东晋)《洞真上清神州七转七变舞天经》，《道藏》第33册，第549页。
③ (宋)郑所南：《太极祭炼内法议略》卷中，《道藏》第10册，第455—456页。
④ (宋)《灵宝玉鉴》卷一，《道藏》第10册，第145页。

火"分别对应下丹田和双目，如"水炼"法存思"九河帝君"
镇于丹田，该帝君"治在扶桑旸谷清水上宫"，① 为九河之象征，
下应人体脐下丹田宫。"火炼"法则存思双目神以火烧炼己身，
其"火"源于双目。而炼度仪之"水火"通常出自肾、心二宫，
以肾宫或两肾中间为水府，以心宫或绛宫为朱陵火府。②

　　第三，就"水火"的用途而言，《七转七变舞天经》中的
"火炼""水炼"属于道徒自炼之法，用以招真通灵、登真证仙，
如修"火炼"法可役召六甲神，修"水炼"法则可召役水官、
河伯等，而炼度仪则兼有自炼与炼亡双重用途。也就是说，两种
"水火炼"皆可用于自炼，但在具体用途上仍存在差别，前者为
通真之法，后者用于内炼阳神。炼度仪主张炼度者以自炼元阳作
为救度亡魂的前提，某些炼度仪甚至将"自炼"与"炼亡"合
二而一，一次炼亡即是一次自炼，如《太极祭炼内法议略》卷
中云："今此之祭炼法，专以我先深潜静定，炼毓阳神，然后密
运至诚，祭炼阴鬼，当合二者通为一片精密工夫也。"③

　　由以上不难看出，早期道教"炼度"的实质不同于后世炼
度仪，它们之间似乎并不存在必然的、前后相续的生成关系。④
不过，早期"炼度"说中以"水火"变炼阴尸之性和通过"水
火"自炼以致真通灵，这两类道法蕴含的炼亡成仙与自炼证真
的观念在后世炼度仪中得到了统一。在炼度仪中，法师以水火自
炼元阳进而炼亡，即是早期道教水火自炼与水火炼尸两种观念结

　　① （东晋）《洞真上清神州七转七变舞天经》，《道藏》第33册，第549页。
　　② （宋元）《灵宝无量度人上经大法》卷三五，《道藏》第3册，第800页。
　　③ （宋）郑所南：《太极祭炼内法议略》卷中，《道藏》第10册，第448页。
　　④ 谢世维：《大梵弥罗：中古时期道教经典中的佛教》，台北：台湾商务印书
馆，2013年，第71—116页。

合之反映。但是应当看到，这只是概念上的借鉴，后世"水火炼度"的含义、用途及仪法内容较之前已有本质上的变化。下文将对宋代炼度仪的概况、特点及其与某些早期道法的关联展开讨论。

## 第二节　宋代炼度仪概述

### 一　两宋炼度仪概况

学界通常认为炼度仪形成于北宋末。该仪式究竟由何派首创，据现存材料仍难以定论。由前贤的考证可知，北宋末年神霄、上清、灵宝、天心诸派道书中均有炼度仪的记载。柳存仁先生注意到"神霄金火天丁大法"中有摄召、破狱、施食、水火炼等内容，该法由"火师传与玉真教主林侍宸"，[①] 据此推断北宋末已出现炼度仪。[②] 卿希泰先生根据《高上神霄玉清真王紫书大法》的记载，认为北宋末神霄派已有炼度仪。[③] 陈耀庭先生据金允中《上清灵宝大法》中的线索，[④] 推断茅山宗师刘混康对炼

---

① （元）《道法会元》卷一九八，《道藏》第30册，第258页。按：林侍宸即林灵素，是北宋末神霄派重要代表人物。
② 柳存仁：《和风堂文集》中册，上海：上海古籍出版社，1991年，第771页。并参（元）《道法会元》卷一九八、二〇二、二〇三、二〇四，《道藏》第30册，第258、281、294、297、300页。
③ 卿希泰主编：《中国道教史》第3册，成都：四川人民出版社，1996年，第794页。
④ （宋）金允中：《上清灵宝大法》卷三七，《道藏》第31册，第582页。

度仪的发展有过某些影响。① 刘混康（1035—1108）为茅山宗第二十五代宗师②，这说明北宋末上清茅山宗已有炼度仪。李志鸿《道教天心正法研究》注意到两宋之际天心派已有"三光炼度"，并对《无上玄元三天玉堂大法》③ 中的"生身受度"仪和"三光炼度"法作了介绍。由上可知，在炼度仪的形成过程中，神霄、上清、灵宝、天心等道派都曾起到一定的推动作用。

南宋以降，炼度仪得以迅速发展，这一时期多部科仪著述记载了数种炼度仪法。如《灵宝玉鉴》、金允中《上清灵宝大法》、王契真《上清灵宝大法》、蒋叔舆《无上黄箓大斋立成仪》、郑所南《太极祭炼内法》《灵宝无量度人上经大法》等，诸书提及的炼度仪可谓品目繁多、程序复杂。就品目而言，有南昌炼度、灵宝炼度、灵宝大炼、灵宝九炼返生仪、九炼生尸、九天炼度、三光炼度、五芽炼、太极祭炼、十二混元仪、九阳梵炁炼、上清南宫炼度幽魂仪、上清南宫水火冶炼度命仪、元始灵宝自然九天生化超度阴炼等。就程序而言，这些仪式盖以"水火炼"为核心，有先水后火、先火后水、水火交炼等类型。此外，其仪法内容亦不尽一致，如炼度坛场的布置，符咒罡诀的使用，存变的炼度神真以及"水火"所涉炁法皆有一定的差异。总之，南宋以后炼度仪呈现出多样化的发展趋势。导致这一趋势的原因大致有

---

① 陈耀庭：《道教礼仪》，北京：宗教文化出版社，2003 年，第 107 页。

② （元）刘大彬：《茅山志》卷一一，《道藏》第 5 册，第 605 页。

③ 据李志鸿考证，《无上玄元三天玉堂大法》很可能是由路时中与南宋名臣翟汝文共同编写完成，其最终成书时间当为南宋绍兴戊寅（1158）之后。参见氏著：《道教天心正法研究》，北京：社会科学文献出版社，2011 年，第 37—49 页。丁培仁先生指出，路时中是徽宗朝天心派的著名道士，主要活跃于两宋之际，其所撰《玉堂大法》亦当成书于这一时间段。参见氏著：《元前道派研究》，成都：四川人民出版社，2014 年，第 343—344 页。

两点：其一，两宋之际出现了诸多"以法为派"的新道派，[①] 诸家道法理论各有侧重，导致其科仪程序及内法上的差异。其二，受地域风俗及民间信仰的影响。宋室南移后，统治阶层鉴于宋徽宗崇道误国的教训，对道教实行抑制与扶植并重的宗教政策。[②] 道教的主要舞台已从上层社会移至民间，其世俗化趋势愈益明显。[③] 道教的生存与发展，不仅要得到官方的认可，更重要的是要为民众提供与当地信仰习俗相适应的宗教服务。为此，道教需要不断地调适自身与地方民间信仰的差异，以使道教在地方宗教市场中占据一席之地。正是这种为了自身生存与发展所作的调整，使道教科仪呈现出鲜明的地域性特点，造就了道教仪式的多样性、复杂性，炼度仪亦然。

综上所述，炼度仪在宋代的发展可概括为两个阶段：一是北宋末年，为炼度仪产生、形成阶段；二是南宋以后，为炼度仪迅速发展之阶段。就其形成阶段看，北宋末的上清、灵宝、神霄、天心等派都对炼度仪的产生有过推动作用，其中影响最大的当是灵宝、上清两大传统道派，详如下。

---

① 陈文龙：《"法"与宋元道教的变革——评〈道教天心正法研究〉》，《世界宗教研究》2012 年第 4 期，第 180 页。

② 卿希泰、唐大潮：《道教史》，南京：江苏人民出版社，2008 年，第 192—212 页。

③ 刘浦江：《宋代宗教的世俗化与平民化》，《中国史研究》2003 年第 2 期，第 124—128 页。

## 二　灵宝、上清二派对炼度仪之影响

### （一）灵宝派对炼度仪的影响

#### 1. 葛仙公创祭炼法之说

关于炼度仪的产生，宋元道教常见的说法是"葛仙公创祭炼法"。"葛仙公"即汉末三国之际的道士葛玄，"祭"指施食祭亡，"炼"则指水火炼亡。在宋元道书中"祭炼"与"炼度"同义，如《太极祭炼内法议略》卷下称："太极炼度，其始本出于灵宝法，以此法简易，原于太极葛仙公之派，因曰'太极祭炼'。"① 又如金氏《大法》卷一三《济炼幽魂品》称："近者传行祭炼之法，皆称'葛仙翁祭炼'；或者又去仙翁字，而止称'太极祭炼者'尤为碍理。"② 尽管这是金允中对"太极祭炼"的批评之语，他主张"太极"二字应配以仙翁真人之称，不可单独使用。但从中可以发现，认为太极祭炼出自灵宝而由葛仙翁传行于世的观念在南宋道门内部较为盛行。此外，还有部分道书宣称"葛仙公"因祭炼幽魂而证入仙班。如《道法会元》卷二〇七《太极葛仙翁施食法》称："仙公葛真君训曰：吾以祭炼得道，悯念幽魂受苦。"③《玉清无极总真文昌大洞仙经注》卷三云："晋代许旌阳、吴葛仙翁，皆以祭炼孤爽鬼神而冲举成仙。"④ 事实上，无论是葛仙公创祭炼法，还是葛仙公因祭炼幽

---

①　（宋）郑所南：《太极祭炼内法议略》卷下，《道藏》第 10 册，第 460 页。

②　（宋）金允中：《上清灵宝大法》卷一三，《道藏》第 31 册，第 412 页。

③　（元）《道法会元》卷二〇七，《道藏》第 30 册，第 306 页。

④　（元）卫琪注：《玉清无极总真文昌大洞仙经注》卷三，《道藏》第 2 册，第 621 页。

魂而道,这两种说法皆为后人托古附会之辞。不过,南宋以降道门中人将"葛仙公"与"祭炼法"相联系的做法,暗示着灵宝派及灵宝法在祭炼仪的形成与发展过程中很可能扮演了重要角色。通过考察宋代科仪文献可以发现诸多炼度符、咒,甚至是仪法名称皆与早期灵宝经相关,详如下。

2. 早期灵宝经与炼度仪之关联

与宋代炼度仪关联甚密的早期灵宝经主要有《灵宝无量度人上品妙经》《洞玄灵宝自然九天生神章经》。宋代道教继承两部经典中的相关概念,调整或改变了经中原有仪法,将其灵活地运用于炼亡仪式中。

(1)《度人经》与炼度仪

《度人经》对炼度仪的影响主要表现为以下三个方面:

第一,宋代诸多炼度仪直接将《度人经》的经文用作祝咒之语或符篆告文。如蒋叔舆《无上黄箓大斋立成仪》卷三一《上清南宫炼度幽魂仪》"生天宝篆"的祝文曰:"元始符命,时刻升迁;北都寒池,部卫形魂。制魔保举,度品南宫;死魂受炼,仙化成人。生身受度,劫劫长存;随劫轮转,与天齐年。永度三途五苦八难,超凌三界,逍遥上清。"[①]"生天宝篆"乃亡魂皈依道教的凭证,常用于"水火炼"之后。该祝文出自《度人经》卷一《元始无量度人上品妙经》。[②]这段文字在宋代炼度仪

---

① (宋)蒋叔舆:《无上黄箓大斋立成仪》卷三一,《道藏》第9册,第566页。
② (东晋)《灵宝无量度人上品妙经》卷一,《道藏》第1册,第3页。

中的出现频率很高，广泛用于破狱、① 摄召、② 宣戒授箓、③ 超
度④等仪节。以破狱为例，如王氏《大法》"太上太极九地内音
三阳开光真符"告文称："告下九地九垒土皇幽关主者，救拔亡
过某等魂，制魔保举，度品南宫；死魂受炼，仙化成人。生身受
度，劫劫长存；随劫轮转，与天齐年。永度三途五苦八难，超凌
三界，逍遥上清，一如告命。"⑤ "三阳开光符"主要用于破狱拔
幽。行仪时，法师焚符并宣读告文，敕令九地九垒幽府主者开释
众魂、脱离幽冥。

　　第二，重用《度人经》卷一《灵书中篇》。《灵书中篇》题
为道君撰，乃三十二天隐名秘讳，⑥ 最初为道徒修真之用。⑦ 宋
代炼度仪将《灵书中篇》用于破狱、变食、超度等仪节，行用
方式有书、诵、焚三种，如《灵宝玉鉴》卷二九"造策杖式"
称："凡造策杖，须择名山福地，净域灵墟，用吉日取向阳甘竹
一枝，长五尺五寸，通有九节者。……于第三节下，四面开窍，
以纳五岳内形符，又实以《灵书中篇》，各以黄蜡封固。"⑧ "策
杖"用于通真致灵、破狱摄魂，杖内须封入"五岳内形符"和

---

① （宋）王契真：《上清灵宝大法》卷四一，《道藏》第 31 册，第 60 页。
② （宋）蒋叔舆：《无上黄箓大斋立成仪》卷二九，《道藏》第 9 册，第 550 页。
③ （宋）《灵宝玉鉴》卷二五，《道藏》第 10 册，第 323 页。
④ （宋元）《灵宝无量度人上经大法》卷六八，《道藏》第 3 册，第 1033 页。
⑤ （宋）王契真：《上清灵宝大法》卷四一，《道藏》第 31 册，第 60 页。
⑥ （东晋）《灵宝无量度人上品妙经》卷一，《道藏》第 1 册，第 6—7 页。
⑦ （南齐）严东注《灵书中篇》称："此篇之文，有二百五十六言，字方一丈，
八角垂芒也。一者分置三十二天，天有八字以消不祥，成济一切；二者将书玄都及
天宫门户楼观之上，若有修服其字，则升其处，摄召十方众仙也。此道君自标于题
目之下也。元始灵书者，即元始天尊灵书八会之音也。在三十二天之中，既事理关
涉，故编撰此。"（宋）陈景元集注：《元始无量度人上品妙经四注》卷四，《道藏》
第 2 册，第 240 页。
⑧ （宋）《灵宝玉鉴》卷二九，《道藏》第 10 册，第 335—336 页。

《灵书中篇》。破狱时，法师持杖敲击地面以示叩开狱扃，存想众魂出离幽狱。《灵书真篇》的用途由道徒修真进一步拓展至度亡领域。

《灵书中篇》还被用于变化法食。《太极祭炼内法议略》卷下称："今法只用《灵书中篇》，变食则十方虚空，尤为普遍。亦当想变食处，其食上拄天，下拄地，周遍法界。《灵书中篇》乃三十二天之秘语，诵之则此食自然溥遍于四方四维，三十二天之下。"① 显然，这是将《灵书中篇》用作"变食"之咒，法师通过诵念《中篇》及存想布氛等方式变化无量法食以济度众魂。又如《丹阳祭炼内旨》称："默念《元始灵书中篇》、玉皇宝号、太一睿号，不计多寡。存五方金光红玉之氛布于食上，其食广大，充天塞地，异香馥郁，无量无边。"② 可知《灵书中篇》在炼度仪中还被用作变食咒祝。

《灵书中篇》也被用于超度环节。如《灵宝无量度人上经大法》卷六二"灵宝升天合同真券"，此券用于"混元阴炼"的结束仪节，由法师焚烧之，以示亡魂获度升举。券分左右，左券上须书《灵书中篇》《三皇内文》等内容，其"灵宝升天左券"告文称："太上撰次降自《元始灵书玉清中篇》，面书'大梵隐语'六十四句，背书《三皇内文》六十八字。"③ "大梵隐语"是指《灵书中篇》中的"诸天中大梵隐语无量之音"④，即从东方八天"亶娄阿荟，无想观音"起，到北方八天"元梵恢漠，

① （宋）《太极祭炼内法议略》卷下，《道藏》第 10 册，第 459 页。
② （元）《道法会元》卷二一〇，《道藏》第 30 册，第 314—315 页。
③ （宋元）《灵宝无量度人上经大法》卷六二，《道藏》第 3 册，第 967 页。
④ （东晋）《灵宝无量度人上品妙经》卷一，《道藏》第 1 册，第 6—7 页。

幽寂度人"止，诸天隐语乃四字一句，共计六十四句，法师要
将《中篇》三十二天隐名书于券上以超度亡魂。又如金氏《大
法》卷一三称："今谨焚化生天宝箓、酆都山形、灵书中篇、冥
财等用。各请当坛祗领，执诣受生，合属曹局，证品超生。"①
这是说，法师在度亡升举时需焚烧《灵书中篇》、生天宝箓、酆
都山真形图及纸钱等。

　　宋代炼度仪常用"玉眸炼质"表示"火炼"，以"黄华荡
形"指称"水炼"。比如，王氏《大法》卷五九"九天炼度"
称："次第引魂入炼，魂入火沼，真阳融化，魂如火枣。次引魂
入水池，荡涤凡尘，身有光明。此乃'玉眸炼质，黄华荡
形'。"② 这种以"玉眸""黄华"分别对应火炼、水炼的观念在
《度人经》唐代注本中已经出现。值得一提的是，还有部分"先
火后水"类炼度仪是直接以《度人经》唐注中的"玉眸炼质、
黄华荡形"之说作为其行炼的依据。如《道法会元》卷二四五
"炼度诀"称："先火而后水者，盖本经中有玉眸炼质、黄华荡
形之说，岂若夫天一生水、地二生火之论，实为深长。"③ 前文
提到，"水火炼"一般按照"先水后火"或"先火后水"之序
行炼，某些仪式还设有"水火交炼"一节。"炼度诀"指出，
"先火后水"依据的是"本经"中的"玉眸、黄华"之说，而
"先水后火"较前者更契合"天一生水"造化相生之义。这里的
"本经"即《灵宝无量度人上品妙经》，该经共六十一卷，惟卷

---

①　（宋）金允中：《上清灵宝大法》卷一三，《道藏》第31册，第418页。
②　（宋）王契真：《上清灵宝大法》卷五九，《道藏》第31册，第251页。
③　（元）《道法会元》卷二四五，《道藏》第30册，第516页。

一为本经，出自东晋末，后六十卷为北宋末神霄派道士敷衍而成。① 确切地说，"玉眸炼质、黄华荡形"并非出自《度人经》卷一，而是出自唐人对《度人经》的注解中。

唐代李少微注《度人经》卷一"南焖洞浮，玉眸诜诜"②曰："南焖者，南方有流火之庭，广七万里，飞焰焕乎八方也。洞浮者，洞阳之宫，流火之炁，炎而浮流也。玉眸者，流火之膏，炼身体则生玉光，明如眸子，故曰玉眸。南极真人理于宫内，诸学人始得道者，皆诣流火之庭。南极真人则以火膏洗炼，荡除尘垢，得与真人为侣。"③ 由此可见，在李注中已将"玉眸"象征火炼，只是此"火炼"之义有别于炼度之"火炼"。在李注中，惟有得道之人方可升入"流火之庭"，得南极真人以"火膏洗炼"。而在炼度仪中行炼主体为法师，火炼对象为亡魂，其"真火"有两种：第一种为"外象之火"，指炼度坛场火沼之火。这类"真火"有专门的取火布炁之法，如王氏《大法》卷五九载："凡欲取阳精真火，先以杨柴炭、用苦竹，当日午面日，截竹取火，下用印香引之，俟火著，却以绯纸朱书'请火符'，掐巳文，取东南炁入，以符引火烧炭用之。诀曰：兆回视左肩，想心中赤龙，自左耳出，右眼流火光，肩背龙乘火飞上入火中，此

① ［美］司马虚著，刘屹译：《最长的道经》，《法国汉学》第7辑，北京：中华书局，2002年，第188—211页。［法］Kristofer Schipper and Franciscus Verellen, eds., *The Taoist Canon: A Historical Companion to the Daozang* (Chicago: The University of Chicago Press, 2004), pp. 214—215. 丁培仁：《增注新修道藏目录》，成都：巴蜀书社，2008年，第82页。

② （东晋）《灵宝无量度人上品妙经》卷一，《道藏》第1册，第6页。

③ （宋）陈景元集注：《元始无量度人上品妙经四注》卷四，《道藏》第2册，第243页。

是真火耶。"① 文中的"面日取火"表示法师将太阳真精寓于凡火之中，"心中赤龙"一句是指法师将体内阳炁（赤龙）布注于火。也就是说，法师以"太阳精炁"与"身中阳炁"化"凡火"为"真火"，此"真火"乃有形之火，须盛于火沼（一般为圆形香炉）中。行仪时，法师存想亡魂入火沼冶炼魂神。第二种"真火"指法师身中正阳之炁，乃无形之火，如《太极祭炼内法》卷上云："存想两肾中间一点真炁，须臾如大红日轮，注视良久，水火交媾，玉池水升，其日轮竟升于绛宫，发灿烂流金之火，即见飞焰化成大火，遍空炎炎，一切幽魂其喜悦入火冶炼。"② 不难看出，这一火炼过程率为内事，其"火"乃正阳之炁，源于下丹田（两肾中间）而发于绛宫（心府），是法师内炁升降运转之产物。

唐人注解《度人经》卷一"三官九署，十二河源"时提到了"东井黄华""黄华炼度"等概念。唐代成玄英注云："此明黄水月华炼度死魂之事。十二者，年中十二月也。河源者，河即天河也。天有二十八宿，东井星是天河之源，众水之泉，月为太阴之精，诸水之母。月行则每月一周天，皆经东井，吐水灌注，故云十二河源。若死魂受生，皆蒙黄水炼度，以成真仙。"③ 所谓"黄水月华"，是指井宿之炁与太阴真精相激而成之黄色水华。注文中明确提到以"黄水月华"炼度亡魂，表明唐代已将"黄华"与"水炼亡魂"联系起来，这种观念亦为宋代炼度仪所

---

① （宋）王契真：《上清灵宝大法》卷五九，《道藏》第 31 册，第 252 页。
② （宋）郑所南：《太极祭炼内法》卷上，《道藏》第 10 册，第 445 页。
③ （宋）陈景元集注：《元始无量度人上品妙经四注》卷二，《道藏》第 2 册，第 211 页。

继承。在宋代,"黄华"一词屡见于水炼诸符诰、祝咒①以及"取真水"②法中,俨然成为"水炼"的代名词。不过,炼度仪中的"黄华真水"有两种:第一种,指"井华水",即月临井宿之日,法师于井宿方的水井处所取之水。取水时,一般还有焚符、诵咒、存想布炁诸法。行炼时,法师将"井华水"盛入水池(一般为方形器皿),存想亡魂于池中澡炼。第二种"黄华真水"是指法师存炼内炁的产物,如《太极祭炼内法》卷上云:"须臾,觉真水自顶中流于舌上而下,满口甘润香美,是自己黄华真水也。即见满前化成汗漫黄色水华之水,其水自然无边无际,一切幽魂皆在其中炼育精髓。"③不难看出,这种"黄华真水"即法师内炁所化之津液。

由以上可知,宋代道教延续了《度人经》唐代注本中以"玉眸""黄华"对应火炼、水炼的观念,并以之作为"先火后水"类炼度仪的行炼依据。同时,宋人在《度人经》唐注本"水火炼"的基础上,衍生出新的"水火炼度"的概念及相应的一套仪法。

(2)《洞玄灵宝自然九天生神章经》与炼度仪

《洞玄灵宝自然九天生神章经》一卷,约出于东晋,系古灵宝经之一。该经由《三宝大有金书》《九天生神章》两部分组成,经中宣称《九天生神章》具有坐致自然、与道合真、开度

---

① (宋)蒋叔舆:《无上黄箓大斋立成仪》卷二七,《道藏》第9册,第541—542页。(宋)宁全真授,(元)林灵真编:《灵宝领教济度金书》卷一三〇,《道藏》第7册,第599页。

② (宋)王契真:《上清灵宝大法》卷五九,《道藏》第31册,第251—252页。(宋)宁全真授,(元)林灵真编:《灵宝领教济度金书》卷二八三,《道藏》第8册,第498页。

③ (宋)郑所南:《太极祭炼内法》卷上,《道藏》第10册,第445页。

幽爽诸种非凡效力，并将讽诵《九章》作为一种重要的修真之法。① 《九天生神章经》对炼度仪的影响主要表现在两个方面：其一，将《九天生神章》融入炼度仪中，比如，法师通过讽诵《九章》或焚"九炼符"为亡魂缠布"九天之炁"，令其身神整俱、炁变明阳。或将《九天生神章》用作"升天法桥"超度亡魂。其二，宋代"九天炼度"就是以《九天生神章经》为蓝本而创设的一种炼度科仪，详如下。

《九天生神章经》蕴含生亡两度的观念，尤重度生，重在阐释道徒修诵该经以自度证真。宋代以后，《九天生神章经》的度亡功能得以进一步发展，这充分体现在炼度仪中。据《太极祭炼内法议略》卷下载："《生神章》深益于亡者。……须是依本经序谓：长斋不关人事，诸尘漏尽，夷心默念，乃能生亡者之神。"② 其"长斋不关人事"一句出自《九天生神章经》，这段话原本讲的是道徒诵咏《九章》以自炼身神，并无"生亡者之神"的说法。③ 而《太极祭炼内法》则将诵章自炼演绎为诵章炼亡。在宋代，有相当一部分炼度仪设有诵"九章"、焚"九炼符"等环节，如金氏《大法》卷三七《水火炼度品》在水火炼、五芽炼之后，④ 法师还要借助"九章""九符"为亡魂请降九天正炁，以令其五体聚神、仙化更生。这里的"九章"即《洞玄灵宝自然九天生神章经》中的"九天生神章"，"九符"即"九天生神章符"，是后世道教根据《九天生神章经》而创制的一类

---

① （东晋）《洞玄灵宝自然九天生神章经》，《道藏》第 5 册，第 844 页。
② （宋）郑所南：《太极祭炼内法议略》卷下，《道藏》第 10 册，第 462 页。
③ （东晋）《洞玄灵宝自然九天生神章经》，《道藏》第 5 册，第 844 页。
④ "五芽炼"是宋代常见的炼度法之一，主要以"五方生炁"炼化亡魂。相关内容详见本书第三章第二节。

道符。宋代"九炼符"有数种，如"九阳符""九阴符""生神
九章符""灵宝九炼符"等。尽管这些道符的名称、符形并不尽
一致，但它们皆以《九天生神章经》立论，各种符的数量都是
九道，以象征九天、九帝、九炁。此外，还有炼度仪是将《九
天生神章经》用作"升天法桥"超度亡魂，如王氏《大法》卷
五三称："其桥上仍安《九天生神章》一卷。……存火铃满地，
照耀天界，光明夺日。次云：兴此大法桥，想《经》为长桥，
亡魂升阳光而升天。"① 文中的"《经》"就是《九天生神章经》，
法师存变该经化为法桥以升度亡魂。

　　并且，宋代有一类"九天炼度"就是依据《九天生神章经》
所创。② "九天炼"，亦称"阴尸九炼""九天仙炼""九炼生尸"
等，一般行用于水火炼之后。这类仪式的用法有二：其一，独立
成科。如王氏《大法》卷五九"九天炼度"由水火炼和九章炼
两部分构成。③ 其二，作为其他炼度仪的一个仪节，这种情况比
较常见。如《玉堂大法》"三光炼度"就是按照水火炼、水火交
炼、九天仙炼之序行事。④ 又如金氏《大法》卷三七《水火炼度
品》由水火炼、五芽炼、九天炼组成。⑤ "九天炼度"的主要内
容有诵《九章》、焚"九炼符"以及存布九炁灌炼亡魂，⑥ 其目

---

① （宋）王契真：《上清灵宝大法》卷五三，《道藏》第 31 册，第 196 页。
② 宋代有两种"九天炼"，第一种是以《洞玄灵宝自然九天生神章经》为依
据，主张以"九天九阳之炁"炼亡成仙；第二种是以"九阳梵炁"炼度亡魂。前者
属灵宝法，后者出自神霄法。
③ （宋）王契真：《上清灵宝大法》卷五九，《道藏》第 31 册，第 250—251 页。
④ （宋）路时中：《无上玄元三天玉堂大法》卷一八，《道藏》第 4 册，第
57—63 页。
⑤ （宋）金允中：《上清灵宝大法》卷三七，《道藏》第 31 册，第 582—597 页。
⑥ 关于"九天炼度"的具体仪法详见本书第三章第二节。

的旨在炼亡成仙。据《玉堂大法》卷一八"九天仙炼法"载：
"九炼者，乃自太始结形，至于形全体具，内外成真之法也。若
不得此法，则胞胎结滞，死炁固根。故仙炼之法须当行也。"①
这里明确将"九天炼"称为仙炼之法，意在表明亡魂禀受九炁
而超升成仙。类似的说法亦见于《灵宝五经提纲》，其称："仰
惟《九天生神章经》，乃三洞飞玄之炁，结空成梵，自然成文，
所以能开天地、生人物者也。……九，阳数也，纯阳者仙，纯阴
者鬼，真人以阳消阴，则升天而为仙，众人以阴消阳，则入地而
为鬼。既为鬼则受拷酆都，魂神荡散，非藉《神章》以摄其游
爽，则无由自拔于长夜，而返阳明之域。是故炼度家最重斯文
者，盖以此也。"② 这是说，《九天生神章经》为三洞飞之炁所
化，寓有九天真阳之炁，世人修此九阳之炁则为仙，失九阳之炁
则为鬼。因此，炼度仪特别重视《九天生神章》开度亡魂之功
能，认为亡魂须受九炁荡炼，方能重返阳明之域，转阴尸为胎仙
之质。需要补充的是，"九天炼"通常行于"水火炼"之后，两
种炼法的侧重点略有差异，"水火炼"旨在以阴阳正炁为亡魂聚
其魂魄、复其神明，而"九天炼"旨在以九阳之炁灌炼亡魂，
令其返胎易形、超凡入圣。

　　由上可知，《洞玄灵宝自然九天生神章经》是一部对宋代炼
度仪影响较大的古灵宝经。一方面，宋代道教将经中九天、九
帝、九炁、九章等概念融入炼度仪中，进一步拓展了该经的度
亡功能。另一方面，宋人依据该经创设出"九天炼度"之法，
以之作为"水火炼"的补充，旨在炼亡成仙。

---

① （宋）路时中：《无上玄元三天玉堂大法》卷一八，《道藏》第4册，第60页。
② （宋）《灵宝五经提纲》，《道藏》第9册，第858页。

### （二）上清派自炼之法与炼度仪的联系

早期上清派的修行方法主要有存神、服符、炼冘、导引诸法，其中某些道法亦为宋代炼度仪所吸纳。这主要表现在两个方面：一是宋代道教将早期上清派自炼诸符转用于炼亡仪式中；二是炼度仪中的"取真水"法和"沐浴"仪节应当是从早期上清派"井华沐浴"之法演变而来。

#### 1. 服符自炼与焚符炼亡

服符炼冘历来为道门所重，东晋上清经中已有服符、存神以"炼度"形神之说。① 宋代以后，早期上清派的某些自炼用符亦用于炼度仪中。据金氏《大法》卷三七载："炼度之仪，古法未立。虽盛于近世，然自古经诰之中，修真之士莫不服符请冘，内炼身神。故刘混康先生谓生人服之可以炼神，而鬼魂得之亦可度化，是炼度之本意也。"② 这是说，炼度仪乃"近世"（宋代）新出科仪，是从早期道教"服符请冘，内炼身神"之法发展而成。上文刘氏之言阐明了炼度的本意："炼"是指道徒服符内炼身神，"度"则指以符度化亡魂。这说明道符是炼度仪的重要法器，具有自炼与炼亡双重用途。宋代道书收录的炼度诸符多达近百种，甚至一种炼度仪就会用到数十种符，其中某些常见符品，如"石景水母符""阳精玉胎炼仙符""黄冘阳精洞明符"③ "生

---

① （东晋）《洞真上清神州七转七变舞天经》，《道藏》第33册，第549页。
② （宋）金允中：《上清灵宝大法》卷三七，《道藏》第31册，第582页。
③ "黄冘阳精洞明符"（亦名"丹阳符"）出自东晋《洞真上清青要紫书金根众经》，原本是上清派道徒沐浴自炼用符。宋代以后，该符常用于炼度中的"沐浴"仪节。

神九章符""九阴符""九天生神宝符"① 等皆出自早期上清经。

　　以"石景九炼水母符"为例，该符出自东晋《洞真太上八素真经服食日月皇华诀》"采日华飞根之道"②，最初是上清派道徒自炼五脏用符。在宋代，该符成为炼度仪中最常见的一种水炼符，用于水炼亡魂，详见图1—1至1—5。

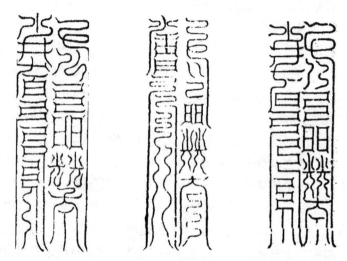

图1—1 《日月皇华诀》　　图1—2 《灵宝玉鉴》　　图1—3 《度人经大法》
　"石景九炼水母玉符"③　　"上清石景水母玉晶符"④　　"石景九炼水母玉符"⑤

　　① "生神九章符""九阴符"各有九道，均出自东晋《太上玉佩金珰太极金书上经》。"九天生神宝符"亦有九道，出自晋末《洞真太上上清内经》，经中宣称道徒身佩"九符"，默诵"九天"内讳，即可证入仙阶。宋代以后，这些道符常用于"九天炼度"，旨在请降九天之炁以炼化亡魂。相关内容参见本书第三章第二节。
　　② （东晋）《洞真太上八素真经服食日月皇华诀》，《道藏》第33册，第478页。
　　③ 同上。
　　④ （宋）《灵宝玉鉴》卷三九，《道藏》第10册，第407页。
　　⑤ （宋元）《灵宝无量度人上经大法》卷六八，《道藏》第3册，第1026页。

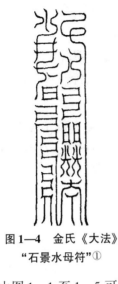

图1—4　金氏《大法》　　　　图1—5　《济度金书》
"石景水母符"①　　　　　"石景水母炼真玉符"②

由图1—1至1—5可见，《日月皇华诀》"石景九炼水母符"的符形与宋元炼度仪所用"石景水母符"基本一致，惟符名略异。在《日月皇华诀》中，修道者通过吞服该符及存思日精以内炼五脏之气，其称："石景九炼水母玉符，朱书青纸，著水中、兼行事之日，悉朱书青纸，西向服之一枚。行此道，慎殗秽，勿食五荤，令五藏清香，必纳真灵也。"③宋代以后，该符的用途有明显变化，主要用于水炼亡魂，如《灵宝玉鉴》卷三九云："右符（上清石景水母玉晶符）太阴流辉，灌注亡魂内合。"④这里的"太阴"是指月华，"太阴流辉"表示符中寓有

①　（宋）金允中：《上清灵宝大法》卷三七，《道藏》第31册，第596页。
②　（宋）宁全真授，（元）林灵真编：《灵宝领教济度金书》卷二七○，《道藏》第8册，第359页。
③　（东晋）《洞真太上八素真经服食日月皇华诀》，《道藏》第33册，第478页。
④　（宋）《灵宝玉鉴》卷三九，《道藏》第10册，第407页。

太阴真精，而《日月皇华诀》中的"石景水母符"是用于"采日华飞根"，乃日华之象征。炼度仪在使用"石景水母符"时涉及一套复杂的存思之法。如《度人经大法》卷六八称："存月中有五色流精下降池中，想亡魂身有阳光，照满十方，玉光莹洁，相貌端严。法师默存黄华荡形天尊、朱陵度命天尊、石景水母大神下符。"① 这里讲的是，法师在焚用"石景九炼水母玉符"时既要存布月华精炁于水池，还要存想炼度诸神降于符中，其存想内容明显有别于《日月皇华诀》中存引日精灌炼五脏之说。②

《日月华皇华诀》"采月皇华之道"中的"阳精玉胎炼仙符"在宋代亦演变为一种火炼用符，参见图1—6至1—9。

图1—6 《日月皇华诀》
"阳精玉胎炼仙符"③

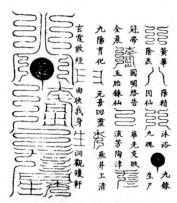

图1—7　王氏《大法》
"阳精玉胎炼仙符"④

① （宋元）《灵宝无量度人上经大法》卷六八，《道藏》3 册，第 1026 页。
② 《洞真太上八素真经服食日月皇华诀》"采日华飞根之道"称："冥目思见日中五色流霞，皆来下接绕一身，五色流霞之中，自复有紫气大如目童者，累重数十圆，焕耀五色之内，与五气俱来，下入兆口中，便引气四十五咽"，《道藏》第 33 册，第478 页。
③ （东晋）《洞真太上八素真经服食日月皇华诀》，《道藏》第 33 册，第 479 页。
④ （宋）王契真：《上清灵宝大法》卷五〇，《道藏》第 31 册，第 160 页。

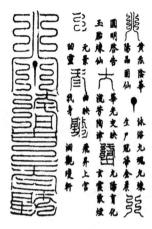 

图1—8 《度人经大法》　　　图1—9 《济度金书》
"玉胎炼仙符"①　　　　"阳精玉胎炼仙真符"②

就符名而言，以上诸符可谓大同小异。从符形上看，《济度金书》与《日月皇华诀》最为接近，而王氏《大法》《度人经大法》所载与《日月皇华诀》略有差异。《日月皇华诀》"阳精玉胎符"左符脚记为"日"，王氏《大法》《度人经大法》则记作"星"。王氏《大法》和《度人经大法》二符中有一类似火铃之图形●，此图当为宋人所增衍。

就用途而言，在《日月皇华诀》中道徒通过吞服"阳精玉胎符"与存思月华以灌炼五脏，其称："存月中五色流精，皆来冠接一身，五色之中，又有月光黄气大如瞳，累重数十，在月精五色之内，并从口中而入洞房，匝五藏，便向月吞精五十咽。

---

① （宋）《灵宝无量度人上经大法》卷六八，《道藏》第3册，第1028页。
② （宋）宁全真授，（元）林灵真编：《灵宝领教济度金书》卷二七〇，《道藏》第8册，第359页。

……东向服'阳精玉胎炼仙符'。"① 而王氏《大法》《度人经大法》《济度金书》中的"阳精玉胎符"皆用于火炼亡魂，如《度人经大法》"玉胎炼仙符"咒曰："日月光华，徘徊洞阳；流火入器，炼化阴亡。"② 并称："右符（玉胎炼仙符）乃三景玄元之炁结成。凡炼度亡魂，用香九片，书亡人姓名、生死年月日时，面东书符，同香焚火池中，则亡人全其形，升阳境矣。"③ 显然，"玉胎炼仙符"的用途已从道徒采服月华拓展至火炼亡魂，旨在为亡魂全形复性以超升阳明之域。

　　以上列举了宋代炼度仪常见的两种水火炼符，二符同出于《洞真太上八素真经服食日月皇华诀》。不难看出，二符的符形在宋前与宋后的差异不大，但在用途上却有较大变化。这种将自炼用符转用于炼化亡魂的做法，在一定程度上是由于炼度仪的救度观所决定的。炼度仪主张"以我之阳，炼彼之阴"，④ 即法师必须以自炼元阳作为炼度亡灵的前提。宋代道教将早期上清派自炼修真之符移用于炼度仪，并对这些符原有的存想、祝咒等内容加以改动，赋予其新的用途和意义。这也印证了刘混康所言："生人服之可以炼神，而鬼魂得之亦可度化，是炼度之本意也。"⑤

　　2. "井华自炼"与"黄华炼亡"

　　"水火炼"是炼度的核心仪节，"水火"有内外之别：一为

---

　　① （东晋）《洞真太上八素真经服食日月皇华诀》，《道藏》第 33 册，第 478—479 页。
　　② （宋元）《灵宝无量度人上经大法》卷六八，《道藏》第 3 册，第 1028 页。
　　③ 同上，第 1028 页。
　　④ （宋）宁全真授，（元）林灵真编：《灵宝领教济度金书》卷三二〇，《道藏》第 8 册，第 820 页。
　　⑤ （宋）金允中：《上清灵宝大法》卷三七，《道藏》第 31 册，第 582 页。

坛场水池火沼，这类"水火"一般有专门的"取真水火"之法；二指法师身中阴阳二炁。其中，水炼所涉"取真水"法可溯源于早期上清派"井华沐浴自炼"法。炼度仪主张以"黄华真水"行沐浴和水炼。"黄华"，亦称"皇华""井华""东井黄华"，是指即井宿之炁与太阴真精相激而成之黄色水华。① 取"黄华水"的程序比较复杂，大致地讲，宋代道教以月宿东井之日为取水之时，以位于井宿方位的水井为取水之处，在取水时伴有掐诀、存想、布炁、祝咒、焚符等内容。② 这类取水法与上清派"井华沐浴"法有相近之处。

如《洞真上清青要紫书金根众经》卷上云：

> 修上清玉霞紫暎内观之道，白日升玄之法，常以月生三日，取东井皇华之精三升，井华水也。盛以金器之中，铜器亦佳，露著中庭。至月十六日夜半……兆东向，书"黄炁阳精洞明灵符"，投著皇华器中。……闭眼存月中五色流精紫光，下冠兆身，洞匝一形，存月中有一真人，形长九寸，头戴紫冠，通身衣黄锦飞裙，下在兆头上，口引月中黄华，以灌激兆形，便临皇华器中暎月光而微咒曰……毕，仰向月二十四咽止，取皇华向月洗目，及通身自盥洗。毕，余残悉放东流之水。行此九年，目睹空洞，彻见万里，逆究吉凶，炼容易体，面有玉精，体生紫光，乘空驾虚，飞行上清。③

---

① （宋）郑所南：《太极祭炼内法议略》卷中，《道藏》第 10 册，第 456—457 页。

② （宋）王契真：《上清灵宝大法》卷五九，《道藏》第 31 册，第 251—252 页。（宋）宁全真授，（元）林灵真编：《灵宝领教济度金书》卷二八三，《道藏》第 8 册，第 498 页。

③ （东晋）《洞真上清青要紫书金根众经》卷上，《道藏》第 33 册，第 425 页。

　　上文中的"井华水"即炼度仪所谓"黄华真水"，文中虽未明言于月临井宿之日取水，但"东井皇华"一词说明"井华水"乃井宿与月华融合之物。其次，"井华水"主要用于道徒沐身，在行用时涉及沉符、存思、服咒等仪法，文中将"井华沐浴"称作"上清玉霞紫暎内观之道"，并宣称修此法可飞升上清。这类"井华沐浴"说亦见于《日月皇华诀》，其称："夫欲采月皇华之道，当以月临东井之日，清旦取井华之水一瓮，露于中庭，夜半书'阳精玉胎炼仙之符'，置于水中，东向叩齿二十四通，临水祝曰……毕，取水一升，向月服之，便握固，存月中五色流精，皆来冠接一身。……毕，以余水洗浴，浴讫还室，东向服'阳精玉炼炼仙符'。"[1] 其"采月皇华之道"明确提到在"月临东井"（井宿）之日取"井华水"。修道者通过吞服井华水及以水洗浴，同时配以存思、服符、叩齿、咽津、祝咒等方式完成整个采服月华之过程。

　　由上不难看出，宋代炼度仪"黄华真水"的概念以及在月临井宿日"取真水"的做法源于早期上清派"井华沐浴"之法。不同的是，上清派是将"井华水"用于沐浴自炼，而炼度仪则是以"黄华真水"澡炼亡魂。

## 三　宋代炼度仪的特点

　　宋代炼度仪品目繁多、仪节复杂，所用掐诀、符诰、祝咒以及存想内容和布咒之法亦不尽一致，要对这类仪式的特点进行概

────────────

① （东晋）《洞真太上八素真经服食日月皇华诀》，《道藏》第 33 册，第 478—479 页。

括并非易事。通过考察宋代科仪文献，本书拟从救度观、宇宙观、炁法、经典阐释的变化等四个方面归纳宋代炼度仪的特点，以便对这类仪式的整体情况有一初步的认识。

### （一）救度观：修度结合

炼度仪主张"以我身中阴阳造化"为幽冥苦爽"复其一初之阴阳造化"，[①] 强调法师必先自炼元阳，方能以身中阴阳正炁为亡魂荡除翳浊、炼聚灵识，如《太极祭炼内法议略》卷中云："专以我先深潜静定，炼毓阳神，然后密运至诚，祭炼阴鬼，当合二者为一片精密工夫也。"[②] 自炼阳神与祭炼幽魂是合二而一的关系，自炼乃炼亡的必要前提，炼亡又是自炼的终极目的。因此可说，炼度仪是一种修度结合的仪式，兼顾了法师和亡魂双方的利益。于法师而言，炼度亡灵既能积累功德、获福延寿，还能在仪式中自炼阳神、荡阴除翳；于亡魂而言，则可禀受阴阳正炁而全形复性以超登阳域。诚如《太极祭炼内法议略》所言："久行祭炼，自己现世延寿获福，他日当为南宫真仙，其功行高者，又不止于此。"[③] 这表明，祭炼幽魂能为法师现世福报及羽化之后的终极归宿提供一种有力的保障。

需要指出的是，在宗教实践中"修"与"度"有两种结合方式：其一，法师于平时以一套自炼之法炼化形神，以俟临事而用之。其二，将自炼与炼亡合二而一，一次炼亡即是一次自炼，在行炼过程中体现出"鬼神即我""我即鬼神"的观念。比如，《度人经大法》卷三五"自炼法诀""洞阳玉炼"即属于第一种

---

①　（宋）《灵宝玉鉴》卷一，《道藏》第10册，第145页。

②　（宋）郑所南：《太极祭炼内法议略》卷中，《道藏》第10册，448页。

③　（宋）郑所南：《太极祭炼内法议略》卷下，《道藏》第10册，第466页。

情况。以"自炼法诀"为例，此法须每日行持，其称："每日凌晨，焚香少斗，立斗中，想为炼度真人。"① 其中设有水火自炼的环节，即法师以内外和合之炁自炼魂神。又如"洞阳玉炼法"称："夫人不能自炼，安能炼鬼！……今行持之士，既有心拔度亡爽，宜先自炼元阳，陶铸万范，不求真而自真，不求神而自神。"② 由此可见，这类"自炼法"皆为炼度亡魂所备之法，法师须在平时圆熟工夫，以俟他日演科炼亡。

"修""度"结合的第二情况是将自炼之法融于炼亡过程中。以《太极祭炼内法》为例，该法正炼程序有八个步骤，即：变神、召魂、沐浴、施食、水炼、火炼、宣戒、超度。其第一步为"变神"，在这个环节中法师以一套内炼存变之法炼除阴累、荡涤障翳以令元神自现。如《太极祭炼内法》卷上"内炼法"云："存我下丹田真炁如火，如大红玉丸，左右九转，甚是分明。良久，觉玉池水满，即肾水上升之外候也。其真火一丸，始升上绛宫心府，号曰'南昌上宫'，亦号曰'朱陵火府流火之庭'，即发炎炎流金之火，存想己身尽为火所焚。良久，炼形如婴儿状，端坐绛宫中，己身复完如故。婴儿渐登十二层楼上金阙玉房之中，乃顶门泥丸宫，婴儿即化成天尊圣像端坐宫中。"③ 不难看出，上文"内炼法"实为变神之法，在内炼过程中法师行坎离交媾之道自炼元阳。文中的"存火焚身"表示荡涤一切恶念及障翳，"婴儿""天尊"象征法师的元神。《太极祭炼内法》以内炼"变神"作为起始仪节，表明该法是将自炼与炼亡融入同

---

① （宋元）《灵宝无量度人上经大法》卷三五，《道藏》第 3 册，第 801 页。
② 同上，第 802 页。
③ （宋）郑所南：《太极祭炼内法》卷上，《道藏》第 10 册，第 443 页。

一仪式中，呈现出"即修即度"的特点。此外，依《太极祭炼内法》言此法"夜夜行之尤妙"，[①] 也说明这种祭炼法其实就是一种日常修持之法，一场祭炼即一次自炼。

**（二）身体观：宇宙内化**

在炼度仪中，法师一身即含容天宫众真、朱陵火府、冥界官吏、地狱幽魂，这种"宇宙内化"的身体观突破了传统的"三部八景"说。具体地讲，炼度仪一般以泥丸为天宫，即天尊众真之居处；以脐下大小肠为地狱，为冥曹拘役幽魂之所；以肾或双肾中间为水府，为真水之源或直接以之作为水炼亡魂之所；以心为南昌上宫朱陵火府，为真火所发之处或以之作为火炼亡魂之所。如《灵宝无量度人上经大法》卷五七《元始灵宝自然九天生化超度阴炼秘诀》称：

> 于身中水府聚九炁之光，结一婴儿与己相肖。婴儿向外，握固端坐，余光遍覆天地，形神光明。须臾，五藏五色之炁，如云自下而升。次载婴儿自夹脊双关上入泥丸，化为黍米宝珠，婴儿即为元始，五藏云炁即为狮子。……次存三十二天万圣千真浮空而来，咸入宝珠之中，元始帝前，各各长跪，如听法状。次众真毕集，顷刻元始放眉间白毫祥光，下照酆都九幽诸狱，自泥丸而照及脐之下也。[②]

这段文字讲的是"变神"与"破狱"。文中"婴儿"象征法师元神，"婴儿"沿督脉升入泥丸变神为元始天尊，次存三十二天诸真众仙集于泥丸，表明该"阴炼法"以法师泥丸为天宫，

---

①　（宋）郑所南：《太极祭炼内法》卷上，《道藏》第10册，第442页。
②　（宋元）《灵宝无量度人上经大法》卷五七，《道藏》第3册，第945页。

为天尊众圣之居所。其"元始放光下照幽狱"是指法师存想泥丸中"元始天尊"以纯阳道炁（白毫祥光）荡涤脐下重阴之境。这里的"幽狱"是指法师两肾以下大小肠等部位，为冥曹官吏及诸狱幽魂所居之处。① 这种以泥丸对应天宫、大小肠对应地狱的说法在宋元炼度仪中可谓屡见不鲜，如《太极祭炼内法议略》卷中称："泥丸之上即是天宫，双肾之下即是地狱。"②

由上不难看出，炼度仪反映的身体观实际上已经打破了传统"三部八景"的框架。早期上清派将人体分为上、中、下三部，每部各有八神君，一身即有二十四身神，道徒通过存念身中诸神以安镇腑脏。如《无上秘要》卷五引《洞真造形紫元二十四神经》称："脑神名觉元，字道都"，③ 为上部八神之首。"脑神"即镇守人脑部之神，其所处位置与炼度仪的"天宫"（过颈以上）相当。不同的是，炼度仪的"天宫"之神，如元始天尊、太乙救苦天尊、九华真人等，是由法师元神所变，其"元神变神"涉及一套复杂的炁法及存想内容。而在"三部八景"说中"脑神"仅起安镇脑部之用，既未与"天宫"相对应，亦未涉内炁升降之法。此外，《二十四神经》"下部八神"第三神为"大小肠神，名逢送留，字道厨"，④ 道徒通过存念该神名以令其镇治大小肠。炼度仪则以大小肠为地狱幽关阴秒之境，这种观念完全否定了"三部八景"中的"大小肠神"之说。

---

① （宋元）《灵宝无量度人上经大法》卷五七，《道藏》第 3 册，第 945 页。

② （宋）郑所南：《太极祭炼内法议略》卷中，《道藏》第 10 册，第 448、454 页。（元）陈冲素：《陈虚白规中指南》卷下，《道藏》第 4 册，第 389 页。

③ （北周）《无上秘要》卷五，《道藏》第 25 册，第 14 页。

④ 同上，第 15 页。

### （三）炁法：援引内丹

"水火炼度"的观念肇端于六朝时期，某些古灵宝经和上清经已将"水火"与"炼度"联系起来，用于度亡或道徒自炼形神。如《灵宝炼度五仙安灵镇神黄缯章法》中道士浩敷明尸解一事，称其"七百年被水火炼度，而得还人中"，[①] 这种"水火炼度"是指尸解之道的水、火二解，[②] 即人死之后经由自然界的水火荡炼尸形而返生成仙。尸解之"水火炼度"与宋代炼度仪之"水火炼度"是两个完全不同的概念。前者之"水火"存在于自然界，而炼度之"水火"是指法师身中阴阳二炁。

早期上清经亦有"水火炼度"之说，是指修道者通过存思"水火"自炼形神。如《七转七变舞天经》载："第三之变，当先使其身化为火精，精光流焰，烧炼身形，内外圆匝，从火反生，身被三炼，克登太清……兆己在火中，觉体通热，有微汗佳。便起南向，三过呼左目神赤精，三过呼右目神娥延，二神共以大炎之烟，炼度我身。"[③] 其"火炼"是指修道者通过存神烧炼己身以俱神通、飞升成仙。[④] 又如"第四变"（水炼）云："存见九河帝君，执命河九源宝章之符，来入兆身，治于脐下丹田宫中。"[⑤] 而后，存思五方之龙运五方神水流注己身，"觉体小寒，便三呼九河帝君冯命，长治我身丹田之中，命龙运水灌炼我

①　（东晋）《灵宝炼度五仙安灵镇神黄缯章法》，《道藏》第32册，第734页。
②　（梁）陶弘景：《真诰》卷四，《道藏》第20册，第515页。（北周）《无上秘要》卷八四，《道藏》第25册，第242页。（宋）张君房：《云笈七籤》卷八六，《道藏》第22册，第605页。（元）卫琪注：《玉清无极总真文昌大洞仙经注》卷五，《道藏》第2册，第638页。
③　（东晋）《洞真上清神州七转七变舞天经》，《道藏》第33册，第548—549页。
④　同上，第549页。
⑤　同上。

身。……此水炼变形之道，修行五年，则画地为江，唾地成渊，身入海底，啸御蛟龙，乘涛运流，适意所从，役使水官，河伯司迎，乘云飞升，上登太空"。① 由上可见，《七转七变舞天经》中的"水火炼度"属于道徒存神自炼之法，旨在炼俱神通，登真成仙。其"水火"是道徒存思中的意象，而非自然界之水火，这明显有别于《灵宝炼度五仙安灵镇神黄缯章法》"水火炼度"（水、火解）。换言之，《七转七变舞天经》中的"水火"已从身外之物转变为身内之物，这一"内化"的过程借由存思术而实现。值得注意的是，这种"内化"尚未将身中的某一部位具化为"水火"之所，其"水火"亦非阴阳二炁之义。

　　宋代以后，受内丹理论影响，"水火"之义有了明显变化。内丹道以"水火"象征阴阳二炁，对应人体心、肾二宫，喻以坎离二卦。以五脏五行论，肾属水、心属火，其水中藏真火、火中含真水。修炼时，主张以肾中真火、心中真水二炁交媾，凝炁成丹，炼神合道。② 炼度仪援引内丹"水火"的概念，如王氏《大法》卷五九称："斋法莫难于炼度，乃超凡入圣，脱胎换质之道。苦魂沉九夜，乘晨希阳翘。得其理则水火交济，阴尸秽质一时生神。"③ 又如金氏《大法》卷三七云："然匹配阴阳，未尝去水火也，而木乃火之根，金乃水之母。至于丹成药就，则会四象于中宫，藉黄婆而媒合，木与火皆阳也，金与水皆阴也。用水火必取诸坎离之位，求木金则不越震兑之宫。"④ 由上不难看

---

① （东晋）《洞真上清神州七转七变舞天经》，《道藏》第 33 册，549 页。
② （元）萧廷芝：《修真十书金丹大成集》卷一三，《道藏》第 4 册，第 652 页。
③ （宋）王契真：《上清灵宝大法》卷五九，《道藏》第 31 册，第 250 页。
④ （宋）金允中：《上清灵宝大法》卷三七，《道藏》第 31 册，第 582 页。
（宋）郑所南：《太极祭炼内法议略》卷中，《道藏》第 10 册，第 449 页。

出，炼度仪亦以"水火"表征阴阳二炁，对应心肾二宫，在炁法上也主张"水火既济""心肾相交"。但是，炼度毕竟是一种度亡仪式，与静坐内炼的内丹道仍有区别。比如，炼度仪涉及复杂的存想场景及一应外仪，而内丹修炼则不然。此外，值得注意的是，尽管有相当一部分炼度仪宣称循"坎离交媾"之法取真水火，但在实际操作中它们更多地是以"内外合炁"变降真水火，这不同于专以内炁行事的内丹道法。如蒋氏《立成仪》卷三一"火炼法"称："取南方火炁三口，运自己火炁三道，相交吹入符（火炼符），焚火池中。"① 这是说，法师将内、外之炁寓于"火炼符"当中，通过"焚符于池"遂将符中之炁布入火池以变降真火。又如金氏《大法》卷三七"水炼法"云："想真水自西北角流入池中，湛然澄清。再取西北炁一口，吹入池中，次诵隐语一遍，取北方炁吹池中……想亡魂入水池濯质，焚'真水合同符'，取北方水炁与自己肾中炁合，吹入水池中。"② 显然，这是由"内外合炁"变降真水，即法师在存想中将西北炁、北方炁与肾中之炁布入水池。

宋元时期还有部分炼度仪仅以"内炁"行炼，炁法上与内丹道并无二致。如《太极祭炼内法》《元始灵宝自然九天生化超度阴炼秘诀》③《玉宸经法炼度内旨》④《丹阳祭炼内旨》⑤ 等，以及某些含有"水火交炼"仪节的炼度仪皆可归入此类。⑥ 以

①　（宋）蒋叔舆：《无上黄箓大斋立成仪》卷三一，《道藏》第9册，第562页。
②　（宋）金允中：《上清灵宝大法》卷三七，《道藏》第31册，第588页。
③　（宋元）《灵宝无量度人上经大法》卷五七，《道藏》第3册，第944—945页。
④　（元）《道法会元》卷一七，《道藏》第28册，第772—777页。
⑤　（元）《道法会元》卷二一〇，《道藏》第30册，第312—322页。
⑥　通常情况下，含有"水火交炼"的炼度仪在水、火二炼时多以"内外合炁"之法变降真水火，唯"水火交炼"时方涉及"坎离交媾"之道。

《太极祭炼内法》为例，该法宣称其行炼原理同于"默朝上帝
法"，其称："《心印经》云：默朝上帝，一纪飞升是也。非惟鬼
神获大利益，而我一身精神亦大充盈，神仙可觊也。此法与默朝
上帝法实同一理，所以异乎其他祭炼法。"① 文中的《心印经》
应即《高上玉皇心印经》，该经撰人不详，约出于唐宋之际，全
经共二百字，为内丹修炼法诀，经中有"默朝上帝，一纪飞升"
八字同于《太极祭炼内法》所引《心印经》。不过，《心印经》
所载甚简，未述具体炁法。

　　按《太极祭炼内法》所言，"默朝上帝"是指法师内运心肾
相交之炁上朝泥丸，其称："默朝上帝法，当先注意下丹田，良
久，水火交媾，玉池水生，至满口咽下，乃升此意朝于泥丸顶
门。……此法，常以双眼当我胸前，低垂乎脐下，即此意于我脊
后，高升乎顶上，自然水火循环而转，久行则精神皆朝于泥丸
中。"② 这里的"精神"指"水火"，乃坎离交媾之阴阳正炁。
文中的"默朝上帝"有两层所指：其一，以"我之精神"上透
泥丸，此为自炼元阳；其二，受炼众魂随"我"元阳朝顶而超
度升天，此即"炼我之水火，生彼之死滞"。③ 此外，《太极祭炼
内法》变神（内炼）、沐浴、施食、水火炼以及书"丹阳符"
"生天宝箓"等环节皆遵循心肾相交之炁法。如其"水火炼"
称："我此之水炼，亦先既济水火，而后取真水为水炼。我此之
火炼，亦先既济水火，而后取真火为火炼，宁不胜于其他炼

---

① （宋）郑所南：《太极祭炼内法议略》卷中，《道藏》第 10 册，第 449 页。
② 同上，第 449—450 页。
③ （宋）郑所南：《太极祭炼内法议略》卷下，《道藏》第 10 册，第 464 页。

度"①。所谓"既济水火"即火降水升、坎离交媾之义。又如，书"丹阳符"时法师"存腰后两肾中间有一点之白，极明，须臾大如月轮，即升而照耀于中宫黄炁，心下肾上"，② 法师要将此交媾之炁吹布于"丹阳符"中以之沐浴亡灵。由上可知，《太极祭炼内法》以"默朝上帝法"为行炼原理，以内炁行祭幽炼亡之事，其炁机的升降运转（坎离交媾、水火既济）实有取于内丹炁法。

**（四）经典阐释：演经为法③**

将早期道教经典演绎为度亡仪法是宋代炼度仪的一大特点，其中较常见的经典有《灵宝无量度人上品妙经》《洞玄灵宝自然九天生神章经》《太上洞玄灵宝赤书玉诀妙经》《老子说五厨经》等。下文将以这四部道经为例介绍它们在宋代炼度仪中的用法及用途，了解宋代道教对这些经典阐释的变化。

以《度人经》为例，经中宣称诵咏该经有济拔先亡、安镇国祚、飞升证仙等用途。也就是说，"诵咏是经"是该经最初的行用方式。宋以后，《度人经》中的某些经文被单独抽出，用作炼度咒祝之语或符箓告文。如其《灵书中篇》或作变食之咒用于施食仪节，或书于升天宝券用于超度环节，或封于灵宝策杖内以破狱拔幽。

《洞玄灵宝自然九天生神章经》原为道徒修真所用，宋代道

①　（宋）郑所南：《太极祭炼内法议略》卷中，《道藏》第10册，第456页。
②　（宋）郑所南：《太极祭炼内法》卷上，《道藏》第10册，第445—446页。
③　陈文龙博士也注意到宋代道教出现了从"经"到"法"的转变。他指出，"经"是神圣不可改变的，"法"只是对经的运用，各家对经的不同理解产生不同道法。参见氏著：《王契真〈上清灵宝大法〉研究》，济南：齐鲁书社，2015年，第223页。

教将经中九天、九帝、九炁、九章等概念用于炼亡仪式，创设了"九天炼度"之法。"九天炼度"将《九天生神章经》中的道徒诵章以自度，演变为法师诵章以度亡；同时，还将原经《九天生神章》演绎为"九炼符"用以度亡，其书符、焚符、诵九章皆有相应的存想内法。因此可说，"九天炼度"进一步拓展了《九天生神章经》的用途及仪法。

《太上洞玄灵宝赤书玉诀妙经》，① 该经约出于东晋，系古灵宝经之一，经中的"赤书五牙法"原为道徒自炼五脏之法。宋代道教继承并发展了该经的"五牙法"：一方面，宋人延续既有传统，将"五芽炼"作为一种修真之法；另一方面，又将"五芽炼"演变为一种炼亡仪式。"五芽炼亡"是宋代较常见的一种炼亡法，一般行用于水火炼之后。仪式中，法师通过焚"五芽真文符"② 或"五芽炼符"③ 为亡魂育以五炁、化生五脏。如金氏《大法》卷三七载："引领亡魂出流火之池，灌溉五芽真炁，混合百神。"④ 这是在火炼结束后，法师还要以"五芽真文符"为亡魂摄布五脏精炁。

《老子说五厨经》，⑤ 其成书时间尚难断定，明正统《道藏》中收有唐代尹愔《老子说五厨经注》，⑥ 尹氏之注应当是《五厨经》最早的注本之一。《五厨经》在唐代被视为炁法之书，为道徒修身养神之用。宋代以后，《五厨经》主要用于施食亡魂，部

　　① 关于《太上洞玄灵宝赤书玉诀妙经》与宋代"五芽自炼""五芽炼亡"之间的联系详见本书第三章第二节。
　　② （宋）金允中：《上清灵宝大法》卷三七，《道藏》第31册，第589—590页。
　　③ （宋）《灵宝玉鉴》卷四三，《道藏》第10册，第432—434页。
　　④ （宋）金允中：《上清灵宝大法》卷三七，《道藏》第31册，第589页。
　　⑤ 有关《五厨经》的讨论详见本书第五章第一节。
　　⑥ （唐）尹愔：《老子说五厨经注》，《道藏》第17册，第213—215页。

分道门中人通过重新诠释《五厨经》的炁法，将该经作为变施法食的立论基础，甚至视《五厨经》为祭炼变食之纲领，[①] 使《五厨经》的用途从个人修炼转变为炼炁济亡。不仅如此，宋代道教还将《五厨经》的经文用作变食咒语以咒变法食济施亡灵。

由以上可见，宋代炼度仪中的某些仪法其实就是通过重新诠释早期道教经典演变而成。虽然"经"是神圣永恒的，但随着时空的变化，人们对于经典的理解和阐释也在不断地变化。宋代道教法派林立、诸法并举，"演经为法"的现象自始至终贯穿于整个宋代道教科仪的发展历程中。这种现象说明，各种道法试图通过"经"的神圣性赋予自身以合法性。"演经为法"的实质就是宋代道教借助早期经典为各种新出之法和新出之仪提供合理性的依据，从而提升这些新道法、新仪式存在的价值与意义。炼度仪作为宋代新出度亡仪法，其发展演变之轨迹亦难脱离此种窠臼。

---

① （宋）郑所南：《太极祭炼内法议略》卷下，《道藏》第 10，第 458 页。（明）周思得：《上清灵宝济度大成金书》卷二三，《藏外道书》第 17 册，成都：巴蜀书社，1992 年，第 30 页。

# 第二章 "生身受度"：宋代
# 炼度仪的类型之一

　　宋代道教炼度品目繁多、仪节繁冗，诸家所述内法亦不尽相同。炼度者的身份亦有教内、教外之别，除道教法师（炼师）外，某些文人亦参与其中。[①] 有鉴于此，本书第二、三章将对这些仪式进行分类讨论。首先按照炼度的对象划分为"生身受度"与"死魂受炼"两类，第二章重点介绍宋代"生身受度"仪。由于"死魂受炼"的情况比较复杂，因此在第三章中将按照"炼法"对这类仪式作进一步的分类讨论。

---

　　① 祝逸雯：《郑思肖〈太极祭炼内法〉研究——在法师身中完成的济度仪式》，《汉学研究》2016 年第 34 卷第 4 期，第 17—40 页。

# 第一节 "生身受度" 的含义及适用对象

## 一 "生身受度" 之义

"生身受度"是指受度者在生前建斋行道，经由水火炼度和传戒授箓从而获得道教神真的护佑，以令生前福寿，死后超升。这类仪式主要有三个特点：其一，炼度对象为生者，所谓"以凡身度于未死之前，预备将死之路"。① 其二，通常为专度，即受度对象为个体。其三，仪式旨在为受度者的现世生活与死后归宿提供一种神圣性的保障。

"生身受度"一词在六朝道经中已经出现，而生身受度仪直到宋代才形成。"生身受度"始见于《度人经》，② 最初是指讽诵《度人经》能令诵者生前平安，死后升入南宫，历劫不没。此后，"生身受度"逐渐成为道书中常见的用于表达宗教实践（包括诵经、祈祷、斋醮等）之神圣效力的习惯性用语。但在宋代以后，"生身受度"一词的涵义有了新的变化，它被具化为一种救度生者的炼度仪式——"生身受度仪"。本章将以《无上玄元三天玉堂大法》卷二〇《生身受度品》为例对这类仪式展开讨论。需要说明的是，本章选择《玉堂大法》作为讨论对象的原因主要基于以下三点：第一，生身受度仪在现存宋代道书中出

---

① （宋）路时中：《无上玄元三天玉堂大法》卷二〇，《道藏》第4册，第66页。
② （东晋）《灵宝无量度人上品妙经》卷一，《道藏》第1册，第3页。

现的频率不高，唯《玉堂大法》所载稍详。第二，该书约出于两宋之际，是宋代天心派的重要著述，亦是较早记载炼度仪的道书之一，其《生身受度品》应当反映了这类仪式最初的形态。第三，《玉堂大法》生身受度仪上承唐代九幽斋，下启元明预修黄箓斋，以之作为讨论对象，有助于了解生身受度仪的演变轨迹。

　　生身受度仪在《玉堂大法》中亦称作"预修之斋"，① 依《玉堂大法》所言，"生身受度"是一种被动的、不得已而为之的开度之法，即受度者不是经由自觉修道而得度，而是请道士为其修斋行道建预修功德，度凡身于未死之前，以预备其死后之路。② 在《玉堂大法》看来，只要世人奉道修身便可自度成仙，但由于世变人顽，难以自度出世，故而才有了生身受度之法。这说明，于身受道，精进修行为上法，而"生身受度"则只是一种应世之法，其称："今此受度，非因自己修习，乃是投坛建预修功德，以冀他日灭度，不经地狱即生丹天。虽云可以准拟超度，终不如自己修为之至当也。"③

## 二　"生身受度"适用对象

　　《玉堂大法》对生身受度的对象有严格的限定，④ 其所度之人多为贵族王公、巨富之家以及仁人、信士、僧道等，而杀伐过

---

① （宋）路时中：《无上玄元三天玉堂大法》卷二〇，《道藏》第 4 册，第 70、74 页。
② 同上，第 66 页。
③ 同上，第 72 页。
④ 同上，第 66 页。

重者和刑罚考对之官以及贫贱孤寒者、纨绔子弟等皆不在受度之
列。[①] 显然，《玉堂大法》十分看重受度者的身份、职业及社会
地位。但值得注意的是，这又不同于一般意义上的贵贱之分或等
级之别。《玉堂大法》认为，凡现世富贵者皆因前世所造功德而
获今生之福报，因此这类人有生前获度的资格。而现世中的贫贱
孤寒者盖因前世罪业深重，故而不能纳入"生身受度"之列。
此外，刑罚考对之官与职掌兵权的将帅虽然现世享有富贵，但也
不具备生身受度的资格。在《玉堂大法》看来，刑罚之官因其
前世为地府阴曹之吏，今世则从事刑狱考罚之职，这类人死后可
转生为贵人，但不能超度成仙。至于将帅一类则因杀戮过重，故
亦不宜度之。

## 第二节　生身受度仪的主要内容

　　《玉堂大法》"生身受度"的仪节程序较为繁琐，大致可归
纳为三个方面：授符佩箓、授戒和水火预修炼度，详如下。

---

① （宋）路时中：《无上玄元三天玉堂大法》卷二〇，《道藏》第 4 册，第 66 页。

## 一　授箓佩符

《玉堂大法》卷二〇《生身受度品》载有约二十道符箓,[①]
除"水火炼六符"[②]是用于冶炼受度者的身神外,其余诸符箓主
要用以改移罪籍、注名天曹和佑生护死。需要说明的是,虽然道
书中常以符、箓二字连用,但二者的功能和施用方式略有区
别。[③]道符大多因事而设,故类型较繁杂,常用于压胜邪祟、召
劾鬼神,施用方式以焚、服、贴为主。道箓,是道教教团成员重
要的身份凭证,有不同的阶秩以及严格的授受规范,它既是入道
的象征,也是受箓者教阶的体现。[④]箓上一般记有天曹吏兵,其
数目和名称因受箓者教阶的不同而有差异,这些天兵将吏既可供
受箓者行法时任意调遣,还能在平时起到护身护法的作用。

《玉堂大法》卷二〇《生身受度品》中的道符在功能和用法
上与一般道符并无二致,但是,箓的功能则有别于一般意义上的
道箓。具体地说,《玉堂大法》"生身受度"所用道符按功能可

---

①　如:天司割移地府名籍改案玉符、太上好生削罪真符、护身大神玄真护受度
男官符、护身玉女寻英护受度女官符、太上预修救苦黄箓、元始符命黄箓白简救苦
真符、无上预修长生金箓、元始符命金箓白简长生灵符、太上落灭三灾玉符、太上
落三彭七清七魄符、度爱累苦心符、度贪累苦形符、度色累苦精符、度华累苦神符、
度身累苦魂符、真水荡涤尸尘符、水池荡质浴神符、水池沐溉真元符、火炼阴尸开
泰符、火炼煅阴魔回阳符、火炼换胎易质符等。《无上玄元三天玉堂大法》卷二〇,
《道藏》第4册,第66—74页。

②　"水火炼六符"即:真水荡涤尸尘符、水池荡质浴神符、水池沐溉真元符、
火炼阴尸开泰符、火炼煅阴魔回阳符、火炼换胎易质符。《无上玄元三天玉堂大法》
卷二〇,《道藏》第4册,第73—74页。

③　刘仲宇:《道教授箓制度研究》,北京:中国社会科学出版社,2014年,第
12—17页。

④　同上,第12—13页。

分为三类：一是却灾度厄类，如"太上落灭三灾玉符""度五苦符"等，① 这类道符使用时由法师念咒并焚烧，以令受度者的祈愿上达仙都。二是移籍护身类，意在为受度者移除罪籍，注名天曹，佑生护死。如"太上好生削罪真符""护身大神玄真护受度男官符""护身玉女寻英护受度女官符"等，② 这类符由受度者收执，旨在以符上的神真护佑生身，死后则由这些神真翊魂升天。三是冶炼身神类，如"水池荡质浴神符""火炼换胎易质符"等六符，③ 于水火二炼时焚之，旨在以符辅炼，为受度者"炼出神阳，以固凡身。"④

《玉堂大法》"生身受度"所用道箓有"太上预修救苦黄箓"⑤ 和"无上预修长生金箓"⑥ 两种。根据箓名"预修"二字及相关箓文可知，二箓专为生身受度者而设，由受度者生前佩奉，死后焚烧，即获超升。⑦ 如"无上预修长生金箓"云："预度某人改移地府，注上仙曹，永度苦难，名列三天。"⑧ 值得一提的是，在"预修救苦黄箓"和"预修长生金箓"上分别载有"元始符命黄箓白简救苦真符"及"元始符命金箓白简长生灵符"，⑨ 这两种符源于唐代《太上九真妙戒金箓度命拔罪妙经》，原本是九幽斋仪的重要内容，这说明《玉堂大法》生身受度仪

---

① （宋）路时中：《无上玄元三天玉堂大法》卷二○，《道藏》第 4 册，第 69 页，第 70—71 页。

② 同上，第 67 页。

③ 同上，第 73—74 页。

④ 同上，第 73 页。

⑤ 同上，第 67—68 页。

⑥ 同上，第 68—69 页。

⑦ 同上，第 67—68 页。

⑧ 同上，第 68 页。

⑨ 同上，第 67—68 页。

与《金箓度命拔罪经》九幽斋存在联系，容后详说。

"预修救苦黄箓"与"预修长生金箓"皆记有某些神真之名，这与一般意义上的道箓无异。区别在于，二箓上的神真主要起到护佑生身和死后接引的作用，不能由受度者任意调遣或移作他用，而通常所说的道箓是指法箓，箓上神真兼具护身护法和供持箓者差遣之用。尽管预修之箓和法箓同为受度者皈依大道之象征，表明其获得道教神真护佑与救度的资格，但是，法箓除了是道徒身份的凭证外，还是一种教阶等级的标示，而预修之箓并无任何阶秩之分。可见，虽然"预修二箓"亦保留了法箓的某些用途，但其宗教功能已有所弱化，且仅适用于生身受度者，主要起护佑生死之用。

《玉堂大法》"生身受度"的授箓仪节设于水火二炼之后。①授箓时，法师将道箓一分为二，一半焚烧以奏告三天，为受度者削罪除愆，注名仙曹；另一半由受度者收执，待死后焚之，以令亡魂随符超升，如其称："给箓佩奉，分半留身，预分半焚，死后之时，随符上达矣。"②是知，"预修救苦黄箓"与"预修长生金箓"乃利益存亡之法器，得授者生前佩之以护身，死后焚之以翊魂。

## 二　授戒

宋代炼度仪中有授戒仪节，旨在令受度者（生者或亡魂）皈依大道，奉戒防愆，渐跻仙品。通常情况下，一场炼度仪只颁

①　(宋)路时中：《无上玄元三天玉堂大法》卷二〇，《道藏》第4册，第73页。
②　同上，第66页。

一次戒，而《玉堂大法》"生身受度"却有两次授戒环节，即"无上预修九真妙戒"①与"十戒"，②受度者须先受"十戒"，次行水火炼度，③再受"九真妙戒"。④其中"九真戒"是宋代炼度仪最常见的道戒，它与上文"预修二箓"中的"救苦真符""长生灵符"同出于唐代《太上九真妙戒金箓度命拔罪妙经》，而"十戒"则鲜见于宋代其他炼度仪。

**（一）无上预修九真妙戒**

"无上预修九真妙戒"即："一者孝让，敬养父母；二者克勤，忠于君主；三者不杀，慈救众生；四者不淫，正身处物；五者不盗，推义损己；六者不嗔，凶怒凌人；七者不诈，谄贼害善；八者不骄，傲忽至真；九者不二，奉戒专一。"⑤授戒之目的在于使受度者奉皈大道，检束身心，祈真护佑。"九真戒"始见于唐代《太上九真妙戒金箓度命拔罪妙经》。⑥该经宣称，生者受持"九真妙戒""长生灵符""救苦真符"即可获得戒牒及符上神真的护佑，令其生前无灾疾，死后免狱苦；亡魂受持"九真戒"及二符则可应时解脱，超升天界。⑦也就是说，"九真戒"最初颁授的对象包括生者与亡魂，宋代炼度仪基本延续了这一做法，并保留了"九真戒"原有的利祐存亡之功能。如《玉堂大法》在授"九真戒"时，还要颁授"护戒神王符"，⑧

① （宋）路时中：《无上玄元三天玉堂大法》卷二〇，《道藏》第4册，第69页。
② 同上，第71—72页。
③ 同上，第72页。
④ 同上，第73页。
⑤ 同上，第69页。
⑥ （唐）《太上九真妙戒金箓度命拔罪妙经》，《道藏》第3册，第407页。
⑦ 同上，第408页。
⑧ （宋）路时中：《无上玄元三天玉堂大法》卷二〇，《道藏》第4册，第69页。

旨在以符上的"护戒神王"庇佑受度者。其"护戒神王"的功能同于《金箓度命拔罪经》中的"护戒威神",皆用于覆护受戒之人,只是《金箓度命拔罪经》中无护戒之符,而《玉堂大法》则增衍了"护戒神王符"。此外,在宋代度亡类炼度仪中亦有宣授九戒的仪节,通常是在水火炼毕之后,由法师为亡魂授受"九真戒"以示皈依正道、消除冥籍。①

## (二) 十戒

在《玉堂大法》中,法师为受度者度脱"五苦"后,② 还要向其宣授"十戒"。③"十戒"即:

> 一者,先当奉三真香火……二者,既已受度,当日勤香火,严奉斋戒,习诵真经……三者,既已受度,当生慈善心,不得阴谋善良,不得妒忌贤圣,不得离间教唆,使人争讼……四者,既已受度,当得清清身心,渐渐离欲,不可窥人少艾,恣往花衢,犯法犯礼之事……五者,当淡泊口腹,不得任意宰杀六畜,恣其甘肥,伤乱真性……六者,既已受度,凡事省用其心,衣食之外,任于自然,不可着意……七者,既已受度,当心慈悯为心,常行阴德……八者,既已受度,未尝有祖先在幽冥而己身自欲度者……九者,既已受度,当均齐物我……十者,一切真仙皆以修行炼养而后登真。今此受度,非因自己修习,乃是投坛建预修功德……虽

①　(宋) 金允中:《上清灵宝大法》卷一三、卷四四,《道藏》第 31 册,第418、651 页。

②　"五苦"即苦心、苦形、苦精、苦神、苦魂。《无上玄元三天玉堂大法》以"度爱累苦心符""度贪累苦形符""度色累苦精符""度华累苦神符""度身累苦魂符"等五符为受度者度脱五苦,《道藏》第 4 册,第 70—71 页。

③　(宋) 路时中:《无上玄元三天玉堂大法》卷二〇,《道藏》第 4 册,第 71 页。

云可以准拟超度，终不如自己修为之至当也。自己修行，惟存真守正为先，诵经食素次之。但道门广大，法术多端，入头处盖亦费力……不如收心内观，万事不挠于人。未作兴之时，收心默坐，定慧自生，湛然见玉清境。所谓大定神光，皆类此也。如此则可以渐脱生死，免诸轮回，不待修斋，自然升度。若汝根基不固，闻此惊疑，未能存修，且宜守斋戒，佩预修之符箓，以俟将来超度。①

不难看出，以上"十戒"皆为世人常犯之事，其适用对象为在俗之人，这种道戒应当是从"无上十戒"②演变而来。如王氏《大法》中的"无上十戒"，其第十戒为"七日大定，神光湛然，见玉清境"，③上文第十戒亦提及"玉清境""大定神光"。不过，王氏《大法》"无上十戒"针对的是道士这一特定群体，故而特别强调修身自律、淡泊寡欲。《玉堂大法》则在"无上十戒"的基础上通过调整、修改某些内容，赋予其更大的灵活性，将原为道士奉受的戒律改造为适用于世俗之人的"十戒"。如王氏《大法》"无上十戒"第七戒云："凡所衣食，皆是元始祖炁，不生外想。"④ 这条戒律与《玉堂大法》"十戒"之五、六条相应，其称："当淡泊口腹，不得任意宰杀六畜……凡事省用其心，衣食之外，任于自然，不可着意。"⑤ 显然两部书都在讲"衣食"

---

① （宋）路时中：《无上玄元三玉堂大法》卷二〇，《道藏》第4册，第71—72页。

② （宋）王契真：《上清灵宝大法》卷八，《道藏》第30册，第718—719页。并见（宋）金允中《上清灵宝大法》卷一，《道藏》第31册，第356页。金氏《大法》中记作"十戒"，无"无上"二字。

③ （宋）王契真：《上清灵宝大法》卷八，《道藏》第30册，第718—719页。

④ 同上，第718页。

⑤ （宋）路时中：《无上玄元三天玉堂大法》卷二〇，《道藏》第4册，第71—72页。

相关的戒律，王氏《大法》宣戒对象为道士，主张"不生外想"，此戒条明显较《玉堂大法》更为严苛。《玉堂大法》针对的是普通信众，主张"衣食之外，任于自然"，并未对"衣食"本身作出严格限定。此外，在表述上《玉堂大法》"十戒"明显比王氏《大法》"无上十戒"更为繁复，而这也正是《玉堂大法》试图赋予"十戒"更大的灵活性的一种体现。如其第五戒云："当淡泊口腹，不得任意宰杀六畜……若能常日食素尤佳。未能断荤，亦当食晨素。如未能晨素，凡三元、八节、庚申、本命生辰等日斋之可也。"① 这类繁复的表述实际上是《玉堂大法》因应世俗所作之变通，以便为世俗之人提供更多的选择。

　　由上可知，《玉堂大法》"生身受度"有两次颁戒，即"九真戒"与"十戒"。"九真戒"行于水火炼度之后，与预修宝箓一并授予受度者；"十戒"则于度脱五苦之后颁予受度者。通常情况下，一场炼度仅仅授一次戒，而《玉堂大法》中的两次颁戒则显得较为特别，究其原因在于《玉堂大法》特别强调自力的作用，它以自觉修行为上法，视被动受度为权宜之法。但是，这种救度观面临两个问题：一是在现实生活中并非人人皆能修行不辍。对于俗众而言，那些以最小的"宗教投入"获取最大的"宗教满足"之宗教实践是极具吸引力的。所谓"宗教投入"，即人们为达成某种目的或愿望而求助于某种宗教所耗费的时间、精力、财力等。"宗教满足"则指人们参与某类宗教实践时所获得的心理或精神上的慰藉，如祈求福寿、却疾避灾、死后超升等。"生身受度"就是一种以较少"投入"获得较大"回报"

---

① （宋）路时中：《无上玄元三天玉堂大法》卷二〇，《道藏》第4册，第71页。

的宗教活动，是道教试图调和道教教义与世俗功利主义的产物。

生身受度仪的出现，在一定程度上解决了并非人人都能专事修行的现实矛盾，然而这又引出了第二个问题，即如何平衡自力与他力在救度过程中的作用。《玉堂大法》认为，"生身受度"不是经由个人修行而得度，更多地是借助"他力"，即道教神真和法师之力，自我救赎的成分甚少。为解决这一问题，《玉堂大法》主张通过戒律以强化受度者的自我约束以之弥补"自力"之不足，实现"他力"与"自力"两种救度力量之平衡。奉守道戒，既是道徒自我约束的必要手段，也是入道修行的重要途径之一，诚如《太极祭炼内法议略》卷下云："老子曰：修道非难，奉戒难耳。能以持戒而入道者，天上天下皆重之。"[①]尽管奉戒并不能等同于修道，但持戒入道的确可起到检束身心的作用，就此而言，守戒亦可视为修行自度的一种方式。因此，《玉堂大法》通过两次颁戒以强调受度者自我救度的重要性，其称："须更受持十戒，皆世人常犯之事，苟持而不犯，仅可无疵。若不能持此，恃其受预修之箓，将来径可超升，恐非所望。"[②]"预修之箓"是由主坛法师授予受度者，箓上的神真象征着"他力"，而"十戒"则是受度者在日常生活中必须自觉恪守的戒律。这段话表明，"自力"与"他力"同等重要，即使受度者获受预修宝箓，但未严守戒行，死后仍不得超升。综上所述，《玉堂大法》"生身受度"是以严守道戒作为受度者"自度"的主要手段，故而设有两次颁戒，旨在提升受度者在这种"被动获度"仪式中的主体性。

---

① （宋）郑所南：《太极祭炼内法议略》卷下，《道藏》第 10 册，第 465 页。

② （宋）路时中：《无上玄元三天玉堂大法》卷二〇，《道藏》第 4 册，第 71 页。

## 三　水火预修炼度

水火炼度是宋代炼度仪的核心仪节，主要用于度亡，行炼对象通常为死魂。道教认为，人禀阴阳二炁而生，阴阳平衡则生，阴尽阳全则仙，而阴盛阳消则为死。人之生，其魂属阳，其魄属阴，人死之后本应阳魂升于天，阴魄归于地。但因世人昧于情役于气，梏于有肆于欲而致阴盛阳消，魂魄散荡，终沦为下鬼。故而道教创炼度之法，以法师自身阴阳二炁（真水、真火）行陶镕冶炼之术为亡魂炼除阴翳复其阳质以度其超升。[①]《玉堂大法》将这种炼亡之法用于"生身受度"，称为"水火预修炼度"，将"水火炼"的对象从亡魂拓展至生者，扩大了水火炼度的用途。

### （一）"水火预炼"的用途

"水火预修炼度"与度亡类炼度仪的"水火炼度"既有相通也有相异之处。其相通之处表现在救度方式上，无论是"生身受度"还是"死魂受炼"皆以法师体内真水、真火行救度之事。二者的区别在于，"死魂受炼"之"水火炼"旨在重塑亡魂形神，令其阴尽阳纯越升仙界，而"生身受度"之"水火预炼"旨在为受度者去除尸魄炼俱身神，以令其生前无疾灾死后获超凌。如《玉堂大法》卷二〇称：

> 受度人不是死魂，如何入水入火？何名炼度也？殊不思，凡人九户阗塞，体不生神，所谓徒受一形，若寄气而行矣。今之炼度，不炼其形，乃炼其神。身中之神，一经冶

---

① （宋）《灵宝玉鉴》卷一，《道藏》第 10 册，第 145 页。

炼，自然身有光明，金楼玉室，无不生神。既生神，则尸亡魄落，阳神整具，自然无灾害，无魔怪，可以登超凌之域也。若不炼其神，则魂衰魄盛，尸尘汩乱，易生疾病，去死无日，永为下鬼。虽有预修功德，终莫能仗此超凌也。①

上文表明，"水火预炼"的对象为生者，"炼"的是受度者之身神。"身神"一说早在六朝时期已经盛行。道教认为，人体之中各个部位皆有相应的神真镇守，主张存念身神以安和五脏荡除尸魄与道合真，如东晋上清派《太上黄庭内景玉经·至道章》云："至道不烦诀存真，泥丸百节皆有神。"② 早期灵宝派亦十分重视"身神"这一概念，东晋《洞玄灵宝自然九天生神章经》③宣称诵咏"九天生神章"③ 可使行者真景内守体内生神。不难发现，上文"水火预炼"炼俱身神荡除尸魄的观念实源于六朝道教"身神"说。只是，六朝道教是将身中生神视为修仙证道之津梁，其存神之法是一种主动性的修持方法，而《玉堂大法》"水火预炼"则是一种被动性的救度之法，是指法师以自身水火为受度者炼俱身神。换言之，"水火预炼"是水火炼度与道教传统身神说融合的产物，它将原属于个人修行范畴的存神之法演变为一种被动性的受度仪式。这种融合一方面丰富了道教身神修炼的内容，即在传统存念神真的基础上引入水火内法；另一方面，还扩大了"身神"修炼之途径，即"自炼"与"他炼"并存。

---

① （宋）路时中：《无上玄元三天玉堂大法》卷二〇，《道藏》第 4 册，第 72—73 页。

② （东晋）《太上黄庭内景玉经》，《道藏》第 5 册，第 909 页。

③ （东晋）《洞玄灵宝自然九天生神章经》，《道藏》第 5 册，第 846—847 页。

### （二）"水火"释义及预炼之法

《玉堂大法》卷二〇《生身受度品》中有"预修受度人过水火池交炼法"，[①] 该法的特点是以符行炼，即法师借助六道符咒为受度人炼俱身神。六符即"水炼"与"火炼"各三符，[②] 每符皆有相应的咒语，行仪时，法师每焚一符即诵一咒。需要说明的是，"预修水火交炼法"所载甚简，既未释"水火"之义，亦未述"水火"之内法，这给我们理解"水火预炼"的真正涵义和仪法原理造成了一定的困难。换言之，只有先厘清"水火"之义才能对"水火预炼"作出合理的解释。庆幸的是，《玉堂大法》卷一八《仙化成人品》载有"水火炼度"的具体内容，虽然该仪式用于度亡，救度对象及用途有别于"生身受度"，但却为我们理解"水火预炼"提供了相关线索。因此，下文将结合《玉堂大法》卷一八《仙化成人品》与卷二〇《生身受度品》对上述问题展开讨论。

何谓"水火"？按《仙化成人品》所载，水、火即日精、月华，其称："吾坛炼度，盖自得真水火之妙也。盖日晶、月华，是谓真水、真火，故大教以三光为主，是以水火之妙，我先得之，何难度亡。虽灵宝、南昌炼度，此水火自吾之日月中出。要知本坛为万法之祖，况炼度乎？"[③] 这里有两个重要概念，即"三光"与"吾之日月"。所谓"三光"，在天指日、月、星三

---

① （宋）路时中：《无上玄元三天玉堂大法》卷二〇，《道藏》第 4 册，第73—74 页。

② "水炼"三符即"真水荡涤尸尘符""水池荡质浴神符""水池沐溉真元符"，"火炼"三符即"火炼阴尸开泰符""火炼煆阴魔回阳符""火炼换胎易质符"，《道藏》第 4 册，第 73—74 页。

③ （宋）路时中：《无上玄元三天玉堂大法》卷一八，《道藏》第 4 册，第 57 页。

光正炁，在人指精、炁、神。①"吾之日月"象征法师身中之阴阳正炁，其以"日晶"对应"真水"、"月华"对应"真火"之说透露出阳中求阴、阴中求阳的炁法思路。《玉堂大法》认为"三光"是一切道法的基础，亦是"水火炼度"的前提条件，故云"大教以三光为主"。

《玉堂大法》将存取三光之炁作为一种日常最基本的修炼方法。如《玉堂大法》卷三"每日进三光正炁法"称：

> 师曰：每日清旦，面圣奏香，依法进之，极妙……左手大指掐中指上节，为日君诀，诵日君咒九遍，捧诀当心，鼻中纳引日炁一口，存日中有五色来入五脏，即随炁咽下。次改为月君诀，以左手大指掐四指上节，念月君咒九遍，捧诀当心，鼻中纳引月炁一口，亦有五色来入五藏，即随炁咽下。次改大指掐定二指甲下之左，谓之天罡诀，念天罡咒七遍……天罡垂万丈火光，其细如丝，磔磔有声。满口引之，有余光不尽，遍覆己身，即咽炁，藏之丹田也。②

上文以掐诀、诵咒和存思等方式存取三光正炁，其炁为存想中的日、月、星之炁，旨在通过存思三光之炁炼养五脏内炁。《玉堂大法》将此法列入《存真修证品》称为"每日进三光正炁法"，可知存取三光炁乃天心派最常用的一种修真之法。《玉堂大法》还将存思三光视为最基本的炁法，如卷一《发明大道品》称："取炁之法，妙在三光。凡取三光炁，在以真合真。今人不知取炁之法，惟回头仰首，吸冷炁，吹暖炁。夫三光在天，相去

---

① （宋）路时中：《无上玄元三天玉堂大法》卷一八，《道藏》第4册，第59页。
② （宋）路时中：《无上玄元三天玉堂大法》卷三，《道藏》第4册，第6页。

甚远，一呼一吸，不可果得。岂知我之三光，在身不远，不劳吸取，自然长存。要在运吾之真，而委聚之，故不吸取外劳也。"①这段话有两层含义：其一，"三光"有内外之别，"外三光"即自然界的日、月、星；"内三光"实为存思中的意象。《玉堂大法》主张"三光"在内不在外，否定了"外三光"之说，认为"三光在天，相去甚远，一呼一吸，不可果得"。其二，"内三光"之说表明，三光正炁不是直接取自于外界的日、月、星，而是以"我"存想中的三光之炁和养"我"之五脏内炁，是谓"以真合真"。也就是说，《玉堂大法》其实是将存想中的三光之炁视为一种内炁，因此称"运吾之真，而委聚之，故不吸取外劳也"。②

就本质上讲，存取三光正炁是一种修真之法，即修行者运三光正炁充盈上中下三丹田以炼己阳神。这种自炼之法是炼度"他者"（亡魂或生者）的重要前提，即行炼度者须先自炼真阳，再以身中阴阳二炁炼度他人。如《玉堂大法》卷一八称："盛学士三田光透，四象混全……假吾身修持之造化，借水火交姤之玄功，因咒以度之、仗符以生之，故聚残为全魄，炼尸为阳质。"③其"三田光透"即道士炼度亡魂的内法基础，只有具备了这一基础，方能内运水火行炼度之事。此即以"三光"为本，以"水火"为用。

"水火"即人体阴阳二炁，分别对应肾、心二宫，如《玉堂大法》云："先存吾身中肾间一点光明，如豆大，良久长成，飞

---

①　（宋）路时中：《无上玄元三天玉堂大法》卷一，《道藏》第4册，第2页。
②　同上。
③　（宋）路时中：《无上玄元三天玉堂大法》卷一八，《道藏》第4册，第57页。

出水波，波间官将皆衣玄衣，玉女乘水烟，立于吾身之右。"① 又称："存心间一丸如桔大，良久，迸出真火，火间官将赤衣，玉童乘光，立于吾身之左。"② 这种以水火对应肾心的说法也频繁出现于宋元时期内丹、雷法等文献中。如《崔公入药镜注解》载："水居北方，在卦为坎，在身为肾。火居南方，在卦为离，在身为心。水中藏火，火中藏水。人心中一点真液，乃真水也。肾中一点真阳，乃真火也。"③ 又如《正一忠孝家书白捉五雷大法》称："心火肾水，其理自然；心水肾火，道之枢机。交阳混阴，阴升阳降，填倒坎离，混融二烟，化生万物，变化无穷焉。"④ 比较《入药镜注解》和《五雷大法》不难发现，二书关于"真水、真火"的理解完全相同，皆于阴中求真阳、阳中求真阴。也就是说，肾虽属水、为阴，但并非真水、真阴，其中含有真阳、真火；心虽属火、为阳，但亦非真火、真阳，其中含有真阴、真水。若取真水火，行者须通过升降体内阴阳之烟，行颠倒坎离之道，呈水上火下之势，以肾宫真火熏蒸心宫真水，借水火混融之烟炼养阳神，此即水火既济。《玉堂大法》中的"水火"与内丹、雷法所言"水火"既有相同也有相异之处，详如下。

《玉堂大法》卷一八《仙化成人品》"水火炼度"的程序可分作两个部分，⑤ 即水、火炼与水火交炼。法师先以水、火二炼为亡魂濯阴炼阳，令死魂返婴；然后再行水火交炼以炼婴成真。值得

① （宋）路时中：《无上玄元三天玉堂大法》卷一八，《道藏》第4册，第57页。
② 同上。
③ （五代）崔希范撰，（元）王道渊注：《崔公入药镜注解》，《道藏》第2册，第884页。
④ （元）《道法会元》卷一四六，《道藏》第29册，第758页。
⑤ 《无上玄元三天玉堂大法》卷一八"三光炼度"包括水火炼、水火交炼和九天仙炼。本节重在阐释"水火炼度"，关于"九天仙炼"详见本书第三章第二节。

注意的是，法师行水、火二炼时，其真水直接取于肾宫，真火取自心宫，并未有心肾相交或坎离颠倒之说。而水火交炼时则要运心肾相交之炁，为亡魂炼就纯阳之质。换句话说，《玉堂大法》中的"真水火"有两种，一是未济之水火，即分取于肾、心之炁，二炁未交，有别于上引内丹、雷法之"真水火"；二是既济之水火，心、肾二炁相交，这同于内丹、雷法中的水火既济说。

1. 水、火二炼

水、火二炼时，坎离分用，法师于肾宫取真水、心宫取真火。据《玉堂大法》卷一八载："先存吾身中，肾间一点光明，如豆大，良久长成，飞出水波。"① 又云："存心间一丸如橘大，良久，迸出真火。"② 显然，其"真水火"有别于内丹道和雷法中以阴中求阳、阳中求阴所得"真水火"。法师行变炼"真水火"之法，即存想炼度坛场中的水池、火沼化为日月之精与身中水火混合，再运此混合之炁布于水池火沼，将凡间水火化为神圣之物。如其称："焚黄诰、赤箓之时，存各曜，各曜乃水池为月，火沼为日也，乘光入吾身，混合吾身之水火，俱入池中。但见光明晃曜，不睹凡界，然后行事。"③ "布炁于池"是变化"真水火"的关键，它是通过焚"黄诰""赤箓"和存想两种方式实现的。文中的"黄诰、赤箓"即"素华真玄玉光黄诰"④和"元阳自然炼魂赤箓"，⑤ 黄诰用于变降真水，赤箓以降真火，二者的神圣效力皆源于"炁"。比如，法师书写黄诰时要存引月

① （宋）路时中：《无上玄元三天玉堂大法》卷一八，《道藏》第 4 册，第 57 页。
② 同上。
③ 同上。
④ 同上。
⑤ 同上，第 57—58 页。

华之炁灌入笔端；变降真水时要焚烧此诰，并存想水池为月精，混合身中肾宫之炁布入池中。① 水池、火沼本为炼度坛场中的外像之设，象征亡魂受炼之所，池沼中的水火均为凡间之物。但在法师存思的意象中，水池和火沼变化为日月之精，而池沼中的凡间水火亦因法师的存想布炁而被圣化。在这一"化凡为圣"的过程中，"炁"发挥了决定性的作用，即所谓"合天之炁，运吾之神，寄委符形，借凡（即凡间）水火呼吸之"。② 在水、火正炼时，法师焚"纯阴真水结璘素华洞阴玉符"及十道"月华回真玉符"以法月光十芒，③ 存想亡魂入池沐浴于月华光中，此即水炼。亡魂经水炼后变为"婴儿"。随后，法师焚"纯离真火郁仪赤明洞阳玉符"及九道"日晶炼魂生神得一玉符"以法日光九芒，④ 存想"婴儿"入火池于日精光中冶炼魂神，此即火炼。不难看出，此水、火二炼分别用于沐浴魂神和冶炼魂神旨在为亡魂炼阴复阳。水火炼毕后，法师还要行"水火交炼"以令亡魂阳神整俱、炼质成真。

2. 水火交炼

在"交炼"环节中，《玉堂大法》明确提到"既济阴阳"，其称："交炼之法，其造化尤为至妙，故全夺造化交合之妙，借篆符运用之功，既济阴阳，和同魂魄，阴消阳长，自然成其真，岂小小法力也耶。"⑤ "既济阴阳"即坎离交媾、心肾相交的另一

① 如《无上玄元三天玉堂大法》卷一八载："此黄诰者，即是变真水之法也。当引月芒灌笔书之。焚时，存月华入混水池。"《道藏》第4册，第57页。
② （宋）路时中：《无上玄元三天玉堂大法》卷一八，《道藏》第4册，第57页。
③ 同上，第58页。
④ 同上，第58—59页。
⑤ 同上，第59页。

种表述。只是，文中并未言明"交炼"的内法，仅云"借篆符运用之功，既济阴阳"，这说明篆符与"既济阴阳"之间存在密切联系。该"交炼法"共使用三道符，即"水火既济合炼成真玉符""全真备道返阳合体大符""混合全形符"。① 根据三符的名称及咒语推断，此三符当寓有法师"心肾相交之炁"。行炼时，法师依次焚"成真玉符""合体大符"，存想水池火沼呈日月交光之象，亡魂于此光中炼就纯阳。之后，法师焚"全形符"，象征亡魂形全神妙、魂魄和同。至此，水火交炼毕也。

　　3. 水火预修炼度

　　水火预修炼度是《玉堂大法》"生身受度"的核心仪节，"预炼"的对象为生者，旨在为受度者炼俱身神以令其魂神安强，生前无疾灾，死后得超凌，仪式程序较之度亡用"水火炼度"更为简易。"水火预炼"的特点是"以符行炼"。据《玉堂大法》卷二〇"预修受度人过水火池交炼法"载："凡预修功德，依然建炼度坛，如法引受度人先入水池，吹焚符行事。次过火池，焚符行事。俱毕，方与受九真妙戒，受预修宝箓，然后散坛也。"② 其所用道符共六道，即"水炼三符"与"火炼三符"。③ 行炼时，法师按先水后火的顺序引受度人过水池、火沼，依次焚水炼三符、火炼三符，每焚一符即诵一咒。上文未说明"以符行炼"的原理，仅云"如法引受度人先入水池"，其所"如"之"法"很可能是指行炼时的存想内法。

　　"预炼六符"的法力源于"炁"。如《玉堂大法》卷二〇

---

① （宋）路时中：《无上玄元三天玉堂大法》卷一八，《道藏》第 4 册，第 59 页。
② 同上，卷二〇，第 73 页。
③ 同上，第 73—74 页。

"火炼阴尸开泰符"附有注语"即三光洞明真火"①，意为法师内运真阳之炁贯通上中下三丹田，表示符中寓有法师体内正阳之炁。正因如此，该符才具有"炼出神阳、以固凡身"②之用。可知"炁"即是道符的法力之源。"预炼六符"所寓之"炁"当指法师心肾相交之炁。上文提及，《玉堂大法》炼度亡魂的"真水火"有未济与既济两种，分别用于水火炼和水火交炼，而《生身受度品》中的"预修受度人过水火池交炼法"并未将"水火预炼"分作"水火炼"与"水火交炼"两个部分。③这意味着，"预修水火交炼"在炁法上遵循的是颠倒坎离之道。具体地说，法师是将心肾相交之炁布于"预炼六符"当中，借符中所寓"真水火"行"预修水火交炼"之法。这也是"预修水火交炼"无"交炼"之仪却冠以"交炼"之名的原因。尽管从程序上看"水火预炼"仪式甚简，只需借助六道符即可行炼，但以符行炼只是一种表象，仪式的关键仍取决于法师的内法修为，即对内炁升降运转的熟练运用。而其内炁之修炼，既建基于每日存养三光正炁，亦有取于内丹道"坎离交媾"之法。

由上可知，《玉堂大法》"生身受度"主要是以授箓佩符、宣授道戒及水火预炼三种方式济度生者。值得注意的是，该仪式的救度模式与唐代《太上九真妙戒金箓度命拔罪妙经》"九幽斋"几乎如出一辙，《玉堂大法》"生身受度"所用救苦真符、长生灵符及九真妙戒亦出自《金箓度命拔罪经》"九幽斋"。这意味着两种仪式之间存在一定的关联，下文将针对这一问题进行探讨。

① （宋）路时中：《无上玄元三天玉堂大法》卷二〇，《道藏》第4册，第73页。
② 同上。
③ 同上，第73—74页。

### 第三节　"生身受度"与《太上九真妙戒金箓度命拔罪妙经》"九幽斋"的联系

#### 一　《太上九真妙戒金箓度命拔罪妙经》成书时间

学界关于该经的研究成果不多，吉冈义丰先生应是最早关注该经的学者。他研究的重点是佛道二教冥界思想与地狱观念的比较，对经中涉及九幽地狱和九幽大斋的部分内容作了译释。[①] 之后，王卡、劳格文（John Lagerwey）、萧登福等学者对该经的成书时间提出了各自的看法。王卡先生推断该经约出于南北朝末或隋唐之际。[②] 劳格文认为这部经出于唐代，他注意到《金箓度命拔罪经》与《甄正论》提及的《九幽经》可能存在关联，进而推断若二者为同一部经则《金箓度命拔罪经》很可能在公元 7 世纪已经问世。[③] 不过，他并未对此作进一步说明。萧登福先生则主张该经撰作年代约在南北朝。[④] 本书认同劳格文关于该经成于唐代的观点，但不认同他对《金箓度命拔罪经》即《甄正论》所谓《九幽经》以及该经成书于 7 世纪的推断，容后详说。

---

① ［日］吉冈义丰：《道教と佛教》第一卷，东京：日本学术振兴会，1959 年，第 377—382 页。他译释的内容对应《道藏》三家本第 3 册，第 406—407 页下。

② 王卡：《敦煌道教文献研究：综述·目录·索引》，北京：中国社会科学出版社，2004 年，第 140 页。

③ ［法］Kristofer Schipper and Franciscus Verellen, eds., *The Taoist Canon: A Historical Companion to the Daozang* (Chicago: The University of Chicago Press, 2004), pp. 543—544.

④ 萧登福：《正统道藏提要》，台北：文津出版社，2011 年，第 184—185 页。

《太上九真妙戒金箓度命拔罪妙经》至少有四个版本：第一是明《道藏》中的单行本；第二是明《道藏》中《太上元始天尊说北帝伏魔神咒妙经》卷六所收《太上九真妙戒金箓度命九幽拔罪经》；第三是敦煌写本 S.957《太上九真妙戒金箓度命九幽拔罪妙经》；① 第四是唐杜光庭《太上黄箓斋仪》卷五六所引《九真妙戒金箓度命妙经》（简称佚本），这段引文不见于单行本②和《神咒经》本③。其中单行本、敦煌本和佚本均出于唐代，《神咒经》本成于宋代。下文将通过考察单行本《金箓度命拔罪经》中的"九幽斋"与"九真妙戒"，以及该经与《甄正论》之《九幽经》的关联来判断其成书时间。

**（一）关于"九幽斋"**

中古道教最具代表性的斋科分类体系主要有三种，即陆修静的"九斋十二法"④，《洞玄灵宝玄门大义》的"三箓七品"⑤ 和杜光庭的"二十七品斋"。前两种未著录九幽斋，只是"九斋十二法"提到："明真斋，学士自拔亿曾祖九幽之魂。"⑥ 这是其唯一言及"九幽"二字的斋法。有学者据南宋蒋叔舆《无上黄箓

---

① 敦煌写本 S.957 系残卷，内容不全。该写本与单行本的文字比对与校勘可参见大渊忍尔著，隽雪艳、赵蓉译：《敦煌道经·目录编》，济南：齐鲁书社，2016年，第878—881页。

② 劳格文最早注意到《太上黄箓斋仪》卷五六《九真妙戒金箓度命妙经》的引文与单行本《金箓度命拔罪经》并不一致。参见［法］Kristofer Schipper and Franciscus Verellen, eds., *The Taoist Canon: A Historical Companion to the Daozang* (Chicago: The University of Chicago Press, 2004), p. 544.

③ 敦煌写本 S.957 大部分经文缺佚，目前尚难判断该写本原件是否包含杜氏所引《九真妙戒金箓度命妙经》的内容。

④ （刘宋）陆修静：《洞玄灵宝五感文》，《道藏》第32册，第620页。

⑤ （隋）《洞玄灵宝玄门大义》，《道藏》第24册，第738—739页。

⑥ （刘宋）陆修静：《洞玄灵宝五感文》，《道藏》第32册，第620页。

大斋立成仪》所载，认为陆修静曾撰集"九幽斋仪"，①此说不确。蒋氏《立成仪》卷一六称："陆天师撮经诀而撰斋谢戒罚之仪，三箓、九幽、解考、涂炭，三日七日，一时九时，品目虽繁，仪矩则一。"②蒋氏之言明显有误。以"三箓"而言，陆修静《洞玄灵宝五感文》（453年）③及其弟子宋文明在《灵宝经义疏》（《通门论》)④转录陆氏于元嘉十四年所撰《灵宝经目》（437年）中只有"金箓"和"黄箓"，没有"玉箓"。玉箓斋出现时间较晚，隋代《洞玄灵宝玄门大义》始将其与"金箓"和"黄箓"并称为"三箓"。

其次，蒋氏所言"九幽"应当是指九幽灯仪，而非九幽斋——一种独立的斋品。理由有二：第一，陆氏《五感文》和《灵宝经目》均无此斋名；第二，《五感文》中的"明真斋"专为道徒拔度九幽先亡而设，其称："法亦于露地然一长灯，上有九大（疑为'九火'），如金箓灯法，但不立坛门户之式耳。"⑤此斋法的出典是古灵宝经《洞玄灵宝长夜之府九幽玉匮明真科》。⑥《明真科》主张以燃灯之仪上照九天、下照九狱以拔度死魂。不难看出，《五感文》明真斋和《明真科》皆重视燃灯破暗之用。同时，古灵宝经中还有一种济拔存亡、生死荷恩的"九

①　陈国符：《道藏源流考》，北京：中华书局，1963年，第41页，第280—281页。

②　（宋）蒋叔舆：《无上黄箓大斋立成仪》卷一六，《道藏》第9册，第477页。

③　（刘宋）陆修静：《洞玄灵宝五感文》，《道藏》第32册，第620页。

④　敦煌写本 P. 2861，P. 2256，《灵宝经义疏》（亦名《通门论》），《中华道藏》第5册，第511页。

⑤　（刘宋）陆修静：《洞玄灵宝五感文》，《道藏》第32册，第620页。

⑥　吕鹏志：《灵宝六斋考》，《文史》2011年第3辑，第96—97页，第113—114页。

幽神灯"①。因此蒋氏《立成仪》提到的陆氏所撰"九幽"仪，应当是一种与"九幽神灯"相类的、用于救度九幽狱魂的灯仪。也就是说，唐前道教有"九幽"之"仪"，却无"九幽"之"斋"。

不仅如此，唐代数部道书述及斋品时亦未著录"九幽斋"，包括《洞玄灵宝三洞奉道科戒营始》《道教义枢》《洞玄灵宝太上六斋十直圣纪经》《要修科仪戒律钞》《斋戒箓》《太上慈悲道场消灾九幽忏》《洞玄灵宝道学科仪》《至言总》等，诸书所载斋科仍未脱离陆修静"九斋十二法"或《洞玄灵宝玄门大义》"三箓七品"之框架。唯唐末杜光庭"二十七品斋"中始见"九幽斋"之名，位列第十八品。② 同时在杜氏《道教灵验记》《太上黄箓斋仪》中亦明确提到《金箓妙戒九幽拔罪经》《九真妙戒金箓度命妙经》。③

由以上可知，作为专述九幽斋的道经——单行本《金箓度命拔罪经》成书时间上限不会早于唐代，下限不会晚于杜光庭之时（850—933）。

---

① （唐）杜光庭《太上黄箓斋仪》卷五六引"上元金箓简文真仙品"曰："然灯威仪，为帝王国主，上销天灾，正天分度。下安兆庶，济拔存亡。当然九幽神灯，上照九天福堂，下照九幽地狱。人天蒙惠，生死荷恩。"《道藏》，第9册，第369—370页。

② （宋）《金箓大斋启盟仪》，《道藏》第9册，第73页。（宋）吕元素集成，胡湘龙编校：《道门定制》卷六，《道藏》第31册，第713页。按：《金箓大斋启盟仪》撰者不详，疑为宋徽宗宣和年间（1119—1125）杨杰等人所撰《宣和御制金箓道场科仪》之一。参见（宋）王契真：《上清灵宝大法》卷五七，《道藏》第31册，第234页。（宋）金允中：《上清灵宝大法》卷二二，《道藏》第31册，第482页。并参任继愈：《道藏提要》，北京：中国社会科学出版社，1991年，第357—358页。（宋）吕元素集成，胡湘龙编校：《道门定制》卷六，《道藏》第31册，第713页。

③ 在《道教灵验记》卷一二《杜简州〈九幽拔罪经〉验》中，依次记作《九幽拔罪经》《金箓妙戒九幽拔罪经》《九幽经》，三者系同一部经。《太上黄箓斋仪》卷五六则记为《九真妙戒金箓度命妙经》。

### (二) 关于"九真妙戒"

"九真妙戒"指"克勤、敬让、不杀、不淫"等九条戒律，
授戒的对象包括生者与亡魂。此九戒未见于唐前道书，单行本
《金箓度命拔罪经》应即九真妙戒的出典。值得注意的是，唐代
道教类书《大道通玄要》[①] 和《三洞珠囊》，[②] 以及张万福《三
洞众戒文》[③] 和朱法满《要修科仪戒律钞》[④] 两部重要戒律著述
均未著录九真戒，这意味着以上诸书成书之时单行本《金箓度
命拔罪经》尚未问世。在唐代，提到九真戒的有《太上十二上
品飞天法轮劝戒妙经》[⑤] 和杜光庭《太上灵宝玉匮明真大斋言功
仪》，不过这两部道书中虽有"九真妙戒"四字，但未载九戒律
文。[⑥]《劝戒妙经》中著录十二条戒律以及犯戒之罪报，尽管其
中有六条戒律与《金箓度命拔罪经》"九真妙戒"比较接近，但
在表述上比《金箓度命拔罪经》更为具体。因此，本书认为
《劝戒妙经》"十二戒"应当是在"九真妙戒"的基础上增衍而
成，其成书时间当晚于《金箓度命拔罪经》。

　　此外，杜光庭《太上灵宝玉匮明真大斋言功仪》"元始符命

---

① 敦煌写本 P. 2456《大道通玄要》卷六收录十种戒品，S. 3618《大道通玄
要》卷七所录为三元戒品。参见《中华道藏》第 28 册，北京：华夏出版社，2004
年，第 324—331 页。

② （唐）王悬河：《三洞珠囊》卷六，《道藏》第 25 册，326、329 页。

③ （唐）张万福：《三洞众戒文》卷下，《道藏》第 3 册，第 398—401 页。

④ （唐）朱法满：《要修科仪戒律钞》卷四至六，《道藏》第 6 册，第 936—950 页。

⑤ 《太上十二上品飞天法轮劝戒妙经》原题为"太极真人传左仙翁"。施舟人
先生将该经断为唐代（618—907），本文认为该经当成于《金箓度命拔罪经》之后。
参见［法］Kristofer Schipper and Franciscus Verellen, eds., *The Taoist Canon: A Histor-
ical Companion to the Daozang* (Chicago: The University of Chicago Press, 2004), p. 545.

⑥ （唐）《太上十二上品飞天法轮劝戒妙经》云："所谓九真妙戒，智照之光，
三界十方，归依信受。"《道藏》第 3 册，第 409 页。（唐）杜光庭：《太上灵宝玉匮
明真大斋言功仪》，《道藏》第 9 册，第 813 页。

金箓白简救苦真符"的告文中亦提到"九真妙戒"[1]。虽然《言功仪》未载九戒律文，但颁授"救苦符"正是《金箓度命拔罪经》"九幽斋"的主要仪节之一，并且《言功仪》"救苦符"的告文也与《金箓度命拔罪经》"救苦符"告文基本一致。[2] 结合上文关于"九幽斋"的讨论不难发现，在杜光庭的著述中分别提到了九幽斋、九真戒和《金箓妙戒九幽拔罪经》《九真妙戒金箓度命妙经》。

通过对"九幽斋"和"九真妙戒"的考察可以排除单行本《金箓度命拔罪经》成书于唐前的可能，而杜氏著述中的线索则意味着该经至迟在公元9世纪或之前已经问世。值得注意的是，杜光庭和后世道门中人都曾以《九幽经》作为《金箓度命拔罪经》的省称，[3] 而玄嶷《甄正论》也提到一部《九幽经》。劳格文注意到这一点，并推断若单行本《金箓度命拔罪经》即《甄正论》中的《九幽经》，则前者很可能撰作于公元7世纪。此说有待商榷，详如下。

---

① （唐）杜光庭：《太上灵宝玉匮明真大斋言功仪》，《道藏》第9册，第813页。
② 杜光庭《太上灵宝玉匮明真大斋言功仪》"救苦符"告文中的神真名称和顺序同于《太上九真妙戒金箓度命拔罪妙经》。略异之处在于，《言功仪》在"神真名称"之后接"拔度斋坛系荐应度亡魂"，《金箓度命拔罪经》则记作"拔度亡过某灵魂"；前者在"乘此九真妙戒拔度功德"之后记为"上生诸天"，后者记为"上生天堂"；《言功仪》以"一如告命"结束告文，《金箓度命拔罪经》在其后还有"风火驿传"四字。
③ （唐）杜光庭：《道教灵验记》卷一二，《道藏》第10册，第841页。（宋）路时中：《无上玄元三天玉堂大法》卷一五，《道藏》第4册，第45页。（宋）李昌龄传，郑清之赞：《太上感应篇》卷二六，《道藏》第27册，第122页。（宋）吕元素集成，胡湘龙编校：《道门定制》卷六，《道藏》第31册，第716页。（宋）郑所南：《太极祭炼内法议略》卷下，《道藏》第10册，第464页。（元）《道法会元》卷二一〇，《道藏》第30册，第315页。（宋）李昉编：《太平御览·道部》卷下，《道藏》第32册，第138页。

**（三）单行本《金箓度命拔罪经》与《甄正论》之《九幽经》**

据《甄正论》（690—704 年）① 卷三载："自唐以来……道
士刘无待又造《大献经》以拟盂兰盆，并造《九幽经》将类罪
福报应。"② 依玄嶷所言，《大献经》与《九幽经》系唐代道士
刘无待效法佛教而造。③ 若此言属实，则这两部道经应有较明显
的受佛教影响之痕迹。其《大献经》现存两个版本，即敦煌写
本 S. 3061《太上洞玄灵宝中元玉京玄都大献经》④ 和《道藏》
本《太上洞玄灵宝三元玉京玄都大献经》，后者系注解本。根据
吕鹏志先生的研究，这两个版本均被人窜改过，而非原本《大
献经》。原本《大献经》成书上限约为四五世纪之交，该经及其
"三元大献仪"主要参考的是古灵宝经《太上洞玄灵宝三元品戒
经》。他指出，在经题上《道藏》本较接近原本《大献经》，而
经文上则是敦煌本更接近于原本。⑤《道藏》本《大献经》的特
别之处在于试图抬高"中元"的地位，甚至以中元总括上、下
二元。其撰作者率以孝道重释"中元"的意义，以普度先亡的
"中元大献"替代早期道教用于忏罪解过的"三元大献"。其次，

---

　　① 陈士强：《大藏经总目提要·文史藏》第 2 册，上海：上海古籍出版社，
2008 年，第 366—368 页。

　　② （唐）释玄嶷：《甄正论》卷三，《大正新修大藏经》第 52 册，台北：新文
丰出版公司，1983 年，第 569 页。

　　③ 关于刘无待的信息，我们所知甚少。除《甄正论》的记载外，《旧唐书》
《新唐书》还提到刘无待撰有《同光子》八卷。明《道藏》《道藏阙经目录》均未录
此书。参见（后晋）刘昫等撰：《旧唐书》卷四七，北京：中华书局，1975 年，第 6
册，第 2030 页。（宋）欧阳修、宋祁撰：《新唐书》卷五九，北京：中华书局，1975
年，第 5 册，第 1520 页。

　　④ 李德范辑：《敦煌道藏》第 2 册，第 1063—1065 页。

　　⑤ 吕鹏志：《灵宝三元斋和道教中元节——〈太上洞玄灵宝三元品戒经考
论〉》，《文史》2013 年第 1 辑，第 164—174 页。

《道藏》本《大献经》的施供对象、救度对象、救度方式与《佛说盂兰盆经》《佛说报恩奉盆经》相类。① 此外，《道藏》本还直接采用佛教的因果说、地狱说，并沿用《老子化胡经》的套路，将佛祖诞生的传说改造为老君降世的神话。这表明，《道藏》本《大献经》是一部试图改革传统三元说的道经，其变革之目的是为了与唐代社会中影响甚大的佛教盂兰盆会相抗衡。而这种变革是在借鉴盂兰盆会的基础上融入道教教义、仪式等内容得以实现的。也就是说，《道藏》本《大献经》应即《甄正论》所言刘无待仿效盂兰盆会而造之《大献经》。刘氏造经除参考《太上洞玄灵宝三元品戒经》外，还吸纳了《盂兰盆经》《报恩奉盆经》的内容。由此可证，玄嶷有关《大献经》《九幽经》效法佛教之言并非杜撰。这提示我们，刘无待所撰《九幽经》亦当是一部受佛教影响颇深的道经。下面将从经名和经文两个方面将《金箓度命拔罪经》与《九幽经》结合起来讨论。

从经名上看，《金箓度命拔罪经》的别名、简称有数种。除单行本、敦煌本、佚本、《神咒经》本外，明《道藏》中至少还出现了十种名称，某些道书甚至同时使用了四种省称。② 这十种

---

① 《道藏》本《大献经》施供对象为天尊众真、道教教团，《佛说盂兰盆经》《佛说报恩奉盆经》斋供对象为佛、菩萨和僧伽。《道藏》本《大献经》救度对象为斋主先亡，佛教二经救度对象为施主七世父母。在救度方式上，《道藏》本《大献经》主张斋主通过上献天尊众真、供养道众为祖先广造福田，祖先蒙此福田而往生天界。这种将道、俗、祖先三者相结合的救度方式，与佛教二经借助布施和功德转让将僧、俗、祖先利益相联系的做法如出一辙。关于佛教盂兰盆会的研究参见太史文著，侯旭东译：《幽灵的节日：中国中世纪的信仰与生活》（*The Ghost Festival in Medieval China*），杭州：浙江人民出版社，1999年，第43—94页。

② 如《道门定制》卷四记作《九真妙戒经》《元始天尊九幽拔罪经》《九幽拔罪经》，同书卷六又记作《九幽经》。

名称是:《九幽经》①《九幽拔罪经》②《元始天尊九幽拔罪经》③
《九真妙戒经》④《九真玄经》⑤《金箓度命经》⑥《太上洞玄灵宝
九真妙戒金箓度命妙经》⑦《太上洞玄灵宝九真妙戒九幽拔罪妙
经》⑧《太上灵宝九真妙戒金箓九幽拔罪妙经》⑨《九真妙戒金箓
度命妙经》⑩ 等。这种现象表明道门内部在该经的简称上并不统

---

① （唐）杜光庭:《道教灵验记》卷一二,《道藏》第 10 册,第 841 页。（宋）
李昉编:《太平御览·道部》卷下,《道藏》第 32 册,第 138 页。（宋）路时中:
《无上玄元三天玉堂大法》卷一五,《道藏》第 4 册,第 45 页。（宋）李昌龄传,郑
清之赞:《太上感应篇》卷二六,《道藏》第 27 册,第 122 页。（宋）吕元素集成,
胡湘龙编校:《道门定制》卷六,《道藏》第 31 册,第 716 页。（宋）郑所南:《太
极祭炼内法议略》卷下,《道藏》第 10 册,第 464 页。（元）《道法会元》卷二一
〇,《道藏》第 30 册,第 315 页。

② （唐）杜光庭:《道教灵验记》卷一二,《道藏》第 10 册,第 841 页。（宋）
李昌龄传,郑清之赞:《太上感应篇》卷二六,《道藏》第 27 册,第 122 页。（宋）
吕元素集成,胡湘龙编校:《道门定制》卷四,《道藏》第 31 册,第 705 页。（宋元）
《灵宝无量度人上经大法》卷五四、卷七一,《道藏》第 3 册,第 922、1048 页。
（宋）宁全真授,（元）林灵真编:《灵宝领教济度金书》卷三〇八、卷三〇九、卷
三一〇、卷三一三,《道藏》,第 8 册,第 696、701、711、749 页。

③ （宋）吕元素集成,胡湘龙编校:《道门定制》卷四,《道藏》第 31 册,第
704 页。

④ 同上。

⑤ （唐）杜光庭:《太上灵宝玉匮明真大斋言功仪》,《道藏》第 9 册,第 813
页。（宋）《灵宝玉鉴》卷二二,《道藏》第 10 册,第 304 页。（宋）王契真:《上清
灵宝大法》卷四五,《道藏》第 31 册,第 116 页。（宋元）《灵宝无量度人上经大
法》卷五四,《道藏》第 3 册,第 922 页。（宋）宁全真授,（元）林灵真编:《灵宝
领教济度金书》卷二七六,《道藏》第 8 册,第 424 页。

⑥ （宋）王契真:《上清灵宝大法》卷四三,《道藏》第 31 册,第 86 页。
（宋）蒋叔舆:《无上黄箓大斋立成仪》卷一,《道藏》第 9 册,第 380 页。（宋元）
《灵宝无量度人上经大法》卷五四,《道藏》第 3 册,第 919 页。

⑦ （宋）王契真:《上清灵宝大法》卷六六,《道藏》第 31 册,第 339 页。
（明）朱权:《天皇至道太清玉册》卷二,《道藏》第 36 册,第 371 页。

⑧ （宋）蒋叔舆:《无上黄箓大斋立成仪》卷一二,《道藏》第 9 册,第 439 页。

⑨ （宋）蒋叔舆:《无上黄箓大斋立成仪》卷一三,《道藏》第 9 册,第 447—
448 页。

⑩ （唐）杜光庭:《太上黄箓斋仪》卷五六,《道藏》第 9 册,第 370 页。

一，甚至带有一定的"随意性"。而这种经名省称的"随意性"导致有学者将《金箓度命拔罪经》与明《道藏》中的《太上说九幽拔罪心印妙经》相混淆。① 因此，尽管前者确有《九幽经》或《九幽拔罪经》的省称，但这并不能作为判断《金箓度命拔

① ［法］Kristofer Schipper and Franciscus Verellen, eds., *The Taoist Canon: A Historical Companion to the Daozang* (Chicago: The University of Chicago Press, 2004), p. 983. 劳格文先生认为，《道门定制》卷五和《灵宝无量度人上经大法》卷七一，以及《灵宝领教济度金书》卷三〇八中的《九幽拔罪妙经》系《太上说九幽拔罪心印妙经》。事实上，这三部书中只有《道门定制》卷五"黄箓都疏"中明确提到《太上九幽拔罪心印经》（即《太上说九幽拔罪心印妙经》）。而《度人经大法》卷七一和《济度金书》卷三〇八、卷三〇九所载《九幽拔罪妙经》是指《金箓度命拔罪经》。理由如下：第一，《度人经大法》卷七一仅提及《九幽拔罪真经》的经名，而据《度人经大法》卷五四载："谨按《九幽拔罪真经》，昔北帝广为启请，虚皇上帝金口宣说告诸四众：'吾今为汝宣说九真妙戒、金箓白简长救苦真符、长生灵符受持功德，拔难济苦，神力难思。'"这段文字中除宣经者由"元始天尊"变为"虚皇上帝"外，其余内容与《金箓度命拔罪经》基本一致。由此可知，《度人经大法》卷七一《九幽拔罪真经》是指《金箓度命拔罪经》，而不是"元始天尊"向"救苦真人"宣授的《九幽拔罪心印经》。第二，《济度金书》卷三〇八、卷三〇九"功德牒"中皆提到包括《九幽拔罪妙经》在内的五部道经和两道宝诰，依次为：《度人经》《九天生神章经》《九幽拔罪妙经》《青玄救苦妙经》《生天得道真经》，以及《玉皇宝诰》和《青玄宝诰》（按：卷三〇九"功德牒"将《青玄宝诰》变为"太乙睿号"，其余经诰名称及其顺序同于卷三〇八）。这说明"开度黄箓斋"中系五经并用，即道士建斋期间需看转诵经（通常为默看经书，非声诵）；"天尊睿号"则需声诵或唱诵）。《无上黄箓大斋立成仪》卷一二"开经疏"、卷一三"开经榜"亦有类似说法，只是看转经目和神真睿号略多于《济度金书》。在经目上，《立成仪》比《济度金书》多出《灵书中篇》。需要注意的是，《立成仪》中看转的第三部经为《太上灵宝九真妙戒金箓九幽拔罪妙经》，其余四部经名和排序与《济度金书》一致，只是在《生天得道经》之后又将《度人经》中的《灵书中篇》单列出来。也就是说，《立成仪》实际上看转经目的数量仍为五部。这说明，在宋元黄箓斋中《金箓度命拔罪经》常与其他四经配合使用。《济度金书》卷三〇八、卷三〇九中的《九幽拔罪妙经》系《立成仪》卷一二、卷一三所载《太上灵宝九真妙戒金箓九幽拔罪妙经》的简称，而非劳格文所说《太上说九幽拔罪心印妙经》。综上所述，宋元道教黄箓斋中涉及两种《九幽拔罪经》，一是《道门定制》中的《太上九幽拔罪心印经》，一是《立成仪》《度人经大法》《济度金书》中的《九幽拔罪妙经》（《金箓度命拔罪经》）。后者在黄箓斋中的出现频率明显多于前者。《金箓度命拔罪经》与其他四经（《度人经》《九天生神章经》《救苦经》《生天得道经》）作为"固定搭配"，常见于黄箓斋建坛（预告疏文、榜文）和结束（功德牒）两个环节。

罪经》即《甄正论》之《九幽经》的直接证据。

在经文内容上，《金箓度命拔罪经》大致可分为三个部分。第一部分主述"九幽地狱"之惨状与"九幽大斋"之缘起。① 第二部分重点介绍九幽斋仪，即佩受九真妙戒、救苦符和长生符。② 第三部分总结"九幽大斋"的宗教功能（八种福报，生亡两度）。③ 若依《甄正论》所言，刘无待系仿效佛教因果报应说而造《九幽经》，④ 但在《金箓度命拔罪经》中只有第一部分在描述九狱场景以及解释魂殁九幽的原因时借用了佛教地狱观和报应说，并且这种借用旨在为下文介绍九幽斋仪及其仪式功能作铺垫。换言之，《金箓度命拔罪经》关切的重点是"九幽斋"，而非《甄正论》讲的"罪福报应"。此外，将单行本《金箓度命拔罪经》与刘无待所作《道藏》本《大献经》进行比较可以发现，后者的确借鉴了佛教《盂兰盆经》《报恩奉盆经》以变革道教传统的"三元大献"，而《金箓度命拔罪经》显然不具备这种特点。

由以上可见，单行本《金箓度命拔罪经》并未表现出像《道藏》本《大献经》那样明显的佛教特征，加之该经九幽斋、九真戒、救苦符等内容均出现在唐末杜光庭的著述中，未见于唐

---

① （唐）《太上九真妙戒金箓度命拔罪妙经》，《道藏》第3册，第406—407页。

② 同上，第407—408页。

③ 同上，第408页。事实上，该经九幽斋共有九种福报，其中生前预修、死后获度在经文第一部分九幽大斋之缘起中已有介绍，加上第三部分列出的八种福报，实为九种。此外，《灵宝无量度人上经大法》卷五五中亦将该经九幽斋福报归纳为九种。《道藏》第3册，第931页。

④ 《甄正论》卷三云："道士刘无待又造《大献经》以拟盂兰盆，并造《九幽经》将类罪福报应。"《大正藏》第52册，第569页。

代其他道书。① 若该经为刘无待所撰，则意味着经中所述斋品与斋仪在近两百年间"无人问津"，这不合常理。下文将结合敦煌写本 S.957 就此问题作进一步回答。

**（四） 敦煌写本 S.957 与单行本《金箓度命拔罪经》**

敦煌写本 S.957 经题比单行本多出"九幽"二字，经文大部分内容缺佚。② 有关该写本与单行本《金箓度命拔罪经》的文字比对与校勘可参见大渊忍尔先生的成果。③ 根据敦煌写本 S.957 的书写风格与纸张质量可以大致推断出其抄录时间。该写本为楷书体，字迹工整，所用纸张为极厚的优质黄纸。④ 王卡先生以安史之乱（755）为界限，他指出在此之前的写本多为楷书体且用优质黄纸书写，安史之乱以后的敦煌写本多为字体、纸质粗劣的文书。⑤ 据此推断，敦煌 S.957 写本抄录时间应当不会晚于 8 世纪中叶，单行本的问世当略早于这一时间。

前面提到唐代数部斋仪、戒律著述均未著录"九幽斋"与"九真戒"。这些著述包括《洞玄灵宝三洞奉道科戒营始》⑥《道

---

① 《洞玄灵宝三洞奉道科戒营始》《道教义枢》《洞玄灵宝太上六斋十直圣纪经》《三洞众戒文》《要修科仪戒律钞》《洞玄灵宝道学科仪》《斋戒箓》《至言总》等唐代斋仪、戒律文献均未著录"九幽斋"与"九真戒"。此外，《大道通玄要》《三洞珠囊》等唐代道教类书亦未见载。

② 李德范辑：《敦煌道藏》第 1 册，北京：中华全国图书馆文献缩微复制中心，1999 年，第 165—169 页。

③ ［日］大渊忍尔著，隽雪艳、赵蓉译：《敦煌道经·目录编》，济南：齐鲁书社，2016 年，第 878—881 页。

④ 同上，第 878 页。并见李德范辑：《敦煌道藏》第 1 册，北京：中华全国图书馆文献缩微复制中心，1999 年，第 165—169 页。

⑤ 王卡：《敦煌道教文献研究：综述·目录·索引》，北京：中国社会科学出版社，2004 年，第 7 页。

⑥ ［法］Kristofer Schipper and Franciscus Verellen, eds., *The Taoist Canon: A Historical Companion to the Daozang* (Chicago: The University of Chicago Press, 2004), pp. 451—453.

教义枢》①《洞玄灵宝太上六斋十直圣纪经》②《三洞众戒文》《要修科仪戒律钞》《洞玄灵宝道学科仪》③《斋戒箓》④《至言总》⑤，前五部书出于唐初，后三部疑出于唐代后期。其中《义枢》《众戒文》《戒律钞》著者明确，成书时间较易判断。《义枢》系孟安排所作，孟氏活跃于高宗、武后之际，此书当成于武周时期（690—705）。《众戒文》为玄宗朝高道张万福撰于开元初年。《戒律钞》的作者是朱法满，朱氏仙逝于开元八年（720）⑥，其书可能成于开元初，甚至更早。这意味着单行本《金箓度命拔罪经》可能在7、8世纪之交尚未问世，故而孟、张、朱三人述及斋科、戒律时没有著录"九幽斋"与"九真戒"。同时由于敦煌写本S.957抄录时间下限为8世纪中叶，可知单行本《金箓度命拔罪经》问世时间约为8世纪初至中叶。

---

① 参见任继愈：《道藏提要》，北京：中国社会科学出版社，1991年，第878—879页。[法]Kristofer Schipper and Franciscus Verellen, eds., The Taoist Canon: A Historical Companion to the Daozang (Chicago: The University of Chicago Press, 2004), p. 442. 萧登福：《正统道藏总目提要》，台北：文津出版社，2011年，第1094—1095页。

② 该经可能是尹文操于679—684年所撰十卷本《玄元皇帝圣纪》的一部分。参见［法］Kristofer Schipper and Franciscus Verellen, eds., The Taoist Canon: A Historical Companion to the Daozang (Chicago: The University of Chicago Press, 2004), p. 551.

③ ［法］Kristofer Schipper and Franciscus Verellen, eds., The Taoist Canon: A Historical Companion to the Daozang (Chicago: The University of Chicago Press, 2004), p. 464.

④ 《斋戒箓》部分内容见于《至言总》和《洞玄灵宝太上六斋十直圣纪经》。《云笈七籖》卷三七"斋戒叙"亦出自该书。参见［法］Kristofer Schipper and Franciscus Verellen, eds., The Taoist Canon: A Historical Companion to the Daozang (Chicago: The University of Chicago Press, 2004), pp. 465—466.

⑤ ［法］Kristofer Schipper and Franciscus Verellen, eds., The Taoist Canon: A Historical Companion to the Daozang (Chicago: The University of Chicago Press, 2004), pp. 446—447.

⑥ （元）邓牧：《洞霄图志》卷五，台北：成文出版社有限公司，1983年，第120页。

综上所述，单行本的成书时间和敦煌写本 S. 957 的抄录时间均在公元 8 世纪。单行本《金箓度命拔罪经》不是刘无待于公元 7 世纪撰作的那部《九幽经》。

## 二 "九幽斋"对生身受度仪的影响

《金箓度命拔罪经》在内容上大致可分为三个部分：第一部分主要描述"九幽地狱"的场景，说明"九幽狱报"的业因以及"九幽大斋"之缘起。第二部分重点介绍九幽斋仪。第三部分总结"九幽大斋"的宗教功能。其九幽仪程依次为：先授九真妙戒，次授"元始符命金箓白简救苦真符"，最后授"元始符命金箓白简长生灵符"。经中的九幽斋为生亡两度，对应两种救度方式，一是受度者在生前建斋以自度；二是为亡人修设以度其超升，详如下。

### （一）九幽斋的救度方式

#### 1. 生前建斋

受度者在生前建九幽斋佩受九真戒及救苦、长生二符，旨在护佑生身消灾避祸，死后得度免遭狱苦。这类救度方式在时间上有两种情况：其一，灾害发生之后建斋，以禳灾除祸；其二，灾害发生之前修斋，旨在预防各种可能出现的祸患，即"预修"。

《金箓度命拔罪经》称：

> 若有国土兵灾不息，疫毒流行，是其国主、后妃、太子、王公及以兆庶亦当修设九幽大斋，各各受持九真妙戒、金箓宝符，兵灾静息、妖恶自屏、天人称悦、忻国太平。若在山林旷野为虎狼猛兽之所奔突，便当宁心存思金简灵符，

察命童子、受戒法师、护法神王，猛兽自退，终不害己。若入大海遭遇恶风，亦当存念，风浪静息，得达于岸。若在军阵白刃之中，亦当存念，兵仗伏匿，不有害伤。若在牢狱枷锁之中，亦当存念，冤枉自伸，必得解脱。若为邪精鬼贼众苦所缠，亦当存念，鬼魅消灭，自然瘥愈。①

上文中只有"国土兵灾、疫毒流行"属于"事后"建斋，其余五种情况皆属"预修"。经文称，遇山林猛兽、海上恶风等险境时当存念"金简灵符"及一应神真。"金简灵符"即九真戒与救苦、长生二符的统称，乃斋主建斋时由法师所授。戒、符上的神真（察命童子、护戒威神、五帝直符等）将覆护受持戒符之人，②以助其应付诸种可能遭遇的祸患。更为重要的是，生前"预修"九幽斋还能使建斋之人死后免受九幽狱苦，其称："此诸罪人，旷劫以来，不信经教，惟罪是修……身没九幽，沦滞三涂，未应解脱。赖于其中有此一人，生存之时曾立九幽大斋，受持金箓白简九真妙戒，标名金格，列字玉清，德重功高，感通上界，我以神力随念救护。"③ 这里讲的是，普掠狱中有一罪魂因生前修设九幽斋受持金箓简符及九真戒，死后获天尊救护，免遭狱苦。这种生前建斋、佩受戒符、死后获度的救度模式，与《玉堂大法》生身受度仪"以凡身度于未死之前，预备将死之路"④ 可谓如出一辙。这类"预修"九幽斋已有别于六朝道教借鉴佛教"逆修三七""预修生七"所创预修之科，实为后世道教

---

① （唐）《太上九真妙戒金箓度命拔罪妙经》，《道藏》第 3 册，第 408 页。
② 同上。
③ 同上，第 407 页。
④ （宋）路时中：《无上玄元三天玉堂大法》卷二〇，《道藏》第 4 册，第 66 页。

生身受度仪与预修黄箓斋的直接源头。

2. 救度亡魂

《金箓度命拔罪经》称：

> 若人命过应入九幽、名书黑簿，夫妻男女门人同学，当为亡人立九幽大斋，书名白简，为受九真妙戒，烧除黑簿，彼诸罪人，应时解脱，魂升九天，因缘轮转，得为九宫真人。①

荐亡时，由法师为亡魂颁授九真戒和救苦、长生二符，通过道教传统的"移籍"方式以拔度亡灵。上文所谓"黑簿"即"九幽黑簿"，是指记录亡魂生前所犯罪愆之簿籍，乃判定其死后坠入九幽之凭据；"白简"盖指仙籍。建斋之目的就是要灭其九幽之罪（烧除黑簿），易"罪籍"为"仙籍"（书名白简），度其升天。

就仪式功能而言，《金箓度命拔罪经》似乎更为强调生前建斋的意义。经文开始便引入普掠狱罪魂一例，借以表明生前修设九幽斋的作用。经末载有九幽斋的八种功用，其中七种皆属生前所修。该经"预修"之说为后世道教所重，并由此衍生出"生身受度""预修黄箓"等仪式。此外，经中九真戒与救苦、长生二符在宋代以后成为道教黄箓斋和炼度仪最常用的戒、符。

（二）九幽斋仪与生身受度仪之关联

《金箓度命拔罪经》九幽斋共有三个仪节，即颁授九真戒、救苦符及长生符，这三项内容都出现在《玉堂大法》生身受度仪中。前文提到，《玉堂大法》有两次颁戒，即"无上预修九真

---

① （唐）《太上九真妙戒金箓度命拔罪妙经》，《道藏》第3册，第408页。

妙戒"和"十戒","预修九真戒"的戒文同于《金箓度命拔罪经》,只是第一、二戒的顺序相反。《玉堂大法》"预修九真戒"以"孝养父母"为第一戒,以"忠于君主"为第二戒,这符合宋代道教通行做法。① 而《金箓度命拔罪经》是以"忠君"为首、"孝养"为次。《金箓度命拔罪经》宣称世人受持九真妙戒及金箓符简,即可获得戒牒及符上神真之护佑。② 其"九真戒"护翊生亡之功能亦为《玉堂大法》所承袭,其称:"世人能受九真妙戒,佩受救苦长生宝箓,生在之日,受大福报,寿龄绵远。运尽数终,不趋轮回,迳上丹天。"③ 其次在"生身受度"时,法师要为受度者颁授"太上预修救苦黄箓"和"无上预修长生金箓",两种箓上分别载有"元始符命黄箓白简救苦真符""元始符命金箓白简长生灵符",此二符出自《金箓度命拔罪经》,参见图2—1至2—4。

---

① (宋)路时中:《无上玄元三天玉堂大法》卷二〇,《道藏》第4册,第69页。(宋)《灵宝玉鉴》卷二七,《道藏》第10册,第329页。(宋)蒋叔舆:《无上黄箓大斋立成仪》卷一三,《道藏》第9册,第454—455页。(宋)王契真:《上清灵宝大法》卷八、卷四八,《道藏》第30册,第719页,《道藏》第31册,第144页。(宋)吕元素集成,胡湘龙编校:《道门定制》卷四,《道藏》第31册,第704—705页。(宋)金允中:《上清灵宝大法》卷一三、卷四四,《道藏》第31册,第418、651页。(宋)郑所南:《太极祭炼内法》卷上,《道藏》第10册,第445页。(宋元)《灵宝无量度人上经大法》卷二,《道藏》第3册,第617页。(宋)宁全真授,(元)林灵真编:《灵宝领教济度金书》卷六二,《道藏》第7册,第328页。

② (唐)《太上九真妙戒金箓度命拔罪妙经》,《道藏》第3册,第408页。

③ (宋)路时中:《无上玄元三天玉堂大法》卷二〇,《道藏》第4册,第69页。

图 2—1 《玉堂大法》
"元始符命黄箓白简救苦真符"①

图 2—2 《玉堂大法》
"元始符命金箓白简长生灵符"②

图 2—3 《金箓度命拔罪经》
"元始符命金箓白简救苦真符"③

图 2—4 《金箓度命拔罪经》
"元始符命金箓白简长生灵符"④

---

① （宋）路时中：《无上玄元三天玉堂大法》卷二〇，《道藏》第 4 册，第 67 页。
② 同上，第 68 页。
③ （唐）《太上九真妙戒金箓度命拔罪妙经》，《道藏》第 3 册，第 407 页。
④ 同上。

　　由上图可见，就符名和符形而言，《玉堂大法》与《金箓度命拔罪经》比较接近。稍异的是，《玉堂大法》以"黄箓"命名"救苦真符"，《金箓度命拔罪经》则记作"金箓"。《金箓度命拔罪经》"长生灵符"中部有"八狱、五岳"四字，而《玉堂大法》则无此内容。两部书中的救苦符与长生符祈请的神真基本一致。① 如《玉堂大法》"救苦真符"告文称："告下十方无极世界、三官九府、百二十曹、五帝考官、九幽地狱、巨天力士、执罚神兵、司命司录、司功司煞、牛头狱卒、三界大魔，预度某人生身，削除罪籍，注纪生名，万罪荡除，冤仇和释，乘此九真妙戒预度功德，上生天堂。"② 这些神真的名称及排序与《金箓度命拔罪经》所载一致。③ 不过，《金箓度命拔罪经》"救苦真符"告文显示为度亡，其称："拔度亡魂某灵魂出离地狱，永辞长夜，睹见光明"，④ 而《玉堂大法》则记为"预度某人生身"。需要说明的是，《金箓度命拔罪经》"救苦真符"和"长生灵符"为生亡两用，但经中却只列有度亡用的告文。这是因为，临事行用时，法师可以根据受度对象的情况（生者或亡魂）灵活地调整告文中受度者的称谓。为免繁复，故而未在经中列出"度生"之告文。

---

　　① （宋）路时中：《无上玄元三天玉堂大法》卷二○，《道藏》第 4 册，第 68 页。(唐)《太上九真妙戒金箓度命拔罪经》，《道藏》第 3 册，第 408 页。
　　② （宋）路时中：《无上玄元三天玉堂大法以》卷二○《生身受度品》，《道藏》第 4 册，第 68 页。
　　③ 《太上九真妙戒金箓度命拔罪妙经》载："元始符命金箓白简救苦真符：告下十方无极世界、三官九府、百二十曹、五帝考官、九幽地狱、巨天力士、执领神兵、司录司命、司功司杀、牛头狱卒、三界大魔，拔度亡过某灵魂出离地狱，永辞长夜，睹见光明，万罪荡除，冤仇和释，承此九真妙戒拔度功德，上升天堂，一如告命，风火驿传。"《道藏》第 3 册，第 407 页。
　　④ （唐）《太上九真妙戒金箓度命拔罪妙经》，《道藏》第 3 册，第 407 页。

综上所述，《玉堂大法》"生身受度"的救度模式同于《金箓度命拔罪经》"九幽斋"，前者所用九真戒、救苦符及长生符源出于《金箓度命拔罪经》。可以说，《玉堂大法》"生身受度"就是在《金箓度命拔罪经》九幽斋的基础上，融入水火预炼及炼度诸符而形成的一种济度生者的预修仪式。

## 三 《金箓度命拔罪经》与宋元预修斋科的联系

道教预修斋科的发展历程比较曲折，既有外因的影响，比如与佛教"逆修三七""预修生七"的复杂纠结，① 也有内因的推动，即道教对自身仪式传统的继承与革新。这当中起关键作用的是后者。道教"预修之科"在六朝时期业已出现，其代表经典是《天尊说随愿往生罪福报对次说预修科文妙经》。② 该经受佛教影响的痕迹较重，③ 其"预修"针对的是临终者、新亡和生者。经中"预修"之义有两层所指：第一，在七七之内，亡魂被定罪之前；或百日之中，在亡魂被配入五道之前为其"修十二福"（如造经像幡灯、修设道场、赎生布施等），造诸功德以济拔之。④ 第二，世人生前建斋为己修福立功、预造善缘，死后

① 关于佛教"逆修三七""预修生七"的研究，请参见侯冲：《中国佛教仪式研究——以斋供仪式为中心》，上海：上海古籍出版社，2018 年，第380—396 页。

② 明《道藏》未收此经，《道藏阙经目录》卷上著录有《洞玄灵宝天尊说随愿往生罪福报对次说预修科文妙经》。王卡先生根据敦煌写本 P. 2868、P. 2433 和龙谷大学藏本 539 号对该经做了缀合校补。参见《中华道藏》第 4 册，第 304—308 页。

③ 有学者指出该经是以《佛说灌顶经》卷一一、卷一二为基础，融入了佛教七七斋、预修、净土等观念的道经。参见郜同麟：《〈天尊说随愿往生罪福报对次说预修科文妙经〉初探》，《敦煌研究》2017 年第 6 期，第 121—127 页。

④ 《天尊说随愿往生罪福报对次说预修科文妙经》，《中华道藏》第 4 册，第 305 页。

以得解脱。① 此外，该经根据"三七""七七""百日"三个时间节点，将修斋功德依次分为上、中、下三等。②

相较于《预修科文经》，《金箓度命拔罪经》九幽斋则有很大的不同。后者未言"预修"二字却有"预修"之实，主要有两种情况：其一是指通过修设九幽斋，受持九戒二符以避免将来可能发生的五种祸患。③ 如其称："若在山林旷野，为虎狼猛兽之所奔突，便当宁心存思金简灵符，察命童子、受戒法师、护法神王，猛兽自退，终不害己。"④ 这类"预修"是指预先于灾害出现之前修设九幽斋。其二是指生前建斋，死后获度。经中所载普掠狱罪魂一事是为证。⑤ 不难看出，《金箓度命拔罪经》"预修"的救度对象仅限于生者，而《预修科文经》则指临终者、新亡和生者。并且，后者所谓"预修"除了指生前建斋外，还特指在亡魂被定罪或被配入五道之前为其修斋行道。此外，在建斋时间上《金箓度命拔罪经》未作具体要求，而《预修科文经》则有明确的时间限定，即从"一七"至"百日"。

宋元道教承袭《金箓度命拔罪经》九幽斋生前预修、死后获度之模式，创设出"生身受度"和"预修黄箓斋"。这类仪式主张"以凡身度于未死之前，预备将死之路"，⑥ 以令受度者死后不坠地府。除救度模式之外，宋元预修斋科与《金箓度命拔

---

① 《天尊说随愿往生罪福报对次说预修科文妙经》，《中华道藏》第 4 册，第307—308 页。

② 同上，第 305 页。

③ 这五种祸患指的是猛兽袭击，海上恶风，军阵白刃，牢狱之灾，邪精鬼魅。（唐）《太上九真妙戒金箓度命拔罪妙经》，《道藏》，第 3 册，第 408 页。

④ （唐）《太上九真妙戒金箓度命拔罪妙经》，《道藏》第 3 册，第 408 页。

⑤ 同上，第 407 页。

⑥ （宋）路时中：《无上玄元三天玉堂大法》卷二〇，《道藏》第 4 册，第 66 页。

罪经》的联系还体现在经典来源和仪式内容两个方面。据元代
《济度金书》卷三二〇载："诸预修黄箓，盖原于《北帝伏魔经》
金箓度命品。有人堕狱，刑罚莫施，北帝启问其故，元始谓此人
生存曾受九真戒、长生、救苦二符，所以如此。若世人能受持，
则死后皆然。因此遂有预修金箓度命之科。"① 这是将"预修黄
箓斋"溯源于《太上元始天尊说北帝伏魔神咒妙经》卷六《太
上九真妙戒金箓度命九幽拔罪经》。只是上文以"预修金箓度命
科"指称《神咒经》本"九幽斋"，盖因宋代以降"九幽斋"
专事度亡且渐被并入黄箓斋科，不再用于生身受度，为免生歧
义，故冠以"预修金箓度命科"之名。《神咒经》本《九幽拔罪
经》成书于宋代，该经是在唐代单行本《金箓度命拔罪经》九
幽斋之上加入"施食二咒"② 和"酆都山真形图"③ 撰作而成。
因此，"预修黄箓斋"的经典来源其实是唐代单行本《金箓度命
拔罪经》，而非《济度金书》所说《神咒经》本《九幽拔罪
经》。在仪式内容上，宋元预修科仪通常要向受度者颁授九真戒
与救苦、长生二符，或者将九戒二符融入"预修之箓"中给付
受度者。如《玉堂大法》"生身受度"要向受度者颁授"太上预
修救苦黄箓"（含救苦符）和"无上预修长生金箓"（含长生

---

① （宋）宁全真授，（元）林灵真编：《灵宝领教济度金书》卷三二〇，《道
藏》第 8 册，第 823 页。
② 即"开业道甘露通真咒"和"净酆都破地狱升天咒"，这两道咒语在宋代主
要用于咒变法食。（宋）《太上元始天尊说北帝伏魔神咒妙经》卷六，《道藏》第 34
册，第 420 页。
③ （宋）《太上元始天尊说北帝伏魔神咒妙经》卷六，《道藏》第 34 册，第
419—420 页。

符）以及九真戒牒。① 又如《济度金书》"预修黄箓斋" 则是将九戒二符全部纳入 "洞玄灵宝预修九真妙戒金箓度命无上黄箓"中，由受度者佩执，以令其生前获福、死后得度。②

① （宋）路时中：《无上玄元三天玉堂大法》卷二〇，《道藏》第 4 册，第 67—69 页。

② （宋）宁全真授，（元）林灵真编：《灵宝领教济度金书》卷二九一，《道藏》第 8 册，第 569—570 页。

# 第三章 "死魂受炼":宋代炼度仪的类型之二

宋代炼度仪大多用于度亡，这类仪式品目甚多仪程复杂，行炼原理、行炼方式及炼度内法亦不尽一致。限于篇幅，我们无法逐一介绍这些仪式。

本章将从"水火炼"着手，对"死魂受炼"类炼度仪进行分类讨论。之所以选择"水火炼"作为切入点，是因为它既能体现诸多炼度仪之共性，同时也能反映出其间的差异。

如《太极祭炼内法议略》卷中载：

> 今之水火炼度，或有用子午炼者，或有用两秘字作用者，或有用两梵语秘咒作用者，或实书或虚书一炼字为水火炼者，或有想南北斗，念南北斗讳者，掐南北斗诀者，或有用呵吹剔子午诀者，或诵《中篇》南方八天、北方八天为水火炼度者……或有诵水炼童子、火炼童子者，或有诵水炼将军、火炼将军者，或有念火炼丹界天尊、黄华荡形天尊者，或有召有姓名二使者，或有水火炼并诵龙汉荡荡咒者，

或有念日君月皇二讳者，或有念日魂月魄二咒者，或有作用
取真水真火符者。有九炼者，九炼亦有数样，又有水九炼火
九炼，又有水火交炼，互换各九次，通十八炼者，又有作用
取外日晶月华为水火炼度者……①

由上文不难看出，虽然"水火炼"是众多炼度仪的核心仪
节，但有关"水火"的解释与炼法可谓众说纷纭，由此而导致
"水火炼"在程序、内法及行炼原理与行炼方式上存在较大差
别。不仅如此，除"水火炼"外，宋代某些炼度仪还融入了其
他炼法，如王氏《大法》中的"九天炼度"以先火后水之序行
水火炼，次以"九章炼"为亡魂宣通腑脏、布炁生神。② 又如
《无上玄元三天玉堂大法》"三光炼度"以先水后火之序为亡魂
聚其灵识，再行水火交炼以炼就纯阳，最后以"九天仙炼"炼
亡成仙。③ 此外，还有一类只有"火炼"而无"水炼"的炼度
仪，如《度人经大法》卷六三《九炼生尸品》仅提及"火沼"
与"火炼"，而无"水池""水炼"之说。④ 不过，这类仪式在
宋代道书中极为鲜见，当属特例。由上可知，尽管"水火炼"
是绝大多数炼度仪共有的仪节，但在具体内容上仍有一定的差
异，呈现出复杂化的特点。而这也正好说明"水火炼"是诸多
炼度仪"共性"与"差异"的集中体现。因此，下文将从"水
火炼度"入手，按照"水"与"火"的行炼顺序及炼法对"死

---

① （宋）郑所南：《太极祭炼内法议略》卷中，《道藏》第 10 册，第 456 页。
② （宋）王契真：《上清灵宝大法》卷五九，《道藏》第 31 册，第 250—251 页。
③ （宋）路时中：《无上玄元三天玉堂大法》卷一八，《道藏》第 4 册，第
57—63 页。
④ （宋元）《灵宝无量度人上经大法》卷六三，《道藏》第 3 册，第 970—973 页。

魂受炼"类炼度仪进行分类讨论。先根据"水火炼"的顺序，划分为先水后火、先火后水、水火交炼三类，并探究其行炼原理。再从炼法上分为水火炼与其他炼法两类，归纳这些炼法的特点及用途。

# 第一节 "水"与"火"的顺序及其行炼原理

## 一 "先水后火"类

"先水后火"是水火炼度中最常见的一种行炼程序，宋代炼度仪大多可归入此类，参见表3—1。

表3—1 宋元炼度仪举隅

| 序号 | 炼度仪名称 | 水火顺序及炼法 | 文献出处 | 备注 |
|------|-----------|---------------|---------|------|
| 1 | 祭炼幽魂仪 | 先火后水 | 金允中《上清灵宝大法》卷一三 | |
| 2 | 水火炼度 | ①先水后火<br>②五芽炼<br>③九天炼 | 金允中《上清灵宝大法》卷三七 | |
| 3 | 灵宝大炼 | 先水后火 | 王契真《上清灵宝大法》卷五九 | |
| 4 | 九天炼度 | ①先火后水<br>②九章炼 | 王契真《上清灵宝大法》卷五九 | |
| 5 | 三光炼化 | | 王契真《上清灵宝大法》卷四九 | 仅载坛式，未载仪节 |
| 6 | 南昌炼度 | | 同上 | 同上 |

| 序号 | 炼度仪名称 | 水火顺序及炼法 | 文献出处 | 备注 |
|---|---|---|---|---|
| 7 | 九炼生尸 | | 同上 | 同上 |
| 8 | 灵宝生仙炼 | | 同上 | 同上 |
| 9 | 飞升炼度 | | 同上 | 同上 |
| 10 | 灵宝九炼返生仪 | ①先水后火<br>②水火交炼<br>③太阴混元化形炼<br>④九炼生神<br>⑤五芽炼 | 《灵宝玉鉴》卷三八—四三 | |
| 11 | 三光炼度 | ①先水后火<br>②水火交炼<br>③九天仙炼 | 路时中《无上玄元三天玉堂大法》卷二〇 | |
| 12 | 神霄炼 | 先水后火 | 《高上神霄玉清真王紫书大法》卷一一 | |
| 13 | 速度亡魂 | 先水后火 | 《灵宝无量度人上经大法》卷三七 | |
| 14 | 元始灵宝自然九天生化超度阴炼 | 先水后火 | 《灵宝无量度人上经大法》卷五七 | |
| 15 | 三光炼度 | 先水后火 | 《灵宝无量度人上经大法》卷五九 | |
| 16 | 南昌受炼 | 先火后水 | 《灵宝无量度人上经大法》卷六〇 | |
| 17 | 灵宝炼度 | 先水后火 | 《灵宝无量度人上经大法》卷六一 | |
| 18 | 混元阴炼 | ①先水后火<br>②十二混元仪 | 《灵宝无量度人上经大法》卷六二 | |
| 19 | 九炼生尸 | ①火炼<br>②九天炼 | 《灵宝无量度人上经大法》卷六三 | 无水炼 |

| 序号 | 炼度仪名称 | 水火顺序及炼法 | 文献出处 | 备注 |
|---|---|---|---|---|
| 20 | 九炼生尸田先生科 | 先水后火 | 《灵宝无量度人上经大法》卷六四 | |
| 21 | 上清南宫水火冶炼度命仪 | ①火炼<br>②十二混元仪<br>③五芽炼<br>④水炼<br>⑤九阳梵炁炼<br>⑥灵宝九炼 | 蒋叔舆《无上黄箓大斋立成仪》卷二七 | |
| 22 | 上清南宫炼度幽魂仪 | ①火炼<br>②十二混元仪<br>③五芽炼<br>④水炼<br>⑤九阳梵炁炼<br>⑥灵宝九炼 | 蒋叔舆《无上黄箓大斋立成仪》卷三一 | |
| 23 | 太极祭炼 | 先水后火 | 郑所南《太极祭炼内法》 | |
| 24 | 神霄炼① | 先水后火 | 《高上神霄玉清真王紫书大法》卷一一 | |
| 25 | 玉宸经法炼度 | ①先火后水<br>②水火混炼 | 《道法会元》卷一七、二〇 | |
| 26 | 清微通明炼度 | ①先水后火<br>②水火混炼 | 《道法会元》卷三二—三四 | |
| 27 | 金火天丁阳芒炼度仪 | ①先火后水<br>②水火混炼 | 《道法会元》卷二〇五 | |
| 28 | 丹阳祭炼 | 先水后火 | 《道法会元》卷二一〇 | |
| 29 | 九炼返生仪 | ①先水后火<br>②水火交炼 | 林灵真《灵宝领教济度金书》卷五九 | 该法分九炼，"水火炼度"为其中"第五炼"。 |

① 《高上神玉清真王紫书大法》卷一一载有"炼度法"。因该书主述神霄派道法，故以"神霄炼"命名之。《道藏》第28册，第654—655页。

| 序号 | 炼度仪名称 | 水火顺序及炼法 | 文献出处 | 备注 |
|---|---|---|---|---|
| 30 | 水火炼度 | ①先水后火<br>②水火交炼<br>③九天炼度 | 《灵宝领教济度金书》卷七〇 | |
| 31 | 炼度仪 | ①先水九炼<br>②次火九炼<br>③九天炼度 | 《灵宝领教济度金书》卷八一 | 该炼度仪为"生神斋"专用① |
| 32 | 太极心法祭炼 | 先水后火 | 《灵宝领教济度金书》卷一一四 | |
| 33 | 经法炼度 | ①先水后火<br>②三十二天阳炁行炼 | 《灵宝领教济度金书》卷一三〇 | 水火炼度后，为亡灵请降三十二天阳炁，令其过度欲界、色界、无色界，最终升入道境，登真成仙 |
| 34 | 水火炼度 | ①先水后火<br>②水火交炼 | 《灵宝领教济度金书》卷二八四 | |
| 35 | 紫皇炼度 | ①先火后水<br>②十二混元仪<br>③五方炁炼<br>④十二混元仪 | 《紫皇炼度玄科》 | |

由表3—1可见，第1、4、16、21、22、25、27项为"先火后水"类炼度仪，即"祭炼幽魂仪""九天炼度""南昌受炼""上清南宫水火冶炼度命仪""上清南宫炼度幽魂仪""玉宸经法

---

① 《灵宝领教济度金书》卷八一《科仪立成品》开篇题为"生神开度斋用"，该卷所载炼度仪当为"生神斋"专用。《道藏》第7册，第398—406页。

炼度""清微通明炼度"等七种。第19项"九炼生尸"只有"火炼"与"九炼"，而无"水炼"。除此之外，其余二十七种炼度仪皆以"先水后火"之序行炼。是知，"先水后火"是宋元水火炼度最常见的一种行炼顺序。关于其行炼原理，宋元道书普遍以"天一生水"说释之。

## （一）"天一生水"说

"天一生水"表示"水"为五行之首，由太极阴阳两仪交感所生，本是内丹修炼常见术语，内丹道书中多以"天一生水"说阐释阴阳五行生成之理。如《元始说先天道德经注解》云："天一生水，性本阳也，体成于六而属阴。地二生火，性本阴也，体成为七而属阳。……天一之用，降而下行，中交天五，成形为六，生水而属地。赫赫之气，本发于地，地二之用，出而上行，中交天五，成形于七，生火而属天。故水本天而其成则地，在人为精；火本地而其成则天，在人为神。"① 这是以抽象之"数"表示阴阳互含之理，如"天一""天五"本为阳数，二者交合成"地六"变为阴数。也就是说，"天一生水"虽本性为阳，但其成于阴，此即阴中抱阳。又如《全真集玄秘要》云："阳变阴合，阴阳感合，而生五行也。天一生水、地二生火、天三生木、地四生金、天五生土，此五行生数也。"② 这段话旨在说明五行顺生之理，③ 阴阳本于太极，二炁交合而生五行。其

---

① （宋）李嘉谋注：《元始说先天道德经注解》卷四，《道藏》第1册，第445页。
② （元）李道纯：《全真集玄秘要》，《道藏》第4册，第530页。
③ "五行顺生"与"五行相生"是两个不同的概念。"五行顺生"指五行生成的先后顺序，即水、火、木、金、土。"五行相生"则是从"五行"的性质及其运行方式上立论，即金生水、水生木、木生火、火生土、土生金、金生水……五行相生，循环无端。

"一"至"五"之数有两层涵义：第一，表示五行顺生之序。如"天一生水"表明阴阳感合最先产生"水"，为五行之首。第二，表明五行本于阴阳。"天一、天三、天五"为阳数，"地二、地四"为阴数，五行即阴阳，阴阳即太极。需要指出的是，内丹道"天一生水"说看似在讲宇宙生成论，但其最终指向的是个人的修炼实践，即以阴阳五行万物生化的抽象之理解释并指导内丹修炼，实现"形上之道"与"形下之用"的贯通。如《全真集玄秘要》称："天一生水，精藏于肾也；地二生火，神藏于心也；天三生木，魂藏于肝也；地四生金，魄藏于肺也；天五生土，意藏于脾也。五行运动而四端发矣，达是理者，则能随时变易以从道也。"[①] 文中以五行对应人体五脏，以"数"表示精、神、魂、魄、意的生成之序及五行所属，这显然是将宇宙生成之理落实到个体生命的层面，而这种五行生成说亦为部分炼度仪所采纳，用以解释"先水后火"的原理。

"水火炼度"是指法师运己之阴阳正炁为亡魂炼阴复阳，其阴阳二炁即是"水火"。[②] "先水后火"类炼度仪认为，五行之生水为先、火为后，故当先行水炼、次以火炼。比如，《太极祭炼内法议略》卷中云："天一生水，故先水炼，地二生火，故次火炼。或有先火炼而后水炼者，于理有碍。"[③] 王氏《大法》卷五九称："夫真水者，是阴中之一炁，是为天一生水，乃号皇极。"[④]《丹阳祭炼内旨》释曰："天一生水，故先水炼。……地

---

① （元）李道纯：《全真集玄秘要》，《道藏》第4册，第530页。
② "水火"的炁法比较复杂，本书第五章第二节对此有专论。
③ （宋）郑所南：《太极祭炼内法议略》卷中，《道藏》第10册，第456页。
④ （宋）王契真：《上清灵宝大法》卷五九，《道藏》第31册，第251页。

二生火，次当火炼。"①《道法会元》卷二四五云："炼度之法，有先水而后火者，有先火而后水者，法虽皆有其理，不若先水后火者，有合造化相生之义。"② 不难发现，以上诸书皆是从五行顺生的角度解释"先水后火"，即水、火、木、金、土，五行俱而万物生，亡魂受炼亦当遵循五行相生之序以完形复命。其次，就"炼"字而言，是指炼"我"之精以生"彼"之精，炼"我"之神而生"彼"之神。③ 从行炼者的角度讲，人之生藏精于肾，肾属水；藏神于心，心属火；故而"自炼精神"必然从"我"之心肾（水火）着手。从受炼者的角度讲，亡魂更生取决于其"精神"之复聚，④"精"属水、"神"属火，⑤ 依五行顺生之序，水先火后，"精"成于"神"之前。因此，应先行水炼、次行火炼。

### （二）以"火炼"补"水炼"之失

除"天一生水"外，宋代道教关于"先水后火"还有一种极为特殊的说法，即以火炼作为水炼失误的一种"补救"手段。据《高上神霄玉清真王紫书大法》卷一一一"炼度法"载：

---

①　（元）《道法会元》卷二一〇，《道藏》第30册，第315页。

②　（元）《道法会元》卷二四五，《道藏》第30册，第516页。

③　《太极祭炼内法议略》卷中释"水火炼度"称："水炼之曰水者，非水也，吾精之泽也，炼吾之精而生彼之精，故化之为水而炼之焉。火炼之曰火者，非火也，吾神之光也，炼吾之神而生彼之神，故化之为火而炼之焉。"《道藏》第10册，第455—456页。

④　《太极祭炼内法议略》卷中称："精亡神离，昔虽堕而为鬼，精生神全，今当升而生天。炼则度矣，不炼则不度也。"这表明"水火炼度"旨在为亡魂炼俱精神，"精生神全"则为"仙"，"精亡神离"则为鬼，《道藏》第10册，第456页。

⑤　（唐）《胎息精微论》载："血色赤，象于火，缘心中属火，常被肾来克，其血流入肾则化为精，精色滋，故象于水，缘肾中精属水。"《道藏》第18册，第447页。（元）牛道淳注《文始真经注》卷四云："精属水，神属火，故精神水火也。"《道藏》第14册，第635页。

　　火炼法，用卓（桌）子十八只，作一行排。每一卓（桌）上，用香炉一个，烈火焚香。自脑炼至命符，一十八道，掐玉请诀，每道随符念咒，焚之于烈火香炉内。

　　水炼法，用水池九寸或九尺，皆要九九之数，金石木砖，皆可用之。用水九数，四角用香炉，烈火焚香，翳雾罩水池。法师祝文，投炼身符于内，令斋主见所荐亡魂，如未见，再行用催咒见。如炼得不成人形，或成畜类，成从火炼。如炼成人形，即随斋法行用，依式度法桥，至生天台，随事行用也。①

　　上文"炼度法"的救度方式为以符行炼。法师先是以"炼身符"行水炼以令亡魂现形，再据亡魂所现之形决定是否对其施以"火炼"。这可能会出现两种情况：其一，若水炼之后亡魂未俱人形则需行火炼，直至炼成人形方能度之。其二，若水炼之后亡魂已俱人形则直接度其超升，如上文称："如炼成人形，即随法行用，依式度法桥，至生天台。"也就是说，倘若亡魂经水炼已俱人形则可省略"火炼"环节而获度超升，这显然是将火炼作为水炼失误后的一种补救措施，实有别于宋代道教对"水火炼"常见的解释。在宋代炼度文献中，多以"水""火"分释的方式介绍水火炼度的仪法与程序。水炼与火炼各有其用途，二者之间是一种既相对独立又相互依存的关系。水炼旨在为亡魂荡炼阴秽、育其真精，火炼用以陶魂铸魄、炼其阳神，在通常情况下，二者缺一不可。

　　由上文不难看出，《紫书大法》"炼度法"以"水炼"为

---

　　①　（宋）《高上神霄玉清真王紫书大法》卷一一，《道藏》第28册，第654—655页。

重，以"火炼"为次，其"先水后火"的行炼顺序是基于水炼在仪式中的作用重于火炼而决定的，这完全不同于以五行生化之理阐释"先水后火"的"天一生水"说。所谓"天一生水、地二生火"，即水为五行之首，成于火之前，故水炼为先、火炼为后。换言之，"水""火"的形成虽然在时间上有先后，但水、火二炼的作用及地位是平等的，并无高低主次之分。

由于《紫书大法》对于水火炼的认知比较特别，行炼方法亦较为简易，加之该书是由北宋末神霄派道士所撰，这提示我们，其所载"炼度法"可能是较早问世的炼度仪之一，在一定程度上反映了早期"神霄炼"的情况。有鉴于此，以下将对该"炼度法"略作介绍。

在"水池""火沼"的设置上，《紫书大法》与宋代其他炼度仪既有相近、也有相异之处。据《紫书大法》载："火炼法，用卓（桌）子十八只，作一行排。每一卓上，用香炉一个，烈火焚香，自脑炼至命符，一十八道。掐玉清诀，每道随符念咒，焚之于烈火香炉内。"[1] 文中的香炉即是火池，十八个香炉即十八个火池。关于"水池"，其称："用水池九寸或九尺，皆要九九之数，金石木砖，皆可用之。用水九数，四角用香炉，烈火焚香，翳雾罩水池。"[2] "九九之数"与"四角用香炉"表明该"水池"为正方形，其长、宽皆取九之数。这种以香炉为火池、以方形容器为水池的做法亦见于宋代其他炼度仪，如王氏《大

---

① （宋）《高上神霄玉清真王紫书大法》卷一一，《道藏》第28册，第654页。按：虽然该卷提到十八道火炼用符，但当中只收录了水炼用"炼身符"一道。

② （宋）《高上神霄玉清真王紫书大法》卷一一，《道藏》第28册，第654页。

法》卷五九云："火池用圆炉盛真火，水池用方器盛真水。"① 事实上，宋代炼度仪中的水池火沼大多遵循"火圆水方"的原则以象征日精月华，这种观念源于早期上清派存服日月精炁之说。② 但是，《紫书大法》设置十八个火池、九个水池以及用"九九之数"限定水池形制的做法明显有别于宋代其他炼度仪，后者通常是水、火各设一池，鲜见多个火池或水池并用的情况。

在仪式内容上，《紫书大法》无"变降真水火"和"召将入炼"两个重要环节。在宋代众多炼度文献中，水火二池象征亡魂受炼之所，二池在施用时往往伴随存想、取炁、焚符等一系列复杂的仪法。其中有两个关键步骤：一是变降真水火于二池；二是存召炼度官将"引魂入池"受炼。如《玉堂大法》卷一八称："焚黄诰、赤箓之时，存各曜，各曜乃水池为月，火沼为日也，乘光入吾身，混合吾身之水火，俱入池中。但见光明晃曜，不睹凡界，然后行事。"③ "黄诰"即"素华真玄玉光黄诰"用以降真水，"赤箓"即"元阳自然炼魂赤箓"用于降真火，二者的法力源于日月精炁。以"黄诰"为例，书诰时，法师存引月华精炁灌注笔端，即布炁于诰；焚黄诰时，法师存想月华与身中真炁混入水池，此即降真水。不难看出，所谓"变降真水火"就是通过存想布炁变化水火，旨在化凡为圣。然而在《紫书大法》中没有这一环节，其"炼身符"与"十八道符"也不是用于变化水火，而是直接用于炼度亡魂。在变降真水火之后通常还有

① （宋）王契真：《上清灵宝大法》卷五九，《道藏》第 31 册，第 252 页。
② （东晋）《洞真太一帝君太丹隐书洞真玄经》，《道藏》第 33 册，第 528—529 页。
③ （宋）路时中：《无上玄元三天玉堂大法》卷一八，《道藏》第 4 册，第 57 页。

"召将行炼"环节，如王氏《大法》卷五九"灵宝大炼"云：
"指挥主水大将军、水池官吏，引魂入水池。"① 金氏《大法》
卷一三《济炼幽魂品》称："谨召炼度官君、水池主者、水炼神
将吏兵，引领孤魂等众并入水池，如法濯炼。存将吏引魂入
炼。"② 法师存召炼度神将引魂入池，然后再按照先水后火或先
火后水之序炼度亡魂。值得注意的是，《紫书大法》"水炼法"
虽然提到"投炼身符于内（即水池），令斋主见所荐亡魂"，③
似有亡魂受炼于水池之义，但书中并未涉及"召将行炼"的存
想内容。由上文不难看出，尽管《紫书大法》有亡魂受炼于水、
火池的观念，但在具体仪法上尚不成熟，既无变降真水火之法，
亦无召将行炼等内容，并且只是将火炼作为水炼失误后的一种补
救措施。较之宋代其他炼度仪，《紫书大法》中的"炼度法"略
显粗糙，而这种"粗糙"或许正好反映了神霄炼形成之初的
情形。

## 二 "先火后水"类

"先火后水"类炼度仪在宋代炼度文献中的出现频率少于
"先水后火"类。较常见的有王氏《大法》卷五九"九天炼
度"④，金氏《大法》卷一三"济炼幽魂仪"⑤，《度人经大法》

① （宋）王契真：《上清灵宝大法》卷五九，《道藏》第31册，第250页。
② （宋）金允中：《上清灵宝大法》卷一三，《道藏》第31册，第417页。
③ （宋）《高上神霄玉清真王紫书大法》卷一一，《道藏》第28册，第654页。
④ （宋）王契真：《上清灵宝大法》卷五九，《道藏》第31册，第250—251页。
⑤ （宋）金允中：《上清灵宝大法》卷一三，《道藏》第31册，第412—419页。

卷六〇"南昌炼度"①，蒋氏《立成仪》卷二七"上清南宫水火冶炼度命仪"、②卷三一"上清南宫炼度幽魂仪"③等。需要说明的是，这些科仪著述中只载有仪式程序而未述其行炼原理。因此，我们只得将文献范围拓展至宋以后的资料上，以探寻道教自身对于这类仪式的解释。下文将借助元代《道法会元》中的相关记载探讨"先火后水"的行炼原理。

《道法会元》中关于"先火后水"的解释有两种：一为"取坎填离"说，二是"玉眸炼质、黄华荡形"说。

### （一）"取坎填离"说

是说见于《道法会元》卷一七《玉宸经法炼度内旨》，撰者是元明时期道士赵宜真。"取坎填离"是内丹道的一个重要概念，表示人经由修炼从"后天"有漏之身复归"先天"纯阳之质。赵宜真以此概念阐释"玉宸经法炼度"中的"真水火"及"先火后水"之理。如其称：

> 其水火先后之说，有先水后火者，有先火后水者，或以心肾为坎离，或以两肾之炁为水火，如是之不一者……其诸家之说，惟用心火肾水，离火坎水，皆指后天之水火，非先天之真水、真火已。……夫真火者，坎中之阳也；真水者，离中之阴也。此之阴阳，得乾坤之中炁。④

上文表明，"水火"有先天、后天之别。"后天水火"是以

---

① （宋元）《灵宝无量度人上经大法》卷六〇，《道藏》第3册，第953—956页。

② （宋）蒋叔舆：《无上黄箓大斋立成仪》卷二七，《道藏》第9册，第537—542页。

③ （宋）蒋叔舆：《无上黄箓大斋立成仪》卷三一，《道藏》第9册，第560—566页。

④ （元）《道法会元》卷一七，《道藏》第28册，第773页。

肾为水府，取真水于肾，以心为火府，取真火于心，呈水下火上之势，即心肾未交、水火未济之象。如金氏《大法》卷一三"变火池"法称："存身绛宫赤炁腾出，渐盛遍满身外，注入炉中化为真火。"绛宫，即心宫，这里讲的是法师存心宫之炁变化真火。此"真火"取于心，即上文所谓"后天水火"。在赵宜真看来，这类"后天水火"不能称之为"真水火"，惟有"先天水火"方能行炼亡之事。其"先天水火"之说沿袭了内丹"水火"的概念。

《玉宸经法炼度内旨》称"真火者，坎中之阳也；真水者，离中之阴也"，意即真火出于肾，真水出于心。从"后天"看，肾属水为阴，在卦为坎，主生精，肾精蕴藏正阳之炁，此炁属"先天"，故称真火出于肾。又，心属火为阳，在卦为离，主生血，此为"后天"，而血中含藏真阴之液，此液属"先天"，故言真水出于心。这种说法同于内丹道对"水火"的解释，如《修真十书》卷一五《钟吕传道集》云："肾，水也。水中生气，名曰真火。火中何者为物？心，火也。火中生液，名曰真水。"[1]又如《西山群仙会真记》卷四引《通玄论》称："人亦若是，受胎之初，父精母血，二炁相合，阳炁上升，心为炁馆，炁中暗藏真水在心也；阴炁下降，肾为水府，水中暗藏真炁在肾也。"[2]内丹修炼主张从"后天"之炁入手，通过升降阴阳化炼水火以复归"先天"纯阳之质。显然，赵宜真所谓"先天水火"就是

---

① （元）《修真十书》卷一五，《道藏》第4册，第665页。
② （宋）施肩吾：《西山群仙会真记》卷四，《道藏》第4册，第434页。按：该书题为华阳真人施肩吾撰，《道藏》中还收录有栖真子施肩吾述《养生辩疑诀》一卷，二书作者非同一人。前者为北宋时人，后者活跃于唐代。

内丹"真水火"的另一种表述。值得注意的是，赵氏对于内丹道的吸纳并非仅限于概念的借用，更重要的是，他从内丹修炼的层面进一步阐释了"玉宸经法炼度"先火后水之理。如其称：

> 然真火取于坎，其用却在离；真水取于离，其用却在坎。坎离互用，水火相须。……水火妙用，虽不可攘然而分，然稽之《紫阳丹诀》：取将坎位心中实，点化离宫腹裹阴。是乃先进阳火，而后退阴符，故修炼之工要不可不先火而后水也。……唯神仙返还之道，以法擒制，取坎中之阳，而点化离中之阴，运归戊己，炉中依法烹炼，则自无中生有，体变纯阳，而超乎天地之外矣。炼度之法，盖取诸此而推以及人，则运吾身纯阳之道炁，而点化纯阴之鬼魂，则是以我之阳而炼彼之阴。阴阳交感，幽显潜通，其超度可必矣。①

上文中，"真火取于坎，其用却在离"一句及其所引《紫阳丹诀》之语，盖以卦象说明"取坎填离"之义，以示由"后天"返还"先天"之理。坎卦☵为外阴内阳；离卦☲为外阳内阴。乾坤二卦为坎离之体，象征先天；坎离二卦为乾坤之用，象征后天。阴阳交感，乾陷于坤以成坎，乾则成离。修炼之法，即以坎中真阳还归于离而复纯阳。所谓"取将坎位心中实，点化离宫腹裹阴"，意即以坎卦中间的阳爻移填离卦中间之阴爻，即演为乾卦☰，此即"取坎填离"，意为还返先天乾阳。从修炼的角度讲，这是"先进阳火、后退阴符"，② 即先起"坎中之阳"后填"离中之阴"。赵宜真认为，炼度之法是指法师运身中纯阳道炁

---

① （元）《道法会元》卷一七，《道藏》第28册，第773页。
② 同上。

炼化纯阴之鬼魂，其理与内丹修炼无异，故而主张水火炼度应效法内丹"抽坎填离"先起坎阳（肾中真火）、后退离阴（心中真液）的进路，以火炼为先、水炼为后。由上可见，赵宜真完全是以内丹理论阐释炼度之法，并将丹道修炼中阳火阴液的升降之序移入水火炼度，主张以"先火后水"之序炼化亡魂。如果说"天一生水"说更多是从五行生成之序（天一生水、地二生火），即从宇宙生化论的角度阐释"先水后火"，那么"取坎填离"说则是从修炼实践之层面去诠释"先火后水"之理。

**（二）"玉眸炼质、黄华荡形"说**

以"玉眸炼质、黄华荡形"解释"先火后水"见于《道法会元》卷二四五《上清灵宝无量度人上道》，其"炼度诀"称："炼度之法，有先水而后火者，有先火而后水者，法虽皆有其理，不若先水后火者，有合造化相生之义。先火而后水者，盖本经中有玉眸炼质、黄华荡形之说，岂若夫天一生水、地二生火之论，实为深长。"[1]尽管这段文字旨在表明"先水后火"之序更能契合"天一生水"造化相生之义，但同时亦透露出某些炼度仪是以"玉眸炼质、黄华荡形"之说作为"先火后水"的行炼依据。在宋代炼度仪中，通常以"玉眸炼质"代表火炼，以"黄华荡形"表示水炼，这种以"玉眸""黄华"对应火炼、水炼的观念至迟在唐代已经出现。上文称"玉眸炼质、黄华荡形"八字出自"本经"，"本经"应即《灵宝无量度人上品妙经》，该经共六十一卷，惟卷一为本经，约出于东晋，其余六十卷为宋

---

[1] （元）《道法会元》卷二四五，《道藏》第30册，第516页。

人在本经的基础上敷衍而成。①《度人经》卷一"南方八天"载"南焖洞浮，玉眸诜诜"，② 唐代李少微注曰："南焖者，南方有流火之庭，广七万里，飞焰焕乎八方也。洞浮者，洞阳之宫，流火之炁，炎而浮流也。玉眸者，流火之膏也，炼身体则生玉光，明如眸子，故曰玉眸。南极真人理于宫内，诸学人始得道者，皆诣流火之庭，南极真人则以火膏洗炼、荡除尘垢，得与真人为侣。"③ 由李注可见，"玉眸"象征火炼，但又不同于宋代炼度之火炼。在李注中，惟有得道之人方可升入"流火之庭"得南极真人以"火膏洗炼"。而在宋代炼度仪中，火炼的主体为法师，火炼的对象为亡魂。

除"南焖洞浮、玉眸诜诜"八字外，《度人经》唐代注本中还有多处关于"火炼"的记载。如唐薛幽栖注云："格皆九年者，即九年之格也，谓法三火之数，即三三如九。朱宫是南方，属火，以火炼形，故云三火，九年受其炼化，然后更生贵族。"④ 又如薛注曰："此太清九宫已下有仙名者，既修闻此经，使身得道，飞升仙域，受炼南宫。夫魂魄升仙，则火炼鬼质；生身得

① ［美］司马虚著，刘屹译：《最长的道经》，《法国汉学》第 7 辑，北京：中华书局，2002 年，第 188—211 页。［法］Kristofer Schipper and Franciscus Verellen, eds., *The Taoist Canon: A Historical Companion to the Daozang* (Chicago: The University of Chicago Press, 2004), pp. 214—215. 丁培仁：《增注新修道藏目录》，成都：巴蜀书社，2008 年，第 82 页。

② （东晋）《灵宝无量度人上品妙经》卷一，《道藏》第 1 册，第 6 页。

③ （宋）陈景元集注：《元始无量度人上品妙经四注》卷四，《道藏》第 2 册，第 243 页。

④ （宋）陈景元集注：《元始无量度人上品妙经四注》卷一，《道藏》第 2 册，第 196 页。

道，则火炼垢秽。初故皆入南宫，然后登其本位，此上士之格也。"① 再如薛氏注"死魂受炼，仙化成人"曰："死魂举度于南宫，则以流火之膏炼其鬼质，从兹改化，便得仙也。"② 由上文不难看出，唐注中的"火炼"是指以"南宫"（朱宫）"流火之膏"炼变受炼者之形质。火炼的对象包括生者与亡魂，所谓"魂魄升仙，则火炼鬼质；生身得道，则火炼垢秽"。这里透露了两种成仙观念，即死后成仙与即身成仙，无论是死魂还是生者都必须经由"火炼"这一环节以炼除鬼质或垢秽方能登真成仙。由此可见，"火炼"乃成仙必经之途径。此外值得注意的是，《度人经》卷一本经主旨是通过修诵该经以修道登真，强调的是诵经的神圣功能，即惟有勤修该经之人及其祖先才能获得升入南宫接受"火炼"之资格。③ 也就是说，《度人经》本经及唐代注本中的救度思路与救度方式均有别于宋代炼度之火炼。

关于"黄华荡形"，《度人经》卷一未见此说，只是后人在注解《经》中"十二河源"时提到"东井黄华""黄华炼度"等概念。如唐李少微注云："十二河源者，月为太阴之精，诸水之母。井（疑为'东井'）是天河之源，众水之泉。一月一周天，一年十二月，每月皆过于东井，沃黄水之华，濯天人之容。

---

① （宋）陈景元集注：《元始无量度人上品妙经四注》卷一，《道藏》第 2 册，第 196 页。

② （宋）陈景元集注：《元始无量度人上品妙经四注》卷二，《道藏》第 2 册，第 212 页。

③ （东晋）《灵宝无量度人上品妙经》卷一载："凡诵是经十过，诸天齐到。亿曾万祖幽魂苦爽，皆то受度，上升朱宫。"《道藏》第 1 册，第 2 页。（宋）陈景元集注《元始无量度人上品妙经四注》卷一，唐薛幽栖注曰："此言凡诵者，则不限高下之格。是能依法精心诵持十过者，则诸天众圣降集于房庙，播祖祢之幽魂及昆宗之苦爽，下离北府，上入南宫。"《道藏》第 2 册，第 195—196 页。

若先祖未生，皆蒙炼度，以成仙真。"① 东井，即井宿，有八星，为南方七宿之首。黄华，亦称月华，是指月亮运经东井时太阴真精与井宿之炁的合和之炁。李注中已将东井、黄华、炼度联系起来，表示"黄华"与水炼相关。又据唐成玄英注云："此明黄水月华炼度死魂之事。十二者，年中十二月也。河源者，河即天河也。天有二十八宿，东井星是天河之源，众水之泉，月为太阴之精，诸水之母。月行则每月一周天，皆经东井，吐水灌注，故云十二河源。若死魂受生，皆蒙黄水炼度，以成真仙。"② 成注明确提到以"黄水月华"炼度亡魂，表明至迟在唐代已出现将"黄华"与"水炼亡魂"相结合的观念，而这种观念亦为宋代炼度仪所继承，如"黄华"或"东井黄华"屡见于水炼诸咒③及"取真水"法④中，俨然成为"水炼"的代名词。

由上可知，以"玉晬"为火炼、以"黄华"为水炼出自《度人经》唐代注本中。更为重要的是，唐注中有一明显的倾向："火炼"之用重于"水炼"。这具体表现为两点：其一，唐注中提及"火炼"的次数明显多于"水炼"；其二，"火炼"的对象较之"水炼"更为广泛，前者适用于生者与亡魂，而后者则仅涉死魂。宋人在注解《度人经》时延续了唐注"火炼重于

① （宋）陈景元集注：《元始无量度人上品妙经四注》卷二，《道藏》第2册，第210页。

② 同上，第211页。

③ （宋）蒋叔舆：《无上黄箓大斋立成仪》卷二七，《道藏》第9册，第541—542页。（宋）宁全真授，（元）林灵真编：《灵宝领教济度金书》卷一三〇，《道藏》第7册，第599页。

④ （宋）王契真：《上清灵宝大法》卷五九，《道藏》第31册，第251—252页。（宋）宁全真授，（元）林灵真编：《灵宝领教济度金书》卷二八三，《道藏》第8册，第498页。

水炼"的倾向，并有更进一步的发挥。如《元始无量度人上品妙经注》卷上注"凡诵是经十过，诸天齐到……受化更生，得为贵人"曰：

> 南方丹天世界有南昌上宫，宫有朱陵之府，府有流火之庭，乃炼化度仙之所也。世人获超升者，经由此宫，受三火大炼，煅炼五浊秽形，以玉眸之光炼其气质；次以黄华之水灌荡尸形。然后御孕灵真，随其报化而更生也。炼度之格，凡有三：上学三年受度，中智九年，下学二十四年也。今以诵经之力，故亿世祖先皆从中等之格受化，更生为贵人之品，复自贵中修学，即获升度也。①

上文有关南宫、流火之庭以及三火大炼等说法与《度人经》唐代注本基本一致。但是，唐人在注解该句经文时未见"黄华灌荡尸形"之说，并且"黄华"仅见于"十二河源"的注语中，唐注中亦未言明究竟于何处行"黄华水炼"。上文延续了唐注中以南宫为火炼变仙之所的观念，但同时又将南宫作为水炼尸形之处，这种说法则不同于唐注。唐注中涉及南宫或流火之庭时仅言火炼，未涉水炼。又，上文明确指出炼度的行炼顺序："玉眸炼质"（火炼）为先，"黄华荡形"（水炼）为后。这应当是受到唐注中"火炼"重于"水炼"之观念的影响，而这种影响亦波及炼度仪。以王氏《大法》"九天炼度"为例，其称："次第引魂入炼，魂入火沼，真阳融化，魂如火枣；次引魂入水池，荡涤

---

① （宋）青元真人注，清河老人颂，郭冈凤参校：《元始无量度人上品妙经注》卷上，《道藏》第 2 册，第 258 页。

凡尘，身有光明。此乃玉眸炼质，黄华荡形。"① 显然，这是将"玉眸炼质"释为火炼，将"黄华荡形"释为水炼，其"先火后水"的行炼顺序依据的就是"玉眸炼质、黄华荡形"之说，这与《道法会元》卷二四五《上清灵宝无量度人上道》所言相符。② 综上所述，"玉眸炼质，黄华荡形"的观念在唐代已基本成型，但是唐代道教尚未将这种观念落实到斋醮科仪等宗教实践中，这一任务是由宋代道教完成的。宋人将唐注中的"玉眸""黄华""炼度"等概念演变为具体的度亡仪法——水火炼度，以之作为炼度科仪和黄箓斋科的重要仪节。同时，唐注中"火炼重于水炼"的倾向亦在一定程度上影响了宋人对于水火行炼顺序的看法。宋代部分炼度仪正是基于"玉眸"为先、"黄华"为次的思路确立了"先火后水"的炼亡程序。

以上根据《道法会元》卷一七《玉宸经法炼度内旨》和卷二四五《上清灵宝无量度人上道》提供的线索，探讨了宋代"先火后水"类炼度仪的行炼原理。尽管《道法会元》成书于元明之际，但书中有关"先火后水"的记载属于道门内部对这类仪式的解释，这在一定程度上弥补了宋代相关资料缺失之憾。换言之，虽然这种"解释"载之于书的时间是在宋代以后，但是，其"解释"本身很可能在道门中已经存在了相当长的一段时间，它对于我们接近并理解宋代道教科仪仍具有重要的启发意义。

---

① （宋）王契真：《上清灵宝大法》卷五九，《道藏》第 31 册，第 251 页。
② （元）《道法会元》卷二四五，《道藏》第 30 册，第 516 页。

## 三 "水火交炼"类

严格意义上讲，"水火交炼"不能单独划作一类仪式，它只是"水火炼度"的一个仪节。部分炼度仪在水、火二炼后，还要行水火交炼之法为亡魂炼质成真。① 由于该仪节亦为某些"先水后火""先火后水"类炼度仪所共有，为便于讨论，本书特将其单列为一类，以便归纳"水火交炼"的行炼原理及特点。

"水火交炼"，简言之，是指法师以心肾相交之炁炼化亡魂，通常施用于水、火二炼之后。含有"交炼法"的炼度仪中的"水火"当有两种：一是未济之水火，二是既济之水火。为便于理解，有必要先借助一种不含交炼法的炼度仪作为参照。以《太极祭炼内法》为例，该法是以"既济之水火"依先水后火之序炼度亡魂。② 而"水火交炼"也是以心肾相交之阴阳正炁炼亡成真，二者皆主张"水火既济"。值得注意的是，《太极祭炼内法》中未设"交炼"仪节，但其水火二炼时要行坎离交媾之道，因此该法实际上已经包含了"水火交炼"的内容。这给予我们两点启发：其一，某些不含"交炼"的炼度仪，盖因其水火取自坎离相交之炁，故不必再设"水火交炼"一节。反之，假如已用"既济之水火"行水火二炼，又复以心肾相交之炁再行"水火交

---

① （宋）路时中：《无上玄元三天玉堂大法》卷一八，《道藏》第 4 册，第 57—59 页。（宋）《灵宝玉鉴》卷四〇，《道藏》第 10 册，第 414—415 页。（元）《道法会元》卷一七，《道藏》第 28 册，第 772—777 页。（元）《道法会元》卷二〇，《道藏》第 28 册，第 787 页。（元）《道法会元》卷二〇五，《道藏》第 30 册，第 297—301 页。

② （宋）郑所南：《太极祭炼内法议略》卷中，《道藏》第 10 册，第 456 页。

炼"，犹如叠床架屋，于理不通。其二，由第一点可推，含有"水火交炼"的炼度仪，在水、火分炼时很可能未行颠倒坎离之道（未济之水火），只有在"水火交炼"环节才会涉及升降阴阳、坎离交媾（既济之水火）。为证明这一推测，下文将列举两种含有"交炼法"的炼度仪进行讨论，这两种仪式是《灵宝玉鉴》中的"灵宝九炼返生仪"和《玉堂大法》中的"三光炼度"。

## （一）"灵宝九炼返生仪"之水火交炼

"灵宝九炼返生仪"① 是一种程序极为复杂的炼度仪，主要用于黄箓大斋，仪式内容包括水火炼、水火交炼、太阴混元化形炼、阴尸九炼、五芽炼等。水火二炼时，该仪式主要借助道符和

---

① 《灵宝玉鉴》中没有"灵宝九炼返生仪"这一称谓，该称谓是笔者根据其卷三八开篇所题"灵宝九炼返生符法"，并结合该卷及之后五卷内容而命名，详如下。《灵宝玉鉴》卷三八至四三《炼度更生门》，此六卷所载实为一场黄箓普度大斋中的数种连续性的炼亡仪法。卷三八开篇题有"灵宝九炼返生符法"，但事实上该卷内容乃水火炼度的预备环节，即建变水、火池之法，并列有建变池沼所用符诰及祝咒。卷三九述"水炼法"及其所用符咒。卷四〇载"火炼法"与"水火交炼"以及相应符咒。卷四一述"太阴混元化形炼"及其符咒。卷四二载"阴尸九炼"及其符诰、祝咒。卷四三述"五芽炼"及其符咒。这几种炼法前后相续，法师须依次第如法行炼。如卷四〇末称："炼至此矣，当灭水火有形之相，返其清净自然之质，庶得更生再造，聚炁回灵，次第而行，不失于次序矣。"这是说"水火交炼"应以"无相水火"（内水火）行事，交炼之后"次第而行"之仪即卷四一的"太阴混元化形炼"，此法旨在为亡魂摄炁取灵、全形复性。"太阴混元化形炼"炼毕后，其卷末云："师行九转生神之道"，此即卷四二"阴尸九炼法"。又，据卷三八称："是故灵宝大法有受炼更生之道。外则置设水火，内则交媾坎离，九炼以生其神，五芽以寓其炁。"其"九炁生神"即"阴尸九炼"，"九炼"之后还要以"五芽寓其炁"，即卷四三"五芽炼"。由上可知，《灵宝玉鉴》卷三八至卷四三诸种仪法共同构成一场黄箓斋的炼亡仪式，这些炼法极为重视符、诰、咒、诀的运用。同时，据卷三八开篇所题"灵宝九炼返生符法"，而该卷内容仅述建、变池之法，不涉具体的行炼仪式（如水火炼、水火交炼、阴尸九炼等），也没有以"灵宝九炼"或"九炼返生"为名的符篆。因此，笔者认为，"灵宝九炼返生符法"应当是对卷三八至卷四三所有炼法及其炼度符法的统称。换言之，"灵宝九炼返生符法"之题应解为"灵宝九炼返生仪及其书符内法"，该仪式由水火炼、太阴混元化形炼、阴尸九炼、五芽炼组成，炼亡时须依次第施行。

存想两种方式济拔亡魂，在这一过程中未涉升降阴阳之道。如《灵宝玉鉴》卷三九"水炼"云："高功入科水炼鸣召，谨召主水大将军王燕，速至坛所，合炁炼魂。右神（即主水大将军）皂袍金介，胄绿仙带，自北方乘云而至。师吸炁归中，化作金恖字，以阴斗诀发此字于水池，光明莹彻，内如碧天皓月之状，受炼众魂，俱入月中，黄华荡形。"① 文中"合炁炼魂"四字透露该水炼法是以内外合炁之"真水"行炼。其"主水大将军"象征北方之炁，五行属水，此为法师存想中的外炁。之后，"师吸炁归中"表明法师存引外炁（北方炁）与身内之炁相合，以此内外合炁变降真水澡炼亡魂。不难看出，在整个水炼过程中没有涉及颠倒坎离之道，其"水火"并非出自心肾相交之炁。

水火炼毕后，遂行"水火交炼"之法。据《灵宝玉鉴》卷四〇"交炼法"载：

> 师舌拄上腭，自中运祖炁下丹田，过尾闾，上透泥丸，化成元始上帝，内诵《中篇》一遍，心肾二炁相交，水池火沼，炼化形神清净，俱入洞阳流火之中，焚炼有生以来有为之身悉为灰烬，存性。次存灰烬中，微有一缕真炁，如露珠，即是太极以前一点灵明中和之性。②

上文中的"交炼法"仅涉内炁，并明确提到"心肾相交之炁"，"交炼"场所已从炼度坛场转移至法师体内。水火交炼时，法师先运"祖炁"变神为"元始上帝"。"祖炁"即"元始祖炁"，亦称"先天祖炁"，道教认为祖炁为宇宙之源、万物之本，

① （宋）《灵宝玉鉴》卷三九，《道藏》第10册，第405页。
② （宋）《灵宝玉鉴》卷四〇，《道藏》第10册，第414页。

一切有形有象之物皆由祖炁化生，人之生死亦系于此炁，故而主
张修道者应采炼身中祖炁以结"圣胎法身"。[①]"圣胎法身"即
是元神，所谓"身外生身"是也。文中的"元始上帝"是由法
师元神所变现。法师存想心肾相交之阴阳正炁在身中化为水池火
沼，在体内炼化亡魂。文中的"洞阳流火"[②] 应即心肾二炁交媾
之真火，其"焚有生以来有为之身"意指以真阳之炁炼除阴垢
及荡涤一切恶念，[③] 而"存灰烬一缕真炁"则表示亡魂经真火冶
炼后复归清净本性、与道合真。显然，这一"交炼"过程率为内
事，其存想内容、行炼用炁、水池火沼皆为法师身中之造化，心

---

   ① （宋）《灵宝玉鉴》卷一，《道藏》第10册，140页。（宋）金允中：《上清
灵宝大法》卷八，《道藏》第31册，第389页。

   ② 大致而言，"洞阳"有两层涵义：其一，象征真阳之炁。如（宋）陈椿荣集
注《太上洞玄灵宝无量度人上品经法》卷三载："元始开图，中有真阳之炁，化为洞
阳之火。"《道藏》第2册，第499页。其二，"洞阳"与"流火之庭""南昌受炼
司"密切相关。如（宋）陈景元集注《元始无量度人上品妙经四注》卷二云："南
极真人治洞阳宫中，下有流火之庭。学人得道者，皆诣流火之庭，受炼而成真，然
后进入洞阳宫中。"《道藏》第2册，第204页。（元）卫琪注《玉清无极总真文昌
大洞仙经注》卷一〇云："南昌受炼司乃炼度之所，得道者无不经，名洞阳宫，有流
火池、黄华水，皆发生琼瑶英华。"《道藏》第2册，第701页。宋代炼度仪多以南
昌上宫、朱陵火府、流火之庭等指代人身中绛宫（心府）。"洞阳"既象征真阳之
炁，又与流火之庭等火炼之所相关。故可推断，上文所谓"洞阳流火"当指坎离交
媾之真火。

   ③ 《太极祭炼内法》卷上、卷中皆提及行炼者存想坎离交媾之真火焚烧己身，
以示荡涤一切恶念。如卷上"内炼法"云："存我下丹田真炁如火，如大红玉丸，左
右九转，甚是分明。良久，自觉玉池水满，即肾水上升之外候也。其真火一丸，始
上升绛宫心府，号曰南昌上宫，亦号曰朱陵火府流火之庭也，即变炎炎流金之火，
存想己身尽为火所焚。"《道藏》第10册，第442—443页。其卷中称："此内炼法
中，存自己为火焚荡俱尽者，是表荡涤一切恶念也。"《道藏》第10册，第448页。
又如王契真《上清灵宝大法》卷四述"神光大定"时，亦提到自绛宫真火烧炼体内
三魂七魄以荡除秽浊。《道藏》第30册，第675—676页。据此可推，《灵宝玉鉴》
中的"洞阳流火焚身"当应有两层含义：一指法师内运真火炼尽自身秽垢及断诸妄
念，以令正阳之炁充盈体内；二指法师以真火为亡魂炼尽阴翳。这两层含义与炼度
之义相契合，即炼"我"之阳而后炼"彼"之阴。

肾相交之炁在当中起至关重要的作用。

由上可知，"灵宝九炼返生仪"的水火炼度由两个部分构成：一是以未济之水火行水火二炼；二是以既济之水火行水火交炼。在水火二炼时，法师以内外合炁行炼，未涉坎离交媾之法；在水火交炼时，法师要将炼亡场景由身外转至身内，内运颠倒坎离之道以既济之水火炼度亡魂。

**（二）"三光炼度"之水火交炼①**

《玉堂大法》卷一八"三光炼度"设有"水火交炼"仪节。法师先以水、火二炼为亡魂濯阴炼阳，以令死魂返婴；次行水火交炼以炼婴成真。其水火亦有两种：一是心肾未交之炁；二是心肾相交之炁。

水火二炼时，法师以"未济之水火"行炼，其真水取自肾宫，真火出自心府。如《玉堂大法》卷一八称：

> 吾身造化，随念运行，即我阳神分形官将，合天之炁，运吾之神，寄委符形，借凡水火呼吸之，内与道合真。先存吾身中肾间一点光明，如豆大，良久长成，飞出水波，波间官将，皆衣玄衣。玉女乘水炁，立于吾身之右，委入水池之侧。存心间一丸如橘大，良久，迸出真火，火间官将赤衣，玉童乘光，立于吾身之左，委入火池之侧。然后焚"素华真玄玉光黄诰"及"元阳自然炼魂赤箓"以降真水（火）。②

---

① 本书第二章第二节中已对《无上玄元三天玉堂大法》"三光炼度"有所介绍。为免重复，本节仅就其核心仪节"水火炼度"进行讨论。

② 此处疑漏记"火"字。"素华真玄玉光黄诰"用于变降真水，"元阳自然炼魂赤箓"用于请降真火。（宋）路时中：《无上玄元三天玉堂大法》卷一八，《道藏》第4册，第57—58页。

上文中，法师以自己阳神（元神）变化为炼度官将，并以内外合炁寓于符诰、布于坛场水池火沼中以变降真水火。召将时，存想水炼官将自肾宫而出，火炼官将自心府而出，这表明上文是以肾为水府、以心为火府。随后，法师借助"黄诰""赤箓"布日月精炁于池沼，① 化凡间水火为"真水火"，其称："焚黄诰、赤箓之时，存各曜，各曜乃水池为月，火沼为日也，乘光入吾身，混合吾身之水火，俱入池中。但见光明晃曜，不睹凡界，然后行事。"② 不难看出，这里的"真水火"为内外合炁所化，其外炁是指寓于"黄诰""赤箓"中的日月精炁，内炁为"吾之水火"，即肾宫之水与心府之火。这种"水火"未涉阴阳交混之道，不同于颠倒坎离之"心水肾火"之真水火。

亡魂经水火二炼，阴尸返阳，化为婴儿。法师再以"水火交炼"，炼婴成真、纯阳体就，其称："交炼之法，其造化尤为至妙，故全夺造化交合之妙，借箓符运用之功，既济阴阳，和同魂魄，阴消阳长，自然成其真。"③ 其"交合之妙""既济阴阳"等语，皆表明该"交炼法"是以阴阳混融、心肾相交之炁炼度亡爽，其"水火"属既济之水火。由上可知，"三光炼度"之水火虽然皆以心府肾宫立论，但在水火二炼和水火交炼的炁法上存在较大差异，前者以心肾未交之阴阳二炁混合外炁以炼化亡魂，后者则以心肾相交之阴阳正炁行炼，且仅涉内炁。

---

① 该卷仅载书"黄诰"之法，未见书"赤箓"之法。其述"黄诰"时称："此黄诰者，即是变真水之法也，当引月芒灌笔书之。焚时，存月华入混水池。"可见"黄诰"之中寓有月之精炁，故用于水炼。又，道书中一般以"日精月华"并用，以示太阳、太阴之炁。因此，"赤箓"之中当寓有太阳真精。"黄诰""赤箓"分别象征月华和日精。《道藏》第 4 册，第 57 页。

② （宋）路时中：《无上玄元三天玉堂大法》卷一八，《道藏》第 4 册，第 57 页。

③ 同上，第 59 页。

以上，我们以"灵宝九炼返生仪"和"三光炼度"为例讨论了"水火交炼"的行炼原理，即法师通过混融阴阳、坎离交媾之道以心肾相交之炁炼亡成真。通常情况下，宋代含有"水火交炼"的炼度仪，其"水火"有"未济"与"既济"两种。"未济之水火"多为"内外合炁"，一般用于水火二炼，存想内容兼涉内外之事。"既济之水火"则为坎离交媾之阴阳正炁，用于水火交炼，存想内容率为内事，即整个交炼过程的存想场景已从坛场移至法师体内。

## 四 "水火"行炼方式及用途[①]

宋代"水火炼"的方式大致可归纳为三种："外池沼"炼、"内外水火"炼、"内水火"炼。所谓"外池沼"炼，是指以坛场池沼为炼亡之所，一般设有建水、火二池的环节，并有专门的布炁变池之法。[②] 行炼时，通常于坛场设水池、火沼，法师以内

---

① 本节仅就"水火炼"的行炼方式、特点及用途作一概述。在本书第五章第二节中将对相关内容有更进一步的讨论。

② 如（宋）蒋叔舆《无上黄箓大斋立成仪》卷三一"火池法""水池法"，《道藏》第9册，第560页。（宋）金允中《上清灵宝大法》卷一三"变火池法""变水池法"，《道藏》第31册，第417页。（宋）金允中《上清灵宝大法》卷三七"变水池法""变火沼法"，《道藏》第31册，第588—589页。（宋）王契真《上清灵宝大法》卷五九"立水池法""立火池法"，《道藏》第31册，第250页。（宋）《灵宝玉鉴》卷三八"灵宝九炼返生符法"，法师用"建水池符""太阴宝诰""降真水符""十二河源符""月魄符"等符诰投建水池，并以存想布炁变降真水。又以"建火沼符""变火沼符""降真火符""日魄符""太阳宝诰"等符诰投建火沼，存想布炁变降真火。《道藏》第10册，第398—402页。（宋）路时中《无上玄元三天玉堂大法》卷一八"变炼"法，法师存想日月精炁混合自身水火，将此"内外合和"之阴阳二炁寓于"素华真玄玉光黄诰"和"元阳自然炼魂赤箓"。行仪时，法师焚"黄诰""赤箓"于水池火沼中以变降真水火。《道藏》第4册，第57—58页。

外合炁，存变凡间水火为"真水火"，并存召神将引魂入池受炼。"外池沼"炼是宋代最常见的一类水火炼。① 又有"内外水火"炼。在这类炼法中，法师既要存想亡魂于坛场水火二池受炼，即"外池沼"炼，还要将亡魂移入体内，内运心肾相交之炁冶炼亡魂，即"内水火"炼。这类仪式最明显的特点是将炼亡的场景分作内、外两个部分，一般遵循先外后内之序行炼。还有"内水火"炼，主要以法师身中水火行炼亡之事，无建池、变池环节，不以坛场池沼为炼亡之所。这类炼法的特点表现为"重内轻外"，即以内事为重，而较少涉及外仪与外物（法器），仪式内容亦较前两种炼法更为简易，不过这种行炼方式在宋元道书中并不多见。

尽管"水火炼"的行炼方式存在差异，但在用途上都是一致的，即皆以法师身中阴阳造化为亡魂重塑形神、炼聚灵识，以令其精生神全、超度往生。如《灵宝玉鉴》卷一云："炼度者，以我身中阴阳造化，混合天地阴阳之造化，为沦于幽冥者，复其一初之阴阳造化也。"② 所谓"身中阴阳"即水火，指法师体内

---

① （宋）王契真：《上清灵宝大法》卷五九，《道藏》第31册，第250—251页。（宋）金允中：《上清灵宝大法》卷一三，《道藏》第31册，第412—419。（宋）金允中：《上清灵宝大法》卷三七，《道藏》第31册，582—597页。（宋）蒋叔舆：《无上黄箓大斋立成仪》卷二七，《道藏》第9册，第535—542页。（宋）蒋叔舆：《无上黄箓大斋立成仪》卷三一，《道藏》第9册，第561—568页。（宋元）《灵宝无量度人上经大法》卷三七，《道藏》第3册，第820—826页。（宋元）《灵宝无量度人上经大法》卷五九，《道藏》第3册，第950—952页。（宋元）《灵宝无量度人上经大法》卷六〇，《道藏》第3册，第952—956页。（宋元）《灵宝无量度人上经大法》卷六一，《道藏》第3册，第956—962页。（宋元）《灵宝无量度人上经大法》卷六二，《道藏》第3册，第962—972页。在上述炼度仪中，法师皆以内、外之炁布入坛场池沼以变降真水火，存想亡魂在"外池沼"中受炼更生。

② （宋）《灵宝玉鉴》卷一，《道藏》第10册，第145页。

的阴阳二炁；"天地阴阳"则指日精月华之真炁。行仪时，法师以"身中阴阳"混合日精月华之炁，运此"合炁"寓于符篆简诰及水火二池，以之冶炼亡魂。又如《灵宝领教济度金书》卷三二〇称："炼，谓以我之阳，炼彼之阴；以我之全，炼彼之缺。若法师未能全我之阳，又安能补彼之阴，而还返其形神也。"① 这表明，炼度的关键在于法师自炼纯阳，惟有身中充盈正阳之炁方能起到济度幽冥的作用。换言之，在"水火炼度"的过程中，法师与亡魂都是"受益者"，前者以"水火"自炼元阳，后者经由"水火"荡炼而超升阳域。诚如《太极祭炼内法议略》卷中所言："大抵炼度，是炼自己造化，以度幽魂。……非惟鬼神获大利益，而我一身精神，亦大充盈，神仙可觊。"② 因此可说，"水火炼度"是一种兼顾了法师与亡魂双方利益的仪式。

综上所述，上文按照"水"与"火"的行炼顺序将宋代度亡类炼度仪划分为先水后火、先火后水、水火交炼三类，探讨了这三类仪式的行炼原理以及宋代常见的三种行炼方式。尽管目前暂无法对宋代炼度仪逐一展开讨论，但通过分类研究提炼出该仪式之共性有助于从整体上把握宋代炼度仪的特点。比如，以上三类炼度仪都将内丹道"真水火"的概念与炁法引入水火炼度。又如，"先水后火"类炼度仪普遍以五行生成之序释其原理，"先火后水"类或以"玉眸炼质、黄华荡形"，或以"取坎填离"为行炼依据。当然其中亦不乏特殊说法，如北宋末神霄派

---

① （宋）宁全真授，（元）林灵真编：《灵宝领教济度金书》卷三二〇，《道藏》第8册，第820页。

② （宋）郑所南：《太极祭炼内法议略》卷中，《道藏》第10册，第449页。

"火炼补水炼之失"之说。应当看到，除水火炼之外，宋代某些炼度仪还要施用其他炼法，这些炼法各有其特定的意义及用途，下文将对几种宋代常见的"其他炼法"进行讨论。

## 第二节　其他炼法

　　"水火炼"是宋代炼度仪最基本、最核心的炼法。通常情况下，亡魂经水火荡炼后皆化作"婴儿"①，象征其已由阴尸转变为纯阳之质，复还原初之阴阳造化。宋代有相当一部分炼度仪在水火炼毕后，遂发遣亡魂超升，无涉其他炼法。另有部分炼度仪除"水火炼"之外，还要辅以其他炼法方能完成整个炼亡过程，如金氏《大法》卷三七《水火炼度品》在水火二炼后，还要行"五芽炼"和"九天炼"以令亡魂五体聚神、禀炁成仙。②《玉堂大法》卷一八《仙化成人品》在水火炼毕后，法师要行"九天仙炼之法"以炼亡成仙。③《度人经大法》卷六二《混元阴炼品》除水火炼外，还要以"十二混元仪"为亡魂化生十二经络及脏腑。这些炼法有其特定的经典来源、仪式内容及用途，本节将重点介绍三种宋代常见的炼法，这三种炼法是"五芽炼""九天炼""十二混元仪"。

---

　　① （宋）蒋叔舆：《无上黄箓大斋立成仪》卷二七，《道藏》第9册，第540页。（宋）路时中：《无上玄元三天玉堂大法》卷一八，《道藏》第4册，第58页。（宋）王契真《上清灵宝大法》卷五九，《道藏》第31册，第250页。（宋）郑所南：《太极祭炼内法》卷上，《道藏》第10册，第445页。
　　② （宋）金允中：《上清灵宝大法》卷三七，《道藏》第31册，第582—595页。
　　③ （宋）路时中：《无上玄元三天玉堂大法》卷一八，《道藏》第4册，第57—63页。

## 一 五芽炼

"五芽"，即五方之炁，在天为五帝，在物为五行，在人为五脏之英华。"五芽炼"源于东晋《太上洞玄灵宝赤书玉诀妙经》"元始赤书服食五牙法"，原是道徒自炼五脏之法，即通过吞服"元始赤书五篇真文"及存想导引"五牙之炁"，[①] 以使五府纳真炼化凡躯。宋代以后，五芽炼不仅用于道士自炼，还用于炼化亡魂。

### （一）五芽自炼

作为自炼之法，宋代"五芽炼"主要通过服食"五芽真文"和存引五方生炁的方式内炼五脏，其行炼方式其本延续了《太上洞玄灵宝赤书玉诀妙经》"元始赤书服食五牙法"。如金氏《大法》卷七《五芽内炼品》称："五芽者，五炁也。在天为五老上帝，在经则炁结成文，是为五芽真文。……饵五方正真之生炁，以炼凡躯也。"[②] 又云："五芽之法，采五方之生炁，炼五藏之英华。炁之渺茫，未易有得。于是便服真文以召之，炁结成文，以此引彼也。"[③] 不难看出，"五芽真文"乃由五方生炁所化，吞服"真文"即意味着引五方生炁入身，镇炼五脏。从形制上看，金氏《大法》中的"五芽真文"与《太上洞玄灵宝赤书玉诀妙经》"元始赤书五篇真文"比较接近，容后详说。在存

① "五牙"即：东方青牙、南方赤牙、中央黄牙、西方素牙、北方玄牙。（东晋）《太上洞玄灵宝赤书玉诀妙经》卷下，《道藏》第6册，第195—198页。
② （宋）金允中：《上清灵宝大法》卷七，《道藏》第31册，第382页。
③ 同上，第384页。

引五炁的描述上，金氏《大法》与《赤书玉诀经》亦有诸多重合之处。比如，采南方赤炁时，金氏《大法》称："<u>常以立夏之日，鸡鸣，入室南向三拜，平坐叩齿三通，思赤帝</u>，南方赤帝司夏，主南方之生炁。……<u>长三寸，顶赤玉冠，衣三炁赤羽衣，驾丹龙玉舆，建朱旗，从丙丁越老之官三十万人来降。须臾化赤炁如云，贯覆己身，从己口入，直下心府。又思火星焕明在南方，照己身。</u>"① 《赤书玉诀经》卷下"修养丹牙导引南方丹天之法"称："<u>当以立夏之日，鸡鸣，入室南向三拜，平坐叩齿三通。思</u>南方梵宝昌阳丹灵真老君，姓洞浮，讳极炎，字赤飘弩，<u>形长三寸</u>，头冠丹精玉冠，<u>衣三炁丹羽飞衣，驾乘丹龙玉舆，建朱旗，从丙丁越老之官三十万人</u>，从三炁丹天中下降室内。<u>须臾化生赤炁</u>，焕焕如火之明，溉覆己形，<u>从己口中而入，直下心宫。又思火星焕明南方</u>，光照我身。"② 文中画线部分即金氏《大法》与《赤书玉诀经》重合之处，二书皆主张于立夏之日采炼南方三炁丹天之炁（南方赤炁）以灌炼心府，并吞服"南方赤书玉文十二字"。③ 需要说明的是，虽然金氏《大法》中未见"三炁丹天"之说，但其服食真文的咒语中有"三炁丹天，朱宫灵童""三炁吐辉，溉我绛宫"④ 云云，可知金氏《大法》中的"南方赤炁"或"南方生炁"就是《赤书玉诀》之"南方三炁丹天之炁"。不过，二书在主神的名称上有差异，金氏《大法》中称"南方赤帝"，而《赤书玉诀经》记为"南方梵宝昌阳丹灵真老

---

① （宋）金允中：《上清灵宝大法》卷七，《道藏》第31册，第382页。
② （东晋）《太上洞玄灵宝赤书玉诀妙经》卷下，《道藏》第6册，第196页。
③ 金氏《大法》卷七记作"南方真文"，《道藏》第31册，第382页。《太上洞玄灵宝赤书玉诀妙经》卷下记为"南方赤书玉文"，《道藏》第6册，第196页。
④ （宋）金允中：《上清灵宝大法》卷七，《道藏》第31册，第382页。

君"，但是二书关于主神的外形特征及从官数量等方面的描述几近一致。类似的情况亦见于宋元其他道书中。

《灵宝无量度人上经大法》卷一九"五芽炼"中的"五篇真文"及存思内容当摘录自《赤书玉诀经》卷下"元始赤书服食五牙"之法。以"东方青芽"为例，据《度人经大法》卷一九"元始赤书服食青芽导引九炁青天玉诀"载：

> 修养青芽，导引东方九炁青天之法：常以立春之日，鸡鸣入室，东向九拜，平坐，叩齿九通。思东方安宝华林青灵始老君，姓阎，讳开明，字灵威仰。形长九寸，头着青精玉冠，衣九炁青羽飞衣，驾乘苍龙之舆……从甲乙胡老之君九十万人，从九炁青天中下来降室内，须臾化生青炁，郁郁如云之杳烟，贯覆己形，从己口中入，直下肝府。又思木星焕明东方，光照我身，皆令分明。①

比较《赤书玉诀经》卷下"元始赤书服食青牙导引九炁青天玉诀"称：

> 修养青牙，导引东方九炁青天之法：当以立春之日，鸡鸣入室，东向九拜，平坐，叩齿九通。思东方安宝华林青灵始老君，姓燗，讳开明，字灵威仰。形长九寸，头冠青精玉冠，衣九气青羽飞衣，驾乘苍龙之舆……从甲乙玄老之官九万人，从九炁青天中下降室内，须臾化生青炁，郁郁如云之杳烟，溉覆己形，从从己口中而入，直下肝府。又思木德焕明东方，光照我身，皆令分明。②

---

① （宋元）《灵宝无量度人上经大法》卷一九，《道藏》第3册，第724页。
② （东晋）《太上洞玄灵宝赤书玉诀妙经》卷下，《道藏》第6册，第195页。

由上文画线部分可见，《度人经大法》与《赤书玉诀经》基本一致，二书都有"东方青灵始老君""从官""九炁""青炁"等存想内容，皆以"九炁青天"化生之"青炁"灌养肝脏。只是在"从官"的名称和数量上稍异，《度人经大法》称"从甲乙胡老之君九十万人"，而《赤书玉诀经》则云"从甲乙玄老之官九万人"。存引青炁入肝后，二书皆有服食"东方赤书玉文"之说。如《度人经大法》称："毕（导引青炁毕），引青炁九咽止，便服东方赤书玉文一十二字"，这与《赤书玉诀经》所载完全相同。① 二书关于"五篇真文"的书写之法亦基本一致，如《度人经大法》卷一九称：

> 右十二字（东方赤书玉文），则九炁青天之名，导引青帝九炁，服食青芽。皆朱书白纸上，存思讫而顿服之。则九炁不招而自降，青帝应声而见形……常以鸡鸣阳光始分，东向叩齿九通，摩两手令热，以掌拭面目九过，仰祝曰：东方青芽，服食青芽，饮以朝华。毕，便以舌料上齿里，甜唇三过，令玉泉满口，而咽之三过，又引青炁九咽，令镇肝之中，其道毕也。②

比较《赤书玉诀经》卷下云：

> 右十二字（东方赤书玉文），则九炁青天之名，导引青帝九炁，服食青牙，皆朱书白纸上，存思讫而顿服之，则引九炁而自降，青帝应声而见形……当以鸡鸣阳光始分，东向

---

① （东晋）《太上洞玄灵宝赤书玉诀妙经》卷下，《道藏》第6册，第195—196页。
② （宋元）《灵宝无量度人上经大法》卷一九，《道藏》第3册，第724页。

叩齿九通，摩两掌令热，以手摩拭面目九过。仰咒曰：东方青牙，服食青牙，饮以朝华。毕，便以舌撩上齿之表，舐唇三过，令玉泉满口，而咽之三过，又引青炁九咽，令镇肝之中，其道毕也。①

不难看出，《度人经大法》与《赤书玉诀经》关于"五篇真文"的书写要求及存思之法基本一致。结合上文所述，可知《度人经大法》"五芽炼"不仅在行炼方式上（服真文、导引五炁）与《赤书玉诀经》"元始赤书服食五牙法"一致，而且在相关内容的描述上也与《赤书玉诀经》几近相同。因此可说，《度人经大法》"五芽炼"应摘录自《赤书玉诀经》卷下"赤书服食五牙法"。

上文将金氏《大法》和《度人经大法》中的"五芽炼"与《赤书玉诀经》"赤书五牙法"进行比较，发现两者之间确有诸多相近之处。宋代"五芽内炼"或"五芽自炼"的经典来源应即东晋《赤书玉诀经》。值得注意的是，尽管"五芽内炼"与《赤书玉诀经》"赤书五牙法"极为接近，但却不能贸然将二者完全等同起来。事实上，宋代"五芽炼"在既有传统的基础上已经开始出现某些变化，详如下。

在宋代，有一类"五芽内炼"删除了《赤书玉诀经》服食真文的环节，并将"五芽"与内丹道相关观念嫁接，试图以这种方式重新定义"五芽炼"。如金氏《大法》卷七《五芽内炼品》称："天台法中祈恩谢过第四十一品，乃为之说，曰：灵宝有赤文祖炁，天之灵宝也。人人身生五色灵芝……以舌卷津，分

①　（东晋）《太上洞玄灵宝赤书玉诀妙经》卷下，《道藏》第6册，第196页。

方而咽之，谓首为太山，终焉以十二时咽炁，名换骨易形之法。
既不载祝辞，又无真文，窃取五芽之义，转其说于他岐，乃称服
咽炁液，火应水朝，为子母夫妇之图，取丹经中之余论而不全者
也。既称天之灵宝，又直指五芽为五藏，是说即皆不可为法
也。"① 这里讲的是，南宋天台灵宝法将五芽之义与内丹"水火"
说相结合，同时去掉了真文、祝辞等内容，称为"换骨易形之
法"。在金氏看来，这种"五芽炼"已远失本义，故而对此甚为
反感。②

　　宋代某些"五芽炼"在保留早期"赤书五牙法"的同时又
加入了新内容。如王氏《大法》卷六"五芽内炼"在内容上与
《赤书玉诀经》大抵相同，都以服"五方真文"和存炁导引之法
濡养五脏精炁。但是，在书写真文的方式及内法上有所变化。如
王氏称："五炁五芽真文，以丹书于金漆黑光二板之上，行持请
炁毕，朝奏，内诵洞章，方可施用。"③ 其"五芽真文"是以
"丹书于金漆黑光二板"，这种书写方式有别于《赤书玉诀经》
以朱、赤二色书于白纸的做法。④ 此外，王氏《大法》提到"内
诵洞章"，此说未见于《赤书玉诀经》。"内诵洞章"是一种与北
斗崇拜有关的修真之法。⑤ "洞章"即"飞玄紫文章"，亦称

---

　　① （宋）金允中：《上清灵宝大法》卷七，《道藏》第 31 册，第 384 页。
　　② 金氏书中对天台灵宝法多有批评。参见（宋）金允中：《上清灵宝大法》卷
一，《道藏》第 31 册，第 357、358 页。同书卷四三，《道藏》第 31 册，第 646—647 页。
　　③ （宋）王契真：《上清灵宝大法》卷六，《道藏》第 30 册，第 699 页。
　　④ （东晋）《太上洞玄灵宝赤书玉诀妙经》卷下，《道藏》第 6 册，第 196—
198 页。
　　⑤ 王契真《上清灵宝大法》卷五"内诵洞章"之法，与《灵宝无量度人上经
大法》卷二四《飞玄紫炁品》所载大抵相同。《道藏》第 30 册，第 691 页，《道藏》
第 3 册，第 749—750 页。

"龟山丹皇紫文空洞灵章"，① 如王氏《大法》卷五"内诵洞章"云："三十二天之根，有西元龟山元录，内有'丹黄飞玄紫文空洞灵章'是也。"② 修行者于每月三、五、九、十五、二十五等五日，日设清斋，夜间讽诵"飞玄紫文章"，存思紫云之炁自西方金门历北斗而后入于身中。③ 王氏《大法》卷六"五芽炼"明确提到"内诵洞章，方可施用"，这句话透露了两则信息：其一，表明法师书写"五芽真文"时须行"内诵洞章"之法。其二，"内诵洞章"有明确的时间限定，即每月三、五、九、十五、二十五日，共五日。既然书写"真文"必须辅以"内诵洞章"之法，那么"真文"书写的时间亦应与"洞章五日"一致。由上可知，王氏《大法》"五芽炼"是在"赤书五牙法"的基础上，将道士用于自炼形神的"内诵洞章"法融入"五芽真文"的书写过程中，进一步丰富了"五芽炼"的内法。

由上文不难看出，宋代"五芽自炼"在修炼方式上基本延续了《赤书玉诀经》中的导引存炁和服食真文两种方式。就用途而言，宋代"五芽自炼"与"赤书五牙法"并无二致，皆以自炼五脏精炁为旨归。但是，在"五芽真文"（五篇真文）的书写内法上，宋代"五芽自炼"不同于"赤书五牙法"。更为重要的是，宋代道教在保留五芽自炼传统的同时，还将"五芽炼"延伸至度亡领域，这是宋代"五芽炼"较之前代最为明显的变化。

---

① （宋）陈椿荣集注：《太上洞玄灵宝无量度人上品经法》卷三，《道藏》第2册，第499页。

② （宋）王契真：《上清灵宝大法》卷五，《道藏》第30册，第691页。

③ 同上。

### （二）五芽炼亡

"五芽炼"是宋代常见的炼亡之法，一般用于水火炼之后。行仪时，法师借助"五芽真文符"① 或"五芽炼符"② 为亡魂育炼五炁化生五脏，如金氏《大法》卷三七称："引领亡魂出流火之池，灌溉五芽真炁，混合百神。"③ 这里讲的是火炼结束之后，法师用"五芽真文符"为亡魂摄布五脏精炁。值得注意的是，其"五芽真文符"的形制有别于金氏《大法》卷七《五芽内炼品》自炼所用"五芽真文"。不过，据金氏《大法》卷三七载："五芽真文（符），其行用之详，已见前《五芽内炼品》。"④ 这表明度亡用"五芽真文符"在书符内法上同于该书卷七《五芽内炼品》自炼用"五芽真文"。

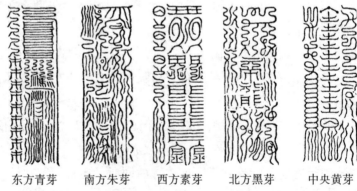

东方青芽　　南方朱芽　　西方素芽　　北方黑芽　　中央黄芽

**图3—1　金氏《大法》卷三七"五芽真文符"（度亡用）⑤**

① （宋）金允中：《上清灵宝大法》卷三七，《道藏》第31册，第589—590页。
② （宋）《灵宝玉鉴》卷四三，《道藏》第10册，第432—434页。
③ 同上，第589页。
④ 同上，第596页。
⑤ （宋）金允中：《上清灵宝大法》卷三七，《道藏》第31册，第596页。

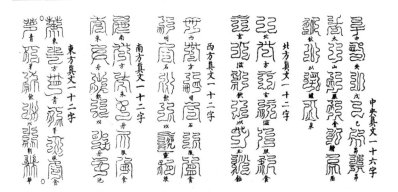

**图3—2　金氏《大法》卷七"五芽真文"（自炼用）**①

以上两种"五芽真文"除形制有别外，在使用方式上亦有区
别。五芽自炼时，修行者通过吞服"五芽真文"及存想导引五方
生炁濡养五脏。五芽炼亡时，法师通过焚烧"五芽真文符"及存
想布炁等方式为亡魂化育五脏精炁。如金氏《大法》卷三七称：

> 谨请东方青帝，青灵之童，甲乙之官，从虚空中来，赍
> 厥阴之炁，青芝玉浆，灌溉亡魂紫微宫。
>
> 谨请南方赤帝，赤灵之童，丙丁之官，从虚空中来，赍
> 少阴之炁，绛芝玉浆，灌溉亡魂绛宫。
>
> 谨请西方白帝，白灵之童，庚辛之官，从玄虚中来，赍
> 太阴之炁，素芝玉浆，灌溉亡魂华盖宫。
>
> 谨请北方黑帝，黑灵之童，壬癸之官，从玄虚中来，赍
> 少阴之炁，玄芝玉浆，灌溉亡魂太阴宫。
>
> 谨请中央黄帝，黄灵之童，戊己之官，从玄虚中来，赍

① （宋）金允中：《上清灵宝大法》卷七，《道藏》第31册，第382—383页。

太阴之炁，金芝月华，灌溉亡魂玉堂。①

由上文可见，法师焚"五芽真文符"时祈请的主神是"五帝"，亦即金氏《大法》卷五《五芽内炼品》中的"五方五帝"。② 但是，上文中的"五炁"之名不同于五芽自炼中的"五方生炁"。在《五芽内炼品》中，"五炁"是指"东方青芽，南方朱丹，中央戊己，西方明石，北方玄滋"，③ 依次对应肝、心、脾、肺、肾五脏。而上文则记作"厥阴""少阴""太阴"等五炁，对应亡魂的"紫微宫""绛宫""华盖宫""太阴宫""玉堂"等五宫。这种称谓之变，应当是金允中根据"五芽炼"不同的受炼对象所作的调整。上文中的"五炁"皆有一个"阴"字，如"厥阴""少阴"，盖因亡魂之性属阴，故而将"五方正真之生炁"④ 改为"五阴之炁"以应阴魂之性。又，"五芽自炼"旨在炼育五脏英华，而亡魂是无形无象的，非血肉之身，不存在有形质之五脏。因此，在"五芽炼亡"时，金氏用"紫微宫""绛宫""华盖宫"等五宫指代肝、心、脾、肺、肾五脏，旨在以"五宫"之名区分有形质之五脏。不难看出，"五芽炼亡"之法是从"五芽自炼"演变而来，二者都强调"五芽真文"的重要性，皆以炼育五脏精炁为旨归。只是由于行炼对象不同，故而"五芽炼亡"在仪法内容上有所调整，以便将"炼亡"与"自炼"区分开来。

又如《灵宝玉鉴》"灵宝九炼返生仪"中的"五芽炼"也

---

① （宋）金允中：《上清灵宝大法》卷三七，《道藏》第31册，第589—590页。
② （宋）金允中：《上清灵宝大法》卷七，《道藏》第31册，第382页。
③ 同上，第383—384页。
④ 同上，第382页。

是借助焚符和存想等方式为亡魂炼化五脏、重塑五行。该仪式所用"五芽炼"符与金氏《大法》中的"五芽真文符"如出一辙，详见下图。

青帝护魂符　　白帝侍魄符　　赤帝养炁符　　黑帝通血符　　黄帝中主符

**图 3—3　《灵宝玉鉴》卷四三 "五芽炼符"①**

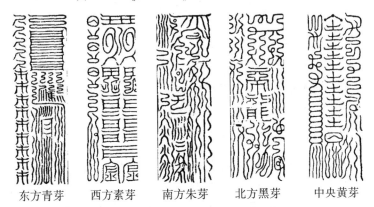

东方青芽　　西方素芽　　南方朱芽　　北方黑芽　　中央黄芽

**图 3—4　金氏《大法》卷三七 "五芽真文符"②**

① （宋）《灵宝玉鉴》卷四三，《道藏》第 10 册，第 432—433 页。
② （宋）金允中：《上清灵宝大法》卷三七，《道藏》第 31 册，第 596 页。

以上两种五芽炼亡符虽名称略异，但符形一致。这或许说明，宋代道教在五芽炼亡符的形制上已形成一种共识。但值得注意的是，宋代诸书关于五芽炼亡符施用时的存想内容存在较大差别。如《灵宝玉鉴》卷四三载：

> 青帝护魂符：谨召肝为青宫，无英制魔君，木精岁星之炁，纳化身中以生肝，三魂处之。木神九人，神吏九千众，速降真炁，营卫皮肤，主其毛发。
>
> 白帝侍魄符：谨召肺为素宫，白元营魄君，少阴金精太白之炁，纳化身中以生肺，七魄处之。金神七人，从吏七千众，治其身，营卫筋骨，主其牙齿。
>
> 赤帝养炁符：谨召心为绛宫，太一司命君，太阳火精荧惑之炁，纳化身中以生左心，左有玉童，右有玉女处之。火神三人，从吏三千众，主治其中，营卫宫符，主其魂魄。
>
> 黑帝通血符：谨召肾为玄宫，桃康合精君，太阴水精辰星之炁，纳化身中以生肾，左有玉童，右有玉女处之。水神五人，从吏五千众，主治其中，营卫血骨，主其生精。
>
> 黄帝中主符：谨召脾为黄庭，常化灵君，土精之炁，纳化身中以生脾，处之土神一百人，百神混合，内外蓊冥，返胎复婴，上朝帝君。[①]

上文中以五方五帝对应五脏的说法与金氏《大法》"五芽炼亡"并无二致。区别在于，《灵宝玉鉴》"五芽炼符"还进一步细化了"五帝"的功能，即护魂、侍魄、养炁、通血、中主（混合百神）等，而金氏《大法》则无此内容。上文也以存召

---

① （宋）《灵宝玉鉴》卷四三，《道藏》第10册，第432—434页。

"五炁"为亡魂化生五脏，但"五炁"的名称不同于金氏《大法》中的"厥阴""少阴""太阴"等"五炁"。更为重要的是，《灵宝玉鉴》中的"五炁"为五行之炁，如"木精岁星之炁""少阴金精太白之炁"，又以木、金、火、水、土等"五行之神"镇治亡魂五脏，并明确了"五神"的职司，如"木神"镇肝，主"营卫皮肤、主其毛发"；"金神"治肺，主"营卫筋骨、主其牙齿"等，这类说法未见于金氏《大法》中。

《灵宝玉鉴》和金氏《大法》在"五芽炼亡"存想内容上的差异反映出两种不同的"亡魂形神观"。前文述及，"五芽炼亡"由"五芽自炼"演变而来，金氏《大法》卷七《五芽内炼品》和卷三七《水火炼度品》分别载有自炼与炼亡两种"五芽炼"。金允中通过对"五芽自炼"的某些内容加以调整变化，将"五芽炼"的对象由生者拓展至亡魂。这些调整有两层用意：其一，旨在突显"生死有别"。如"自炼"与"炼亡"都要使用"五芽真文"，但生者与亡魂所用"真文"的形制是不同的。其二，金氏以"厥阴""太阴""少阴"命名"五炁"以应阴魂之性，又以"紫微宫""绛宫"等五宫指代肝、心、肺、肾、脾，旨在以此区分有形质之五脏。在金氏看来，亡魂是无形无象之物，"五芽炼"之目的是为亡魂化育五脏精炁，而非五脏。这种观点与郑所南《太极祭炼内法》所言相近，其称："如大祭炼，至有生血作用，此实后人谬法。血最能坠人，凡有血者，皆不可以升天。故神仙无血升天者，非有漏之身，乃清净之身；非骨血之身，乃神气之身也。祭炼独不生骨者，其意亦然。"① 不难看

① （宋）郑所南：《太极祭炼内法议略》卷中，《道藏》第10册，第456页。

出，郑所南和金允中皆认为炼度旨在为亡魂聚炁回灵，炼的是亡
魂的神与炁，生者的形神观（血肉之躯）并不适用于亡魂。然
而，《灵宝玉鉴》中的"五芽炼亡"明确提到以"五行之炁"
为亡魂化生五脏，如其称"木精岁星之炁，纳化身中以生肝"，①
"太阴水精辰星之炁，纳化身中以生肾"② 等。此外，《灵宝玉
鉴》还有以"五行之神"营卫亡魂的"皮肤、筋骨、血骨"等
说法。也就是说，在《灵宝玉鉴》看来，亡魂的形神与生者相
类，也有血肉、筋骨、皮肤、毛发、牙齿、魂魄等。因此，《灵
宝玉鉴》之"五芽炼亡"不仅要炼其炁，即以"五行之炁"生
化五脏，还要炼其形神，即以"五行之神"镇治五脏、营卫血
肉筋骨以令亡魂形神俱妙。由上可知，金氏《大法》与《灵宝
玉鉴》"五芽炼亡"在存想内容上的差异，在一定程度上应当归
因于两种截然不同的"亡魂形神观"。

　　综上所述，"五芽炼"本是道徒自炼五脏之法，肇端于东晋
《太上洞玄灵宝赤书玉诀妙经》"赤书五芽法"。宋代道教继承并
进一步发展了"五芽法"：一方面，宋人延续既有传统，将"五
芽炼"作为一种修真之法；另一方面，又将其演变为一种炼亡
之法融入炼度科仪中，丰富了宋代度亡仪式的内容。

---

① （宋）《灵宝玉鉴》卷四三，《道藏》第 10 册，第 432 页。
② 同上，第 433 页。

## 二 九天炼度

"九天炼度"，亦称"九炼生尸"[①]"阴尸九炼"[②]"九天仙炼"，[③] 这种仪式既可独立成科，[④] 也可以作为其他炼度仪中的一个仪节，[⑤] 旨在以"九天九阳之炁"炼亡成仙，[⑥] 故而又称为"仙炼之法"。道教认为，九阳之炁乃生命之本源，生者修之则为仙，亡魂禀之则得度。如《玉堂大法》"九天仙炼之法"称："九炼者，乃自太始结形至于形全体具，内外成真之法也。若不得此法，则胞胎结滞，死炁固根。故仙炼之法，须当行也。……九天造化，皆学士修身通仙之法，故备以功用以度亡也。"[⑦] 不难看出，作为一种仙炼之法，"九炼"的对象包括生者与亡魂。这种以"九天九炁"开度生亡的观念始于东晋《洞玄灵宝自然

---

① （宋元）《灵宝无量度人上经大法》卷六三、卷六四，《道藏》第3册，第972—974、974—978页。

② （宋）《灵宝玉鉴》卷四二，《道藏》第10册，第424—432页。

③ （宋）路时中：《无上玄元三天玉堂大法》卷一八，《道藏》第4册，第60—61页。

④ （宋）王契真：《上清灵宝大法》卷五九，《道藏》第31册，第250—251页。（宋元）《灵宝无量度人上经大法》卷六三至六五，《道藏》第3册，第970—989页。

⑤ （宋）蒋叔舆：《无上黄箓大斋立成仪》卷二七，《道藏》，第9册，第537—542页。（宋）金允中：《上清灵宝大法》卷三七，《道藏》第31册，第590—592页。

⑥ 按：九天炼度之"九炁"出自东晋《洞玄灵宝自然九天生神章经》。宋代还有一种"九阳梵炁"出自神霄法，这类"九炁"常见于灯仪，主要用于破狱拔魂。某些炼度仪中同时使用了这两种"九炁"炼度亡魂。参见（宋）蒋叔舆：《无上黄箓大斋立成仪》卷二七"上清南宫水火冶炼度命仪"、卷三一"上清南宫炼度幽魂仪"，《道藏》第9册，第541、563页。

⑦ （宋）路时中：《无上玄元三天玉堂大法》卷一八，《道藏》第4册，第60—61页。

九天生神章经》。

## （一）"九天炼度"与《洞玄灵宝自然九天生神章经》

宋代九天炼度主要是以存召"九天九炁"及讽诵《九天生神章》拔度亡魂。以金氏《大法》"九天炼"为例，该法借助"九天生神章符"和"九章"以请降九阳之炁灌炼亡魂。如其称：

> 谨上请帝真胞命元元一黄演之炁，缠其胞，使胞源宣通，上彻于天以生成。焚第一章符，诵章：混合空洞炁，飞爽浮幽寥……
>
> 谨上请帝真胎命元洞冥紫户之炁，缠其胎，使胎结解根，下响于地以固灵。焚第二章符，（诵章）①：无量结紫户，炁尊天中王……
>
> 谨上请帝真魂命元长灵明仙之炁，缠其三魂，使魂门练通，神以达精。焚第三章符，（诵章）：须延总三灵，玄元始炁分……
>
> 谨上请帝真魄命元砀尸冥演由之炁，缠其七魄，使魄户闭关，天王降仙以安宁。焚第四章符，（诵章）：寂然无色宗，兜术抗大罗……
>
> 谨上请帝真藏府命元五仙中灵之炁，缠其五藏，使藏府清凉，五帝朝真以存神。焚第五章符，（诵章）：翻翻五帝驾，飘飘玄上门……
>
> 谨上请帝真灵府命元高真冲融之炁，缠其六府，使胃管生津以纳和。焚第六章符，（诵章）：应声无色界，霄映冠

---

① 金允中《上清灵宝大法》卷三七"九天炼"在焚第一章符之后有"诵章"二字，自第二章符至九章符则省略了二字。《道藏》第31册，第590—592页。

十方……

　　谨上请帝真元府命元高仙洞笈之炁，缠其九窍，使九窍开通，心神朗清以开关。焚第七章符，（诵章）：玄会统无涯，混炁归梵辅……

　　谨上请帝真华府命元真灵化凝之炁，缠其八景，使三部八景，整具形神，幽夜光明以防身。焚第八章符，（诵章）：清明重宵上，合期庆云际……

　　谨上请帝真岳府命元自然玄照之炁，缠其身，使三关五藏，六府九宫，金楼玉室，十二重门，紫户玉阁，三万六千身神，万八千官府，三百六十机关，根本元始，一时生神。令神布炁，炁满能声，声尚神具，毛发生身，诸天下临，以保其身。焚第九章符，（诵章）：无结固无情，玄玄虚中澄……①

　　上文中的"九天炼"有三项内容，即存召"九帝九炁"、焚"九章符"以及诵念"九章"。其中，"九帝九炁"与"九章"的概念均出自《洞玄灵宝自然九天生神章经》，"九章符"则是宋人根据《九天生神章经》所创。"九炁"由玄、元、始三炁衍化而成，是万物的本源；"九章"即"九天生神章"，由"九炁"所化。如《九天生神章经》称："三宝皆三炁之尊神，号生三炁，三号合生九炁。……三炁为天地之尊，九炁为万物之根，故三合成德，天地之极也。"②"三宝"即天宝君、灵宝君、神宝君，分别对应玄、元、始三炁，是谓天地之尊。"三炁"合生九炁，万物皆禀九炁而生，故云"万物之根"。又云："《九天生神

---

① （宋）金允中：《上清灵宝大法》卷三七，《道藏》第31册，第590—592页。
② （东晋）《洞玄灵宝自然九天生神章经》，《道藏》第5册，第843页。

章》乃三洞飞玄之炁，三合成音，结成灵文，混合百神，隐韵内名，生炁结形，自然之章。"① "三炁三合"意即九炁，表明"九章"本于九炁，由炁化而成。

又，金氏《大法》"九天炼"中的"九帝九炁"之名及"九章"的内容同于《九天生神章经》。后者以"九章"对应九天、九帝、九炁，宣称诵读"九章"具有种种超凡效力。②

据《九天生神章经》载：

> 郁单无量天生神章第一帝真胞命元元一黄演之炁（诵章）：混合空洞炁，飞爽浮幽寥……
>
> 上上禅善无量寿天生神章第二帝真胎命元洞冥紫户之炁（诵章）：无量结紫户，炁尊天中王……
>
> 梵监须延天生神章第三帝真魂命元长灵明仙之炁（诵章）：须延总三云，玄元始炁分……
>
> 寂然兜术天生神章第四帝真魄命元砀尸冥演由之炁（诵章）：寂然无色宗，兜术抗大罗……
>
> 波罗尼蜜不骄乐天生神章第五帝真藏府命元五仙中灵之炁（诵章）：翻翻五帝驾，飘飘玄上门……
>
> 洞元化应声天生神章第六帝真灵府命元高真冲融之炁（诵章）：应声无色界，霄映冠十方……
>
> 灵化梵辅天生神章第七帝真元府命元高仙洞笈之炁（诵章）：玄会统无崖，混炁归梵辅……
>
> 高虚清明天生神章第八帝真华府命元真灵化凝之炁

---

① （东晋）《洞玄灵宝自然九天生神章经》，《道藏》第5册，第844页。
② 同上。

（诵章）：清明重霄上，合期庆云际……

　　无想无结无爱天生神章第九帝真神府命元自然玄照之炁

（诵章）：无结固无情，玄玄虚中澄……①

　　由上不难看出，《九天生神章经》中的"九帝九炁"及所诵"九章"与金氏《大法》"九天炼"相同。只是，金氏《大法》省略了"郁单无量天""上上禅善无量寿天"等"九天"的名称。其次，《九天生神章经》明确将诵念"九章"定义为一种修真之法，其称："夫学上道，希慕神仙，……而无此文（九天生神章）则胞胎结滞，死炁固根。"② 这是说，修道者通过诵念"九章"修受"九天九炁"以令真景内守与道合真。其修行之法："千日长斋，不关人事，诸尘漏尽，夷心默念，清香执戒，入室东向，叩齿三通，调声正炁，诵咏宝章。诵之一过，声闻九天；……诵之九过，诸天下临，一切神灵，莫不卫轩。"③ 文中的"一过"即对应"一章"，九过即"九章"诵毕。每诵一章皆有其特定的意义，最终使诵章者禀受九炁体内生神，这与金氏《大法》"九天炼"所言相近。在《金氏》大法中，法师每召一炁，即诵念一章，"九章"各有其用途，如以"第一章"对应"帝真胞命元元一黄演之炁"以使亡魂胞源宣通。④ 二者的区别在于，金氏《大法》"九天炼"的对象是亡魂，诵章的主体是法师，而《九天生神章经》则是针对修行者而言，其诵念"九章"是一种修仙之法。

---

①　（东晋）《洞玄灵宝自然九天生神章经》，《道藏》第5册，第846—847页。
②　同上，第844页。
③　同上。
④　（宋）金允中《上清灵宝大法》卷三七，《道藏》第31册，第590—592页。

值得注意的是，除将"九章"用于修真之外，《九天生神章经》中还出现了以"九章"开度亡魂之说，其称："学士诵之以升天，鬼灵闻之以升迁，凡夫闻之以长存，幽魂闻之以开度。"①这段文字旨在突显"九章"利益存亡的功能。这说明，《九天生神章经》已有"九炁""九章"度亡的观念，只是经中尚未将这一观念演变为一种具体的、可操作的度亡仪法。② 直到宋代九天炼度的出现才将《九天生神章经》"九炁度亡"的观念付诸实践。

比较金氏《大法》和《九天生神章经》可以看出，宋代九天炼度的经典来源就是东晋《九天生神章经》。这种仪式将《九天生神章经》中的道徒修仙之法和"九炁"度亡的观念巧妙地结合起来，将一种主动性的修炼行为转变为一种炼亡成仙之法。就概念而言，宋代九天炼度中的九炁、九章、九天、九帝与《九天生神章经》并无二致。但作为一种炼亡仪法，九天炼度不仅将《九天生神章经》中的道徒诵章以自度演变为法师诵章以炼亡，还在此基础上融入了一些新的内容和内法，比如书符、诵章的存想之法。

**（二）"九天炼度"的主要内容**

宋代九天炼度主要有焚九炼符、诵九章及存召九炁等内容，在行炼方式上，注重寓炁于符、以符行炼；在行炼内法上，宋代诸书说法各异，其书符、焚符、诵章、取炁、布炁诸环节皆有相应的存想之法。

---

① 　（东晋）《洞玄灵宝自然九天生神章经》，《道藏》第 5 册，第 844 页。
② 　《洞玄灵宝自然九天生神章经》仅载修真之道，未载度亡之法。可知"九章度亡"在当时尚不具备实践层面上的意义，没有形成一套具体的度亡仪式。

1. 九炼符

"九炼符"是一个比较宽泛的概念，本文将宋代凡是用于"九天炼度"且以《九天生神章经》中的"九天""九帝""九炁""九章"等概念所命名的道符统称为"九炼符"。① "九炼符"类型多样，名称亦不尽相同，常见的有"九阳符""九阴符""九章符""九天九炁真符"等。② 其中一些道符出自早期上清经，原为道徒自炼用符，后经宋人改动移用于九天炼度，还有一些符为宋代新出。"九炼符"一般有九道以上应九天九炁，书符时，法师借助存想将九天之炁布入九符之中。如《玉堂大法》"九天仙炼之法"云："故炼度中，以阳炁度阴魄，所以假符而济之，假咒以祝之。故《经》云：'幽魂闻之以开度，枯朽闻之以发烟'，死魂得此，再返魂仪。"③ 所谓"以阳度阴、假符济之"就是指法师将九天阳炁寓于"九阳符"中，借九符九炁

① "九炼符"是宋代九天炼度中最常见的内容。如（宋）王契真《上清灵宝大法》卷五二"九炼生尸符章"云："夫九炼生尸法，最为上道"，主张以"九天炼度阳符"为亡魂炼度俱形神。《道藏》第31册，第187—189页。（宋）《灵宝玉鉴》卷四二"阴尸九炼法"以"九炼生神玉符"对应"九天"，以"生神九章符"上应"九炁"。行仪时，法师焚符诵咒炼化亡魂。《道藏》第10册，第424—428页。（宋）蒋叔舆《无上黄箓大斋立成仪》卷二七"上清南宫水火冶炼度命仪"在水火炼后，法师用"灵宝九炼符"为亡魂摄布九天之炁，以令其返魂生神。《道藏》第9册，第541页。（宋）金允中《上清灵宝大法》卷三七"九天炼"主要借助"九章符"和存召"九炁"及诵念"九天生神章"行炼。《道藏》第31册，第590—592页。（宋元）《灵宝无量度人上经大法》卷六三《九炼生尸品》以"九天九炁真符"炼度亡魂。符有九道，对应《九天生神章经》的"九天九炁"。《道藏》第3册，第972页。（宋元）《灵宝无量度人上经大法》卷六四《九炼生尸品田先生科》，法师焚"九炼符表"祈降九天之炁炼化亡魂。《道藏》第3册，第976页。

② （宋）路时中：《无上玄元三天玉堂大法》卷一八，《道藏》第4册，第60页。（宋）王契真：《上清灵宝大法》卷五二，《道藏》第31册，第178—179页。（宋元）《灵宝无量度人上经大法》卷六三，《道藏》第3册，第972页。

③ （宋）路时中：《无上玄元三天玉堂大法》卷一八，《道藏》第4册，第60页。

和咒祝之语以济拔幽魂。文中所引道经即《九天生神章经》。①

　　关于"九炼符"的出处，宋代道书通常有两种说法：其一，认为"九符"出自灵宝法。如金氏《大法》"灵宝本法炼度符命"称："九天生神章符，此符乃本章九天之炁也。正属上清洞玄灵宝本部，非他法可杂。"② 又如蒋氏《立成仪》卷四三收有"灵宝九天生神宝符"九道，其卷末云："灵宝诸符箓，世本极多讹舛，今将所授秘文，参以《太上玉章三洞符诀》，稽考订证，稍合至理。"③ 这是说，蒋氏《立成仪》卷四〇至卷四三《符命门》所列符箓皆属灵宝法，其中亦包括"九天生神符"。其二，宣称"九符"是由"九天元父道君"所传。如《灵宝玉鉴》卷四二"阴尸九炼生神玉符"称："此符乃高上空洞混沌九天元父道君，降而结为云篆，付九天金箓无量寿生神尊君行之，以炼阴尸也。此符九炁齐并，日月合明，百骸流火，更无阴滓，自然仙化成人矣。"④ 这种"九炼生神符"共有九道对应九天，如"郁单无量天符""上上禅无量寿天符"等⑤。书符时，法师以掐诀取九炁布注九符；行炼时，法师存想符中九炁缠布亡魂。⑥ 值得注意的是，除"阴尸九炼生神玉符"外，《灵宝玉

---

　　① （东晋）《洞玄灵宝自然九天生神章经》，《道藏》第5册，第844页。
　　② （宋）金允中：《上清灵宝大法》卷三七，《道藏》第31册，第596页。
　　③ （宋）蒋叔舆：《无上黄箓大斋立成仪》卷四三，《道藏》第9册，第630页。
　　④ （宋）《灵宝玉鉴》卷四二，《道藏》第10册，第424页。按：这种说法亦见于（宋元）《灵宝无量度人上经大法》卷六五"九炼表符"，其称："是符乃高上高洞混化九天元父道君，降而结为云篆，付九天金箓无量寿天生神尊君，行之以济阴尸。如遇此符，九炁齐并，如日之升，百骸流光，更无阴滓，便成仙人。"此外，"九炼表符"符形与《灵宝玉鉴》"九炼生神玉符"亦非常接近。《道藏》第3册，第988页。
　　⑤ （宋）《灵宝玉鉴》卷四二，《道藏》第10册，第424—425页。
　　⑥ 同上，第424页。

鉴》卷四二中还列有"生神九章符"九道，书中未言其出处。根据符形判断，此九符应即东晋《太上玉佩金珰太极金书上经》中的"太极金书秘字三元九真阳符"，详见图3—5、3—6。

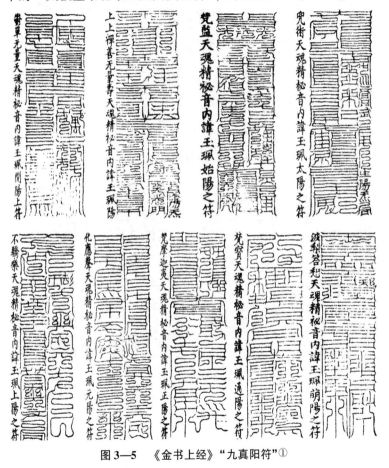

图3—5　《金书上经》"九真阳符"①

———————

① （东晋）《太上玉佩金珰太极金书上经》，《道藏》第1册，第899—900页。

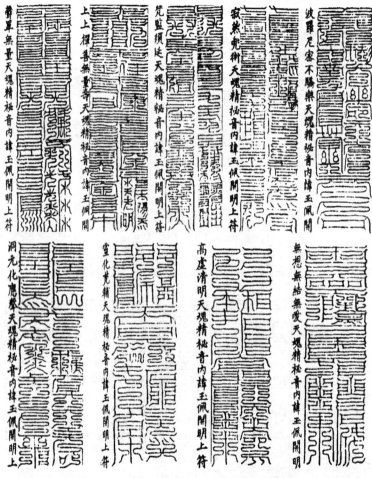

**图3—6　　《灵宝玉鉴》卷四二"生神九章符"①**

　　《金书上经》是早期上清派的重要经典，经中载有"九真阳符"和"九真阴符"各九道，这两种符原为上清派道徒"服御

————————

①　（宋）《灵宝玉鉴》卷四二，《道藏》第10册，第426—428页。

日月"所用。其"九真阳符"以"上清九天"命名，① 即"郁单无量天、上上禅无量寿天、梵监天、兜术天、不骄乐天、化应声天、梵摩迦夷天、梵宝天、波梨答惒天"②。不难看出，《金书上经》前六天之名与《九天生神章经》比较接近，第七天至第九天的名称有别于《九天生神章经》。③《灵宝玉鉴》则将《金书上经》"九真阳符"之"上清九天"改为"灵宝九天"，并冠以"生神九章符"之名，将原属于上清派的自炼用符改造为灵宝九天炼亡之符。④

　　从符名上看，《玉鉴》与《金书上经》十分接近，二书"九符"皆有"魂精秘音内讳"五字，表明两种九符象征"九天内讳"。在符形上，《金书上经》"九真阳符"与《灵宝玉鉴》"生神九章符"大抵相同，只是前者对应的是"上清九天"，而后者则指《九天生神章经》之"灵宝九天"。在行用方式上，《金书上经》"九真阳符"或由道徒佩之于身，或在特定时日吞服以炼神。⑤《灵宝玉鉴》"生神九章符"则是在九天炼度时焚用，焚符时，法师要诵念《九天生神章》以祈降九天之炁炼化亡魂。⑥

　　类似于《灵宝玉鉴》以"灵宝九天"替换"上清九天"，将道徒自炼用符转变为九天炼亡之符的现象在宋代较为普遍。也

---

　　① "九天"是早期上清派和灵宝派共有的概念。小林正美先生指出，东晋以后，道教宇宙论中常以"三天"与"九天"结合使用。而这种"三九"对应的观念与葛氏道密切相关，并且由于葛氏一系与灵宝、上清二派关系甚密，葛洪的宇宙观对灵宝经系与上清经系都曾产生过较大的影响。参见 ［日］小林正美著，李庆译：《六朝道教史研究》，成都：四川人民出版社，2001年，第467页。
　　② （东晋）《太上玉佩金珰太极金书上经》，《道藏》第1册，第899—900页。
　　③ （东晋）《洞玄灵宝自然九天生神章经》，《道藏》第5册，第847页。
　　④ （宋）《灵宝玉鉴》卷四二，《道藏》第10册，第426—428页。
　　⑤ （东晋）《太上玉佩金珰太极金书上经》，《道藏》第1册，第899页。
　　⑥ （宋）《灵宝玉鉴》卷四二，《道藏》第10册，第426页。

就是说，有部分"九炼符"是宋人直接依据《九天生神章经》所创，还有部分"九炼符"是宋人在早期上清派某些自炼用符的基础上改动而成，而这种改动又是通过借助《九天生神章经》得以实现的。由此可知，宋代"九炼符"的形成与《九天生神章经》有着极为密切的联系。

宋代"九炼符"类型繁多、名称各异，符形上亦有较大差别，限于篇幅，下文将以三种宋代常见的"九炼符"为例进行讨论，以便了解这类道符在宋代的大致情形及其在"九天炼度"中的作用。

（1）九阳符

"九阳"即九天阳炁，"九阳符"是宋代较常见的一类九炼符。在九天炼度中，法师借助"九阳符"为亡魂灌炼九阳之炁以令其仙化更生。

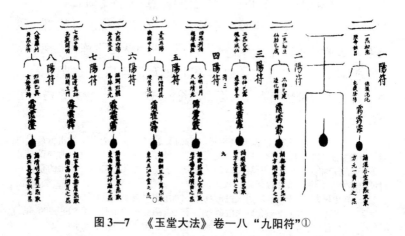

图3—7　《玉堂大法》卷一八"九阳符"①

①　（宋）路时中：《无上玄元三天玉堂大法》卷一八，《道藏》第4册，第60页。

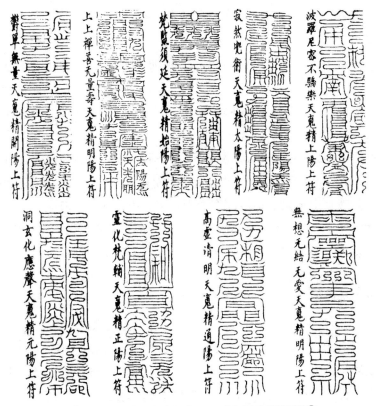

图3—8 王氏《大法》卷五二 "九天炼度阳符"①

由图3—7、3—8可见，《玉堂大法》和王氏《大法》皆载"九阳符"，二者在符形上差异甚大，在"九阳"的称谓及"九炁"的解释上亦大相径庭。《玉堂大法》是以数字命名"九符"，盖因"九"为阳数之极，上应九天阳炁，故冠以"一阳、二阳……九阳"之名。其次，《玉堂大法》是以"九方"对"九

① （宋）王契真：《上清灵宝大法》卷五二，《道藏》第31册，第187—189页。

天之炁"，其称："九天布八方及中，各具一方之炁，下按人身之造化。故郁单无量天，主东方炁也。……凡委聚一黄演之炁，一为数之始，始炁之色黄；演者，流通之义。故以一黄演之炁灌溉胞命，使真炁荡涤尸阴，通宣胞原也。"① 文中"郁单无量天一黄演之炁"宣通胞原说出自《九天生神章经》，但是《九天生神章经》中并未提到以"九方"对应"九炁"。这种说法应当是《玉堂大法》对"九天九炁"的一种阐发②，这种阐发又与"九炁炼亡"相联系，其称："凡行持，而存东方始青天之炁，随符入亡魂顶上灌之。……以次即无量天，引南炁；须延天，引西炁；兜术天，引北炁；波罗天，引东北炁；应声天，引东南炁；梵辅天，引西南炁；高虚天，引西北炁；无想无结天，引中天炁。九炁既备，则三部八景生焉。"③ 这表明，在《玉堂大法》九天炼度中"九方"即是"九天"，"九方之炁"即"九天阳炁"。行炼时，法师焚"九阳符"，存想九方之炁灌炼亡魂。

王氏《大法》中的"九阳"为：开阳、明阳、始阳、太阳、上阳、元阳、正阳、通阳、明阳，分别对应"郁单无量天、上上禅善天"等九天，这显然有别于《玉堂大法》之"九阳"。王氏《大法》关于"九炁"的解释基本延续了《九天生神章经》中的说法，如其称："夫九炼生尸法，最为上道。人始受生，皆从虚无中来。……皆以九天生神之炁合和为生。一月为胞，郁单

---

① （宋）路时中：《无上玄元三天玉堂大法》卷一八，《道藏》第4册，第60页。

② 类似的说法亦见于《灵宝无量度人上经大法》卷六四《九炼生尸品田先生科》，其称："今将九天之炁摄化，布在八方，则死骸返生，枯朽发烟，罪累荡除，九天混合，万神具全，神识了然"。尽管这是将"九炁"对应"八方"，但也反映出宋元道教已有"九炁"对应方位的做法。《道藏》第3册，第974页。

③ （宋）路时中：《无上玄元三天玉堂大法》卷一八，《道藏》第4册，第60页。

天炁降为之；二月为胎，禅善天炁降为之；三月魂具，梵监天炁降为之；……九月降神，无想无结无爱天炁降为之。"① 这段文字是以"九天九炁"阐释人的生命之由来。人始生于胞胎，胎中九月，每一月禀受一炁，依次化生胞、胎、魂、魄、五脏、腑、窍、景附（三部八景）、降神（生神），九月九炁俱足而降生。这种"九炁受生说"② 亦见于《九天生神章经》，其称："人之受生于胞胎之中，三元育养，九炁结形。故九月神布，炁满能声，声尚神具，九天称庆。"③也就是说，王氏《大法》是以"九炁"对应"九月"，而《玉堂大法》则以"九炁"应"九方"。

由上不难看出，《玉堂大法》和王氏《大法》二书所载"九阳符"差异很大，这不仅仅是由于二书所属道派、法派不同④，更重要的是，二者对"九阳""九炁"的理解与诠释存在较大分歧所致。

（2）九阴符

"九阴符"亦是宋代九天炼度中较常见的道符，其原型应当是东晋《太上玉佩金珰太极金书上经》中的"太极金字玉文九真阴符"，详如下。

---

① （宋）王契真：《上清灵宝大法》卷五二，《道藏》第31册，第186页。
② "九炁受生"说亦见于《灵宝无量度人上经大法》卷六四，《道藏》第3册，第974页。
③ （东晋）《洞玄灵宝自然九天生神章经》，《道藏》第5册，第843页。
④ 《无上玄元三天玉堂大法》是宋代天心派道法著述，相关研究参见李志鸿：《道教天心正法研究》，北京：社会科学文献出版社，2011年。王氏《大法》是南宋东华派道法著述，相关研究参见陈文龙：《王契真〈上清灵宝大法〉研究》，济南：齐鲁书社，2015年。

第一天　　　第二天　　　第三天　　　第四天　　　第五天

第六天　　　　　第七天　　　　　第八天　　　　　第九天

**图3—9　《金书上经》"太极金字玉文九真阴符"①**

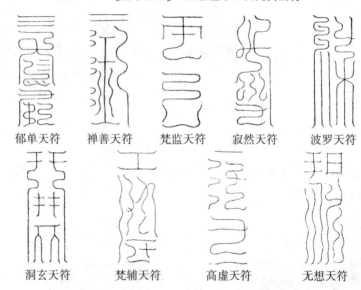

郁单天符　　　禅善天符　　　梵监天符　　　寂然天符　　　波罗天符

洞玄天符　　　　梵辅天符　　　　高虚天符　　　　无想天符

**图3—10　王氏《大法》卷五三"九天炼度阴符"②**

① （东晋）《太上玉佩金珰太极金书上经》，《道藏》第1册，第902页。
② （宋）王契真：《上清灵宝大法》卷五三，《道藏》第31册，第189—190页。

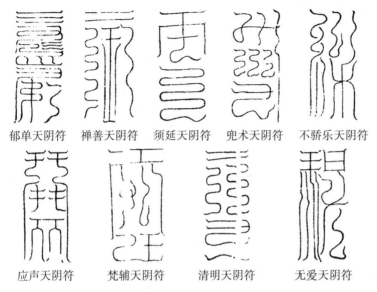

| 郁单天阴符 | 禅善天阴符 | 须延天阴符 | 兜术天阴符 | 不骄乐天阴符 |

| 应声天阴符 | 梵辅天阴符 | 清明天阴符 | 无爱天阴符 |

**图 3—11　《度人经大法》卷六五"九天九阴符"①**

由图 3—9 至 3—11 可见，《金书上经》中的"九真阴符"
除"第三天符"外，其余八符的符形与王氏《大法》和《度人
经大法》中的"九阴符"比较接近。上文提及，《金书上经》有
"九真阳符"和"九真阴符"，道徒通过佩符、吞符及存思九真
内神等方式修服日精月华之道，其称："夫修上道，吞霞咽气，
服御日月，皆当先行玉佩金珰阴阳二景之符，存想三元九真内
神，魂魄二帝之尊，然后可招日月之晖也。"②"阴阳二景之符"
即"太极金书秘字三元九真阳符"与"太极金字玉文九真阴
符"，这两种符的立论基石为"上清九天"。宋代以后，道门内

---

① （宋元）《灵宝无量度人上经大法》卷六五，《道藏》第 3 册，第 985—986 页。
② （东晋）《太上玉佩金珰太极金书上经》，《道藏》第 1 册，第 903 页。

部利用《洞玄灵宝自然九天神章经》中的相关概念重新诠释
《金书上经》之"九真阳符"与"九真阴符"，将二符的用途由
自炼证真转变为炼亡成仙。如前述《灵宝玉鉴》卷四二"生神
九章符"就是由《金书上经》"九真阳符"演变而成。

　　比较王氏《大法》和《度人经大法》不难发现，这两部书
中的"九阴符"在符形上基本一致，仅个别云篆的书写有细微
差异。两书皆以"九天"命名九符，只因二者关于"九天"的
简称有异，致使某些符名亦略有差别。比如，王氏《大法》中
的"梵监天符"，全称应为"梵监须延天符"，《度人经大法》
则取"须延"二字称作"须延天阴符"，其余诸符皆是如此。关
于"九阴符"的施用方法及用途，王氏《大法》未作解释，仅
在九符告文中表示用于度亡。另据《度人经大法》卷六四载：
"先告九天阳符生魂生神，次告九阴符以全魄全性"①。这里透露
了两点：其一，施用顺序上，阳符在先、阴符在后。其二，两类
"九符"用途各异：魂神属阳，故以"九阳符"为亡魂化生魂
神；魄性属阴②，故以"九阴符"聚魄全性。应当看到，无论是
"九阳符"还是"九阴符"，实际上都与《洞玄灵宝自然九天生
神章经》相关。就"九阴符"而言，尽管宋人沿用《金书上经》
"九真阴符"，但关于这种道符的解释及用途已异于从前。这主
要表现为两个方面：第一，宋代道教以《九天生神章经》中的
"灵宝九天"重新命名《金书上经》中的"九真阴符"；第二，
宋人将《金书上经》中原无散形的"九真阴符"拆分成若散形
云篆，并用《九天生神章经》重新诠释"九真阴符"。

---

① （宋元）《灵宝无量度人上经大法》卷六四，《道藏》第3册，第974页。
② （宋）路时中：《无上玄元三天玉堂大法》卷一八，《道藏》第4册，第61页。

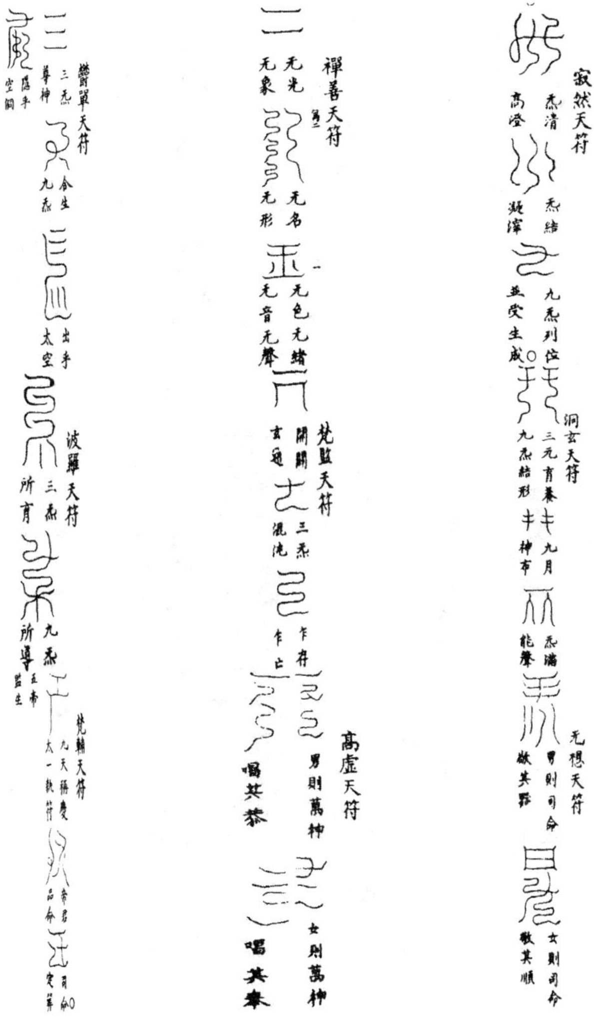

**图3—12　王氏《大法》卷五三"九阴符"散形①**

① （宋）王契真：《上清灵宝大法》卷五三，《道藏》第31册，第189—190页。

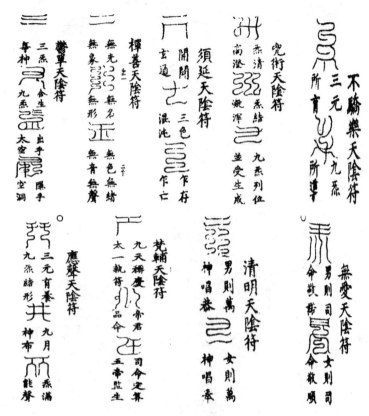

图3—13　《度人经大法》卷六五"九阴符"散形①

　　由图3—12、3—13可见，宋代"九阴符"一般有三种结构：上下两部、上中下三部、上中下四部，每一部分皆有与之相

　　① （宋元）《灵宝无量度人上经大法》卷六五，《道藏》第3册，第985—986页。按：《度人经大法》中"九天"的简称略异于王氏《大法》。如"须延天"全称为"梵监须延天"，王氏《大法》取"梵监"二字，而《度人经大法》则取"须延"二字，其余八天皆然。

应的文字及含义。以"郁单天符"为例，王氏《大法》与《度人经大法》都将其分作四个部分，每一部分对应四个汉字，如"三炁尊神、合生九炁"等十六字。两部书中的"九阴符"除极个别符形略异外，① 其余符形都非常接近，九符的结构及散形亦基本一致，② 两书散形中的文字全部出自《九天生神章经》。

如《九天生神章经》云：

①三宝皆三炁之尊神，号生三炁，三号合生九炁。九炁出乎太空之先，隐乎空洞之中，②无光无象、无形无名、无色无绪、无音无声，③导运御世，开辟玄通，三色混沌，乍存乍亡。④运推数极，三炁开光，炁清高澄，积阳成天，炁结凝滓，积滞成地。九炁列正，……并受生成。⑤天地万化，自非三元所育，九炁所导，莫能生也。……⑥人之受生于胞胎之中，三元育养，九炁结形。故九月神布，炁满能声，声尚神具。⑦九天称庆，太一执符，帝君品命，主录勒籍，司命定算，五帝监生……⑧九天司马在庭，东向读《九天生神宝章》九过，男则万神唱恭，女则万神唱奉，⑨男则司命敬诺，女则司命敬顺，于是而生。③

---

① 如"洞玄天符"（《度人经大法》称作"应声天符"，即"洞玄化应声天"的简称），在该符中部的写法上，王氏《大法》稍异于《度人经大法》。此外，二书关于"梵辅天符"中部的书写亦有细微差别。

② 王氏《大法》"九阴符"散形中的汉字有 132 个，《度人经大法》有 128 个，其四字之差主要体现在"高虚天符"（《度人经大法》称"清明天符"）和"无想天符"（《度人经大法》称"无爱天符"）二符中。据王氏《大法》"高虚天符"载："男则万神唱其恭，女则万神唱其奉"。《度人经大法》"清明天符"则作："男则万神唱恭，女则万神唱奉。"王氏《大法》比后者多出两个"其"字。"无想天符"亦是如此，王氏《大法》记作"敬其诺、敬其顺"，《度人经大法》则为"敬诺、敬顺"。

③ （东晋）《洞玄灵宝自然九天生神章经》，《道藏》第 5 册，第 843 页。

上文中画线部分共一百二十八字，与王氏《大法》和《度人经大法》"九阴符"散形文字大抵一致。① 我们根据"九阴符"的顺序对这些文字加以编号，如①表示"郁单天符"，⑨代表"无想天符"。由上不难发现，"九阴符"虽然源出于《金书上经》"九真阴符"，但经宋人的演绎后其内涵已完全不同于《金书上经》。宋代道教立足于《九天生神章经》，选取其中部分经文以重新诠释"九真阴符"，意在强调"九阴符"与《九天生神章经》之联系，并试图淡化其源于早期上清经的事实。造成这一现象的原因可能来自以下两个方面：

其一，《金书上经》与《九天生神章经》分别是早期上清派和灵宝派的重要经典，前者主述道徒自炼证真之法，倾向于以隐秘性的修持方式完成个体的自我救度，而后者则蕴含生亡两度的观念，主张借助诵经以实现道徒及世俗大众的群体性救度。如《九天生神章经》称："学士诵之以升天，鬼灵闻之以升迁，凡夫闻之以长存，幽魂闻之以开度，枯朽闻之以发烟，婴孩闻之以能言，死骸闻之以还人。"② 正是由于早期灵宝派的普度观念以及由此而衍生出的一套简便易行的宗教仪式，成为连接道教教团与世俗社会的重要纽带。对于普通民众而言，总是期望以最小的宗教投入获得最大的宗教满足，而科仪法事就是实现这一愿望的有效途径。人们无须弃世隐遁，也不必严守戒行、精进苦修，只需借助道团的斋忏仪法即可实现自我与祖先的济度，其所耗费的

---

① 王氏《大法》有 132 字，《度人经大法》有 128 字，其内容与上文划线部分基本一致，只是二书"兜术天符"散形中的"九炁列位"在《洞玄灵宝自然九天生神章经》中记为"九炁列正"，仅此差别而已。

② （东晋）《洞玄灵宝自然九天生神章经》，《道藏》第 5 册，第 844 页。

时间、精力等各项成本均低于早期上清派自修自度的宗教投入。因此，灵宝科法历晋唐至宋元可谓长盛不衰，其斋科仪式亦在不断地增衍与发展中，具有较大的社会影响力。宋代道教在《九天生神章经》的基础上创制出一种全新的炼亡仪式——"九天炼度"。"九天"本是早期上清、灵宝二派共有之概念，但是，"上清九天"所涉道法一般仅针对道徒自修而言，而"灵宝九天"则是面向生者与亡魂、道团与俗众。因此，宋人将《九天生神章经》的相关内容与早期"上清九天"自炼诸符相嫁接，试图以此种方式赋予这些道符以新的意义及用途。

其二，道经中的真文、玉字、宝章等大多宣称由炁化而成，甚至某些道经亦源自炁化。而真文、玉字、宝章等往往涉及云篆和道符，或者以云篆和文字相结合的方式体现。《九天生神章经》虽云："九天生神章，乃三洞飞玄之炁，三合成音，结成灵文"[①]。但是，其"灵文"率为普通汉字，经中无涉任何云篆或道符。正是因为《九天生神章经》的这种特点，为后人对该经的阐释与发挥留下了巨大的空间。上文中的"九阴符"就是宋人对《九天生神章经》与《金书上经》"九真阴符"重新演绎的产物。宋代道士将"九真阴符"拆分为若干散形，以《九天生神章经》的经文比附于每一散形，试图通过《九天生神章经》开度生亡的神圣效力为"九阴符"及"九天炼度"提供合理性的依据。

（3）灵宝九天生神符

"灵宝九天生神符"亦是九天炼度常见用符，宋代道书一般

---

① （东晋）《洞玄灵宝自然九天生神章经》，《道藏》第5册，第844页。

认为"灵宝九天生神符"出于灵宝法①。事实上，这类道符也很可能与东晋上清派有关，容后详说。

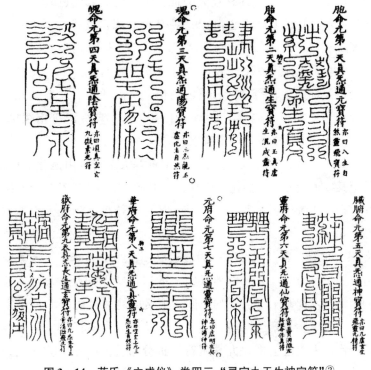

图3—14　蒋氏《立成仪》卷四三"灵宝九天生神宝符"②

① 如蒋叔舆《无上黄箓大斋立成仪》卷四三云："灵宝诸符箓，世本极多讹舛，今将所授秘文，参以《太上玉章三洞符诀》，稽考订证，稍合至理。"其"灵宝诸符箓"是指《立成仪》卷四〇至卷四三《符命门》所收数种符箓，当中包括"灵宝九天生神宝符"。显然，蒋氏是将该符归入灵宝法。《道藏》第9册，第630页。又如金允中《上清灵宝大法》卷三七"灵宝本法炼度符命"称："九天生神章符，此符乃本章九天之炁也。正属上清洞玄灵宝本部，非他法可杂。"《道藏》第31册，第596页。

② （宋）蒋叔舆：《无上黄箓大斋立成仪》卷四三，《道藏》第9册第628页。

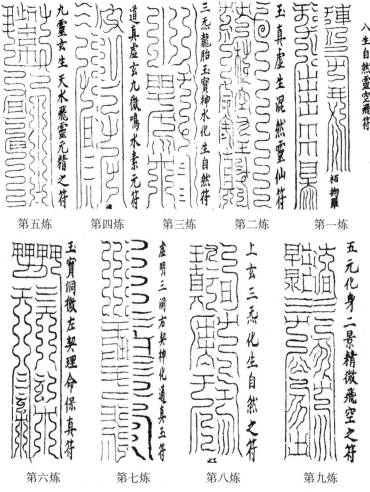

图3—15 王氏《大法》卷五三"灵宝自然九天生神宝符"①

　　蒋氏《立成仪》和王氏《大法》皆载"灵宝九天生神符"。由上图可见，在符形上，两书中的第一、二符略有差异，其余七符则较为接近。就符名而言，蒋氏《立成仪》以"九天"命名九符，同时还载有九符的别称，九符别名与王氏《大法》所载大抵相同①，如《立成仪》"胞命元第一天真炁通元宝符"亦名"八生自然灵飞宝符"②，这与王氏《大法》"八生自然灵空飞符"相近。值得注意的是，这些符名明显有别于同时期的其他"九炼符"。宋代"九炼符"大多以《九天生神章经》中的"九天""九帝""九炁""九章"命名九符，如前述《玉堂大法》和王氏《大法》"九阳符""九阴符"，《灵宝玉鉴》中的"九炼生神符""生神九章符"等。而"灵宝九天生神符"符名的特殊性则意味着这类道符除依托《九天生神章经》外，很可能还涉及其他的经典来源。东晋《洞真太上上清内经》为这种推测提供了线索③。该经"高上九天真王真姓真讳符诀"的符形及名称④与蒋氏《立成仪》和王氏《大法》中的"灵宝九炼生神符"确有相近之处，参见图3—16及表3—2。

---

　　① 蒋氏《立成仪》中只有第九符的别称略异于王氏《大法》。蒋氏记为"九炁生身三景清微飞生符"，王氏记作"五元化身二景精微飞空之符"，其余七符名称二书所载相近。

　　② （宋）蒋叔舆：《无上黄箓大斋立成仪》卷四三，《道藏》第9册，第628页。

　　③ 丁培仁先生认为该经约成于东晋末南朝初，疑为道徒王灵期所作。参见氏著：《增注新修道藏目录》，成都：巴蜀书社，2007年，第300—301页。

　　④ （东晋）《洞真太上上清内经》，《道藏》第33册，第632—633页。

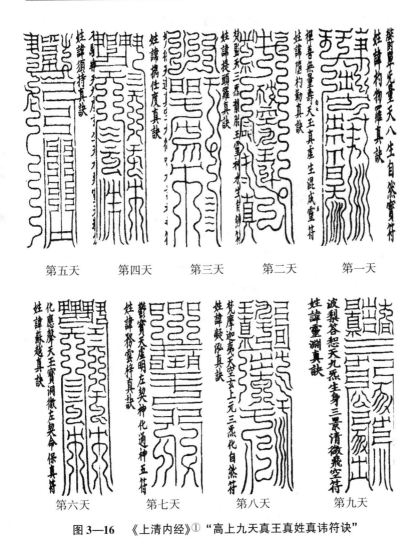

| 第五天 | 第四天 | 第三天 | 第二天 | 第一天 |

| 第六天 | 第七天 | 第八天 | 第九天 |

**图3—16** 《上清内经》① "高上九天真王真姓真讳符诀"

① （东晋）《洞真太上上清内经》，《道藏》第33册，第632—633页。

表3—2　"灵宝九炼生神符"与"高上九天真王真姓真讳符"一览表①

| 序号 | 蒋氏《立成仪》卷四三 | 王氏《大法》卷五三 | 《上清内经》 |
|---|---|---|---|
| 1 | 胞命元第一天真炁通元宝符<br>亦曰：八生自然灵飞宝符 | 八生自然灵空飞符 | 郁单无量天八生自然宝符 |
| 2 | 胎命元第二天真炁通生宝符<br>亦曰：玉真虚生混成灵符 | 玉真虚生混然灵仙符 | 禅善无量寿天玉真虚生混成灵符 |
| 3 | 魂命元第三天真炁通阳宝符<br>亦曰：三炁龙玉虚化生自然符 | 三炁龙胎玉宝神水化生自然符 | 梵监天三炁龙胎玉灵神水生自然符 |
| 4 | 魄命元第四天真炁通阴宝符<br>亦曰：道真空玄九微素光符 | 道真虚玄九微鸣水素元符 | 兜术天道真空九微鸣水素元之符 |
| 5 | 脏腑命元第五天真炁通神宝符<br>亦曰：九虚玄生飞灵元精符 | 九灵玄生天水飞灵元精之符 | 不骄乐天九虚玄生天水飞灵元精符 |
| 6 | 灵府命元第六天真炁通仙符<br>亦曰：王宝洞微左契理命保真符 | 玉宝洞微左契理命保真符 | 化应声天玉宝洞微左契命保真符 |
| 7 | 元府命元第七天真炁通灵宝符<br>亦曰：虚明左契神化通神符 | 虚明三洞右契神化通真玉符 | 郁宝天虚明左契神化通神五符 |
| 8 | 华府命元第八天真炁通真灵符<br>亦曰：空玄上元三炁化生自然符 | 上玄三炁化生自然之符 | 梵摩迦夷天空玄上元三炁化自然符 |
| 9 | 岳府命元第九天真炁长生通玄宝符<br>亦曰：九炁生身三景清微飞生符 | 五元化身二景精微飞空之符 | 波梨答惒天九炁生身三景清微飞空符 |

① 表3—2据蒋叔舆《无上黄箓大斋立成仪》卷四三《符命门》、王契真《上清灵宝大法》卷五三《大炼符篆门》以及《洞真太上上清内经》整理。

由图3—16及表3—2可见，《上清内经》"九天真王真姓真
讳符"的符形与王氏《大法》"九炼生神符"高度重合。与蒋氏
《立成仪》"九符"比较，《上清内经》除第一、二符差别较明
显外，其余七符基本一致。其次，《上清内经》"九符"乃"高
上九天真王"之姓讳，如"郁单无量天八生自然宝符"对应
"第一天真王枸物罗"。该经宣称修行者身佩"九符"，默诵九天
真王之姓讳可证上仙①。《上清内经》"高上九天"前"六天"
之名与《九天生神章经》完全相同，第七天至第九天的名称有
别于《九天生神章经》。② 又，《上清内经》"九符"之名与王氏
《大法》和蒋氏《立成仪》亦比较接近，仅个别符名稍异。比
如，《上清内经》第七符"虚明左契神化通神五符"，蒋氏记为
"虚明左契神化通神符"，王氏《大法》作"虚明三洞右契神化
通真玉符"较《上清内经》增衍"三洞"二字，其"右契"一
语在《上清内经》和蒋氏《立成仪》中皆作"左契"。尽管
《上清内经》"九天真王符"与蒋氏《立成仪》、王氏《大法》
"九炼生神符"在某些细节方面存在差异，但从整体上看，这三
部书中的"九符"呈现出"同大于异"的特点。这意味着，蒋、
王二书中的"灵宝九炼生神符"很可能承袭了《上清内经》"九
天真王符"，将原本用于道徒佩身修仙的"九天真王姓讳符"略
加改动冠以"灵宝九天生神符"之名，移用于"九天炼度"当
中。换言之，"灵宝九天生神符"的原型应即东晋《上清内经》
"九天真王符"，后世用《九天生神章经》中的"灵宝九天"及
相关概念替换"九天真王符"中的"上清九天"，并改变其原有

① （东晋）《洞真太上上清内经》，《道藏》第33册，第634页。
② （东晋）《洞玄灵宝自然九天生神章经》，《道藏》第5册，第847页。

的用途。正因如此，宋代道教才将这类从上清经中演变而来的"九天生神符"归入"灵宝法"。

以上讨论了宋代九天炼度中三种常见的"九炼符"。它们之间的差异在相当程度上是由于诸家对《九天生神章经》的阐释存在分歧所致。除这三种符外，宋代道书中还有数种基于《九天生神章经》所创"九炼符"。"九炼符"的繁盛现象，一方面反映出九天炼度在宋代正处于迅速发展阶段；另一方面亦体现了宋代道教在经典阐释方式上的新变化——"演经为符"。

2. 诵"九章"

"九章"即《洞玄灵宝自然九天生神章经》中的"九天生神章"，共有九篇章文，上应九天、九帝、九炁。通常情况下，在书写九炼符及九炼亡魂时，法师要讽诵"九章"以祈请九天上帝赐降九炁，如《玉堂大法》中的"九阳符"，法师每书一符，即诵念一章，存取一炁，寓炁于符。① 又如金氏《大法》卷三七"九天炼"，法师借助九符和九章请降九炁为亡魂炼俱身神。以"第一炼"为例，其称："谨上请帝真胞命元元一黄演之炁，缠其胞，使胞源宣通，上彻于天以生成。焚第一章符，诵章：混合空洞炁，飞爽浮幽寥……"② 这里的"帝真胞命元"即《九天生神章经》中第一天"郁单无量天"的天帝，象征"元一黄演之炁"；其"混合空洞炁"云云，就是"九天生神章"之第一章。仪式中，法师通过焚符和诵章的方式祈请九天降炁灌炼亡魂。

关于诵章的方式，一般有"直诵"和"神诵"两种，宋代

---

① （宋）路时中：《无上玄元三天玉堂大法》卷一八，《道藏》第4册，第60页。
② （宋）金允中：《上清灵宝大法》卷三七，《道藏》第31册，第590页。

九天炼度大多采用直诵的方式讽诵"九章"。"直诵"即声诵，如《灵宝玉鉴》卷四二"生神九章符"云："止是口诵九章，手纂九符，自然合妙。"① 所谓"神诵"，是指法师以自己元神所变之神诵章，乃无声之诵。如王氏《大法》卷五九"九天炼度"称："水火炼毕，行九章炼。元始诵章一过，运脾一黄之炁，灌胞命元以生胞，使胞元宣通。诵章二过，运心中二赤之炁，灌胎命元以生胎，使胎结解根。"② 在"九天炼度"中，法师先行变神之法变神为"元始天尊"，次行水火二炼，再行"九章炼"。③也就是说，法师在整个炼亡过程中皆以"元始天尊"的角色行事。上文所谓"元始诵章"即法师运己元神于泥丸宫中默诵"九章"，每诵一章，便内运一炁灌炼亡魂，九章诵毕，九炁俱足，遂超凡入圣。又如《度人经大法》卷六三《九炼生尸品》有"直诵"和"神诵"两种诵章方式，其称："调神正炁，诵咏《九天生神宝章》一过，引九天真炁灌炼一身，叩齿三十通，存自己三丹田三色真炁上接天界。三清上帝自三丹田出，九天上帝自泥丸宫出。"④ 这是说，法师先口诵"九章"及存引九炁入身混合内炁以变化众神。又云："九天上帝、诸天真仙在空玄之际同声诵咏《九天生神宝章》。"⑤ 这里的"九天上帝、诸天真仙"即法师存引九天之炁混合自己三田真炁所变之神，其"九帝诸仙"诵章，即是神诵。

以上两种诵章方式皆源于《九天生神章经》中的诵章之法。

① （宋）《灵宝玉鉴》卷四二，《道藏》第10册，第426页。
② （宋）王契真：《上清灵宝大法》卷五九，《道藏》第31册，第251页。
③ 同上，第250页。
④ （宋元）《灵宝无量度人上经大法》卷六三，《道藏》第3册，第972页。
⑤ 同上，第973页。

据《九天生神章经》载："千日长斋，不关人事，诸尘漏尽，夷心默念，清香执戒，入室东向，扣齿九通，调声正炁，诵咏宝章。"① 所谓"调声正炁，诵咏宝章"显然是指直诵，而"夷心默念"当指静定之中默诵"九章"，后世的"神诵"就是从"夷心默念"演变而来。如《太极祭炼内法议略》卷中释"夷心"为平心，② 释"默念"的最高证境为念而无念，水火既济，百脉归源。③ 不难看出，《议略》是以内丹修证之道解释"夷心默念"，其"夷心默念"实际上是一种内炼法。《议略》所言在一定程度上反映出宋人对《九天生神章经》诵章之法"内丹化"阐释的趋势，"神诵"之法（元神诵章）即是这一趋势下的产物。

3. 存召九炁

宋代九天炼度关于"九天九炁"的解释通常有三种：其一，以"九炁"对应九方，法师取九方之炁灌炼亡魂，如《玉堂大法》卷一八"九天仙炼之法"称："九天布八方及中，各具一方之炁，下按人身之造化，故郁单无量天，主东方炁也。"④ 其二，以"九炁"对应"九月"，法师存取九天之炁依次为亡魂化生胞、胎、魂、魄等。如王氏《大法》卷五二"九炼生尸法"云："一月为胞，郁单无量天炁降为之；二月为胎，禅善天炁降为之……"⑤ 这实际上是将《九天生神章经》中用以诠释人之生命

---

① （东晋）《洞玄灵宝自然九天生神章经》，《道藏》第 5 册，第 844 页。
② （宋）郑所南：《太极祭炼内法议略》卷中，《道藏》第 10 册，第 449 页。
③ （宋）郑所南：《太极祭炼内法议略》卷下，《道藏》第 10 册，第 463 页。
④ （宋）路时中：《无上玄元三天玉堂大法》卷一八，《道藏》第 4 册，第 60 页。
⑤ （宋）王契真：《上清灵宝大法》卷五二，《道藏》第 31 册，第 186 页。

由来的"九月九炁受生"说移用于炼亡仪式，<sup>①</sup> 将人历九月、禀九炁而生的历程转变成亡魂禀九炁而仙化之过程。其三，以"五行四卦"比附九炁。如《度人经大法》卷六四《九炼生尸品田先生科》载："愿降流水之精，炼而为胞；阳火之明，炼而为胎；乘木之贞，炼而为魂；柔金之形，炼而为魄；合土之英，炼而为脏；致坎之灵，炼而为腑；昭离之精，炼而为窍；激震之声，炼而为景；利兑之荣，炼而为神。天和地合，九炼徘徊。"<sup>②</sup>这是将水、火、木、金、土五行以及坎、离、震、兑四卦比附"郁单无量天""上上禅无量寿天"等九天。需要指出的是，无论是以"九炁"对应"九方"或"九月"，还是以"五行四卦"比附九炁，它们在"九炁九炼"的具体用途上是一致的，都是依次为亡魂炼化胞、胎、魂、魄、五脏、六腑、七窍、八景、降神（身中生神）。这一炼亡过程也是从《九天生神章经》中的道徒诵章修真之法演变而成，其称："（诵章）一过彻天，胞原宣通。二过响地，胎结解根。……三万六千关节，根源本始，一时生神。"<sup>③</sup>"一过"对应一章，<sup>④</sup>"一过至九过"表示"九天生神章"第一章至九章。每诵一章皆其特定的效用，如宣通胞原、胎结解根等；九章诵毕，则身中生神，诵之千遍即可飞升成仙。由上不难发现，在九天炼度中，"九炁九炼"每一炼的用途，如炼化胞、胎、魂、魄等，与《九天生神章经》中道徒讽诵"九章"的效用基本一致，只不过前者针对的是亡魂，后者针对的

---

① （东晋）《洞玄灵宝自然九天生神章经》，《道藏》第5册，第843页。
② （宋元）《灵宝无量人上经大法》卷六四，《道藏》第3册，第975页。
③ （东晋）《洞玄灵宝自然九天生神章经》，《道藏》第5册，第844页。
④ 同上。

是修道者。

　　其次，关于"九天炼度"存召九炁的方式亦大致有三类：其一，存召外炁。如《玉堂大法》卷一八"九天仙炼法"，法师存取九方之炁炼亡成仙，其称："以一黄演之炁灌溉胞命，使真炁荡涤尸阴，通宣胞原也。凡行持，而存东方始青天之炁，随符入亡魂顶上灌之。"[①] "九方之炁"是指法师存想的外境之炁。仪式中，法师先将"九炁"寓于"九阳符"，行炼时，再通过焚符及存取"九炁"九炼亡魂。其二，以内外合炁行炼。如《度人经大法》卷六三《九炼生尸品》云："诵咏《九天生神宝章》一过，引九天真炁，灌炼一身，叩齿三十通，存自己三丹田出三色真炁，上接天界。三清上帝自三丹田出，九天上帝自泥丸宫出。"[②] 这是说，法师存引九天之炁混合身中三田真炁变神为三清及九天上帝。又云："存郁单无量天帝，以胞命元一黄演之炁缠其胞，上彻于天以生成"[③]，其"郁单无量天帝"等九帝皆由"内外合炁"所化，法师存想九帝自泥丸宫出，运布九炁依次为亡魂化生胞、胎、魂、魄等。其三，以内炁行炼。如王氏《大法》"九天炼度"行"九章炼"时以"内九炁"炼化亡魂，即法师以身中五脏四腑（胃、大肠、小肠、膀胱）之九炁为亡魂化生胞、胎、魂、魄等。[④]

　　以上着重讨论了宋代九天炼度的经典来源、仪式内容、仪式用途及主要特点。不难看出，九天炼度与前述"五芽炼"的演

---

①　（宋）路时中：《无上玄元三天玉堂大法》卷一八，《道藏》第4册，第60页。
②　（宋元）《灵宝无量人上经大法》卷六三，《道藏》第3册，第972页。
③　同上，第973页。
④　（宋）王契真：《上清灵宝大法》卷五九，《道藏》第31册，第251页。

变轨迹十分相似，二者的经典来源分别是两部古灵宝经，即《洞玄灵宝自然九天生神章经》和《太上洞玄灵宝赤书玉诀妙经》。宋代道教将这两部经中的道徒自炼之法转变为两种炼亡仪式，这种以"经"为本、演"经"为法的现象其实一直贯穿于整个宋代道教科仪发展的过程中。"经"是不变的，但对于经典的诠释却可以随着时空的转换而变化。在宋代，新兴道派与传统道派在道法科仪方面皆有所创新，呈现出诸"法"并举的局面，其中有相当一部分仪法皆可溯源于早期道教经典，这些仪法既是宋代道门中人为顺应时代的变化而对经典重新演绎的结果，同时其"溯源于古"的做法也反映出宋人试图借助早期经典赋予新出仪法以神圣性。①

## 三 十二混元仪

"十二混元仪"，亦称"混元阴炼""太阴混元化形炼法""太阴混元形阴炼法"，② 是一种以混元十二炁为亡魂化生十二经络及腑脏的仪式。如《度人经大法》卷六二《混元阴炼品》称：

> 混元合炁，聚而成灵，三元九数，周分十二。在天则十二宫分野，在人则十二经络脏腑，以应六阴六阳，表里化生

---

① 陈文龙博士在研究南宋东华派道法时也注意到此种现象。他指出，东华派将《度人经》的经文转变为"法"，这种做法大大提高了东华派道法的神圣性和权威性。参见氏著：《王契真〈上清灵宝大法〉研究》，济南：齐鲁书社，2015年，第199—203页。

② （宋）《灵宝玉鉴》卷四一，《道藏》第10册，第415—424页。（宋）王契真：《上清灵宝大法》卷五一，《道藏》第31册，第169—176页。（宋元）《灵宝无量度人上经大法》卷六二，《道藏》第3册，第962—969页。

成形也。夫阴尸变炼，摄炁聚灵，炼真朱景，洞彻阳光，不堕幽趣，登真道境。①

上文表明，"混元十二炁"为"混元合炁"所化，在天应十二宫，在人应十二经络。"十二炁"由"六阴""六阳"之炁构成，"六阴"即：肾水少阴之炁，心火少阴之炁，肝木厥阴之炁，肺金太阴之炁，脾土太阴之炁，心胞络厥阴之炁。"六阳"指：膀胱太阳之炁，小肠太阳之炁，胆腑少阳之炁，大肠阳明之炁，胃腑阳明之炁，三焦少阳之炁。②《度人经大法》认为，人禀"十二炁"以化生经络腑脏，而亡魂禀"十二炁"则全形复性径登仙域。

"十二混元仪"既能独立成科，③ 亦可作为一个仪式单元用于其他炼度仪中。④ 需要注意的是，独立成科的"十二混元仪"至多只能度三名亡魂，不能用于普度，如《度人经大法》卷六二《混元阴炼品》称："此法作九幽黄箓，只度三名亡魂可用，若度多不可用也。"⑤ 这类仪式的形成与宋代神霄派有密切联系，详如下。

## （一）"十二混元仪"与神霄法之关联

"十二混元仪"主要借助"十二将军符""十二经络阳符""十二经络阴符"，为亡魂摄布混元十二炁化生经络腑脏。其中

---

① （宋元）《灵宝无量度人上经大法》卷六二，《道藏》第3册，第962页。
② （宋）蒋叔舆：《无上黄箓大斋立成仪》卷三一，《道藏》第9册，第562页。
③ （宋元）《灵宝无量度人上经大法》卷六二，《道藏》第3册，第962—963页，第964—965页。
④ （宋）蒋叔舆：《无上黄箓大斋立成仪》卷二七，《道藏》第9册，第538—539页。（宋元）《灵宝无量度人上经大法》卷六一，《道藏》第3册，第956—961页。
⑤ （宋元）《灵宝无量度人上经大法》卷六二，《道藏》第3册，第962页。

"十二将军符"出自神霄法，据《紫皇炼度玄科》载："太上有法，十二炁混元能生十二经络，返生人道，自有高上神霄玉清玄一六阳混元十二炁化生大将军主之。"① 这里明确将"混元十二炁化生大将军"与"高上神霄"联系起来。又如《度人经大法》卷六二《混元阴炼品》称："右阳符十二道，出神霄玄一六阳神仙箓"，② 这是说"十二大将军符"符中诸将由"神霄玄一六阳之炁"所化。此外，据《道法会元》卷二四五载："炼度之法，传流颇多，有灵宝大炼之法，有神霄六阳、九阳炼法，有南昌青玄九天诸炼，悉各有义，不可混淆、错乱无别。"③ 这说明，神霄炼度有"六阳"和"九阳"两种炼法，其"六阳"炼应当是指以"神霄玄一六阳混元十二炁"行炼，而"九阳"炼则应指"九阳梵炁"炼。"神霄六阳"通常要与"神霄九阳"配合行用，如《混元阴炼品》称："夫炼度阴魂不过三尺。……须当行九阳炼度，摄度经络真符一十二道，焚于火池；次行十二大将军真形符，化生五脏六腑。"④ 文中的"九阳炼度"是指以"九阳梵炁"炼度亡魂，⑤ 不同于前述"九天炼度"。"九阳梵炁"是宋代神霄派宇宙论的重要概念。⑥ 神霄派认为，东、南、西、北

---

① 《紫皇炼度玄科》，《道藏》第34册，第760页。该书未题撰者，成书时间不详。

② (宋元)《灵宝无量度人上经大法》卷六二《混元阴炼品》，《道藏》第3册，第964页。

③ (元)《道法会元》卷二四五，《道藏》第30册，第516页。

④ (宋元)《灵宝无量度人上经大法》卷六二，《道藏》第3册，第963页。

⑤ 《度人经大法》卷六二《混元阴炼品》未载"九阳炼度"的具体内容，仅提及"九阳符"及书符咒语，亦未列出"九阳符"的符形。不过，据书符咒语"九天梵炁，为之结形"判断，其"九阳符"应即"九阳梵炁符"。该卷所言"九阳炼度"应当是一种以"九阳梵炁符"行炼的仪式。《道藏》第3册，第963—964页。

⑥ (宋)《高上神霄玉清真王紫书大法》卷二，《道藏》第28册，第566页。

各有九天，共三十六天，四方各有"九阳梵炁"。① 这一说法明显有别于《洞玄灵宝自然九天生神章经》中的"九天九炁"。神霄派在"九阳梵炁"的基础上创制了"九阳梵炁符"，这类道符最初用于自炼形神，神霄派道士通过吞服"九符"以请降"九阳梵炁"安镇腑脏。② "九阳梵炁符"后来亦用于灯仪③及炼度仪。④《混元阴炼品》中先行"九阳炼度"、次行"十二大将军符"的做法，印证了《道法会元》中"神霄六阳、九阳炼法"之说。"九阳炼度"即"神霄九阳炼"，而"十二大将军符"出自"神霄玄一六阳神仙箓"，即"神霄六阳炼"，这两种炼法与水火炼一同构成了"混元阴炼"法。换言之，在"十二混元仪"中，不仅是"十二将军符"出自神霄法，甚至连这种仪式亦很可能是从神霄"六阳""九阳"炼演变而来。

### （二）"十二混元仪"的行炼方式

"十二混元仪"注重以符行炼，所用道符主要有三种：十二将军符、十二经络阳符、十二经络阴符，详见图 3—17 至 3—19。

---

① （宋）《高上神霄玉清真王紫书大法》卷二，《道藏》第 28 册，第 569—571 页。
② 同上，第 569 页。
③ 如王契真《上清灵宝大法》卷四一"九阳化炁九厄灯符"就是"九阳梵炁符"，只是王氏《大法》将其用于灯仪以破狱拔魂，故而冠以"灯符"之名。《道藏》第 31 册，第 61—62 页。
④ 如蒋叔舆《无上黄箓大斋立成仪》卷二七"上清南宫水火冶炼度命仪"有两种"九炁炼"：其一是"九阳梵炁符"，法师以"九阳梵炁符"存召神霄九炁以令亡魂返魂生神；其二是"灵宝九炼"，即"九天炼度"，法师焚"九炼符"请降"九天之炁"炼亡成仙。《道藏》第 9 册，第 541 页。

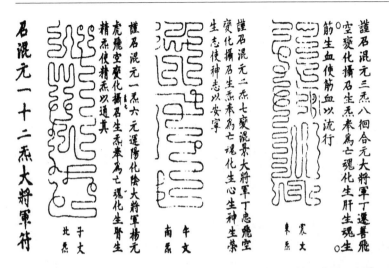

图 3—17 《灵宝玉鉴》卷四一"混元十二炁大将军符"部分示例①

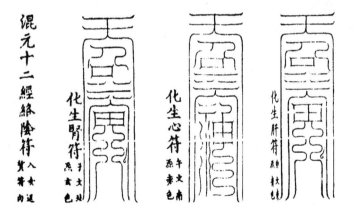

图 3—18 《灵宝玉鉴》卷四一"混元十二经络阴符"部分示例②

---

① （宋）《灵宝玉鉴》卷四一，《道藏》第 10 册，第 415—416 页。
② 同上，第 416—417 页。

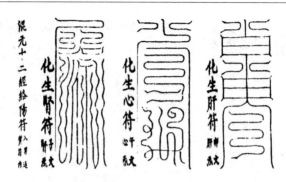

**图3—19　《灵宝玉鉴》卷四一"混元十二经络阳符"部分示例①**

以上三种符出自《灵宝玉鉴》卷四一"太阴混元化形炼法"，每种符各有十二道对应人体十二经络腑脏。这三种符用途一致，都用于为亡魂化生五脏六腑。只是"十二经络阴符"适用于女性亡魂，"十二经络阳符"则用于男性亡魂。②此外，三种符在化生脏腑经络的顺序上亦完全一致，即先生五脏，次生六腑，最后宣通胞络。其顺序依次为：肾、心、肝、肺、脾、膀胱、小肠、胆、大肠、胃、三焦、胞络。

书符时，法师以掐诀取炁，只是三种符所布之炁有所差别。书"十二将军符"时，法师以掐诀取九方之炁（含两"东南炁"③及中天、八卦炁，并存召"十二将军"摄布"混元十二

---

① （宋）《灵宝玉鉴》卷四一，《道藏》第10册，第417—420页。

② "混元十二经络阴符"下方记有"入女返质符内"六字，"混元十二经络阳符"下方则有"入男返质符内"六字。由此可知，"阴符"用于炼化女魂，"阳符"用以炼化男魂。《道藏》第10册，第416—417页。

③ 在"十二炁大将军符"中，"混元七炁十二运化大将军符"以巽文取东南炁，"混元十一炁十六三景混成大将军符"又以巳文取东南炁，虽然二符诀目不同，但所取之炁同为"东南炁"。也就是说，"十二符"十二条诀目所取之炁即九方之炁（含东南炁），加一重复的东南炁，连同中天炁、八卦炁，共十二炁。

炁"于十二道符中。如"一炁将军符"，法师掐子文取北炁，存召"混元一炁六元运阳化阴大将军杨元虎，飞空变化，摄召生炁。奉为亡魂化生肾，生精炁，使精炁以通真。"[1] 书"十二经络阴符"则以九方炁（含两"中炁"、[2] 巽炁、八卦炁等十二炁布注"十二阴符"之中，如"化生肾阴符"，法师以子文取北炁布入符中。书"十二经络阳符"时，法师以掐诀取身中五脏六腑及胞络之炁寓于"十二阳符"中。如"化生肾阳符"，法师以子文取肾炁寓于符内。行仪时，通常是先焚"十二将军"符，再据受炼亡魂的性别决定使用"十二经络阴符"或"十二经络阳符"依次化生腑脏经络。

### （三）"十二混元仪"的特点

前文提到，"十二混元仪"既可独立成科，也可作为其他炼度仪中的一个仪节。在仪式内容上，独立成科的"十二混元仪"比作为一个仪式单元的"十二混元仪"更为丰富。

当"十二混元仪"用作其他炼度仪中的一个仪节时，其仪甚简，一般只需焚符诵咒即可，通常要与水火炼及其他炼法相互配合共同完成一场炼亡仪式。如蒋氏《立成仪》卷三一"上清南宫炼度幽魂仪"包括水火炼、十二混元炼、五芽炼、九阳梵炁炼和九天炼，其中"十二混元炼"只用"十二炁化生符"（"十二大将军符"）行炼，不用"十二经络阴符""十二经络阳符"。又如《度人经大法》卷六一《灵宝炼度品》中有水火炼、

---

① （宋）《灵宝玉鉴》卷四一，《道藏》第 10 册，第 415 页。
② 在"十二经络阴符"中，"化生脾符"以中文取中炁，"化生胃符"亦以中文取中炁。因此，"十二阴符"所取之炁包括九方之炁（含中炁），加一重复的"中炁"，并巽炁及八卦炁，共十二炁。

十二混元炼及九天炼，其"十二混元仪"亦只用"十二将军符"
为亡魂摄布十二炁。

　　独立成科的"十二混元仪"仪式内容则比较复杂。以《度
人经大法》卷六二《混元阴炼品》为例，该法有摄召、布炁荧
人、水火炼、九阳梵炁炼、十二混元炼、超度等环节。如其称：

　　　　以荧草为人形状，以亡者所化而衣之，将丹书"化形
　　　符"十二道，分布五脏六腑，及丹书"大梵隐语"天篆，
　　　贴于腹上。又丹书"升天大券"，绛袋盛之，带头上。更以
　　　丹篆"灵宝五符"，安布亡者五脏，混成三部八景二十四
　　　真。先建坛行道，致斋设醮，启奏虚皇上帝，关行九垒泉曲
　　　寒庭，去讫追摄亡魂，方可行用。①

　　上文主要讲述了摄召亡魂之前的准备事项：将荧草扎成人
形，穿衣，以之象征亡魂。以十二道"化形符"（十二将军符）
及诸符篆贴于荧人之身。然后，建斋行道，章奏虚皇上帝，关行
九垒幽狱，赦放受炼亡魂。入夜，行摄召之法。法师变神为九华
真人，摄召十二炁布于荧人，存想荧人化为人形。随后，行水火
炼，即以"水炼符""火炼符"炼化亡魂，② 以令其阴秽消释、
阳炁混康。再行"九阳梵炁炼"与"十二混元炼"。即以"九阳
符"（九阳梵炁符）"十二经络阴符""十二将军符"为亡魂化
生五脏六腑，其称："夫炼度阴魂不过三尺。……须当行九阳炼
度，摄度经络真符一十二道，焚于火池。次行十二大将军真形

---

　　① （宋元）《灵宝无量度人上经大法》卷六二，《道藏》第 3 册，第 962 页。
　　② 同上，第 962—963 页。

符，化生五脏六腑。"① 最后，法师焚"保举升天合同大券"超度亡魂上登仙域。②

由上不难看出，独立成科的"十二混元仪"仪节程序可概括为：召魂、炼魂、度魂三个环节，每一环节皆有相应的仪法及用途，而作为一个仪式单元的"十二混元仪"则仅涉及"以符炼魂"。这种现象在一定程度上体现了宋代道教度亡仪式的灵活性，即道教法师可以根据实际情况作出适当的变通——对仪式内容进行加减调整或重新组合。

---

① （宋元）《灵宝无量度人上经大法》卷六二，《道藏》第3册，第963页。
② 同上，第965页。

# 第四章　宋代炼度仪的主要仪节（一）

　　本书前两章重点探讨了宋代"生身受度"与"死魂受炼"两类炼度仪的行炼原理、仪式特点及仪式用途，并在第二章中以《无上玄元三天玉堂大法》"生身受度"为例对这类仪式的来源、内容和特点作了较详尽的介绍。本章及第五章将对"死魂受炼"类炼度仪的主要仪节展开讨论。

　　在宋代，广义的度亡类炼度仪通常有变神、破狱、摄召、天医全形、沐浴荡秽、施食、水火炼度、① 宣戒授箓、度桥发遣等仪节，② 这些仪节之间环环相扣，各有特定的作用。变神，是炼度的起始仪节，法师存变自己为救度主神，遂以"神"的角色主持之后的各项仪节。其次行破狱、摄召之法，法师借烛灯、策

---

　　① 宋代有部分炼度仪在"水火炼"之后还要辅以其他炼法。
　　② （宋）金允中：《上清灵宝大法》卷三七，《道藏》第 31 册，第 582 页。（宋）郑所南：《太极祭炼内法》卷上，《道藏》第 10 册，第 442—447 页。（宋元）《灵宝无量度人上经大法》卷五七，《道藏》第 3 册，第 944—945 页。（宋元）《灵宝无量度人上经大法》卷六一，《道藏》第 3 册，第 956—961 页。（元）《道法会元》卷一七，《道藏》第 28 册，第 774—776 页。（元）《道法会元》卷二一○，《道藏》第 30 册，第 313—316 页。

杖或剑等法器破开狱扃、召魂赴坛，然后召请天医为亡魂全形复体，次行沐浴荡秽以濯形澡质，而后咒施法食以消其妄念。再次行水火炼以炼除阴翳，聚其魂魄以返纯阳之质。随后，为亡魂宣戒授箓，令其皈依正道，超度升天。

# 第一节　变　神

## 一　"变神"之义及其用法

"变神"，是指法师存想自己变为神，以"神"的角色主持炼亡仪式。炼度仪中法师存变之神主要有"元始天尊""太乙救苦天尊""九华真人"①"昊天金阙上帝"② 等。"变神"在炼度仪中主要有三种用法：

其一，用于炼度仪的起始环节。如《度人经大法》卷六一《灵宝炼度品》开篇即云："法师拜起立，存神静默，交乾布斗，变神为太一天尊。"③ 蒋氏《立成仪》卷三一"上清南宫炼度幽魂仪"，法师启奏众神陈述炼度事毕后，遂变神为"九华真人"，其称："师存元始上帝在泥丸宫，已为九华真人。"④ 王氏《大法》卷五九"九天炼度"第一步就是法师以内外合炁之法存变

---

① （宋）蒋叔舆：《无上黄箓大斋立成仪》卷三一，《道藏》第9册，第560页。（宋元）《灵宝无量度人上经大法》卷六二，《道藏》第3册，第962页。
② （宋元）《灵宝无量度人上经大法》卷六四，《道藏》第3册，第974页。
③ （宋元）《灵宝无量度人上经大法》卷六一，《道藏》第3册，第956页。
④ （宋）蒋叔舆：《无上黄箓大斋立成仪》卷三一，《道藏》第9册，第560页。

为元始天尊。① 又如《度人经大法》卷六二《混元阴炼品》② 及王氏《大法》卷五一"太阴混元形阴炼法",③ 法师须先变神为"九华真人",然后方能摄布十二炁以炼化亡魂。

其二,法师在书写某些炼度符、箓时要行变神之法。如金氏《大法》卷一三述"太上生天宝箓"云:"存思救苦天尊在悬空之中,大慈大悲大惠真人、救苦真人左右侍立。次想南斗盖顶,化身为真人状,然后见天尊遣玉女乘宝光持宝箓下至面前,低声诵《中篇》一遍,便落笔书篆。"④ "生天宝箓"是度亡类炼度仪中最常见的一种箓,一般用于水火炼后,由法师焚烧之,以示亡魂奉赦大道。"生天宝箓"既是亡魂皈依道教的象征,也是亡魂获度超升的凭证。上文表明,书写"生天宝箓"时涉及一套复杂的存想之法,其中亦包括变神,即法师存变为真人之状。又如《度人经大法》卷六八"碧落梵炁符",法师书写此符时"闭目,存为元始,项生圆象,手执如意,额中有九色光明,化为五色狮子之座,紫云覆体,内外莹彻,十方来朝。即通炁,取三炁吹笔上。……然后存五脏五色之炁注入符中。"⑤ 这是借助变神布炁之法赋予"梵炁符"以神圣效用。比如,拜炼度章表时,法师吞服此符以致真通神,或者将此符书于炼度坛场以降召众真。

其三,法师在宣读某些炼度符诰时亦要行变神之法。如《玉堂大法》卷一五"救苦""长生"二符即属此类,其"告救苦符诀"云："宣告文时，思存身如太一救苦天尊。"①　"救苦真符"在炼度仪中常用于破狱拔魂，符的背面有相应的告文。②　法师宣读告文时要变神为太乙救苦天尊，再以"救苦天尊"的角色行破狱拔魂之仪。又如"告长生符诀"称："告符之时，存身如长生大君玉相。"③　"长生灵符"也是宋代常见的炼度用符，通常用于祈告南宫诸司及众真以度亡升天。④　宣"长生符"时，法师则变神为"长生大君"行升迁亡魂之职。不难看出，在《玉堂大法》中，法师所变之神可以随着炼度的不同仪节而变化，即存变为与其仪节相对应的职司之神。

## 二　"变神"的方式

宋代炼度仪中的"变神"方式大致有两类：其一，存想变神，这种方式与中古道教存神之法相近。其二，以"神"变神，

①　（宋）路时中：《无上玄元三天玉堂大法》卷一五，《道藏》第4册，第49页。

②　《玉堂大法》卷一五"救苦真符"，有符，无告文。但据"告救苦符诀"中的"宣告文时"云云，可知该符原本应附有告文，现存版本不知何故而漏记。《灵宝玉鉴》卷二二《告给符箓门》亦收有"救苦符简"，其符形与《玉堂大法》"救苦符"一致，并列出了该符的告文。其称："元始符命金箓白简救苦真符，告下十方无极世界，三官九府，百二十曹，五帝考官，九幽地狱，巨天力士，执罚神兵，司录司命，司功司杀，牛头狱卒，三界大魔，拔度某等魂，出离地狱，永辞长夜，睹见光明，万罪消除，冤仇和释。乘此九真妙戒拔度功德，上生天堂，一如告命。"《道藏》第10册，第304—305页。

③　（宋）路时中：《无上玄元三天玉堂大法》卷一五，《道藏》第4册，第49页。

④　《玉堂大法》卷一五"长生灵符"，有符，无告文。《灵宝玉鉴》卷二二《告给符箓门》亦收有"长生符简"，其符形与《玉堂大法》"长生灵符"一致，并列有该符的告文。其称："元始符命金箓白简长生灵符，告下南方丹天世界，朱陵火府，南昌上宫，长生大君，韩君司马，司命司录，延寿益算度厄尊神，回骸起死监生大神，超度某等灵魂，上登朱宫流火之庭，玉晖炼质，黄华荡形，书名紫箓，受化更生，乘此金箓度命功德，时刻升迁，一如告命。"《道藏》第10册，第306页。

即法师以自己的元神变神。虽然这种方式也要借助存想之法，但其变神的关键取决于内炁的升降运转，炁法上有取于内丹道，详如下。

### （一）存想变神

"存想变神"是宋代炼度仪最常见的一类变神法，是指法师存召居于身中某些部位的炼度诸神，或者直接将自己存想为炼度大神以行炼亡之仪。如《度人经大法》卷六三《九炼生尸品》载：

> （法师）存自己三丹田出三色真炁，上接天界。三清上帝自三丹田出，九天上帝自泥丸九宫出，元阳慈父丹林大帝木公尊神，衣五色衣冠，左有王乔，右有赤松子，自肝中由左目而出，西龟夫人金母元君，五色云髻，左有圆光玉女，右有太阴玉女，自肺中由右目而出……存自己五脏出五色云炁，自泥丸中出。存五方五天帝君，三十二天帝君，浮空而来，立于五色云中。存十方灵宝天尊、十方救苦天尊、十方救苦真人……同诸天帝，放百宝光明，照耀下方无极世界、九幽罗酆、五岳四渎……应诸冥狱，罪魂得睹祥光，俱得出离……存丹灵大神，朱陵神君，各乘火龙，自心中由重楼自两眉间出在坛内，其火龙踊跃，遍地皆成五色真火，无有边际。存九炼官将管押亡灵及幽魂滞魄无量，百千万亿，咸来受炼……预坛法众，存为监炼真人；在会之人，存为监炼大将……祖师上帝放九色真光，光中迸出真火，焚烧亡魂罪籍，皆为灰烬，其诸亡魂欢喜踊跃，稽首天帝。其诸天帝各

乘云炁，自兆泥丸中入，各归宫府。①

上文中法师存变之神有三类：其一是身中之神，如三清上帝、九天帝、木公尊神、金母元君、丹灵大神、朱陵神君等，这些神真分别居于三丹田、泥丸宫、肝、肺、绛宫。其二为外景之神，如五方帝君、三十二天帝君、十方灵宝天尊、十方救苦天尊等。其三是仪式的参与者，如存坛场道众为"监炼真人"，在会之人为"监炼大将"。不难发现，"身中之神"都是一些阶位较高的神真，他们在炼亡过程中扮演了关键角色，而"外景之神"及与会法众则仅起辅助作用。如上文称："存自己五脏出五色云炁，自泥丸中出。存五方五天帝君，三十二天帝君，浮空而来，立于五色云中。"② 其"五方帝君"诸神是法师存象中的神真，"浮空而至"则表明诸神并非出自法师身中。文中的"五色云"为五脏之炁所化，而"五方帝君"等"立于五色云中"意味着内景之炁与外景之炁二炁相合。换言之，"外景之神"要与法师内炁混合后方能发挥其作用。

在仪式结束时，法师还要存想"诸天帝"自泥丸复归身中各宫府，这种"身中之神"一出一入的模式与中古道教章仪中的"出官""纳官"十分接近。如唐代《太上洞神洞渊神咒治病口章》云："急召臣等身中五体真官、三五功曹、上下大夫，……各二十四人，尚书仆射、通事小吏十二万人，关启无上三天玄元大道君、十方太上，臣等正尔入靖烧香奏上口章，治病消灾。"③ 这是说，拜表上章时，法师召遣身中神吏将所祈事宜上

①　（宋元）《灵宝无量度人上经大法》卷六三，《道藏》第3册，第972—973页。
②　同上，第973页。
③　（唐）《太上洞神洞渊神咒治病口章》，《道藏》第32册，719页。

达天听，是谓"出官"。"出官"行于"发炉"之后，是章仪的起始环节，其所出神吏完成差遣后，法师还要将这些神吏召回身中，是谓"纳官"。如《治病口章》云："向来所出臣等身中功曹使者、将军吏兵，各还臣等身中。悉从众妙门，各依次第而入。直使功曹主相差次在左归左，在右归右，缠身绕骨，经纬百脉……下入丹田，上升泥丸，附着臣等身中，五藏六府，七政九宫，十二宫室，四时五行，百八十关机，安官隐职，列居常位，无令错互。臣等向所请将军吏兵，各还臣等身中，入金堂玉室。"① "纳官"一般对应"复炉"，是章仪的结束环节。由上不难看出，章仪中的"出官""纳官"与上文"身中之神"出入模式如出一辙，二者同属身内之事，"诸官""诸神"皆对应法师身中某些部位，如"泥丸""丹田""五脏六腑"等。只是，章仪所出官吏的职责为上奏斋意以祈感格，而《度人经大法》"九炼生尸"所出身神（三清上帝、九天帝君等）的职责为炼度亡魂。

值得一提的是，宋代以后"出官"之法除存召身中官吏外，还要行"合炁"之法。如王氏《大法》卷五六"出官"云："夫出官者，出高功身中真官也。先存额上朱门阔一尺八寸，朱门即脑中门也。吏兵从朱门中出，下至坛前罗列。须知以炁合炁，以神合神，混合无间，方可造其阃域。"② 其"以炁合炁，以神合神"表示法师所出"真官"是由身中之神与外景之神，体内之炁与存想中的外景之炁混合而成，这种方式在《度人经大法》"九炼生尸"中亦有所体现。《度人经大法》所谓"五方

---

① （唐）《太上洞神洞渊神咒治病口章》，《道藏》32 册，731 页。
② （宋）王契真：《上清灵宝大法》卷五六，《道藏》第 31 册，第 225 页。

帝君"立于"五色云"中，就是指法师将存想中的外景之神（外炁）与内景之神（五脏之炁）相混合，此即"以炁合炁，以神合神"。由上可知，宋代炼度仪中的某些存想变神之法吸纳了中古道教章仪"出官""纳官"之法，二者的差异只是体现在神真的名称及职司上。前者存变为炼度诸神，主炼化亡魂；后者存想为章奏官吏，司上章之职。

宋代炼度仪中还有一类存变之法可能借鉴了早期上清派"回风混合"之道。如《玉堂大法》卷一五"告救苦符诀"云："宣告文时，思存身如太一救苦天尊。次运出顶中，太一救苦天尊自妙门而上。次东方世界，太一救苦天尊乘狮子座而来，与我顶中所出天尊合而为一。次又与我身所化天尊又合一。至此时，三身为一。开眼，坐白光中，我身即太一形也。"①"救苦符"是宋代最常见的炼度用符，法师在宣读该符告文时要行"三身合一"变神法。② 其"三身"指：法师存自身为太一天尊，是为"第一身"；次存身中有一天尊，自泥丸而出，此即"第二身"；再存东方世界太一天尊，此为外景之神，即"第三身"。法师按照由外及内的顺序"以神合神"，即先以东方天尊（外景之神）与顶中所出"天尊"合二为一，再以之与"我身所化天尊"混合，是谓"三身合一"。这类变神法与东晋上清派"徊风混合"之道相近。如《上清大洞真经》卷六《回风混合帝一秘诀》载：

───────

① （宋）路时中：《无上玄元三天玉堂大法》卷一五，《道藏》第4册，第49页。

② 该卷告"长生灵符"时亦要行"三身合一"变神法。据《无上玄元玉堂大法》卷一五"告长生符诀"载："告符之时，存身如长生大君玉相。次运出顶中，长生帝君从妙门而出。次长生帝君于丹火光中乘三炁火龙，与顶中所出之相相合为一，次又与身合为一，此时三身为一。一开眼，立火光中，我即长生大君。"《道藏》第4册，第49页。

存此百神变成白炁，混沌如白云之状，从玄虚中来入兆
口中，郁郁良久。觉白炁从下部出，又从玉茎中出，从两脚
底出，又从两手心出，冠缠一体，上下手足，混合一身，与
白炁同烟，上下不相见也。良久，白炁忽复变成紫云郁郁，
从口中入头中，并五脏之内，充满腹内。良久，紫云又从两
肢底、两手心、下部玉茎中出，冠缠一体，郁然上下，与紫
云合形，不相见也。须臾，存见紫云之炁充满左右，及一室
内。又存见口中出风炁，吹扇紫云之烟，乃回转，更相缠
绕，忽结成一真人，男形，如始生小儿，身长四寸，号曰
"大洞帝一尊君"，名父宁在，字合母精延，守兆死关，众
神回风混化，共成此帝一尊君。①

上文所谓"百神"是指身中诸神，② 这些神安镇于人体经络
脏腑各个部位。"回风混合"的第一步就是要将"身中百神"混
为一炁（白炁），存想白炁自玄虚而来入于身中。其次存白炁自
身中孔窍而出，与"我"之身混为一体，遂存白炁变为紫炁复
入身中，充盈腑脏。复次存紫炁自孔窍而出，缠绕"我"身，
再存口中风炁吹扇紫炁，令其混化为"帝一尊君"。这一过程中
有四次"合炁"，即：百神混为一炁，白炁混与"我"身，紫炁
混与"我"身，炁化为"帝一"。不难发现，这种"以炁合炁"
的方式，与《玉堂大法》中"以神合神"的"三身合一"变神
法有相近之处。不过，"三身变神"涉及"身中太一"与"外景

---

① （东晋）《上清大洞真经》卷六，《道藏》第 1 册，第 554 页。
② 这段引文亦见于《云笈七籤》卷三〇"大洞回风混合帝一之法"，该书所载
详于《上清大洞真经》。结合二书的记载，可知上文"百神"乃指身中之神。《道
藏》第 22 册，第 219—223 页。

太一"的和合，而"回风混合"的百神率为身中之神。并且，"三身"变神只存想"太一天尊"，而"回风混合"在"混合帝一"之前要逐一存念身中众神。此外，"回风混合"的最终目标是要将"百神"混为一帝君，镇于体内；而"三身变神"旨在变"我"为太乙救苦天尊，行宣读符诰之事。换言之，"三身变神"只是借鉴了"回风混合"以炁合炁、出入和合之方式，但在存神的方法、路径及用途上与"回风混合"之道尚有一定的差别。

就整体而言，在"存想变神"中"存"的成分居多，"变"的比重较少，这类变神法更接近于中古道教存神之法。而"以神变神"则注重通过内炁的升降运转以令元神自现，进而实现"变我为神"，这类存变之法有取于内丹道。

### （二）以神变神

"以神变神"，是指法师以丹中起火炼就元神，存此元神于泥丸宫中变为炼度大神。这类变神法在炼度仪中并不常见，较具代表性的有宋代《太极祭炼内法》、《灵宝玉鉴》卷四〇"交炼法"以及元代"丹阳祭炼"。以《太极祭炼内法》为例，该法是一种坐炼法，即法师于静坐真定中完成整个炼亡过程。其变神之法极为特殊，实有别于同时期的其他炼度仪。

据《太极祭炼内法》卷上"内炼法"载：

> 入室端坐，澄心静虑，息调炁定，寂然良久，方存我下丹田真炁如火，如大红玉丸，左右九转，甚是分明。良久，自觉玉池水满，即肾水上升之外候也。其真火一丸，始上升绛宫心府，号曰南昌上宫，亦号曰朱陵火府流火之庭也，即发炎炎流金之火，存想己身尽为火所焚。良久，炼形如婴儿

状，端坐绛宫中，己身复完如故。婴儿渐登十二层（重）楼上，金阙玉房之中，乃顶门泥丸宫，婴儿即化成天尊圣像，端坐宫中，左手执碧玉盂，右手执空青枝，号曰太一救苦天尊。①

上文"内炼法"即变神之法，法师通过存炼内炁变神为太乙救苦天尊。其变神过程有三个步骤：第一，以下丹田为炁机发动处，存丹田真炁熏蒸肾水。第二，取丹田真火上升绛宫心府，起火焚身，炼为婴儿。第三，存婴儿自十二重楼（喉咙）上登泥丸变为太一救苦天尊。这一过程中有几个概念需要注意，即"下丹田""起火焚身""婴儿与太一救苦天尊"，此三者与内丹修炼密切相关，详如下。

第一，关于下丹田。"下丹田"位于两肾中间，与任督二脉相表里，是谓"金丹造化之田"，② 非指脐下关元、气海诸穴。《太极祭炼内法》极为重视"下丹田"，其变神与水火炼度的炁机皆自下丹田起，如"水炼作用"云："先想两肾中间一点极明，须臾如大月轮，注视良久，水火交媾，玉池水生，其月轮竟升顶上……觉真水自顶中流于舌上而下，满口甘润香美，即自己黄华真水也。"③ 又如"火炼作用"称："存想两肾中间一点真炁，须臾如大红日轮，注视良久，水火交媾，玉池水升，其日轮竟升于绛宫，发灿烂流金之火，即见飞焰化成大火，遍空炎炎，一切幽魂皆喜悦入火冶炼。"④ 这表明，该祭炼法的"真水火"

---

① （宋）郑所南：《太极祭炼内法》卷上，《道藏》第 10 册，第 442—443 页。
② （宋）郑所南：《太极祭炼内法议略》卷中，《道藏》第 10 册，第 458 页。
③ （宋）郑所南：《太极祭炼内法》卷上，《道藏》第 10 册，第 444—445 页。
④ 同上，第 445 页。

皆出自"两肾中间"（下丹田），实有别于其他炼度仪于肾宫取
水、绛宫取火，① 或以"内外合炁"变降真水火的做法。② 也就
是说，《太极祭炼内法》中的炼度大神、水火皆源于下丹田。其
"下丹田"的作用与内丹道书所谓"玄关一窍""玄牝之门"极
为接近，如《清微丹诀》云："玄关一窍，乃先天一炁，此乃万
法英华，金丹之枢纽，在于灵宝谓之玄珠，在于神霄谓之真王，
在于雷法谓之雷祖，在于炼度谓之水火，在于南极谓之圆光，在
于老君谓之法主，在于符水谓之灵光。此是真一之炁，变化无量
大神，可降伏六天魔鬼，可追九地精灵，炼度亡灵以生天。"③

---

① 如路时中《无上玄元三天玉堂大法》卷一八"运炼度官将"载："先存吾身
中肾间一点光明，如豆大，良久长成，飞出水波，波间官将，皆衣玄炁。……存心
间一丸如桔大，良久迸出真火，火间官将赤衣，玉童乘光，立于吾身之左，委入火
池之侧。"其"水炼官将"出于肾，"火炼官将"出自心，透露出该法以肾为水府、
心为火府，其"水火"分取于肾、心二宫。行炼时，法师存"水池为月，火沼为日，
乘光入吾身，混合吾身之水火，俱入池中。"这是说法师以肾、心之炁，即"吾身之
水火"，混合日月之炁以变降真水火。《道藏》第4册，第57页。金允中《上清灵宝
大法》卷一三"火炼"云："存身中绛宫赤炁腾出，渐盛遍满身外，注入炉中，化
成真火。"其"水炼"称："存下田黑炁腾出，渐盛遍身，注入盂中，化成真水。"
不难看出，文中的"真火"取自绛宫，"真水"出于下田。需要说明的是，其"下
田"之义有两种可能：一指下丹田，二指肾宫。又，因肾宫五行属水、其色为黑，
"下田黑炁"可能意指肾中之炁。《道藏》第31册，第417页。
② 如蒋叔舆《无上黄箓大斋立成仪》卷三一"上清南宫炼度幽魂仪"，该法主
要以符行炼。"火炼"时，法师寓炁于"真火合同符"，焚符炼亡。其称："取南方
火炁三口，运自己火炁三道相交，吹入符，焚火池中。""水炼"时，法师执"真水
合同符"，"取北方炁五道，运自己肾炁五道相交，吹入水池中。"所谓"自己火炁"
当指绛宫。可知其"真水火"是法师肾中之炁、绛宫之炁，分别与北方、南方之炁
混合而成。《道藏》第9册，第561、563页。又如《灵宝玉鉴》卷三九"水炼"法
载："谨召主水大将军王燕，速至坛所，合炁炼魂。右神皂袍金介，肯绿仙带，自北
方乘云而至。"同书卷四〇"火炼"法云："谨召主火大将军赵仲明，速至坛所，合
炁炼魂。右神红袍金介，肯绿仙带，自南方乘云而至。"文中"主水""主火"二位
大将分别象征北方、南方之炁。行炼时，法师存吸南、北二炁入身，与身中之炁混
合以变化"真水火"，故云"合炁炼魂"。《道藏》第10册，第405、410页。
③ 《清微丹诀》，《道藏》第4册，第964页。该书著者不详，疑由元代清微派
道士所撰。

　　不难看出，"玄关一窍"即"先天一炁"之所在，"万法"皆建基于此窍，内丹修炼旨在自后天而返先天，是谓"先天立、后天隐"。再结合《清微丹诀》中"万法英华、金丹枢纽"等语，可知其所谓"玄珠、真王、雷祖、水火、圆光"皆以"先天立"为前提条件，即以内丹为基础。此外，《清微丹诀》称炼度之水火出于"玄关一窍"，又云此窍可变化无量大神，这种说法与《太极祭炼内法》以下丹田为"炼度大神""水火"之源如出一辙，其"下丹田"的功能同于内丹道的"玄关一窍"。

　　第二，关于"起火焚身"。依《太极祭炼内法》所言，法师取下丹田真火一丸升入绛宫发炎炎大火，存想己身为火所焚，这一过程即"起火焚身"。这类"焚身"说亦见于内丹著述，如《修真太极混元指玄图》"秘传内观起火诀"称："内观起火除三尸，内观起火除七魄，内观起火降群魔，内观起火杀五鬼，内观起火下九虫，内观起火除疾病，内观起火炼形质，又曰焚身。右件起火诀，须是有内丹而起丹中纯阳之气，而曰正真之火。若以心火君火、肾为臣火、膀胱为民火，是为三昧真火，虽曰真火，昧而不明，非此内丹者内观起火。内丹起火，鬼神不敢近，水火不能害，自己见之，炎炎万丈于火中矣！"[①]　《指玄图》所谓"内观起火"就是"丹中起火"，即以丹中纯阳之炁烧炼己身，以灭除体内一切阴秽之物。上文称"丹火"具有灭三尸、七魄、五鬼等七种作用，其中"起火焚身"用于炼化自身形质，即炼阳灭阴。又如《大丹直指》卷下"内观起火炼神合道诀义"称：

―――――――――

　　①　(宋)《修真太极混元指玄图》，《道藏》第3册，第102页。该书撰人不详，明正统《道藏》中另有宋人萧道存撰《修真太极混元指玄图》，两书之间是否存在联系有待进一步考证。

"炼气自易，起火亦难。默运丹中纯阳之气，随日随时以炼五脏，气真自现，神真自出，相照上升，并入天宫。防其阴鬼外魔，以假乱真，当此之时，气随神升，神附气起，以中田入上田。阴鬼愿人速老，外魔不喜人安，虚生队伍，妄起浮华，亦傲阳神，相杂而升。谁为真像，谁为假形，混杂难别。……莫若频起丹中真火，一曰焚身，二曰降魔，三曰去三尸，四曰逐七魄，五曰集阳神。静中内观，自然明朗，惟见炎炎火中人物交杂，少间，歌乐上起者，自己阳神，哭泣去者，身中阴鬼。"① 这段文字进一步阐明了"丹火"的具体用途，即行"五气朝元"时，为防止阴魔随"我"阳神窜入泥丸（天宫），须起丹中真火烧炼己身以焚尽所有阴魔。而"五气朝元"则指修行者以丹中真阳之炁炼合五脏之气，升而成神，上朝泥丸。可以说，"丹中起火"的最终目标就是炼集阳神，诚如《道枢》所言："夫欲内观起火以集神者，有丹而后可为也，无丹者徒妄想而已。……火以炼丹，火至则丹凝结矣。以之炼气，火至则神显象矣。"② 这表明"丹火炼气"或"丹火焚身"旨在炼就身中阳神（元神）。

《太极祭炼内法》"起火焚身"与内丹"焚身"说确有相近之处。"祭炼"之火出自下丹田，内丹之火起自丹宫，即玄关一窍。前已述及，《太极祭炼内法》"下丹田"之概念及功能同于内丹所谓"玄关一窍"。就用途上看，两种"焚身"基本一致。如《太极祭炼内法议略》卷中云："此内炼法中，存自己为火焚荡俱尽者，是表荡涤一切恶念也。"③ 其以下田之火"焚身荡涤

<hr />

① （金）丘处机：《大丹直指》卷下，《道藏》第4册，第400页。
② （宋）曾慥：《道枢》卷一三，《道藏》第20册，第674页。
③ （宋）郑所南：《太极祭炼内法议略》卷中，《道藏》第10册，第448页。

一切恶念"与"丹中起火烧尽一切阴魔"的说法并无二致。更为重要的是，"祭炼法"之焚身旨在炼就绛宫"婴儿"，婴儿即元神。丹火焚身也是以炼集阳神为旨归。此外，在元神显现后，祭炼者还要存想"婴儿"自绛宫历十二重楼上登泥丸，其元神显现之处及运行路径同于内丹道所谓"气随神升，神附气起，以中田入上田"① 之说，只不过"祭炼法"是以绛宫指代中丹田，以泥丸指称上丹田。由上可知，《太极祭炼内法》"起火焚身"应是"内观起火"的另一种表述。"内观起火"的前提是"有丹而后可为也"②，这意味着行"太极祭炼"者当具备内丹基础。

　　第三，关于"婴儿"与"太一救苦天尊"。就本质而言，二者实为一物，皆源于下田纯阳真炁，乃法师元神显现的两种形态，其炁化为神的过程，实质上就是内炁自下而上贯通三丹田的运行过程。下田为元神之源，即纯阳真炁；中田（绛宫）即元神（婴儿）始现之处；上田（泥丸）即元神变神（太一救苦天尊）之所。其"婴儿"（元神）乃由下田真火烧炼而成，这种说法亦见于内丹著述。如《金丹正宗》云："盖元神散则成炁，聚则成火，一聚一散，一升一降，循环往来，周流不息……大抵真火即是元神之运行，元神即真火之妙用。"③ 这表明，"元神"与"真火"同属一炁，只因"炁"的聚散升降而呈现出不同的形态，"神"与"火"互为体用。

　　此外，这类"火炼元神"变神之法亦见于"丹阳祭炼"。据

① （金）丘处机：《大丹直指》卷下，《道藏》第4册，第400页。
② （宋）曾慥：《道枢》卷一三，《道藏》第20册，第674页。
③ （宋）胡混成：《金丹正宗》，《道藏》第24册，第188—189页。

《丹阳祭炼内旨》"丹阳内炼飞神八景之道"载：

> 师入坛端坐，澄心静虑，存黄庭中真炁大如朱橘，升上绛宫心府，号曰"南昌上官朱陵火府"，即发炎炎金碧流金之火，号曰"流火之庭"，真炁元神，炼为婴儿，端坐绛宫，渐登十二重楼，上金阙玉房，乃泥丸脑宫，化为太一慈尊，驾九头狮子金翠莲花之座。①

上文"内炼飞神八景之道"即变神之法。不难看出，"丹阳祭炼"的变神过程与"太极祭炼"极为接近。"丹阳祭炼"以"黄庭"为炁机发动处，黄庭即"玄牝"，位于"心之下、肾之上，大肠之左，小肠之右，天地之正中，人身之规中"，② 其位置同于"太极祭炼"之下丹田。法师以"黄庭真炁"运入绛宫，存流金之火炼就婴儿（真炁元神），这与"太极祭炼"起火焚身烧炼元神如出一辙。最后，存"婴儿"历十二重楼上升泥丸，元神变为"太一救苦天尊"。显然，"丹阳祭炼"也是以"黄庭一炁"上透三田作为变神之路径，其"元神"必须借助"黄庭真火"方能显现。此外，"丹阳祭炼"明确将"绛宫"作为元神之居处，其称"绛宫即人之心也，配九紫离宫，为朱陵之府，而元神居之。"③ 这与"太极祭炼"将绛宫作为元神始现之处相同。

由上可见，"丹阳祭炼"与"太极祭炼"的变神法同属"元神变神"或"以神变神"。这类变神法与宋代炼度仪较常见的

---

① （元）《道法会元》卷二一〇，《道藏》第30册，第313页。
② 同上，第320页。
③ 同上。

"存想变神"存在较大差别，如蒋氏《立成仪》卷三一"上清南宫炼度幽魂仪"称："师存元始上帝在泥丸宫中，已为九华真人"，[①] 其"元始上帝"与"九华真人"是指法师存想中的意象，其间无涉炼炁之法，非为元神所变。又如《度人经大法》卷六二《混元阴炼品》称："法官于地户上，化身为九华真人"，[②] 这是说法师存想自己为九华真人，其变神过程未涉内炼阳神之法，仍属于存神的范畴。

以上探讨了宋代炼度仪中的两种变神之法。比较二者不难看出，"存想变神"侧重于"存神"，即法师存想自己为神，或存召身中神将以炼度亡魂，当中未涉及升降阴阳、炁透三田之法。而"以神变神"是以"我之元神"变为炼度大神，在这一过程中融入了内丹修炼之法，注重炁炼元神、元神化神。

## 第二节　破狱与摄召

### 一　破狱

变神之后，法师行破狱之法解救亡魂出离地狱，并召至炼度坛场以俟炼度。"破狱"是宋代道教黄箓斋科与炼度科仪等度亡仪式的重要内容，特指高功法师借助存思内法及一系列相关仪式打开地狱之门以拯滞济幽。这类仪式是在早期道教灯仪的基础上

---

① （宋）蒋叔舆：《无上黄箓大斋立成仪》卷三一，《道藏》第9册，第560页。
② （宋元）《灵宝无量度人上经大法》卷六二，《道藏》第3册，第962页。

逐渐发展而成。在六朝时期，道教灯仪具有祈福消灾与济拔先亡
两大功能，如《洞玄灵宝长夜之府九幽玉匮明真科》中用烛灯
"上照九玄诸天福堂，下照九地无极世界长夜之中。"① 又，陆修
静《洞玄灵宝五感文》述"明真斋"称："学士自拔亿曾万祖九
幽之魂。法亦于露地然（燃）一长灯，上有九大（疑为九火），
如金箓灯法，但不立坛门户之式耳。"② "明真斋"用于道徒自拔
先亡，该斋法以灯仪为主，与"金箓斋"之灯法相近，但不立
重坛及诸坛门，且燃灯数量亦少于"金箓斋"。至唐代，灯仪的
类型愈益丰富，用途更为广泛。据杜光庭《太上黄箓斋仪》卷
五六载："灯者，破暗烛幽，下开泉夜。所以科云：烧香然灯，
上照诸天福堂，下照长夜地狱，苦魂滞魄，乘此光明，方得解
脱。"③ 这种说法与六朝灯仪并无二致，只是燃灯数量更为多样。
有"一灯、二灯、三灯、五灯、七灯、八灯、九灯、十灯、二
十四灯、二十八灯、三十六灯"④ 等数种，诸灯法各有其用途。
如"然一灯以照太岁之辰，为弟子除一年灾害"，⑤ "然二灯以照
宫宅，为弟子驱邪捕恶"，⑥ "然八灯以照八卦，为弟子照明八
达，开窗九宫，八神密卫"，⑦ "然九幽之灯以照九幽长夜之府，
拔度九幽之中弟子先亡魂爽，睹见光明"，⑧ "然二十四灯，以照

① （东晋）《洞玄灵宝长夜之府九幽玉匮明真科》，《道藏》第34册，第384页。
② （刘宋）陆修静：《洞玄灵宝五感文》，《道藏》第32册，第620页。
③ （唐）杜光庭：《太上黄箓斋仪》卷五六，《道藏》第9册，第367页。
④ 同上，367—371页。
⑤ 同上，第368页。
⑥ 同上。
⑦ 同上。
⑧ 同上。

二十四生气。为弟子延生益气，增福安神"① 等。不难看出，
《太上黄箓斋仪》中的灯仪类型已远超早期道教，但就仪式功能
而言，仍不出祈禳与度亡之框架。宋代以后，道门中人在传统灯
仪的基础上加入新的内容，② 创制出"破狱"仪法，将其用于黄
箓斋、炼度仪及其他度亡斋仪中。宋代道教破狱法的主要特点表
现为内法与外仪并重，所涉灯仪种类较多，仪式内容亦较为复
杂，详述如下。

## （一）燃灯破狱

烛灯是道教科仪中最常用的法器之一，象征着阳气与光明，
故有"以明破暗""以阳破阴"之用，其神圣效力的关键在于法
师的存变之法，如《灵宝玉鉴》卷一称："谓之破狱者，全在法
师运自己之阳光，以混合灯光，上接九天之阳光，以遍照三界九
幽"。③ 在这个过程中，法师运用存想将身内与身外之炁寓于灯
光之中。至此，一盏普通的烛灯即从一种"俗物"转变为"圣
器"。在宋代，凡建黄箓普度大斋必行燃灯破狱仪，通常于正斋
第一夜进行，大致包含建狱、请光分灯、持杖破狱等环节。

"建狱"一般是用净土立灯坛以象征诸狱。如《度人经大
法》卷五〇"九狱灯图"载："按《太一圣真之科》，以土九
石，作坛九所，方面二尺……一坛明灯三炬，九坛共然二十七
灯。于坛正东，立迁神宝幡，又于九坛中心立牌，并面书'玉

---

① （唐）杜光庭：《太上黄箓斋仪》卷五六，《道藏》第9册，第368页。
② 宋代灯仪主要沿着两个方向发展：一是独立成科，用以祈禳或度亡。如明
《道藏》中的《北斗本命延寿灯仪》《南斗延寿灯仪》《黄箓九阳梵炁灯仪》《黄箓破
狱灯仪》《黄箓五苦轮灯仪》等即属此类。二是作为黄箓斋或炼度仪中的一个仪节，
用于破狱拔亡。如《灵宝无量度人上经大法》卷六四《九炼生尸品田先生科》，先
以"九天生神灯"破狱，次行召魂及九炼亡魂之法。《道藏》第3册，第974页。
③ （宋）《灵宝玉鉴》卷一，《道藏》第10册，第143页。

清破地狱真符'，背书狱名……俟破狱之时，侍灯法师宣破狱仪，逐方用度。"① 这是在破狱之前，先立九个灯坛以象征九幽地狱。破狱时，法师焚破狱真符及迁神宝幡，持策杖依次行于九个灯坛之前，存想自己持杖叩开诸狱之门，众魂遂应光而出。所谓"请光分灯"则涉及存想布炁之法。据《灵宝玉鉴》卷一一"分灯存用"载："取太阳正炁然一灯于元始上帝之前。登坛时，师存此灯金光，如流金之色，混合兆身光，结作日轮，透明内外。次运一炁，自泥丸出，上接元始宝光，混同一体。"② 文中"取太阳正炁"特指法师于正午以阳燧（一般为铜质的凹面镜）于日下取火，燃灯一盏。登坛时，存思灯中太阳正炁与己身内炁混合，化凡烛之火为"慧光"，并以此灯点燃其余烛炬，这一过程即是"请光分灯"。至于"持杖破狱"则指法师手持策杖或剑于存想中击破地狱之门，如《玉堂大法》卷一五云："破狱之法，合以策杖扣狱扃。而所以用策杖者，三洞法师也。有持剑而破狱者，是正一法师也。"③ 值得注意的是，在破狱过程中通常涉及一系列较为复杂的存想内容。

据《度人经大法》卷五〇"破九幽秘诀"载：

> 左手掐中指中，随方化身，取本方炁而吹弹，东方则存身为玉宝皇上天尊，南方则存身为玄真万福天尊，其余方各随圣位存想。……皆取元始灵宝祖炁三色之光而照破之。仍须存五帝策杖，化为上帝节杖，有金童玉女，左右各一十二人，手执宝幢，上有金书玉皇赦罪天尊。其逐方狱，各存铁

① （宋元）《灵宝无量度人上经大法》卷五〇，第3册，第895页。
② （宋）《灵宝玉鉴》卷一一，《道藏》第10册，第218页。
③ （宋）《无上玄元三天玉堂大法》卷一五，《道藏》第4册，第48页。

城万丈，罗网交加，黑雾沉沉，秽气蓬勃……存兆身在百宝
光明中，接元始三炁，径冲其城，见铁城颓毁，刀山断刃
……狱中罪人，随幡所指，光明所照，枷锁自落，罪苦咸原
……并随光明而出幽冥之界。①

由上文可见，在破九幽狱时，法师先行变神之法，将自己存
变为九方天尊。次存体内"灵宝祖炁"之光下照诸狱。所谓
"灵宝祖炁"即法师身中正阳之炁的另一种表述。之后，法师存
想"五帝策杖"变为"上帝节杖"，并存想"金童玉女"持幢
随其破开九幽地狱。不难看出，《度人经大法》描述的存想场景
生动且富有想象力，文中的"地狱"仅存在于法师的存想当中，
而非实有之物。

在早期道经中一般以土府地司、东岳泰山等泛指人死后的世
界。魏晋以降，"地狱"泛指"地下世界"或"冥曹之狱"，即
冥界拘役罪魂之处。道教认为人若生前犯诸罪业，死后必坠地狱
受种种折磨。宋代以后，道教的地狱观呈现出"内化"之趋势，
其"内化"的形式有两种：其一，道士演科时存想之狱境，即
将"地下世界"移入个人的想象中。上文所述盖属此列。其二，
将地狱与人体腑脏相对应，即将"地下世界"移至身中，其破
狱之法称为"存破身狱"。下文将探讨这类破狱法，并分析"地
狱内化"之原因。

---

① （宋元）《灵宝无量度人上经大法》卷五〇，《道藏》第3册，第894—895页。

### （二）存破身狱

"地狱内化"是宋代道教地狱观的一大特点，而"存破身狱"即是这一特点最直接的反映。据王氏《大法》卷五八载：

> 夫九狱处重阴之下，何法可施破耶。但兆身中自有九狱，未能破荡，焉敢破重阴之狱。若能自破，何患地狱乎？……大肠是下方九垒重阴、罗山苦穴，三宫五藏乃三途五苦之穴。况一身狱穴，日时沉秽，尚不能破，岂能破冥曹幽狱乎！无非画地之戏耳。①

上文所谓"地狱"有两类：一指身中九狱，二指冥曹幽狱。"身中九狱"是以三宫五脏对应三途五苦八狱，以大肠之下为罗山苦穴，共九狱。文中强调，法师必须先破身中狱穴，而后方能破冥曹之狱，其称："凡是夜欲破狱，此日自朝至晚，当调平其炁，安定心神，自上玄之府九宫各分布九炁升降……运一炁入九曲回肠之狱，万秽俱消，善境随念而现，方可破冥曹之狱也。至晚于上帝前，请策杖符诰，依法破之。"② 这里讲的是，在黄箓斋破狱当日，法师须先存炼内炁以荡除身中狱穴之阴秽，入夜方行策杖破狱之仪。所谓"自破身狱"其实就是一种自炼法，它以"地狱"之名比附人体之阴秽（生理和心理上的），用"破狱"象征法师存运内炁炼除阴翳、消阴育阳之过程。同时也是之后持杖破狱、摄召、施食、水火炼等一系列仪节的先导环节。因为只有在自身阳气充盈的前提下，法师才能有效地救度亡魂。

接下来是破冥曹幽狱。法师"自破身狱"后，入夜方行策

---

① （宋）王契真：《上清灵宝大法》卷五八，《道藏》第31册，第239页。
② 同上，第240页。

杖破狱之仪。"策杖"即"灵宝策杖",亦称"五帝策杖"。① 行仪时,法师应先行请杖之法,如王氏《大法》卷五八"请策杖"云:"心运青玄上帝端浮虚皇之前,左右侍真玉童玉女,各执旌幢芝盖华幡,罗列左右。真中有圆光,焕照十方,映于兆身。上帝允奏,以口眼鼻分吐慧光,注于杖上,化策杖为芝幢,龙头虎尾之状。"② 所谓"请杖法",是指法师以存神布炁之术赋予"策杖"以法力。破狱时,法师持杖"至建狱之所,旋步一匝,四维灯光皆是慧相金光,遍照悉成朗耀之所"。③ 其"建狱之所"即象征诸狱之灯坛,所破"冥曹幽狱"乃法师存想中的重阴世界,破狱的方式包括燃灯与存想。

由以上可知,存破身狱乃法师内炼之法,无涉外仪。而破冥曹之狱则是外仪与内法并用,其仪式包括燃灯建狱、请杖破狱、纳杖、焚符等,④ 各个环节均有相应的存思内容或存变之法。此外,王氏《大法》"先破身狱、后破冥狱"之说表明这两种破狱法须配合行用,并以"自破身狱"作为"破冥曹幽狱"的先决条件。

需要补充的是,除黄箓斋"身狱""冥狱"齐破之外,某些炼度仪只需破身狱即可,如《元始灵宝自然九天生化超度阴炼秘诀》《太极祭炼内法》《丹阳祭炼内旨》等皆属此列。下文将以《阴炼秘诀》为例介绍这类破狱之法。

《元始灵宝自然九天生化超度阴炼秘诀》云:

---

① （宋）王契真：《上清灵宝大法》卷五八,《道藏》第 31 册,第 240 页。
② 同上。
③ 同上。
④ 同上,第 238—241 页。

元始放眉间白毫祥光，下照酆都九幽诸狱，自泥丸而照及脐之下也……——光中，皆有救苦天尊，随光入诸地狱，所有酆都诸狱，承天尊道力，阳光所及，一时照破，顿灭重昏，化为净土。次存两肾为酆都宫门，以至诸狱悉开，自内两肾而下，所谓大小肠胃者，皆幽阴积结，真阳不及，皆地狱也。狱门一开，北帝及诸冥官狱吏，列班朝礼于都门之外，酆都水府之后，腰脊骨之前。朝礼毕，即有十方飞天神王驾车，金童翊卫其侧，手执元始符命，自帝所面承道旨，乘光而下，径入酆都诸狱，应诸罪魂，并皆赦宥，即时出狱，集于酆都宫前。①

上文所谓"破狱"皆属身内之事，其破狱的主体"元始天尊"是由法师元神所变现。这段文字说明了身内诸狱的具体位置，指出大小肠胃乃人体藏污纳秽之处，所谓"幽阴积结"之地，其性属阴，故视为"地狱"。文中的"狱魂"象征法师体内阴翳之物，"元始放光照破地狱"则指法师内运正阳之炁荡除身中阴秽，以使脐下"诸狱"化为"净土"。显然，上文破狱法的用途与王氏《大法》"自破身狱"并无二致。只不过，《阴炼秘诀》是以象征性的手法将这一过程表达出来而已，比如以"婴儿""五藏云炁""元始天尊""十方飞天神王"等象征法师身中正阳之炁，用"酆都地狱""北帝及冥官狱吏""罪魂"等喻指体内群阴。

以上介绍了宋代较常见的两种破狱法。无论是破冥曹幽狱，还是存破身狱，这两类地狱皆系于法师一身。只是"冥狱"存

---

① （宋元）《灵宝无量度人上经大法》卷五七，《道藏》第 3 册，第 945 页。

在于法师的意念之中，而"身狱"则存在于腑脏之中。导致这种"地狱内化"的原因除了内丹理论和修证方法的影响之外，至少还有两点：其一，宋代道教倾向于以心性善恶说阐释天堂与地狱；其二，"修""度"结合的救度观，即融个人修炼之法于度亡仪式中，将自炼与度他结合起来。

### （三）"地狱内化"之因

宋代道书大多以心性善恶说解释天堂与地狱，主张"天堂皆在我，地狱不离心"。① 如《灵宝玉鉴》卷二九云："人性本来清净明妙，虚彻灵通，地狱天堂，了无所有。因其性习之异，人欲滋萌，由念缘情，因情积业，触境应现，随报湮沉。……天堂地狱之事，实由善恶一念所致也。"② 又如《玉堂大法》卷一五称："所谓地狱，梦妄一同。凡生前所作因缘，及死后所受之苦趣，然则地狱生于诸罪，罪业原于一心，心法既无，罪亦安有？奈地狱无实形难言破，心法无定相亦难言捉。欲定其心，先断其妄，妄之既断，罪斯无形，则地狱破矣。"③ 所谓"天堂地狱"系于一念，是指人心逐万缘而幻生诸境，善念起则天堂显，恶念动则地狱现，而非是一种实有的存在。故道教破狱之法主张法师必须先于静定正念的状态下存破"身狱"以炼除己身阴翳，其中亦包括荡涤一切欲念。而后方能以"我"之正觉破"彼"之妄念。诚如《灵宝玉鉴》云："故我灵宝大法，有燃灯破狱，拯滞拔幽之义，则必先内发玄照，以明天本然妙无之慧灯。然后以发明众生固有之觉性，使灯灯相续，内外洞明。……顿悟本来

---

① （宋）《无上玄元三天玉堂大法》卷一五，《道藏》第 4 册，第 47 页。
② （宋）《灵宝玉鉴》卷二九，《道藏》第 10 册，第 335 页。
③ （宋）《无上玄元三天玉堂大法》卷一五，《道藏》第 4 册，第 48 页。

清净自然之道。"① 其"燃灯"有两层含义：一指灯仪，二指法师的正念、正觉，是谓"慧灯"。所谓"必先内发玄照"意指法师应先行内炼之法以令万缘顿息，摒弃一切杂念而返清净之性，其时善境随念而现，遂推己及他，是谓以己之慧灯发明众生之觉性。这种将修炼之法融入度亡仪式的做法体现了一种修度结合的观念，即以法师的自炼自觉作为救度亡魂的前提，以"我"之阳破"彼"之阴，以"我"之真破"彼"之妄。这种试图将施度者与受度者、个体利益与群体利益兼而顾之的救度观念，以及用心性善恶论阐释天堂地狱之说，加之内丹理论及修证方法的影响，在一定程度上导致宋代道教地狱观的"身内化"转向。

## 二　摄召

破狱之后，法师摄召亡魂赴集坛场以俟受炼。宋代摄召之法繁简不一，较具代表性的有"神虎摄召"和"灵宝妙光摄召"。"神虎摄召"仪法甚繁，常用于黄箓大斋，行于破狱之后，施食、水火炼之前。仪式内容主要包括建神虎坛、书神虎玉札、步神虎罡、召神虎官吏、行啸命之道、亡魂现形法等，② 每一环节

---

① （宋）《灵宝玉鉴》卷二九《开明幽暗门》，《道藏》第 10 册，第 335 页。
② 参见（宋）《灵宝玉鉴》卷九至十，《道藏》第 10 册，第 199—218 页。
（宋）路时中：《无上玄元三天玉堂大法》卷一七，《道藏》第 4 册，第 53—56 页。
（宋）王契真：《上清灵宝大法》卷三五至三八，《道藏》第 31 册，第 7—36 页。
（宋）蒋叔舆：《无上黄箓大斋立成仪》卷二六，《道藏》第 9 册，第 530—531 页。
（宋）金允中：《上清灵宝大法》卷三六，《道藏》第 31 册，第 575—582 页。（宋元）《灵宝无量度人上经大法》卷六六至六七，《道藏》第 3 册，第 990—1022 页。

皆有相应的内法，行仪时还要使用数十种道符。① 而"灵宝妙光摄召"则是法师直接以身中"妙光"普召六道，其仪法较为简易。

### （一）神虎摄召

1. "神虎"之义

"神虎"一词有两层含义。其一指召魂之方位，如《玉堂大法》卷一七《神虎追摄品》称："圣人假神虎摄召者，盖寅为鬼门，其属则虎，以其方摄召者，盖取此义，良有谓也。"② 其二指代天地掌魂之司，如《度人经大法》卷六六《神虎追摄品》云："号神虎者，谓天地掌魂之司也，掌魂即神虎大圣也。"③ "神虎摄召"与星斗崇拜有关，据《灵宝玉鉴》卷一载："神虎者，乃北斗玄司北魁所制也。其司分三：一曰玄灵，属贪狼星所治，中有雄左雌右二神，即擎羊、陀罗二神所化。二曰玄冥，属巨门星所治，中有三部使者，即斗中河魁、天罡、斗击之神所化。三曰玄范，属破军星所治，中有追魂玉女功曹各七员，即七元星宫阴阳之神所化。"④ 文中"神虎"诸神将功曹皆为星神，隶属于北斗玄司北魁治下。道教素有"南斗注生、北斗落死"之说，即南斗星神主人之生，北斗星神则主人死后之事。具体而言，"北斗落死"是指北斗星神根据人生前的善恶功过，以确定

---

① 如《灵宝玉鉴》卷九《神虎追摄门》载有"啸命风雷符""大魁总监符""神虎符"各两道，"玉曹玄伯追魂符""玉札主吏摄魄符""三部追魂使者符"各三道，"神虎七真玉女符""神府七道功曹符"各七道，另有"神虎大元追魂大将军符""金阙玄都内台追魂总摄符"等，共计约三十道符。《道藏》第10册，第199—207页。

② （宋）《无上玄元三天玉堂大法》卷一七，《道藏》第4册，第53页。

③ （宋元）《灵宝无量度人上经大法》卷六六，《道藏》第3册，第998页。

④ （宋）《灵宝玉鉴》卷一，《道藏》第10册，第143页。

其死后之归宿。若生前犯恶，则摄其魂禁于"斗狱"，若生前积善者则摄魂于南昌火府，受炼更生。① 结合"神虎诸将"主摄死魂之职以及上文"神虎乃北斗玄司所制"之说，可知"神虎摄召"应当是基于"北斗落死"之观念而形成的一种召魂之法.

此外，在宋代道书中还有一种观点，认为"神虎"与"中斗信仰"有关。如金氏《大法》卷三六《神虎摄召品》云：

> 增延夺减算寿，各有九等，并皆东斗君主之，属阳明宫贪狼星君总之，司马命章敬诺恭顺之。后男女分形之始，标名雕字，善恶功过，皆西斗君记之，属中元宫巨门星君主之。分神降庑，圣母卫房，化生分定，贵贱贫富，化外中土，生于所地，皆南斗君主之，属阴精宫禄存星君总之。平生功过，一切罪业，年龄夭促，直至禄尽命终，魂归大夜，皆北斗落死君主之，属北极宫文曲星君总之。自生而始，记名主算，上生落死，莫不总监于中斗大魁府也。主定十方世界，四生六道，魂魄神识。府有七元神虎，太一夫人，主其职焉。下有七玉女，掌管簿籍，司其死生，总领魂魄也。②

上文以东、南、西、北、中五斗立论，分别介绍了五斗星神的职责，即东斗主算、西斗记名、南斗注生、北斗落死。文中以"中斗大魁"总监"记名主算、上生落死"之说，表明"中斗"在五斗之中扮演统帅四斗之角色，其地位明显高于其余四斗。其

---

① （宋）《灵宝玉鉴》卷一，《道藏》第 10 册，第 143 页。
② （宋）金允中：《上清灵宝大法》卷三六，《道藏》第 31 册，第 575 页。

次，文中"中斗大魁府"即"北魁玄范府"，① 下辖神虎神将功曹。而《灵宝玉鉴》卷一"神虎追摄论"虽然亦宣称神虎诸将为北魁所制，但其北魁隶属于北斗玄司，而非中斗。上文以"东斗"对应贪狼星，以"西斗"应巨门星，以"南斗"应禄存星，以"北斗"对应文曲星，这种说法显得较为特别。因为，"贪狼、巨门、禄存、文曲"四星在宋代道书中通常属于"北斗七星"。如《太上洞玄灵宝无量度人上品经法》卷二引《老君说北斗本命延生经》称："（北）斗中有七星，曰贪狼、巨门、禄存、文曲、廉贞、武曲、破军。"② 《太上玄灵北斗本命延生真经》云："北斗第一阳明贪狼太星君，子生人属之"，③ 经中以北斗七星对应人之生辰，宣称世人应醮请本命星神以祈福除罪。《灵宝玉鉴》卷一"神虎追摄论"称"贪狼、巨门、破军"分治北斗玄灵、玄冥、玄范三玄司，并称神虎将吏由三司辖制，盖属北斗之事。尽管金氏《大法》以"北斗"主人死后之事，其称"魂归大夜，皆北斗落死君主之"，④ 但是其"北斗"并无辖制神虎将吏之权，这一职权为"中斗"所有。

　　由以上可知，"神虎摄召"与道教星神崇拜有密切联系。宋代道教关于"神虎摄召"持两种观点：其一，认为"神虎"出于北斗，这种观点是基于"北斗落死"说发展而成；其二，主

---

　　① 据金允中《上清灵宝大法》卷三六引《灵宝太赤金科》载："青阳之君生炁之府，有东斗主算君。丹灵之君养光之府，有西斗记名君。元炁之君赤炎之府，有南斗上生君。太渊之君郁绝之府，有北斗落死君。中和之君北魁玄范府，有中斗大魁总监众灵君，自禀受太微一炁，司命定算，注录勒籍"。《道藏》第 31 册，第 575 页。

　　② （宋）陈椿荣集注：《太上洞玄灵宝无量度人上品经法》卷二，《道藏》第 2 册，第 492 页。

　　③ （宋）《太上玄灵北斗本命延生真经》，《道藏》第 11 册，第 347 页。

　　④ （宋）《灵宝玉鉴》卷一，《道藏》第 10 册，第 143 页。

张"神虎"出于中斗，这种观点是以"五斗星神"立论，认为"中斗"的地位高于其他四斗，故以之统管死生、总领摄召魂魄之职。

2. "神虎摄召"的主要内容

"神虎摄召"仪法甚繁，通常有建神虎坛、书神虎玉札、步神虎罡、召神虎官吏、行啸命之道、刍身升度法等内容。[①] 其中，最重要的当数神虎玉札、啸命之道及亡魂现形法，以下着重介绍这三项内容。

（1）神虎玉札

"神虎玉札"，全称为"天一北祚太一紫光北斗玄冥混元神虎玉札"，[②] 或称"天一北祚太一紫元混元玉札神虎隐书"。[③] 关于"神虎玉札"的由来，宋代道书通常有两种说法：其一，托称汉代道士刘根所传。如《灵宝玉鉴》卷一称："神虎玄冥玉札者，其法甚秘。札中乃运北斗玉讳，请降瑶光洞照幽夜，三界十方无所不摄。其文乃西山刘真人讳根，得于太乙玉女之亲授。真人仙去之日，秘以石匣藏之龙虎壁鲁洞中，世所罕传。正一教阐，此文亦再出世，历代宗师授受，然后盛行。故追摄之法，必遵用之。"[④] 这是说，"神虎玉札"由太乙玉女于汉武帝时期传予

---

① 参见（宋）路时中：《无上玄元三天玉堂大法》卷一七，《道藏》第 4 册，第 53—56 页。（宋）《灵宝玉鉴》卷九至十，《道藏》第 10 册，第 199—218 页。（宋）王契真：《上清灵宝大法》卷三五—三八，《道藏》第 31 册，第 7—36 页。（宋）蒋叔舆：《无上黄箓大斋立成仪》卷二六，《道藏》第 9 册，第 530—531 页。（宋）金允中：《上清灵宝大法》卷三六《道藏》第 31 册，第 575—582 页。（宋元）《灵宝无量度人上经大法》卷六六至六七，《道藏》第 3 册，第 990—1022 页。

② （宋）《灵宝玉鉴》卷九，《道藏》第 10 册，第 208 页。

③ （宋元）《灵宝无量度人上经大法》卷六六，《道藏》第 3 册，第 990 页。

④ （宋）《灵宝玉鉴》卷一，《道藏》第 10 册，第 143 页。

真人刘根，后被刘氏藏于龙虎山壁鲁洞。"玉札"由云篆组成，其中隐含北斗玉讳，具有普照重阴、回骸起死之用，乃摄召亡魂的重要法器。其二，宣称由唐代叶靖能所传。如《度人经大法》卷六六云："《天一北祚太一紫元混元玉札神虎隐书》者，昔天师叶真人成道之日，藏此《隐书》于龙虎山壁鲁洞中"，① "叶真人"应即唐代道士叶靖能，其藏书之地亦是龙虎山壁鲁洞。又据王氏《大法》卷三六载："混元玉札，乃玉清神虎之合契，三皇召灵之秘旨，是元始亲降札文，有回骸起死度人之道。自汉时三天太玄都主飞玄之后，遗神文于龙虎山壁鲁洞。因唐时叶靖能天师，遇太一元君指曰：北魁玄范在龙虎，得者当寻西壁鲁。……后叶靖能依铭得之。况上真刘真人讳根，及仙人孙登、天师刘刚皆遇之。夫行持之士，若不得玉札，则亡魂不能聚其魂魄，卒难超度。"② "混元玉札"即"神虎玉札"，乃元始天尊降下，由汉代太玄都主藏于龙虎山壁鲁洞。唐代道士叶靖能受太一元君点拨，于龙虎山寻得此札。文中还提到汉代刘根、孙登、刘刚等人皆曾受持"混元玉札"。不难看出，上文试图将"刘根""叶天师"受传玉札两种传说作一调和。值得注意的是，无论是刘根、叶靖能，还是"汉代三天太玄都主"，这些传说均提及"龙虎山壁鲁洞"。此外，《灵宝玉鉴》"神虎追摄论"提及刘根仙化时藏"玉札"于龙虎山，直到"正一教阐，此文亦再出世"。③ 这提示我们，"神虎玉札"与天师道存在某种联系，甚至可能是由其所创。

---

① （宋元）《灵宝无量度人上经大法》卷六六，《道藏》第3册，第990页。
② （宋）王契真：《上清灵宝大法》卷三六，《道藏》第31册，第17页。
③ （宋）《灵宝玉鉴》卷一，《道藏》第10册，第143页。

宋代"神虎玉札"通常由阳日玉札、阴日玉札、玉札檄文（云篆）、追魂铁券等内容组成①，参见图4—1至4—7。

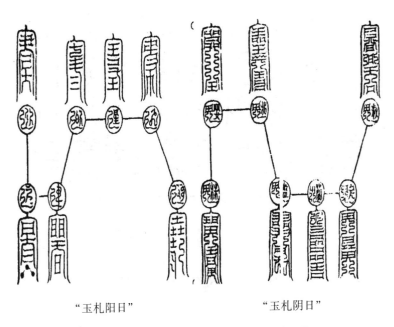

"玉札阳日"　　　　　　　　"玉札阴日"

**图4—1　《灵宝玉鉴》卷九"阴阳玉札"②**

①　（宋）王契真：《上清灵宝大法》卷三六，《道藏》第31册，第17—20页。（宋）《灵宝玉鉴》卷九，《道藏》第10册，第206—207页。（宋）《灵宝玉鉴》卷一〇，《道藏》第10册，第209—210页。（宋元）《灵宝无量度人上经大法》卷六六，《道藏》第3册，第993—995页。

②　（宋）《灵宝玉鉴》卷九，《道藏》第10册，第206—207页。

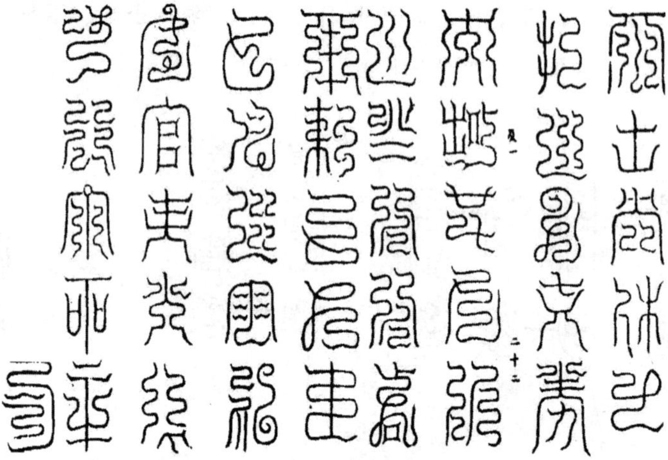

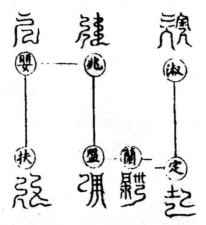

图 4—2　　《灵宝玉鉴》卷九 "上帝玉札赦文天篆"①

图 4—3　　《灵宝玉鉴》卷一〇 "追魂铁券"②

①　（宋）《灵宝玉鉴》卷九，《道藏》第 10 册，第 207 页。

②　（宋）《灵宝玉鉴》卷一〇，《道藏》第 10 册，第 209—210 页。按：此券后附有四十二字云篆，限于篇幅未录于此。

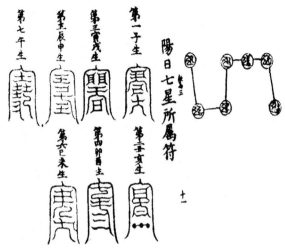

图4—4　王氏《大法》卷三六"阳日玉札散形"①

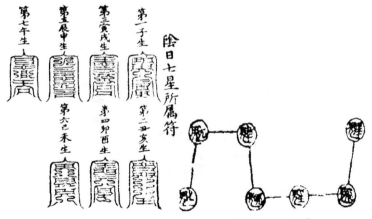

图4—5　王氏《大法》卷三六"阴日玉札散形"②

① （宋）王契真：《上清灵宝大法》卷三六，《道藏》第31册，第17—18页。
② 同上，第18页。

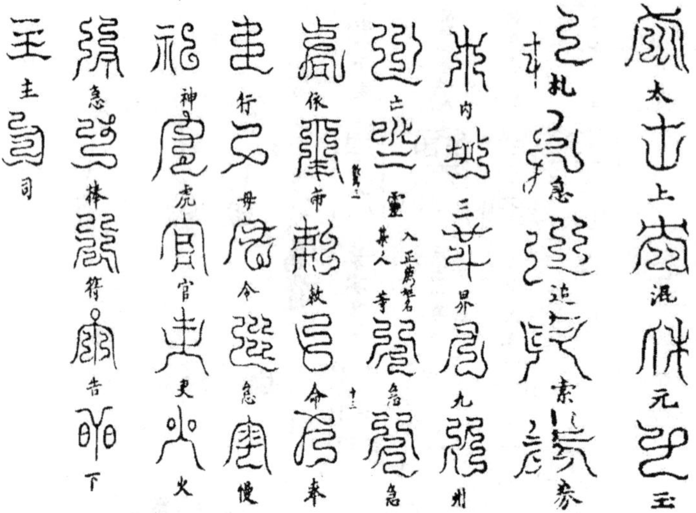

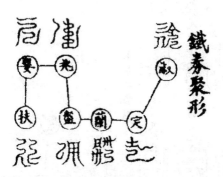

图4—6　王氏《大法》卷三六"玉札檄文"①

图4—7　王氏《大法》卷三六"追魂铁券"②

　　由图4—1至4—7可见，《灵宝玉鉴》与王氏《大法》中的

---

　　①　（宋）王契真：《上清灵宝大法》卷三六，《道藏》第31册，第18页。
　　②　同上，第19—20页。按：王氏《大法》"追魂铁券"亦附有四十二字云篆，与《灵宝玉鉴》卷一〇"追魂铁券"所附云篆完全一致。

"阴阳日玉札""檄文或敕文"（云篆）及"追魂铁券"基本一致。只是，王氏《大法》将"阴、阳七星符"与"阴阳玉札"分列，而《灵宝玉鉴》是将"阴、阳七星符"与"阴阳玉札"合并起来，以"聚形"的方式呈现。宋代"神虎玉札"大多包含以上三项内容。

"神虎玉札"的神圣功能来源于法师书札时的内法。如《灵宝玉鉴》卷九载有书札专用的"存神诀"，其称："师宴坐澄思，微引中天北斗之光，归中混合元炁，上升泥丸。一性真人，上朝元始，密奏事意。毕，蒙玉旨垂允，敕命侍仙开函启蕴，降付混元玉札，令兆奉行。即鼻引元皇正炁，随札下降，与案中之札合而为一。临目洞视七真内讳，光明透彻，普照重阴，神虎将兵，森列听令。"① 法师先以朱书玉札，墨书告文②。书毕，行存想之法，布炁于札。文中的"一性真人"乃北斗之炁与法师体内阳炁混合而变，法师存想"一性真人"于己泥丸中朝奏"元始"，允降混元玉札。然后，想象"元皇正炁"随"元始"所付玉札降下，与法师所书玉札混而为一。最后，行洞视通真之法。"洞视"，亦称"洞观"，既是一种上通真灵、下彻鬼神的法术，也是法师内除心垢、外炼目睛的一种自炼法。上文所谓"临目洞视七真内讳"是指法师双目垂帘，于静定存想中实现与神虎七真玉女之间的感通。③

---

① （宋）《灵宝玉鉴》卷九，《道藏》第 10 册，第 206 页。
② 同上。
③ 《灵宝玉鉴》卷九载"神虎七真玉女符"七道，符中有七真玉女名讳。上文所谓"七真"即"神虎七真玉女"。《道藏》第 10 册，第 202—204 页。

（2）啸命之道

"啸命之道"是召将之法，所召之将是由法师身中神虎将吏
与"法部"神虎将吏混合而成。该法以内事为主，注重合炁变
将。如《灵宝玉鉴》卷九"行啸命之道"云：

> 三使者出自玄范北魁之府，居法师大渊宫三阴之首府，总
> 分召阴之炁。神虎居三焦之首，七玉女在七窍之穴，阳耀通关，
> 阴灵摄魄。神虎官君在左右目下，雄左雌右在双鼻孔，呼吸召
> 集神虎使者，俱在华池之内，分炁散布，升化而出，统制百节。
> 清泠寻魂神将，居两长溪穴（肾）。即运灵根七转，呼召而出，
> 齐赴玄坛，混合内外。想神虎官君森列于前，如意指挥，方行
> "领命符"，接引追摄，举运神虎阴灵罡，一十三迹倒步，双手
> 执神虎提魂印，布以华盖灵根之炁，拘十方之魂。……且啸命
> 神虎之道，当发心肺之炁，结合在外，飞发阴风玄雾腾腾之像，
> 呼召神虎，则心感形适，神将皆吟啸而至。①

不难发现，上文是将"法部"，即北斗三玄司辖制的所有神
虎官将，悉数移至法师体内。如"三使者"（三部使者）原属北
斗玄冥司，由斗中河魁、天罡、斗击之神所化，而上文则将
"三使者"置于法师双肾之间的大渊宫。"雄左雌右二神"原属
北斗玄灵司，由擎羊、陀罗二神所化，上文将"二神"置于
"双鼻孔"。又如"七玉女"（追魂玉女功曹）原属北斗玄范司，
由七元星宫阴阳之神所化②，文中将其置于法师之"七窍"。召

① （宋）《灵宝玉鉴》卷九，《道藏》第 10 册，第 200 页。并见（宋）王契
真：《上清灵宝大法》卷三六，《道藏》第 31 册，第 14—15 页。（元）《道法会元》
卷二四五，《道藏》第 30 册，第 516 页。
② （宋）《灵宝玉鉴》卷一，《道藏》第 10 册，第 143 页。

将时，法师首先将身中各部的神虎官将逐一唤出，如存想三部使者自双肾中间（大渊宫）而出，神虎玉女自七窍而出，神虎使者自华池（口）而出等。其次，存想身中所出官将与法部神虎将吏混融，其称"呼召而出，齐赴玄坛，混合内外"，"啸命之道，当发心肺之炁，结合在外，飞发阴风玄雾腾腾之像"，这表明"神虎官将"盖由内外合炁混化而成。最后，法师双手执神虎提魂印、步神虎罡，存想差遣诸将摄召十方亡魂。这一过程即"啸命"召将之法。

（3）亡魂现形之法

"神虎摄召"旨在令亡魂赴坛以待救度，而亡魂现形与否则是判断摄召成功与否之关键。"亡魂现形"通常属于"神虎摄召"的结束仪节，其法有三种。

其一，"刍身升度法"，即用净草札成人形以象征亡魂，置草人于秤钩之上，令其悬空离地，再令一童子执召魂幡。亡魂来附时，秤钩与幡竿同时下坠，即表示召魂成功。如金氏《大法》卷三六云："先以净草，随男女形状作一生前身躯，着生前衣服，腹中安'大梵隐语'，头上戴'升天大券'。以秤架一具，刍身安秤钩上，悬空不着地。先令秤平，置之门外，居魂坛中。仍以小儿持白缯召魂幡，法师歌斗章，召魂来赴。刍身忽然坠下秤钩，重于常时，其魂幡亦坠竿稍重，乃知亡魂已至。"[1]

其二，以童子辨认亡魂。如《灵宝玉鉴》卷一〇称："用通现、幽释、通语、通目符，焚水中洒之，乃喷洒童子身上，令童子指其端正。良久，仿佛窥其踪迹。若孝子忠臣、义夫节妇，孝

---

① （宋）金允中：《上清灵宝大法》卷三六，《道藏》第31册，第579页。

义诚切，必睹形神，俨若生存，可交言语。"① 这是说，法师借助童子的指认以获知亡魂是否赴坛。从表面上看，这似与考召中的亡魂现形法相近，但事实上二者之间仍有区别。考召之法虽然亦常以童子作为人、鬼之间的媒介，但是，考召中要以鬼祟附体于童子，实际上是由童子扮演鬼灵的角色。而"神虎摄召"时，童子只需指认亡魂之踪迹即可，无附体之说。

其三，亡魂入梦现形，即法师施法以令亡魂出现于阳世亲眷之梦中。如《灵宝领教济度金书》卷三二〇云："诸召魂，古者结草为刍身，以木为架，挂称于架内，悬刍身于称钩之上，尾用称锤。始则刍身昂而锤低，召魂既至，摄附刍身，则刍身重而低矣。……又有以幡之轻重而为魂之归否，世俗每以此取信，不知皆道术之使然耳。魂之来与不来，不在是也。入梦接阳眷通语，此为正法。"② 不难看出，《济度金书》对"刍身升度法"完全持否定态度，认为摄召是否成功不是根据草人或召魂幡来判定，而是以阳世亲眷是否于梦中与亡魂通语作为判定标准，故称"亡魂入梦现形"是为正法。

**（二）"灵宝妙光"摄召**

除"神虎摄召"外，宋代还有一种更为简易的"灵宝妙光"摄召之法③。据《灵宝玉鉴》卷三三载：

---

① （宋）《灵宝玉鉴》卷一〇，《道藏》第 10 册，第 212 页。
② （宋）宁全真授，（元）林灵真编：《灵宝领教济度金书》卷三二〇，《道藏》第 8 册，第 819 页。
③ 《灵宝玉鉴》卷三三"灵宝妙光"摄召之法，是指法师直接以身中"妙光"行普召普度，而非以北斗玄司神虎诸圣召亡魂，无复杂的召将之仪。该法所用符诀之数量亦少于"神虎摄召"。如"灵宝妙光"摄召共用十八道符，而"神虎摄召"一般要使用二十几道符。"灵宝妙光"摄召的存想之法亦简于"神虎摄召"。《道藏》第 10 册，第 366—370 页。

　　是故灵宝大法，有召摄幽灵之旨。盖以神通威力，普度天人，犹恐诸趣尚或沉滞，未究法性之玄。故以清净自然灵宝妙光，普摄普度，使十方无碍，万境圆融。①

　　何谓"灵宝妙光"？上文并未作出解释。不过，根据《灵宝玉鉴》卷一三所载，可知"灵宝妙光"应即法师身中灵宝祖炁与外炁相混融之炁。其称："自然生金液丹碧芝英者，乃我灵宝妙炁与十方正真生炁混合结为丹，故有丹碧芝英妙化也。此丹乃我灵宝妙光，既复元宫，自然金碧交映。"② 其"灵宝妙炁"应即"灵宝祖炁"，③ 亦称"先天一炁"，位于身中黄庭丹宫，④"丹宫"即先天祖炁内炼结丹之处。上文称"灵宝妙光"是由"灵宝祖炁"与"十方正真生炁"混结为丹，并称此丹还复"元宫"（黄庭丹宫），这似与内丹修证相近。不过，内丹修炼强调以先天祖炁攒簇为"金丹"，无涉外炁。而《灵宝玉鉴》则是立足于道法科仪的层面，主张合内外之炁混结为丹。

　　摄召之际，法师直接以体内"灵宝妙光"破狱摄魂，仪法甚简。如《灵宝玉鉴》卷三三称："存黍珠妙光，照破黑暗。左

---

　　①　（宋）《灵宝玉鉴》卷三三，《道藏》第10册，第366页。
　　②　（宋）《灵宝玉鉴》卷一三，《道藏》第10册，第241页。
　　③　这段文字主要在讲"复炉"。其称："复炉者，我本身神明也，存高真上圣各回天阙。自然生金液丹碧芝英者，乃我灵宝妙炁，与十方正真生炁，混合结为丹。""复炉"是指法师演科结束之际，存召行法时所召出的身中诸神各归其位（身中宫府）。又据《灵宝玉鉴》卷一"存神召将论"载："诸品道法行持之时，皆以存神召将为首。……惟当存自己灵宝祖炁，以为之主。次则中理五炁，以混合百神。存召后遣，无所不可，盖灵宝为万法之枢纽也。"这表明，"灵宝祖炁"乃存神召将之关键，是万法之枢纽。"复炉"亦属存神之法，其所言"灵宝妙炁"就是"灵宝祖炁"。《道藏》第10册，第142—143页。
　　④　（元）《道法会元》卷二四四，《道藏》第30册，第505页。

瞬目三次，定神，觉悲风凄惨，仿佛见幽魂自艮户出，俱集坛前。"① "黍珠妙光"即上文所谓"灵宝妙光"，法师存想身中妙光照破幽暗，摄魂赴坛。由此可知，"灵宝妙光"具有破狱与召魂两种用途。这种以"身中之光"破狱摄魂之说亦见于其他道书，如《济度金书》卷三二〇云："诸摄召，须知运元始之真光，消重泉之妄暗。……沉滞幽爽，随光而来，皆可摄至。"又云："诸摄召，全以运神为主，至于歌章吟偈，乃科仪耳。"② 显然，《济度金书》所谓"元始真光"盖言身内之事，法师以之"消重泉之暗""摄沉滞幽爽"，这与《灵宝玉鉴》以"灵宝妙光"行破狱、摄魂之法基本一致。这类以"光"摄魂之法，率取决于法师平日积累的内功修为，临事而用之，无往而不利。

## 第三节　天医全形与沐浴荡秽

道教认为，人死之后幽魂不过三寸，尤其因疾病、意外或兵刃伤害而亡者，更是魂魄散乱、形神不全。③ 凡散魂残魄、垢识未除者，皆不得超度升天。因此，召魂赴坛后，法师必先召请天医为其全形复体，次以黄华神水为其沐浴荡秽，而后方能朝真受食、冶炼更生。所谓"天医"，即天界医吏，主司祛疾疗病之职。早期道教已有"天医治病"之说，通常以拜表上章行召请

---

① （宋）《灵宝玉鉴》卷三三，《道藏》第 10 册，第 367 页。
② （宋）宁全真授，（元）林灵真编：《灵宝领教济度金书》卷三二〇，《道藏》第 8 册，第 819 页。
③ （宋）路时中：《无上玄元三天玉堂大法》卷一六，《道藏》第 4 册，第 51 页。（宋）王契真：《上清灵宝大法》卷五八，《道藏》第 31 册，第 244 页。

之事，其治疗对象多为生者。宋代以后，"天医"的概念愈益复杂，其医治的对象包括生者与亡魂，在召请方式上，一般以存思炼炁为主、符咒为辅。炼度仪与雷法皆有召请天医之说，如《度人经大法》卷五七《炼度师尊官吏》中有"南昌上宫天医神吏"① 一职，是知"天医"亦属炼度诸神之一。大致地讲，在炼度仪中"天医全形"的对象仅限于亡魂，而雷法中"天医"治疗的对象多为生者，如《道法会元》卷二四八云："奉召天医五雷总管许先定元帅，五方雷将田、崔、刘、陶、高五大将，天医、符医、炁医三大圣，六职治官，十二治病功曹童子，疾速随符救治见患某所染病患，即与痊安。"② 这里的"天医"隶属于雷部，主要职责是为生者护身去病、断绝妖氛及扫灭瘟疫等。

## 一　天医全形

### （一）早期道教"召请天医"

"借医传道"，③ 是道教重要的传教方式之一。汉末天师道、太平道就已经用符水、首过或忏谢等方式治病疗疾以吸纳信众。④ 魏晋以后，道教逐渐发展出拜表上章祈请天医治病之法。"上章"，是道教法师沟通天界神灵的重要途径之一，法师用章文向神灵表达禳灾祈福、保生度死等愿望。如《正一法文经章

---

① （宋元）《灵宝无量度人上经大法》卷五七，《道藏》第 3 册，第 946 页。并见（宋）王契真：《上清灵宝大法》卷六五，《道藏》第 31 册，第 329 页。

② （元）《道法会元》卷二四八，《道藏》第 30 册，第 524 页。

③ 盖建民：《道教医学》，北京：宗教文化出版社，2001 年，第 12 页。

④ （刘宋）范晔撰，（唐）李贤等注：《后汉书》卷八、七一，北京：中华书局，1965 年，第 349、2299 页。

官品》卷一载："上清太仙明堂玉女千二百人，主致神药，一合下典，治某身中所苦消灭，天医、官医、太医、五官治病医吏各十二人，一合下诣某处，入某身中五藏六腑十二宫室。"① 又如《赤松子章历》卷三称："谨谒天曹、上手天医、太医君吏十二人，下为某身，随病所在，即为救疗。"②《正一法文经章官品》与《赤松子章历》约出于六朝，主述章仪。所谓"天医"，即由道炁所化、主司疗疾之神。由上述章文可见，召请天医时应当伴有相应的存想内容，如"入某身中五藏六腑十二宫室"，这很可能是指法师焚章时，存想天医神吏下降入于患者体内，行神布炁，涤除五藏，安稳六腑。也就是说，"天医治病"实质上就是法师以存神布炁之法为患者治病疗疾。

　　然而，需要注意的是，早期道教的疾病观往往是将病源与罪、祟相联系。因此，除召请天医外，还有祈请天曹将吏解罪除过、驱邪除祟等内容。如《赤松子章历》卷三称：

　　　　上请治病功曹十五人，为某上请天曹，削除某前世今生所犯罪源。五藏之中，四肢百脉，皆蒙愈差。次请东方青生气，南方赤生气，西方白生气，北方黑生气，中央黄生气，并下某身中。又上请解考君、度命君、益算君、诛殃祸君、游罗大将军、地境大将军，各收邪精故气、疫毒之鬼，令病

---

① 《正一法文经章官品》卷一，《道藏》第 28 册，第 539 页。此书共四卷，是早期正一道上章仪书，约出于南朝刘宋。参见任继愈：《道藏提要》，北京：中国社会科学出版社，1991 年，第 959—960 页。

② 《赤松子章历》卷三，《道藏》第 11 册，第 199 页。该书共六卷，约出于南北朝。参见任继愈：《道藏提要》，北京：中国社会科学出版社，1991 年，第 443—444 页。丁培仁：《增注新修道藏目录》，成都：巴蜀书社，2008 年，第 273 页。

者瘥复云云。①

上文将疾病归因于两个方面：其一，患者前世今生所积之罪；其二，各类邪精疫鬼作祟。因此，在法师疗病时，既要召请天医，存取五方生气为病患调理腑脏经脉，还要上请天曹及诸驱邪将吏为其解罪除过、祛灭妖妄以阻断病源。

**（二）炼度中的"天医全形"**

**1. "天医全形"之义**

宋代道教在早期"天医"概念的基础上，发展出一种专门用于度亡的"天医全形法"，并以之作为炼度的一个仪节，将"天医"治疗的对象由生者拓展至亡魂。如《玉堂大法》卷一六云："鬼爽无形，散乱不聚，如风中寓焉，无定形也。然其妄念尚存，凡生前痒病疾痛，死则尚执迷而受苦也。不假全形之法则形魂零乱，不能聚而成形。是故疾病而死者，以消磨其魂，不能全也。伤害而死者，损乱其魂，而不复全也。兵刃死者，散离其魂，不能全也。故太上慈悲，立天医全形之法。"② 这是说，人死之后因魂魄散乱遂沦为鬼爽，其生前所受疾苦之执念或业识亦将伴随其死后之历程，令其续沉苦海、受诸折磨。因此，道教创"天医全形"之法以令亡魂聚魂全形，并以此断除导致其沉沦苦海之诸种妄念。

前已述及，"天医"是道教设想中的天界医疗机构，早期道教通常是以上章的方式祈请这些神灵下界以布炁疗疾。宋代"天医全形"法虽然也有存召天医之说，但事实上在为亡魂全形

---

① 《赤松子章历》卷三，《道藏》第11册，第199页。
② （宋）路时中：《无上玄元三天玉堂大法》卷一六，《道藏》第4册，第51页。

复体的过程中，法师本人即扮演了"天医"一角。甚至可说，
拯治亡爽的主体是法师，而非"高高在上"的"天界之医"。据
《灵宝玉鉴》卷一载："有存日形体毁伤、恶疾困苦者……妄念
不除，尚若形之有亏，病之在体。故又须内运玄化，以聚其阳
精，消其阴累，然后使就冶炼，受化更生。"[①] 所谓"内运玄化"
是指法师以内炼之法为亡魂聚魂复形。又如《太极祭炼内法议
略》卷下称："不明自己真造化，乃谓我法力微薄，必假上天神
明为之用，可谓狭劣之至。殊不知我之五藏五行之炁相生，则彼
之不待天医而自医。"[②] 显然，《议略》对于祈请外在神灵及存取
外炁之法颇为反感。在《议略》看来，法师只需内运五脏之炁
即可拯治亡魂，无须意存外境取诸外炁。文中"不待天医而自
医"表明，仪式中真正起作用的不是外在的"天界之医"，而是
法师本人及所用内法。

　　2. "天医全形"的主要仪法

　　"天医全形"主要借助存想、符咒、掐诀等方式为亡魂全形
复体，仪式内容比早期道教召请天医之法更为丰富。如王氏
《大法》卷五八"天医全形"约有六个步骤，参见表4—1。

---

①　（宋）《灵宝玉鉴》卷一，《道藏》第10册，第144页。
②　（宋）郑所南：《太极祭炼内法议略》卷下，《道藏》第10册，第461页。

表4—1　王契真《上清灵宝大法》卷五八《斋法宗旨门·天医院》
"天医全形"程序一览表①

| 序　号 | 仪　式　内　容 |
|---|---|
| 1 | 焚"召天医符"、念召咒 |
| 2 | 存想日、月、星三光覆罩"天医院" |
| 3 | 存想五方天官降下，各持符药，布炁疗魂 |
| 4 | 存想五方天官化为五方真炁，匝覆天医院，作一团真火月轮 |
| 5 | 焚"五帝全形符"，行"五府内事" |
| 6 | 诵"全形咒"，存亡魂形完具，取西南炁布之，想亡魂来乘真炁，焚"解十伤"符命 |

　　由表4—1可见，"天医全形"主要有焚符、诵咒、存想布炁等内容，其中最重要的两个环节是"存变天医院"和"五府内事"，详如下。

　　（1）存变天医院

　　"天医院"本是道教设想的一个天界机构。宋代道教通过在炼度坛场设置"天医堂陛"，将"天医院"从"天界"移至现实世界。如王氏《大法》卷五五云："夫建大斋，当先建十二堂陛，召集高仙真灵，建斋行事。且十二堂者，一曰青华之堂，二曰神虎之堂……七曰天医院荡秽所"。② 这里讲的是，凡建黄箓大斋先要在坛场设立天医堂陛，以象征这一天界机构。随后，法师行存想布炁之法，存变坛场"天医堂陛"化为天界治疾荡秽

---

　　① （宋）王契真：《上清灵宝大法》卷五八，《道藏》第31册，第244—245页。
　　② （宋）王契真：《上清灵宝大法》卷五五，《道藏》第31册，第215页。并见（宋元）《灵宝无量度人上经大法》卷四七，《道藏》第3册，第878、880页。

之所。如上表第 2 项"三光覆罩天医院",即法师存布三光之炁于坛场"天医堂陛",以起到化凡为圣的作用,这一过程即"存变天医院"。

(2)五府内事

所谓"五府内事"是指法师以五脏之炁混合五方真炁布注亡魂以令其形魂完具。宋代有许多道书都曾提及这一"全形之法",如王氏《大法》卷五八载:"运兆自身五芽玉液,运五府秘法,吹之成人。"① 《度人经大法》卷三五云:"夫阴魂不过二尺,在世喑邪跛躄,残疾刀兵,形骸不具,阴府亦然,当行五府事。"② 蒋氏《立成仪》卷二九称:"玉清元始尊,敕下天医神,……次行五府事,默诵五帝真讳。"③ 由此可知,"五府内事"或"五府秘法"乃"天医全形"的重要仪节。值得注意的是,"五府内事"除用于度亡外,还用于道士自炼五脏。以下,拟分别介绍度亡与自炼两类"五府内事"。

①"天医全形"之"五府内事"

行"五府内事"时,法师先存想脾神安镇中宫,遂存五脏之炁自五官而出,与五方之炁混合,再运此混合之炁灌炼亡魂。据王氏《大法》卷五八载:"默行五府之事,当存脾神在于中宫,为黄庭之府,能生长万物,五行周备,则万神咸亨矣。"④ "五府"即五脏,肾为泉曲之府,心为阳明之府,肝为发生之

---

① (宋)王契真:《上清灵宝大法》卷五八,《道藏》第 31 册,第 245 页。
② (宋元)《灵宝无量度人上经大法》卷三五,《道藏》第 3 册,第 800 页。
③ (宋)蒋叔舆:《无上黄箓大斋立成仪》卷二九,《道藏》第 9 册,第 551 页。
④ (宋)王契真:《上清灵宝大法》卷五八,《道藏》第 31 册,第 245 页。

府，肺为昆仑之府，脾为黄庭之府。① 又因脾为中宫，有统领身中万神之用，故而"五府内事"以存想脾神为先。

其次，法师以存神、合炁之法灌炼亡魂。如王氏《大法》卷五八云：

> 掐卯文，默念红杏，存青帝自东驾青龙至，兆运肝炁自眼出合之，嘘去。
>
> 掐酉文，默念磨真，存白帝自西驾白龙至，兆运肺炁自鼻出合之，呬去。
>
> 掐午文，默念墨黑，存赤帝自南驾赤龙至，兆运心炁自口出合之，呵去。
>
> 掐子文，默念袜腊，存黑帝自北驾黑龙至，兆运肾炁自耳出合之，吹去。
>
> 掐中文，默念灵宝，存黄帝自中宫驾黄龙至，兆运脾炁自唇出合之，呼去。②

文中所谓"红杏、磨真、墨黑、袜腊、灵宝"通常有两种释义：其一，指五方五帝真讳，用以对应五行、五脏。如《元始无量度人上品妙经通义》卷二引《大洞五帝箓》称："五帝与天地同存，阴阳始判，化生五行。灵宝法中红杏、磨针、袜腊、墨黑、灵宝为五帝也。"③ 可知"五方五帝"具有宇宙本源论上的意义。其二，指五岳五帝真讳。如《道法会元》卷六三云：

---

① （宋）王契真《上清灵宝大法》卷五八，《道藏》第 31 册，第 245 页。并见（宋元）《灵宝无量度人上经大法》卷三五，《道藏》第 3 册，第 800 页。

② （宋）王契真：《上清灵宝大法》卷五八，《道藏》第 31 册，第 245 页。

③ （明）张宇初：《元始无量度人上品妙经通义》卷二，《道藏》第 2 册，第 312 页。

"东岳仁圣帝红杏，南岳昭圣帝袜腊，西岳顺圣帝磨针，北岳元圣帝墨黑，中岳崇圣帝灵宝。"① "五岳五帝"职司部领山川岳渎并城隍社令之职，其含义及用途完全不同于"五方五帝"。王氏《大法》称，法师以掐诀存召五方五帝，默念"红杏、磨真"云云，显然是指"五方五帝"之真讳。

上文中，"五帝"象征五方、五行之炁，属"外炁"。五帝召至后，法师以"嘘、呬、呵、吹、呼"② 五音发五脏内炁于体外，存想五脏之炁自五官而出与五方"外炁"混合，以此"合炁"医治亡魂、聚魂复形。如王氏《大法》卷五八称："存亡魂环列在前，天医六职医疗完全形体，五方五帝降五色真炁，灌溉亡人顶门而入。"③ 这里的"天医六职""五方五帝"是由法师存想中的"五方外炁"与"五脏内炁"所化，其"五色真炁"亦为"外五炁"与"内五炁"混合而成。法师存内外合和之炁自亡魂顶门而入为其拯治诸疾、全形复体。需要指出的是，"五府内事"大多遵循"内外合炁"的方式，只是某些道书在"合炁"的程序上略有差异而已。如《济度金书》卷二八三"五府事"云："青帝护魂，嘘肝炁自眼出，存入亡人眼入至肝。白帝侍魄，呬肺炁自鼻出，入亡人鼻入至肺。赤帝养炁，呵心炁自口出，存入亡人口从舌至心。黑帝通血，吹肾炁自耳出，存入亡人

---

① （元）《道法会元》卷六三，《道藏》第29册，第188页。

② 道教常以"嘘、呬、呵、吹、呼"，或"嘘、呬、呵、吹、嘻"五字对应人体五脏，并认为发"五字之音"为吐故去浊之法，可排除体内浊气。如《法海遗珠》卷二一云："五藏，肺、肝、脾、心、肾。五炁，嘘、呬、吹、呵、呼。"《道藏》第26册，第850页。《云笈七籤》卷六五载："吹以去寒，呼以去热；嘻以去病，又以去风；呵以去烦，又以下气；嘘以散滞，呬以解极。"《道藏》第22册，第454页。

③ （宋）王契真：《上清灵宝大法》卷五八，《道藏》第31册，第245页。

耳至肾。黄帝中主，嘻脾炁自天目出，存入亡人天目下入至
脾。"① 这是说，法师首先以五脏内炁灌炼亡魂，其以"嘘、呵、
呵、吹、嘻"五音发五脏之炁的说法与王氏《大法》基本一致。
只是，王氏《大法》以"吹"音应脾中之炁，自唇而出，而
《济度金书》以"嘻"应脾，自天目穴（印堂）而出。随后，
法师再存五方五帝降注"五方之炁"灌溉亡魂，如《济度金书》
云："存东方青炁中，金童玉女拥朝青帝在前，灌溉亡魂，师以
青炁，掐卯诀，剔出缠布。……存北方黑炁中，金童玉女拥朝黑
帝在前，灌溉亡魂，师以黑炁，掐子文，剔出缠布。"② 文中以
掐诀存召五帝五炁的做法与王氏《大法》并无二致。只是在王
氏《大法》中，法师存想"五脏内炁"出于体外，混合"五方
之炁"以拯治亡魂。而《济度金书》则是先以"五脏内炁"，次
以"五方之炁"分别布注亡魂，其"内炁"与"外炁"相合于
亡魂体内。

　　②"自炼五脏"之"五府内事"

　　除用于度亡外，"五府内事"还是一种自炼五脏之法。如
《度人经大法》卷三五称：

　　　　每日清旦焚香，面太阳，先摩两手心令极热，拭两目，
　　　次两耳两鼻，然后左右各摩三次。方掐四门诀，勒至中指中
　　　文，存东方青帝驾青龙，与自己肝中青炁青帝自眼出，合而
　　　为一，掐卯文，默念红杏，吸青炁，使津入肝。又次想西方
　　　白帝乘白龙，与自己肺中白炁白帝自鼻出，合而为一，掐西

①　（宋）宁全真授，（元）林灵真编：《灵宝领教济度金书》卷二八三，《道
藏》第 8 册，第 497 页。
②　同上。

文，默念磨真，吸白炁，使津入肺。次想南方赤帝驾赤龙，
与自己心中赤炁赤帝自口中出，合而为一，掐午文，默念袄
腊，吸赤炁，使津入心。次想北方黑帝驾黑龙，与自己肾中
黑炁黑帝自两耳出，合而为一，掐子文，默念墨黑，吸黑
炁，使津入肾。次想中央黄帝乘黄龙，与自己脾中黄炁黄帝
自唇中出，合而为一，掐中指中文，默念灵宝，吸黄炁，使
津入脾。想五藏五色郁勃充满，即心拜五方，念"金液炼
形咒"，并"太液咒"，取太阳炁九口，通彻内外矣。①

上文中有两种"五帝"：一为身中五帝，象征五脏内炁；二
指五方五帝，象征五方外炁。行炼时，法师存想身中五帝五炁自
五官而出，与身外五帝五炁混合，复将混合后的五炁吸入身中，
以充盈五脏。不难看出，其"合炁"之法与"天医全形"之五
府内事基本一致。只是，上文为自炼之法，注重"内五行"与
"外五行"的统一，故而主张"合炁养内"，即行者存服内外混
合之五炁以濡养五脏津液。而在"天医全形"中，"混合五炁"
用于布注亡魂，即"合炁寓亡"，故无服炁咽津之说。文中以
"卯、酉、午、子、中"五诀及默念"红杏、磨真"等五帝真讳
以存召五方五帝之说，与王氏《大法》及《济度金书》"天医全
形"之"五府内事"并无二致。只是，上文除存服五炁外，还
要存取太阳炁及诵诸咒，而"天医全形"则无此内容。上文首
句"每日清旦"云云，表明其"五府事"乃日常修炼之法，可
每日行之，而"天医全形"的五府内事为度亡之法，一般用于
炼度仪或黄箓斋科，即应事而用，非日行之法。

---

① 　（宋元）《灵宝无量度人上经大法》卷三五，《道藏》第 3 册，第 800—801 页。

需要说明的是，尽管"五府炼亡"与"五府自炼"用途各异，但二者之间并非是完全割裂的关系。如《度人经大法》卷三五《自炼形神品》云："凡阴魂不过二尺，在世喎邪跛躄，残疾刀兵，形骸不具，阴府亦然，当行五府事。"① 这里所说的"五府事"指的是"天医全形"之五府内事。但是，其后所载内容却无涉"五府炼亡"，而是详细介绍了"五府自炼"之法，即上引文。这种行文结构透露出："五府事"有度亡与自炼双重用途，而"五府自炼"应是"五府炼亡"的基础。法师惟有在平时修炼中常行五炁存炼之法，方能在登坛演科时熟练运用"混合五炁"以灌炼亡魂。

## 二　沐浴荡秽

在"天医全形"后，法师要行"沐浴"之法，以为亡魂荡涤阴翳障累。如《灵宝玉鉴》卷一云："衣食之计，皆由有身。饥寒迫身，则衣食是念。身既不能有生，衣食又将焉用。教之有此者，盖恐死者存日业想，障其良知，不能自悟，犹切切然衣食是求。故首之以黄华神水涤其旧染之污，次则以冥衣法食消其饥渴之害，然后使之闻经听法，受炼更生。凡所谓沐浴更衣，加持法食，乃为死者妄念设也。"② 在道教看来，亡魂无身无形，本无须凡世的衣食诸物，只因其生前为物质欲念所惑，死后亦将受此业识之羁绊，迷失本真、良难超脱。故而道教特设"沐浴""施食"诸法以慰其衣食之念，进而消除这些欲念妄想。所谓

① （宋元）《灵宝无量度人上经大法》卷三五，《道藏》第3册，第800页。
② （宋）《灵宝玉鉴》卷一，《道藏》第10册，第144—145页。

"沐浴"即以黄华真水荡炼阴累。"黄华"即月华，指月亮运经东井时，太阴真精与井宿之炁相激而成之黄色水华。"黄华沐浴"说由来已久，最初是一种修仙证真之法。① 宋代以后，其用途拓展至度亡仪式，演变为"沐浴亡灵之仪"，成为炼度仪及黄箓斋科的一个仪节。下文拟就道教"沐浴"法的发展历程略作梳理，以便对其演变轨迹有一初步之认识。

## （一）早期道教"沐浴身垢"之法

就用途而言，道教"沐浴"法可分为外沐浴与内沐浴两大类。"外沐浴"即沐发浴身，以涤除身垢；"内沐浴"即洗心涤虑，以涤除心垢。② 早期道教"沐浴"法多属"外沐浴"，而"内沐浴"则多见于内丹著述。早期道经所载"沐浴法"数量繁多、说法各异。如《太上大道三元品诫谢罪上法》称："凡修上法，常以正月十五日、七月十五日、十月十五日，平旦、正中、夜半三时，沐浴身形，五香自洗。"③ 这里讲的是，道徒应在三元日早、中、晚三时行忏仪之前，用"五香"煎水洗浴、荡除身秽。"五香"通常有两种说法：其一，指青木香。因青木华叶为五节，五五相结，能辟恶气、检魂魄、制鬼邪、致真灵。④ 其二，指兰香、荆花、零陵香、青木香、白檀五种植物，以之煎汤沐浴可辟妖邪、降神灵。⑤ 显然，《谢罪上法》所谓"五香自洗"当属"外沐浴"。又如《上清太上帝君九真中经》卷上称：

①　（东晋）《洞玄灵宝二十四生图经》，《道藏》第 34 册，第 338 页。（东晋）《上清黄气阳精三道顺行经》，《道藏》第 1 册，第 824 页。

②　（宋）张君房：《云笈七籤》卷四一，《道藏》第 22 册，第 283 页。

③　（东晋）《太上大道三元品诫谢罪上法》，《道藏》第 6 册，第 581 页。

④　（宋）张君房：《云笈七籤》卷四一，《道藏》第 22 册，第 282 页。

⑤　同上，第 282—283 页。

"欲行九真之法者，长斋清室，常以三月三日、五月五日、九月九日及本命日，用东流水沐浴五香之气，又以甲子日夜半沐浴毕，烧香于左右。"① 这是将"五香沐浴"（外沐浴）作为"九真之法"的前行环节。又，《真诰》卷一〇云："丹砂、雄黄、雌黄……可令许斧数沐浴，濯其水疾之气也，消其积考之瘕也，亦致真之阶。"②《无上秘要》卷六六《沐浴品》称："凡存念上道，祝除三尸之时，常当采取白芷草根及青木香，合以东流水，煮取其汗，以沐浴于身，辟诸血尸恶炁，亦可和香烧之，以致神明。"③ 由上不难看出，虽然上述沐浴法侧重点各有不同，或以特定时日立论（如《谢罪上法》宣称三元日"五香洗沐"为修证上法的途径之一）；或主张用某些特殊药材煎剂沐浴以祛疾辟邪。但是，这些沐浴法的目标是一致的，即皆用于去除身垢，并以之作为致真通灵的前提。不仅如此，道教还将"外沐浴"视为一种修真之道，与世俗所言"沐浴"有着本质的区别。

　　早期道教不仅对沐浴的时日、药材、水质以及取水方位等方面有特定的要求，还对沐浴之仪法有相应的规定。如《太上大道三元品诫谢罪上法》称："临沐浴时，向西南，以金杓回香汤，东南左转三十二过。闭眼思日光在左目上，月光在右目上，五星缨络头上，五色之云匝绕一身。……毕，仰咽三十二过止，便洗沐五神也。沐浴毕，冠带衣服，又叩齿十二通，咒曰：五浊已清，八景已明，今日受炼，罪灭福生。"④ 这一沐浴过程中伴

---

① （东晋）《上清太上帝君九真中经》卷上，《道藏》第34册，第33页。
② （梁）陶弘景：《真诰》卷一〇，《道藏》第20册，第547页。
③ （北周）《无上秘要》卷六六，《道藏》第25册，第219页。
④ （东晋）《太上大道三元品诫谢罪上法》，《道藏》第6册，第581页。

有存想、祝咒、叩齿、咽津等内容。文中"沐浴"有两层所指：其一，以"香汤"（五香）沐浴身形、去除身秽。其二，存服"日月五星"之炁灌炼五脏，即"洗沐五神"。需要说明的是，"洗沐五神"与"内沐浴"略有区别。"内沐浴"为洗心涤虑之义，常见于内丹著述，而"洗沐五神"乃存炼五脏之法。

又如《云笈七籤》卷四一云：

> 每以月一日、十五日、二十三日，一月三取三川之水一斛。一《经》云：三川水取三江口水。一《经》云：取三井水亦佳。鸡舌、青木香、零陵香、薰陆香、沉香五种各一两，捣内水中煮之，水沸便出，盛器之中，安著床上，书"通明符"著中以浴。未解衣，先东向叩齿二十四通，思头上有七星华盖，紫云覆满一室，神童散香在左，玉女执巾在右。毕，取水含仰漱左右三通，祝曰……毕，脱衣东向，先漱口三过，次洗手面，然后而浴也。①

《云笈七籤》称此法乃"天帝君沐浴上法，受之元始天王。按法修行，体香骨芳，得为帝皇"②。其"沐浴"属"外沐浴"，文中对沐浴用水、药材及仪法均有相应的要求，并明确宣称此沐浴法是一种修仙证真之法。其仪法主要有：取水（三川水或三井水），煎制浴汤，存想七星，书、沉"通明符"，叩齿咽津，祝咒等内容，并且要求按照口、手、面、身之序依次洗浴。

由上可知，早期道教"沐浴法"多属"外沐浴"，旨在去除身垢以通真致灵。同时，作为一种修真之道，它已具备一套较为

---

① （宋）张君房：《云笈七籤》卷四一，《道藏》第 22 册，第 283 页。
② 同上。

完整的仪法。宋代以后，道门中人将这类沐浴自炼之法加以改造用于度亡仪式，创制"沐浴亡灵之仪"，以之作为黄箓斋和炼度仪的重要仪节。大致地讲，宋前道教"沐浴法"与宋代道教"沐亡之仪"的差异主要体现在两个方面：其一，"沐浴"的对象及用途有了重大变化。早期"沐浴法"为道徒自炼之用，而黄箓斋及炼度仪之"沐浴"旨在为亡魂荡除阴累。其二，在仪法内容上，黄箓斋、炼度之"沐浴仪"较之早期"沐浴法"更为丰富。此外，宋代道教还将内丹所谓"内沐浴"之概念引入这类仪式当中。

### （二）宋代道教"沐浴亡灵"之仪

宋代道书关于"沐亡之仪"的记载可谓众说纷纭、莫衷一是，其存思内法亦不尽一致。笔者根据其炁法特点，将"沐亡之仪"划分为"外炁""内外合炁""内炁"三类。前两类是在早期道教沐浴自炼之法的基础上演变而来，而后者则有取于内丹道。

### 1. "外炁"类

"外炁"有两种，一是自然界之炁，[①] 一指法师意存外境所取之炁。这里所说的"外境"通常具有圣化的特点，如存想日月、星斗、天尊、众圣、诸天等。所谓"外炁"类沐浴仪是指法师通过存想"外境"之炁布注于水，化凡为圣——将凡水存变为法水，用以澡沐亡魂。以蒋氏《立成仪》卷二六"沐浴亡灵仪"为例，该仪式大致有五个步骤：其一，建男女浴室，以木桶贮净水；其二，诵咒请水，法师以杓搅水三十二转，以上应

---

① （宋）张君房：《云笈七籖》卷六一，《道藏》第 22 册，第 431 页。

三十二天（东、南、西、北各八天）；其三，引魂入浴室，用五香汤混合净水；其四，存五色云炁罩覆浴室，又存布三十二天、日月五星之炁交错水中，并诵沐浴诸咒荡炼亡魂；其五，诵"冠带咒"、焚"朝真衣"等。① 当中最重要的环节为第四步，即寓炁于水以为亡魂荡炼阴累。其"三十二天、日月五星"之炁乃法师意存外境之炁，可知该沐浴法率以"外炁"行事。

就仪法而言，蒋氏《立成仪》"沐浴亡灵仪"中的某些内容与早期道教"沐浴自炼"法有相近之处。比如，"五香汤"原为道徒沐发浴身之用，《立成仪》则以之沐亡。又如存想布炁之法，早期"沐浴自炼"亦有存想三十二天、日月五星之说。如《谢罪上法》云："临沐浴时，向西南，以金杓回香汤，东南左转三十二过。闭眼思日光在左目上，月光在右目上，五星缨络头，五色之云匝绕一身。"② 其以杓搅水三十二过，与蒋氏《立成仪》"搅水三十二转"之说相近，二者皆以"三十二"之数象征三十二天。沐浴时，修行者存想日月五星之炁缠布于身。而蒋氏《立成仪》则是将"三十二天、日月五星"之炁布注于水。不难看出，《谢罪上法》与《立成仪》存想之炁基本一致，只是在用途上存在差别而已。

2. "内外合炁"类

宋代有一部分道书主张以"内外合炁"变化"黄华真水"以澡炼亡魂。所谓"内外合炁"是指法师存想身内之炁与外境之炁相互混融，以此"合炁"行沐浴、水炼之法。至于"黄华

---

① （宋）蒋叔舆：《无上黄箓大斋立成仪》卷二六，《道藏》第9册，第532—533页。

② （东晋）《太上大道三元品诫谢罪上法》，《道藏》第6册，第581页。

真水"则是道教修行和斋醮仪式中一个极其重要的概念。"黄华"象征太阴真精，亦称"天河东井水"；"东井"即井宿，有八星，位于天河之源；"天河东井水"是指月亮运行至东井之时，与河源石景、水母二精相激而成之黄色水华，此即"黄华真水"。"黄华"具有自炼与炼亡双重用途，如《太极祭炼内法议略》卷中云："东井黄华，即天人之沐浴，世人却不可如此行，须两段作用乃合理，其为水则为一也。遇沐浴则为沐浴用，沐浴者，涤罪垢之法也。遇水炼则为水炼用，水炼者，育精魄之法也。"① 文中"天人以东井黄华沐浴"之说出自早期上清派。据东晋《上清黄气阳精三道顺行经》载："诸上仙万帝皆以立秋之日，悉诣广灵之堂东井之泉，沐浴自炼，更受津源通津之容也。"② 该经主述服日精月华之道，其"东井之泉"即黄华神水，③ 仙人以之自炼魂神。此外，"黄华"亦用于黄箓斋或炼度仪中的沐浴与水炼两个仪节中。

在沐浴亡灵仪式中，取"黄华真水"通常涉及一套复杂的存变仪法，其"取水"之法亦可溯源于早期上清派服食日月之道。如王氏《大法》卷五九云：

> 凡取东井黄华神水，以月内井宿之日，用月将加临宿直之上，逆数看井宿在何方，便于本方上取之。……取水候天拂明，日方离榑桑时，于东井中人未汲者。先以青纸，用雌黄书"请水符"，化于井中，掐乾文，西北炁入，执烛垂光照耀，下入水中。次汲水入净器内盛之，两手乾文，右瞬目

---

① （宋）郑所南：《太极祭炼内法议略》卷中，《道藏》第 10 册，第 457 页。
② （东晋）《上清黄气阳精三道顺行经》，《道藏》第 1 册，第 824 页。
③ 同上，第 826 页。

三次，运两肾炁，自夹脊升上至顶，取西北炁，自两鼻入顶交媾，运出水内，想水上火下，此是真水也。①

上文"取真水法"包括"取水"与"布炁变水"两个环节。所谓"取水"是指法师在月临井宿之日，于井宿方位的水井中取水俟炼。行仪时，法师先以焚符、掐诀布炁于井，次汲水盛于净器内。这类"取水法"始见于东晋上清派服食日月之道中。如《洞真太上八素真经服食日月皇华诀》云："月光黄，其气方精而圆象，运回而盈，度周而倾。常以月五日、十五日、二十五日，经于东井之上，沐浴灵晖，莹饰精芒，鲜明皇华也。当此之日，阳精流散，黄气内缠，皇华盈溢，普天纳真也。夫欲求仙，当以其日采黄华于东井，服阳精于日魂，润流九孔之内，神镇五府之宫。修行其道，上升月庭。月魄在东井之内，则日月通辉之户也。"② 这表明，早期上清派已将"采服黄华"作为一种求仙证真之法。《日月皇华诀》中"采服黄华"的程序有取水、书符、存思服炁、沐浴、服符等内容，如其称："夫欲采月皇华之道，当以月临东井之日，清旦取井华之水一瓮，露于中庭，夜半书'阳精玉胎炼仙之符'，置于水中，东向叩齿二十四通，临水祝曰……毕，取水一升，向月服之，便握固。存月中五色流精，皆来冠接一身，五色之中，又有月光黄气大如目童，累重数十，在月精五色之内，并从口中而入洞房，匝五藏，便向月吞精五十咽，咽液十过，又叩齿十通，微祝曰：……毕，以余水洗

---

① （宋）王契真：《上清灵宝大法》卷五九，《道藏》第31册，第251—252页。
② （东晋）《洞真太上八素真经服食日月皇华诀》，《道藏》第33册，第478页。

浴，浴讫还室，东向服'阳精玉胎炼仙符'。"① 不难看出，其取水环节与王氏《大法》"取真水法"所言相近，二书皆主张于月临井宿之日取井华之水。只是《日月皇华诀》用作修真，其"井华水"用于道徒自饮与沐浴，表示以"黄华真精"沐炼五脏。而王氏《大法》中的"黄华真水"则用于度亡，旨在为亡灵涤除罪垢、澡育精魄。

接下来，法师以"内外合炁"存变井水为"黄华真水"。王氏《大法》中的"内炁"指双肾之炁，"外炁"指西北炁。行持时，先运肾炁自督脉上入泥丸，次存吸西北炁自鼻入顶，二炁交媾于泥丸，遂将"内外合和"之炁布注前取井水中。这一过程即存变"黄华真水"。正荐沐浴时，法师将"黄华真水"洒于浴室，存想亡魂于室中荡涤阴累。如王氏《大法》卷五八云：

> 兆运化浴室为月景波光之相，结华之炁郁郁荡荡，双手剔子文，乃阴阳之炁。焚沐浴诸符，宣科诵咒。化月景阴白之光，如雨沾濡。次以水洒净三匝，化玉童玉女二人，手执香巾长帛，布宝光之炁，引导阴魂而入。又存一玉童手执玉瓶，瓶内甘泉白体，如倾雨之状，喷洒于上。五星斗光，亦自上炜烨灌注于宝瓶之内。亡人澡沐洗涤薰濛之炁，逼结其形，身相光莹。②

上文为正荐沐浴仪，大致可分为三个步骤。第一，法师存变浴室为"月景之相"，并以掐诀布"阴阳二炁"于室中，其"阴

---

① （东晋）《洞真太上八素真经服食日月皇华诀》，《道藏》第33册，第478—479页。

② （宋）王契真：《上清灵宝大法》卷五八，《道藏》第31册，第245—246页。

阳二炁"象征日精月华。① 第二，法师将"黄华真水"洒于浴室，存想玉童玉女二人引魂入浴。第三，存五星之炁下注玉童所执宝瓶，想瓶中甘泉澡沐亡魂。不难看出，"黄华真水"在沐浴过程中主要起洒净荡秽、变化浴室、荡炼阴累的作用。浴毕，法师行"变衣之法"② 以令亡魂更衣朝真。这类"变衣"说亦见于早期上清经。如《上清黄气阳精三道顺行经》云："诸后学道成及学士七祖应升天堂者，莫不经广寒之宫，入九炼之泉，受炼而升天也。受炼过，便得食青林之花实也。金翅之鸟皆以羽衣结为飞仙之服，给于受炼者，以登玉清上宫也。"③ 这是说，修道有成者死后皆入九炼之泉沐浴涤炼，并获赐羽衣仙服以上登玉清，这与王氏《大法》"变化仙衣"说有异曲同工之处。其一，两书皆于沐炼之后"衣仙衣"；其二，两书"仙衣"适用的对象皆为死魂。只是，王氏《大法》所谓"死魂"是指地狱罪魂，而《三道顺行经》则指修道者死后之魂，其魂上升广寒宫九炼泉，性质上有别于地狱罪魂。需要指出的是，"衣仙衣"只是早期道教关于修真者羽化登仙场景的一种设想，而宋代道教则通过创设"变衣之法"，将这种"想象中的场景"运用到度亡仪式中，以此象征亡魂受炼更生、超登阳域。

3. "内炁"类

"内炁"即身内之炁，"内炁"类沐浴仪是指法师以内炁所化津液为"黄华真水"以之澡浴亡魂。如《太极祭炼内法议略》卷中云："泥丸之下亦是河源，十二河源，即是十二经脉之源。

---

东井天河之水，即是神水，上升至泥丸而下润者，五行相生真
炁，即是五脏相生真炁。"① "东井"（井宿）本是二十八星宿之
一，位于天河之源，道书中常以"东井河源"并称。而《议略》
所言"东井""河源""天河水"等概念盖指法师身中之事，其
"天河之水"（黄华真水）乃由法师五脏真炁所化。又如《灵宝
玉鉴》卷三五云："夫华池之水，源自东井太阴之精……今夫人
形既亡矣，气既散矣，所以沐浴者，果何物哉？良由情欲渐染，
业垢昏蒙，生有所染，死亦未净者，亦平日念头不断故也。是以
灵宝大法沐浴之科，内以运天一真水，外以备五香之兰汤，赤龙
奋白石之源，太玄导黄华之气，启沃旧染，开厥故天。故五蕴空
则五浊皆清，一心悟则万缘俱净。"② 这段文字有两层所指：其
一，人死之后形亡气散，无身无形。因此，所谓"沐浴"非为
去除身垢，而是指消除心垢，即为亡魂荡涤一切业识妄念。其
二，上文"天一真水""五香兰汤"即沐浴所用的"内外法
水"。"天一真水"即"内法水"，出自肾宫水府。③ 法师内运肾
中真炁行沐浴之事，这一过程是不可见的，惟法师本人方能感
知。"五香兰汤"即"外法水"，为可见之物，乃沐浴法水外像
之设。仪式中真正起作用的是"内法水"。

　　"内炁"类沐浴仪与内丹修炼有密切联系，如《修真十书金
丹大成集》卷一〇云："真气薰蒸，神水灌溉为沐浴。"④ 这表明
内丹"沐浴"是以内炁所化津液濡养腑脏经脉。"沐浴"是内丹

---

① （宋）郑所南：《太极祭炼内法议略》卷中，《道藏》第10册，第448页。
② （宋）《灵宝玉鉴》卷三五，《道藏》第10册，第384页。
③ 如《灵宝无量度人上经大法》卷三五云："泉曲之府，是名肾宫，此主天一水位之精，则当存水神为水沼，以洗涤孤魂。"《道藏》第3册，第800页。
④ （元）萧廷芝：《修真十书金丹大成集》卷一〇，《道藏》第4册，第639页。

修炼必不可少之环节，常用以"止火防危"，如《大丹直指》卷上云："如行火大猛，遍身壮热，不可再进火，恐火炎熏烧头目，太阳作痛，口舌烧破，必伤药物。当灭息意，离中宫，听火自然，无不相伤，却不要外思邪想，须用沐浴。如行火至金木两停，欲飞不飞之时，欲济不济之际，最要正意守持，一念不生。若思念才生，即是尘垢。尘者，阴也；阴者，魔也。被魔所障，三关即闭不通也。须要斩除，其意一正，二气自合，以结大丹。"① 不难看出，"沐浴止火"是指行者内炼时的一种真定状态。所谓"正意守持，一念不生"，其"意"乃"无意之意"，即内想不出，外想不入，体内阴阳正炁自然循环运转，而非刻意存想之。又如《中和集》卷二称："夫最上一乘，无上至真之妙道也。以太虚为鼎、太极为炉、清净为丹基、无为为丹母……洗心涤虑为沐浴。"② 这里直接将"洗心涤虑"释为"沐浴"，并将其列入"最上乘"之丹法。这种说法亦见于某些"内炁"类沐浴仪。如《太极祭炼内法议略》卷中释"沐浴"称："非止外而濯形澡质，最要内而洗心涤虑，庶不徒为沐浴也。"③ 又，《丹阳祭炼内旨》曰："沐浴者，非独炼形濯质，实为洗心涤虑，心意不清，徒自劳耳。"④ 显然，"太极祭炼"与"丹阳祭炼"皆将"洗心涤虑"视为"沐浴"的核心义涵。其"洗心涤虑"是指法师心无染垢、无意无念的真定状态，这与内丹所谓"正意守持，一念不生"同义。

---

① （金）丘处机：《大丹直指》卷上，《道藏》第4册，第396页。
② （元）李道纯：《中和集》卷二，《道藏》第4册，第492页。
③ （宋）郑所南：《太极祭炼内法议略》卷中，《道藏》第10册，第457页。
④ （元）《道法会元》卷二一〇，《道藏》第30册，第314页。

需要说明的是，尽管"内炁"类沐浴仪在内法上有取于内丹道，但作为一种炼亡仪式，通常还要涉及焚符诵咒等仪式，而内丹沐浴则鲜涉外仪。此外，二者的用途及目的亦有区别，前者融内炼之法于沐浴亡魂的过程中，将法师自炼与浴炼亡灵结合起来，将仪式效用最大化——有效地兼顾了行炼者（法师）与受炼者（亡魂）双方的利益。而内丹沐浴则属于个人修炼的范畴，旨在"止火防危"。

由上文不难发现，"沐浴亡灵"之仪其实是在"沐浴自炼"之法的基础上发展演变而来。宋代道教将原本作为道教修真之用的"外沐浴"进行改造和补充（融入内丹修证之法）创制出沐浴亡灵之仪。值得注意的是，宋代以后的沐亡之仪通常都会用到"丹阳符"，甚至可说"丹阳符"是道教沐亡仪式必用之符，其重要性不言而喻。有鉴于此，下文拟就"丹阳符"的来源及用途略作说明。

### （三）"丹阳符"的出典及用途

"丹阳符"原名"黄炁阳精洞明灵符"，出自东晋《洞真上清青要紫书金根众经》，原本用于道徒沐浴自炼。如《太极祭炼内法议略》卷下云："丹阳符，本名黄炁阳精洞明灵符，出《道藏》上清部宙字函《青紫要书金根众经》上卷，本为修真之士炼形濯质，后仙公以祭鬼。"[1] 又，《丹阳祭炼内旨》称："丹阳符，一名黄炁阳精洞明灵符，出《青要紫书金根众经》上卷，本为修真之士炼形濯质，后仙翁用以炼鬼。"[2] 两书所言《青紫要书》或《青要紫书》，应即明正统《道藏》中的《洞真上清

---

① （宋）《太极祭炼内法议略》卷下，《道藏》第10册，第466页。
② （元）《道法会元》卷二一〇，《道藏》第30册，第317页。

青要紫书金根众经》，该经约成书于东晋，共两卷，其卷上载有
"黄炁阳精洞明灵符"，确为道徒"炼形濯质"之用。此外，《议
略》与《内旨》中的"仙公"仙翁"是指葛玄，所谓葛仙公以
"黄炁阳精洞明符"祭炼鬼魂乃后世附会之说。葛玄为汉末三国
时人，而祭炼法或炼度仪产生于北宋末年。不过，可以确定的
是，宋代以后"黄炁阳精洞明符"多以"丹阳符"之名出现于
黄箓斋或炼度仪中的沐浴仪节，用于澡浴亡魂、荡炼阴秽，见图
4—8 至 4—11。

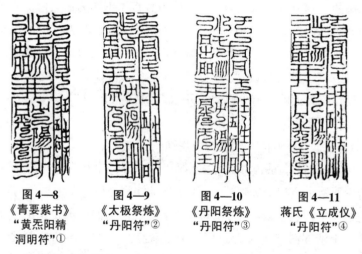

| 图 4—8 | 图 4—9 | 图 4—10 | 图 4—11 |
| --- | --- | --- | --- |
| 《青要紫书》 | 《太极祭炼》 | 《丹阳祭炼》 | 蒋氏《立成仪》 |
| "黄炁阳精 | "丹阳符"② | "丹阳符"③ | "丹阳符"④ |
| 洞明符"① | | | |

由上图不难看出，《青要紫书》"黄炁阳精洞明符"与宋代
诸书所载"丹阳符"基本一致，可知该符的符形自东晋至宋代

---

① （东晋）《洞真上清青要紫书金根众经》卷上，《道藏》第 33 册，第 425 页。
② （宋）《太极祭炼内法》卷上，《道藏》第 10 册，第 445 页。
③ （元）《道法会元》卷二一〇，《道藏》第 30 册，第 317 页。
④ （宋）蒋叔舆：《无上黄箓大斋立成仪》卷四三，《道藏》第 9 册，第 627
页。蒋氏《立成仪》"丹阳符"全称为"黄炁阳精洞明丹阳炼度灵符"。

几乎没有变化。只是宋代诸书多以"丹阳符"称之，盖因宋人假托葛仙公始以此符祭炼幽冥，而仙公本为丹阳句容人，故以"丹阳"之名指称"黄炁阳精洞明符"。然而值得注意的是，尽管该符的符形自晋至宋基本保持一致，但在书符内法及用途上却有较大变化，详如下。

《青要紫书》中的"黄炁阳精洞明符"用于道徒沐浴自炼。如其称：

> 修上清玉霞紫暎内观之道，白日升玄之法，常以月生三日，取东井皇华之精三升，井华水也。盛以金器之中，铜器亦佳，露著中庭。……兆东向，书"黄炁阳精洞明灵符"，投著皇华器中。转西向，叩齿二十四通，仰呼曰：月魄暧箫芬……凡二十四字。毕，闭眼存月中五色流精紫光，下冠兆身，洞匝一形，存月中有一真人，形长九寸，头戴紫冠，通身衣黄锦飞裙，下在兆头上，口引月中黄华，以灌激兆形，便临皇华器中暎月光而微咒曰……毕，仰向月二十四咽止。取皇华向月洗目及通身自盥洗。毕，余残悉放东流之水。行此九年，目睹空洞，彻见万里，逆见吉凶，炼容易体，面有玉精，体生紫光，乘空驾虚，飞行上清。①

不难看出，上文"黄炁阳精洞明符"是早期上清派存服月华之道的重要内容之一。该符要与"井华水"配合行用，并伴有存想、诵咒、叩齿、咽津诸法。"井华水"即"皇华"（黄华之水），亦即月临井宿之日，于井宿方水井处所取之水，象征太阴真精。其"黄炁阳精洞明符"的书符仪法甚为简易，只需叩

---

① （东晋）《洞真上清青要紫书金根众经》卷上，《道藏》第33册，第425页。

齿、诵咒即可。具体地说，书符时，首先行者面东向，以黄笔书
符于青纸上，遂叩齿十二通，诵咒毕，将该符置于盛"井华水"
的器皿中（皇华器）。① 其次，行者存想月中五色流精灌炼己身，
并降注于"皇华水"。最后，诵咒、咽津，用"皇华水"洗目、
浴身，并将沐浴所余"皇华"置于"东流之水"。这一过程即存
服月华之法，经中称为"上清玉霞紫暎内观之道"，宣称修此道
九年即可飞升成仙。宋代以后，该符的用途从自炼转为度亡，常
用于沐浴亡灵的仪式中，其书符内法及存变之法明显有别于
《青要紫书》。据《太极祭炼内法》卷上载：

> 丹阳符，作用黄炁阳精内事。掐中指中文，默坐，存腰
> 后两肾中间，有一点之白极明，须臾，大如月轮，即升而照
> 耀于中宫黄炁之中，心下肾上，水火交媾处，曰：中宫坎离
> 自然交媾。便觉玉池水生，然后升月轮于顶上，遂见顶上月
> 中流五色流精紫光之炁，即鼻引入口中，吹在符上，又取五
> 行相生真炁并吹于符上。②

这里的"黄炁阳精"盖言内事，是指法师身中阴阳正炁。
其"丹阳符"所寓之炁率为内炁，有两层所指：其一，为心肾
相交之炁。即法师于静定之中行坎离交媾之道会于中宫黄庭之
炁。这类炁法即内丹所谓"水火既济"之法。其二，为五行相
生真炁，即五脏之炁。如《太极祭炼内法议略》卷中云："泥丸
之下亦是河源，十二河源，即是十二经脉之源。东井天河之水，
即是神水，上升至泥丸而下润者，五行相生真炁，即是五脏相生

① （东晋）《洞真上清青要紫书金根众经》卷上，《道藏》第33册，第426页。
② （宋）郑所南：《太极祭炼内法》卷上，《道藏》第10册，第445—446页。

真炁。"① 这是说，法师内运五脏之炁自督脉上朝泥丸化为"黄华真水"，口中甘津满溢即是"真水"之外侯，于此时吹布"五炁"入符。这一过程在内丹著述中称为"五气朝元"。② 由上可见，《太极祭炼内法》"丹阳符"的书符内法实有取于内丹道，与东晋上清派《青要紫书》中的叩齿、诵咒之法有本质的区别。

　　正荐时，法师焚"丹阳符"于沐浴池（水盂），即意味着将符中所寓内炁布入池中，并存想浴池化为无边汪洋，亡魂于水中各得五行真炁完形复性，沐浴荡秽。次诵"丹阳咒"，存见众魂出浴，体相洁净，皆着仙衣。显然，《太极祭炼内法》"沐浴"存想的内容完全不同于《青要紫书》。在《青要紫书》中，修真者是以"黄炁阳精符"沉于"井华水"，存想月华布注己身及"井华水"，再以此水沐浴身形。由此可知，《太极祭炼内法》"沐浴仪"是以存炼内炁为核心，仪式中起关键作用的是法师身中"黄华真水"，而非《青要紫书》所谓"月临井宿"之"井华水"。并且，《太极祭炼内法》"丹阳符"的书符内法与布炁于池的过程中涉及水火既济、五气朝元之法，而《青要紫书》则无此说。

　　综上所述，宋代道教沐亡仪式中的"丹阳符"源自早期上清派道徒自炼所用"黄炁阳精洞明符"。宋代道门中人在保留该符的同时，又对其书符内法和宗教功能进行调整，赋予"丹阳符"新的意义及用途。这也从一个侧面反映了宋代沐亡之仪与早期道教沐浴自炼法之间的关联。

---

① （宋）郑所南：《太极祭炼内法议略》卷中，《道藏》第 10 册，第 448 页。
② （元）牛道淳注：《文始真经注》卷六，《道藏》第 14 册，第 664 页。（元）萧廷芝：《修真十书金丹大成集》卷一〇，《道藏》第 4 册，第 639 页。

# 第五章　宋代炼度仪的主要仪节(二)

## 第一节　施　食

"施食"，① 亦称"判斛"，② 是指法师施法为亡魂变施法食以济其饥渴、慰其想念。③ 在宋代，"施食"通常作为炼度仪或黄箓斋的一个仪节，须与"水火炼"配合行用，而独立成科且不含"水火炼"的施食仪约出现于明代以后。④ 有学者指出，汉代道教已有"天厨贻食"之信仰，且与"太阴炼形"密切相关，

---

① 相关研究请参见刘仲宇：《道教法术》，上海：上海文化出版社，2002年，第330—337页。陈耀庭：《道教礼仪》，北京：宗教文化出版社，2003年，第115—125页。张泽洪：《道教礼仪学》，北京：宗教文化出版社，2012年，第171—180页。

② （宋）《灵宝玉鉴》卷三，《道藏》第10册，第153页。《玉箓济幽判斛仪》，《道藏》第9册，第178—181页。该书未题撰者，成书时间不详。

③ （宋）宁全真授，（元）林灵真编：《灵宝领教济度金书》卷三二○，《道藏》第8册，第820页。

④ 陈耀庭：《道教礼仪》，北京：宗教文化出版社，2003年，第120—121页。在独立成科的施食仪中，法师只需判法食即可度亡超升，无需"水火炼"。如《灵宝施食法》，《道藏》第34册，第772—773页；《道法会元》卷二○七《太极葛仙翁施食法》，《道藏》第30册，第305—307页；《青玄济炼铁罐施食仪》，《藏外道书》第14册，第589—635页。以上"施食法"皆属"有祭无炼"。

认为"天厨赆食"乃道教施食炼度科仪之源。"天厨赆食"是指人死之后在其尸解成仙之际，由"天厨"供予饮食以解其升仙过程之饥乏。① 值得注意的是，"天厨赆食"的对象为尸解仙，是天界对世人尸解成仙的褒奖。后世道教"施食"的对象为亡魂，是法师凭借一己之力完成对亡魂的救度。在"施食"之后，亡魂还须经由"水火炼度"方能超升成仙。也就是说，亡魂在享食受祭时尚未炼化成仙，而"天厨赆食"之时死者已经成仙。再者，"天厨赆食"只是一种信仰或者观念而已，尚不具备一套具体的、可操作的仪法。即便仅从观念上看，"天厨"供以饮食与法师变施法食，二者之间似乎并不存在连续性的生成关系。事实上，道教施食仪的形成与佛教施食仪轨有密切关联。大致地讲，道教施食仪的发展经历了"施诸圣供""净供祭鬼""施食亡魂"三个阶段，每一阶段均有受佛教影响之痕迹。比如，道教"施诸圣供"受佛教盂兰盆会及盂兰盆经系的影响颇深；"净供祭鬼"则是早期道教"食祭鬼神"与佛教"无相施"结合的产物；"施食亡魂"则有取于唐密瑜伽焰口仪轨。就时间上讲，"施诸圣供"与"净供祭鬼"盛行于唐代，"施食亡魂"约形成于宋代。需要指出的是，道教施食仪对佛教的借鉴并非生搬硬套，而是以道教固有之信仰及义理对其加以改造而成的。

---

① 姜生：《汉代天厨赆食信仰与道教施食炼度科仪之起源》，《中国道教》2016年第1期，第45—49页。

## 一　道教施食之演变

### （一）"施诸圣供"

"施食"是佛道二教共有的度亡仪式，通常释为施食亡魂、度其往生。然而"施食"最初的含义不是指施食亡魂，而是指施主向僧众布施食物及诸供养以积累功德，借功德之力济拔先亡。唐密焰口仪轨传入后，"施食"之义有了很大的变化，即从斋僧以食转变为施食予亡魂。焰口施食，是指密教法师以观想、诵咒、结印等方式为亡魂变施法食以济拔之。道教"施食"之义也经历了从"施诸圣供"到"施食亡魂"的转变，"施诸圣供"是指道教信众施予天尊道众之供养，当中包含饮食，此为俗食；而施予亡魂之食，是经道教法师施法加持过的食物，此为法食。两种施食都用于度亡，但前者的济拔路径为：供养道众——斋主功德——超度先亡；而后者则是法师以法力直接为亡魂变施法食，度其升天。

关于佛、道二教施食仪的交涉，学界已有所论及，如陈耀庭先生认为密教焰口与道教的施食仪具有某种联系，但未就这一联系作一步解析。[①] 刘仲宇先生在《道教法术》中将四种炼度科仪与佛教瑜伽焰口、天机焰口的仪式程序作了详尽比较，指出炼度与焰口的根本差别在于佛教施食有祭无炼，而道教炼度则祭、炼并存。[②] 前贤已注意到道教施食、炼度与佛教焰口之间的关联。然而，为救度饿鬼而设的佛教施食仪，除唐代不空传译的《瑜

---

① 陈耀庭：《道教礼仪》，北京：宗教文化出版社，2003 年，第 123—125 页。
② 刘仲宇：《道教法术》，上海：上海文化出版社，2002 年，第 330—337 页。

伽焰口》一系外，还有水陆仪文系和盂兰盆经系，[①] 这三大施食仪系统都曾在不同时期影响了道教施食仪的发展。从时间上说，盂兰盆经系是最早影响道教施食仪的一组佛经，唐代道教的中元普度在一定程度上曾受到佛教盂兰盆会的影响。盂兰盆会因盂兰盆经系而产生，信众于七月十五日通过供养、布施佛菩萨及僧众以建立功德，并将此功德转予先亡，以救度祖先脱离恶趣。该节日的特殊之处在于以布施和"功德转让"的方式将僧、俗、祖先三者的利益巧妙地联系起来，[②] 即布施僧众——获取功德——转让功德——度脱先亡。盂兰盆经系以《佛说盂兰盆经》[③] 和《佛说报恩奉盆经》为基本经典，约问世于公元400—500年，[④] 唐代以降逐渐产生了一批阐释这两部佛经的经疏，还出现了如

---

① 吉冈义丰先生指出，中国佛教施饿鬼法仪轨有三大系统，即盂兰盆经系、水陆仪文系、瑜伽焰口经系。参见氏著：《道教と佛教》第一卷，东京：日本学术振兴会，1959年，第369—431页。

② ［美］太史文著，侯旭东译：《幽灵的节日：中国中世纪的信仰与生活》（*The Ghost Festival in Medieval China*），杭州：浙江人民出版社，1999年，第1—2页。

③ 萧登福先生认为《佛说盂兰盆经》是西晋竺法护仿道教中元节救赎先亡而作。此说不确。该经不是西晋竺法护所作。其次，早期道教通常以"三元"作为道徒忏罪解过之日，而非用于超度先亡，"中元度祖"之说出现较晚。参见氏著：《道教与佛教》，台北：东大图书公司，1995年，第236—242页。

④ 关于《佛说盂兰盆经》成书时间有两种说法：第一种是佛教内部的观点，认为该经为西晋竺法护所译，此说始见于隋代费长房《历代三宝记》卷六，《大正藏》第49册，第64页。唐代以后，佛门内部大多沿用费氏所说。第二种是学界的观点，认为《佛说盂兰盆经》与《佛说报恩奉盆经》约出自公元5、6世纪。据太史文先生考证，佛经中最早提到《盂兰盆经》的是僧祐（445—518）《出三藏记集》。此外，成书于公元516年的《经律异相》卷一四《目连为母造盆》节引《佛说报恩奉盆经》，并称其出自《盂兰》。显然，《经律异相》是将《盂兰盆经》与《报恩奉盆经》混淆了。但这也透露出《报恩奉盆经》至迟在六世纪初已与《盂兰盆经》并行于世。《大正藏》第53册，第74页。有关《佛说盂兰盆经》与《佛说报恩奉盆经》的研究参见：［美］太史文著，侯旭东译：《幽灵的节日：中国中世纪的信仰与生活》（*The Ghost Festival in Medieval China*），杭州：浙江人民出版社，1999年，第43—48页。

《净土盂兰盆经》一类的伪经①以及《大目乾连冥间救母变文》等《藏》外文献②。下文将结合有关道教经典，讨论佛教盂兰盆会对于唐代道教中元普度施食的影响。

1. 《甄正论》中的《大献经》

道教施食产生于何时？据现存材料尚难以判定。但可以确定的是，唐代道教已于中元节行普度施食，不过这类施食的对象是天尊和道众，而非亡魂。斋主通过供养、布施道众，为祖先建福修斋令其脱离苦趣。如《太上洞玄灵宝三元玉京玄都大献经》云："采诸花果，依以五色，世间所有众奇异物，道具名珍，绫文锦绮，玩弄服饰，十绝幡幢，宝盖庄严，供养之具，肴膳饮食，百味芬芳，献诸众圣及道士等。"③ 其供养之物既有食物，也有世间"众奇异物"④。显然，唐代中元施食是指斋主施诸福供于道教教团，与宋代道教由法师施食于亡魂有本质的区别。

中元节源于古老的三官信仰，道教认为七月十五日是地官检巡世人罪福的日子，信徒于此日建斋诵经，请谢修行，可解罪除过，获福无量。然而入唐以后，随着目连救母故事的广泛传播，⑤ 尤其是故事中报父母恩的思想非常贴近中土慎终追远的孝道传统，使盂兰盆会在中国产生了巨大的社会影响。其中，不仅

---

① 据唐代智升《开元释教录》卷一八载："《净土盂兰盆经》一卷五纸，右一经，新旧之录皆未曾载，时俗传行将为正典，细寻文句亦涉人情，事须审详且附疑录。"这表明佛教内部视《净土盂兰盆经》为伪经，《大正藏》第 55 册，第 671—672 页。

② 关于《大目乾连冥间救母变文》参见周绍良编：《敦煌变文汇录》，上海：上海出版公司，1955 年，第 149—185 页。

③ （唐）《太上洞玄灵宝三元玉京玄都大献经》，《道藏》第 6 册，第 272 页。

④ 同上。

⑤ 目连之母青提因生前恶业死后沦为饿鬼。在佛祖的指引下，目连于七月十五日广设供养建大功德，其母蒙此功德于是日得脱饿鬼之苦。

包括中元节的兴起，甚至还出现了道教仿盂兰盆会而作的道经，这表明唐代道教已开始借鉴佛教的普度施食。据唐代玄嶷《甄正论》卷三载：

> 自唐以来，即有益州道士黎兴、澧州道士方长共造《海空经》十卷。……道士刘无待又造《大献经》以拟盂兰盆，并造《九幽经》将类罪福报应。[①]

上文所谓《大献经》现存两个版本，即敦煌写本 S. 3061《太上洞玄灵宝中元玉京玄都大献经》[②] 和《道藏》本《太上洞玄灵宝三元玉京玄都大献经》，后者系注解本。吕鹏志先生指出，这两个版本均被人窜改过，而非原本《大献经》，原本《大献经》成书时间上限为四五世纪之交。[③]《道藏》本《太上洞玄灵宝三元玉京玄都大献经》应即《甄正论》所说《大献经》，其作者为唐代道士刘无待。又，《甄正论》成书于武周时期，《道藏》本《大献经》的问世当早于前者。《道藏》本《大献经》虽冠以"三元"之名，并沿用了三元三官考校功过之说，看似与传统的三元三官信仰无甚区别，但细究之下却会发现其有意抬高"中元"在三元中的地位。如其称：

> 中元通括上下，一切都和勘当，饿鬼囚徒，并在今日。但今日中元，道摄上下二元，其功最重。故玄都献法，拔度先亡，所以不言天官、水官，唯称中元者，唯中元地官。地

---

① （唐）释玄嶷：《甄正论》卷三，《大正藏》第 52 册，第 569 页。
② 李德范辑：《敦煌道藏》，第 2 册，第 1063—1065 页。
③ 吕鹏志：〈灵宝三元斋和道教中元节——《太上洞玄灵宝三元品戒经》考论〉，《文史》2013 年第 1 辑，第 164—174 页。

官处中，中是正色，故举中元，以摄上下。又万物至秋，皆悉成结，所以取其方金即熟。故以七月十五日中元之辰，以为供养，又一切饿鬼罪魂，今日皆蒙释放。①

不难看出，上文以中元统摄上、下二元的说法有别于传统的三元三官说。早期道教以正月十五、七月十五、十月十五分别为天、地、水三官纠察人间善恶的日子，三元三官各司其责、地位平等，并没有特别抬高"某元""某官"。除三官监察外，还认为人之身神也会在此三日中向三官奏禀人之功过，② 故而早期道教通常将三元视为道徒忏罪除过之日。如陆修静《洞玄灵宝五感文·众斋法》云："三元斋，学士一年三过，自谢涉学犯戒之罪。法以正月、七月、十月，皆用月半日，一日三时沐浴，三时行道，于斋堂中礼谢二十一方也。"③ 又如《太上大道三元品诫谢罪上法》称："谨以三元大庆吉日，清斋烧香，首谢前身及乎今日积行所犯，天所不原，地所不赦，神所不哀，鬼所不放……乞赐大恩，一切原除宿身今生所犯之罪。"④

《道藏》本《大献经》特别强调中元是孝敬祖先、济拔先亡的节日，这有别于早期道教视中元为道徒忏罪除过之日。如该经主张子孙应于七月十五日"令孝养父母，为过去先亡采拾人间所有珍奇异物，仿效玄都玉京，以为供养之具，献诸十方众圣及道士等，救拔过往亡灵地狱之苦。"⑤ 同时，该经救度祖先的方

① （唐）《太上洞玄灵宝三元玉京玄都大献经》，《道藏》第 6 册，第 275 页。
② （东晋）《太上洞玄灵宝三元品戒功德轻重经》，《道藏》第 6 册，第 879 页。
③ （东晋）陆修静：《洞玄灵宝五感文》，《道藏》第 32 册，第 620 页。
④ （东晋）《太上大道三元品诫谢罪上法》，《道藏》第 6 册，第 582 页。
⑤ （唐）《太上洞玄灵宝三元玉京玄都大献经》，《道藏》第 6 册，第 272 页。

式与盂兰盆会非常相似，如其主张通过信众"立功树福田"① 和道众修斋诵经来度脱祖先，盂兰盆会也是以施主的功德和僧众的祈愿超度先亡。此外，《道藏》本《大献经》称："中元教戒之日，玄都大献之晨，常须建福修斋，行道讲经，供养三宝，拔度亡灵"，② "当愿九玄七祖，法界苍生，凭兹供养之因，并获天堂之果报"，③ 意即斋主供养道众为祖先广造福田，祖先蒙此福田往生天堂。这种把道、俗、祖先三者相结合的做法，与盂兰盆会以布施和功德转让将僧、俗、祖先三者利益联系起来的做法如出一辙。

《道藏》本《大献经》中的因果报应说和诸大地狱场景的描述大多直接采用佛教的说法，并且沿用《老子化胡经》的套路，将佛祖诞生的传说改造为老君降世说。如《大献经》载："苦县君子，即是老君应身，玄妙玉女割左腋而生于陈郡苦县……东西南北行九步，因即能言，自指李树为姓，天上天下，唯我独尊。即九龙从地踊出，吐水沐浴，出龙之地，便为九井，至今见在。"④ 这段文字与《老子化胡经》所载老君降生时的种种神迹大同小异。⑤

由上可见，《道藏》本《大献经》试图赋予"中元"以特殊的地位，以孝行重新阐释该节日的意义，使原本为忏罪除过而

---

① （唐）《太上洞玄灵宝三元玉京玄都大献经》，《道藏》第6册，第271页。
② 同上，第275页。
③ 同上，第272页。
④ 同上。
⑤ 如《老子化胡经》云："是时太上老君，以殷王汤甲庚申之岁……入于玉女玄妙口中，寄胎为人。庚辰二月十五日诞生于亳。九龙吐水灌洗其形，化为九井。尔时老君须发皓白，登即能行，步生莲花，乃至于九，左手指天，右手指地，而告人曰：'天上天下，唯我独尊。'"《大正藏》第54册，第1266页。

设的中元日转变为子孙救度祖先的特殊日子。此外，该经还直接
采用佛教的因果说、地狱说，并将佛祖诞生的传说改造为老君降
世的神话。凡此种种，均显示《道藏》本《大献经》应即《甄
正论》提到的仿盂兰盆会而作的《大献经》。为进一步证明这种
推测，下文拟对《佛说盂兰盆经》《佛说报恩奉盆经》和《道
藏》本《大献经》的内容作一比较。

2. 《盂兰盆经》《报恩奉盆经》《大献经》的内容及其比较

(1)《盂兰盆经》《报恩奉盆经》之施食

前文提到，《佛说盂兰盆经》《佛说报恩奉盆经》为盂兰盆
经系的基本经典，前者篇幅长于后者，两经在内容上既有相同也
有互补之处。需要说明的是，通常所说的《盂兰盆经》或《盂
兰经》是指《佛说盂兰盆经》，但佛教内部也曾出现过将《盂兰
盆经》与《佛说报恩奉盆经》混为一谈的情况，[①]两经都主张施
主于七月十五日设盂兰盆供养佛菩萨及僧众，以此功德救度七世
父母。不过在仪式内容上，《盂兰盆经》的记载更为详细，其中
有两段经文值得注意，一是："时佛敕十方众僧，皆先为施主家
咒愿七世父母，行禅定意然后受食。"[②] 二为目连问佛祖："弟子
所生父母得蒙三宝功德之力，众僧威神之力故。若未来世一切佛
弟子行孝顺者，亦应奉此盂兰盆救度现在父母乃至七世父母，为
可尔不？"[③] 两段经文透露了三层信息：其一，盂兰盆会施食的
对象是佛祖、菩萨和僧众，施食的主体为施主；其二，祖先得度

---

① 《经律异相》卷一四《目连为母造盆》节引《佛说报恩奉盆经》的内容，
并称其出自《盂兰经》。参见《大正藏》第53册，第74页。
② 《佛说盂兰盆经》，《大正藏》第16册，第779页。
③ 同上。

基于两种力量，即子孙供养僧众的功德之力和僧众行咒愿、禅定的威神之力；其三，仪式内容主要为施主的设斋供僧，僧伽的咒愿与禅定。这表明盂兰盆会的施食最初是为佛教教团所设，而非后世施食饿鬼之说，虽然该节日旨在救拔祖先亡灵，但其救度方式不是由僧人施食亡魂，而是依靠子孙的功德和僧团的力量。也就是说，盂兰盆会的施食只是施主积累功德的一种必要途径，而非济拔先亡的直接手段。中唐以后，随着密教焰口经系的传译，焰口仪轨逐渐影响了传统的施食概念。焰口施食，即"无量威德自在光明如来陀尼法"，① 是一种以密言、观想、手印等方式变施法食救度饿鬼的密教仪法。从仪的层面说，焰口是一种度亡仪式；从法的层面讲，它是一种密教修持方法，可每日行之。如《瑜伽集要救阿难陀罗尼焰口轨仪经》称："修行行者当于斋时及一切时，为诸饿鬼及余鬼神出于饮食盛净器内，候于人定（亥时）加持，布施无量饿鬼及余鬼神便能具足无量福德。"② 可知焰口施食的对象为无量饿鬼，而非佛教僧团；焰口施食的主体为僧人，而非施主。从本质上讲，焰口仪轨是一种修行法门，该法门以悲田立论，修行者借助陀罗尼的威力，并融合内修观想等方式救度饿鬼，把个人修行与超度亡灵结合起来（即修即度），实有别于《盂兰盆经》《报恩奉盆经》以功德转让济拔先亡的救度观念及方式，且《盂兰盆经》《报恩奉盆经》亦不具有修持层面的意义。宋代以降，焰口不仅可以独立使用，还被融入水陆法会和盂兰盆会中，丰富了两类法会的内容。周叔迦先生曾指出，

---

① （唐）不空译：《瑜伽集要救阿难陀罗尼焰口轨仪经》，《大正藏》第 21 册，第 469 页。

② 同上，第 472 页。

宋代佛教出现了焰口施食、冥道无遮大斋和水陆仪式混同的情形。① 又如释仪润《百丈丛林清规证义记》卷八《兰盆仪轨摘要》载："今《清规》有中元施食之条，则是日献兰盆，奉敬三宝；夜施斛食，普济鬼神，乃两全之法也。"② "夜施斛食"即放焰口，可见后世盂兰盆会的施食包含布施僧团和施食饿鬼两层涵义，布施僧团之施食是子孙为先亡积累功德的一种途径，而施食饿鬼则是法师济拔亡魂的一种救度手段。

（2）《道藏》本《大献经》"施诸圣供"及其斋仪

《大献经》中的"施诸圣供"与《盂兰盆经》《报恩奉盆经》设供斋僧相类。《大献经》供养、施食的对象为天尊、诸圣和道众，而非亡魂，其称："为过去先亡采拾人间所有珍奇异物，仿效玄都玉京，以为供养之具，献诸十方圣众及道士等，救拔过往亡灵地狱之苦。当愿九玄七祖，法界苍生，凭兹供养之因，并获天堂之果报。"③ 又如该经称，于七月十五日"作玄都大献，仿玉京山，采诸花果，依以五色，世间所有众奇异物……献诸众圣及道士等"④，可知斋主通过供养道教教团以拔度祖先，其供养之物较盂兰盆会更为广泛，既有食物，也有"众奇异物"。在救度方式上，《大献经》以斋主设供建造福田和道众修斋诵经来救度祖先，这与《盂兰盆经》《报恩奉盆经》以布施之功德和僧众的祈愿度脱祖先相似，但在具体仪式上，佛、道二教

---

① 慈怡主编，星云大师监修：《佛光大辞典》，台北：佛光文化事业有限公司，1988 年，第 5065—5067 页。

② （清）释仪润：《百丈丛林清规证义记》卷八，《卍新纂续藏经》第 63 册，台北：新文丰出版公司，1997 年，第 506 页。

③ （唐）《太上洞玄灵宝三元玉京玄都大献经》，《道藏》第 6 册，第 272 页。

④ 同上。

存在差别。

《大献经》有一套完备的斋仪，① 既保留了部分传统三元斋的仪式，同时还加入了灯仪、诵经等新内容。如该经称：

> 三元斋日，皆须讲说是经，勤修礼拜，六时行道，香汤洁己，过中不味，内外恬夷，淡泊无为，不交人事，先授十戒，静心闭意，思神念真，想存在法。②

上文的"香汤洁己、思神念真"云云，乃传统三元斋仪的内容。如《太上大道三元品诫谢罪上法》称："夫为学者，身经三元上吉之日，香汤自炼，沐浴五神，则气澄形正，神爽结真，体不受秽，气不受尘，三关清虚，万邪不干，三部八景，洞明身中。"③ 不过，《谢罪上法》中的斋仪是为修道者忏罪谢过而设，其最终目的是为了道徒登真成仙；而《玄都大献经》之目的是济拔祖先、往生天堂。换言之，尽管《大献经》保留了部分早期三元斋仪，但仪式的用途已异于从前。此外，上文所谓"讲说是经"，其"经"即《大献经》。《大献经》自称为元始天尊所传大献拔度之经，尤其强调诵读该经的开度功能，如其称："于是十方及道士等，感此至言，为之诵咏，上通九亿，下彻六天，地狱罪人，一时解脱。"④ 这种通过突显"经"的神圣性，赋予"经"以济生度亡功能的做法在古灵宝经中已屡见不鲜，如《度人经》⑤《洞玄灵宝自然九天生神章经》⑥ 等，但古灵宝

---

① 刘仲宇：《道教法术》，上海：上海文化出版社，2002 年，第 467 页。
② （唐）《太上洞玄灵宝三元玉京玄都大献经》，《道藏》第 6 册，第 274 页。
③ （唐）《太上大道三元品诫谢罪上法》，《道藏》第 6 册，第 586 页。
④ （唐）《太上洞玄灵宝三元玉京玄都大献经》，《道藏》第 6 册，第 272 页。
⑤ （东晋）《灵宝无量度人上品妙经》卷一，《道藏》第 1 册，第 2 页。
⑥ （东晋）《洞玄灵宝自然九天生神章经》，《道藏》第 5 册，第 844 页。

经中济拔的对象多为"太上清信弟子"，即道教信仰者这一特定群体。而《大献经》的救度对象乃上至天子下及兆民一切人等的祖先，其称："大献者，此经普校人天，仿学玄都大献之法，拔赎一切亡灵，愿行该广，故称大献。……故上从天子，下及兆人，若能遇此宝经，依文修选，采诸花果百味芬芳，备尽人间珍奇异物，列情励志，造大献盘，种种庄严，虔心供养。"① 其"拔赎一切亡灵"已具有普度的意义，救度对象不再仅限于道教信仰者及其祖先。② 除诵经外，《大献经》还以灯仪作为开度手段，其称："每于大献之（日），皆令启请法师，日夜六时，修斋讲说。其日夜者，即是今七月十五日夜，于此日当修斋建讲，烧香然灯，照耀诸天，九幽之内，八门之中。"③ 而早期三元斋仪则无灯仪之说，更多地是以礼方行忏为主，如陆修静《洞玄灵宝五感文》称修道者于三元日"一日三时沐浴，三时行道，于斋堂中礼谢二十一方也"④。

（3）《盂兰盆经》《报恩奉盆经》《大献经》之比较

尽管《盂兰盆经》《报恩奉盆经》的篇幅长短有别，但两经在祖先救度的思路上完全相同，皆以斋主施供之功德力和僧团咒愿、禅定的威神之力超度先亡。如《盂兰盆经》载：

---

① （唐）《太上洞玄灵宝三元玉京玄都大献经》，《道藏》第6册，第267页。

② 刘屹先生指出，六朝道经关注的"七世父母"是指信道者的祖先。由于信仰道教的关系，信道者本人及其祖先，相对于那些没有道教信仰的人而言，具有道德上的优越性，可获得道教神真的救度。而没有道教信仰的人及其祖先死后，仍然要沦为孤魂野鬼。总之，在六朝道教观念中，并非所有人的祖先都可获济度。参见刘屹：《死后成仙：晋唐至宋明道教的"炼度"主题》，《唐研究》，2012年第18卷，第230页。

③ （唐）《太上洞玄灵宝三元玉京玄都大献经》，《道藏》第6册，第272页。

④ （刘宋）陆修静：《洞玄灵宝五感文》，《道藏》第32册，第620页。

佛告目连："十方众僧于七月十五日僧自恣时，当为七世父母及现在父母厄难中者，具饭百味五果、汲灌盆器、香油锭烛、床敷卧具，尽世甘美以著盆中，供养十方大德众僧。……其有供养此等自恣僧者，现在父母、七世父母、六种亲属，得出三途之苦，应时解脱，衣食自然。"①

又如《报恩奉盆经》云：

佛告目连："七月十五日，当为七世父母在厄难中者，具麦饭五果、汲灌瓮器、香油庭烛、床榻卧具，尽世甘美，以供养众僧。……其有供养此等之众，七世父母，五种亲属得出三途，应时解脱，衣食自然。"②

不难看出，以上两段引文虽然在某些细节上的描述略异，如《盂兰盆经》救度的对象包括七世父母和"现在父母厄难中者"，而《报恩奉盆经》则仅提及七世父母。但是，两经皆主张子孙应于七月十五日供养僧众，以令先亡蒙此供养之功德而得解脱。此外，两经的仪式内容亦基本相同。如《盂兰盆经》载："时佛敕十方众僧，皆先为施主家咒愿七世父母，行禅定意，然后受食。初受盆时，先安在佛塔前，众僧咒愿竟，便自受食。"③《报恩奉盆经》云："佛敕众僧，当为施主家七世父母，行禅定意，然后受此供。"④虽然《报恩奉盆经》所载较简练，但两经皆以僧众行禅定、咒愿救度施主先亡。由上可见，《盂兰盆经》《报

---

① 《佛说盂兰盆经》，《大正藏》第16册，第779页。
② 《佛说报恩奉盆经》，《大正藏》第16册，第780页。
③ 《佛说盂兰盆经》，《大正藏》第16册，第779页。
④ 《佛说报恩奉盆经》，《大正藏》第16册，第780页。

恩奉盆经》的祖先救度均取决于施主供养之功德力和僧团威神之力。

《道藏》本《大献经》的救度思路与《盂兰盆经》《报恩奉盆经》基本一致。《大献经》主张子孙于七月十五日供养天尊和道众以广造福田，使先亡蒙此福田永离幽冥。经中称："为过去先亡采拾人间所有珍奇异物，仿效玄都玉京，以为供养之具，献诸十方众圣及道士等，救拔过往亡灵地狱之苦。当愿九玄七祖，法界苍生，凭兹供养之因，并获天堂之果报。"① 又云："中元教戒之日，玄都大献之晨，常须建福修斋，行道讲经，供养三宝，拔度亡灵，既此一时，地狱囚徒，咸蒙福祐。"② 是知《大献经》以斋主施供和道士建斋作为救度先亡的主要方式，这与《盂兰盆经》《报恩奉盆经》以施主之功德力和僧团威神之力超度祖先并无二致。

在供养对象和施供主体上，《大献经》与《盂兰盆经》《报恩奉盆经》可谓异曲同工。《大献经》供养的对象为天尊及道众，而《盂兰盆经》《报恩奉盆经》供养的对象为佛菩萨及僧众。《大献经》的施供者为斋主，《盂兰盆经》《报恩奉盆经》则为施主。显然《大献经》的供养对象和施供主体与《盂兰盆经》《报恩奉盆经》呈现一种对应关系。

《玄大献经》供养之物，既有食物也有"世间所有众奇异物"，③ 如其称："作玄都大献，仿玉京山，采诸花果，依以五色，世间所有众奇异物，道具名珍，绫文锦绮，玩弄服饰，十绝

---

① （唐）《太上洞玄灵宝三元玉京玄都大献经》，《道藏》第6册，第272页。
② 同上，第275页。
③ 同上，第272页。

幡幢，宝盖庄严，供养之具，肴膳饮食，百味芬芳，献诸众圣及道士等。"① 而《盂兰盆经》《报恩奉盆经》所供之物则主要为斋僧之食和日常生活用品，② 其供物品类少于《大献经》。

《大献经》有一套较完备的荐亡斋仪，其内容包括诵经、烧香、燃灯以及存神念真等。如该经称："今七月十五日夜，于此日当修斋建讲，烧香然灯，照耀诸天，九幽之内，八门之中。"③ 又云："三元斋日，皆须讲说是经，勤修礼拜，六时行道，香汤洁己，过中不味，内外恬夷，淡泊无为，不交人事，先授十戒，静心闭意，思神念真，想存在法。"④ 可知《大献经》在保留部分传统三元斋仪的基础上，又增加了灯仪、诵《大献经》等新内容。而《盂兰盆经》《报恩奉盆经》并没有一套完整的度亡仪轨，仅提及僧众为施主之七世父母行咒愿和禅定，其仪甚简。⑤

由上可知，《大献经》与《盂兰盆经》《报恩奉盆经》既有相近也有相异之处，详见表5—1。

①　（唐）《太上洞玄灵宝三元玉京玄都大献经》，《道藏》第6册，第272页。
②　《佛说盂兰盆经》，《大正藏》第16册，第779页。
③　（唐）《太上洞玄灵宝三元玉京玄都大献经》，《道藏》第6册，第272页。
④　同上，第274页。
⑤　《佛说盂兰盆经》，《大正藏》第16册，第779页。

表5—1　三经主要内容一览表

| 经　名 | 施供对象 | 供养之物 | 救度对象 | 救度方式 | 仪式内容 |
|---|---|---|---|---|---|
| 《盂兰盆经》 | 佛、菩萨、十方众僧 | 饭、五果、汲灌盆器、香油锭烛、床敷卧具 | 施主七世父母 | 施主功德之力和众僧威神之力 | 咒愿、禅定 |
| 《报恩奉盆经》 | 佛、菩萨、十方众僧 | 饭、五果、汲灌瓮器、香油庭烛、床榻卧具 | 施主七世父母 | 施主功德之力和众僧威神之力 | 禅定 |
| 《玄都大献经》 | 天尊、众圣、道众 | 五色花果、道具名珍、绫文锦绮、玩弄服饰、十绝幡幢、宝盖、供养之具、肴膳饮食及世间所有众奇异物 | 斋主祖先 | 斋主广造福田和道众修斋祈愿 | 诵《玄都大献经》、燃灯、烧香、步虚、授十戒、存神念真等 |

由表5—1可见，《道藏》本《大献经》的施供对象、救度对象、救度方式与佛教二经相类，只是称谓上换成了道教用语而已。但是，在供养之物和仪式内容上，《大献经》比佛教二经更丰富，它在早期三元斋仪的基础上，增加了一些新的仪式，并以此将原来道徒用于忏罪谢过的三元，转变为救度先亡的节日。通过上表并结合前文所述，可知《大献经》是一部与《盂兰盆经》《报恩奉盆经》非常相似的道经。尽管《大献经》沿用了传统的三元说，但同时也试图提高"中元"的地位，以"中元"统摄上、下二元，其意在突出"七月十五日"的重要性。

　　《大献经》以孝行赋予中元节以新的意义，使原为道徒忏罪解过之日，转变为世人超度祖先的特殊节日。这种以孝道重新诠释中元的做法，实有取于盂兰盆会救度七世父母之说。

　　《大献经》的救度思路与《盂兰盆经》《报恩奉盆经》基本一致，即祖先获度取决于斋主施供造福田和道团建斋济拔。这可以说是盂兰盆会以子孙功德之力和僧团咒愿、禅定的威神之力度脱先亡的翻版。

　　《大献经》虽然保留了部分早期三元斋仪，但又改变了这些斋仪的用途，即从忏谢变为度亡。再加之该经有意提升中元的做法，表明《大献经》是一部试图改革传统三元说的道经，其变革的目的是为了使中元节适用于更为广泛的人群，而非仅限于道教信仰者这一特定群体，以便扩大道教中元节之影响。而这一变革是在借鉴吸收盂兰盆会的基础上，融入道教教义、仪式等内容得以实现的。

　　综上所述，《道藏》本《大献经》确为一部仿效佛教盂兰盆会而作的道经，该经作者通过调整道教原有的内容，将其与盂兰盆会的救度主旨、救度思路、救度方式等内容巧妙地嫁接在一起，且在借鉴佛教的同时，又以道教的特色改造之。值得注意的是，唐代道教除"施诸圣供"外，还提出了"净供祭鬼"说，主张世人于"八解日"设净供祭祖以令其超脱幽境，其救度方式融合了早期道教食祭鬼神和佛教功德说，主要以功德之力超度先亡。所谓"净供"，即以清净之心设"不住相供献"，对修斋道士的心性修为有极高要求。明《道藏》中的《太上洞玄灵宝净供妙经》应是最早述及"净供祭鬼"的道经之一。下文拟以该经为例，对"净供祭鬼"进行讨论。

### （二）"净供祭鬼"

《太上洞玄灵宝净供妙经》（以下简称《净供妙经》）一卷，现存于明正统《道藏》，[①] 未题撰人，当成书于唐代。[②] 该经自称由郁罗翘、光妙音、真定光三真人授予太极左仙公。[③]《净供妙经》主张于"八日"设净供救度祖先永离幽境。"八日"即三

---

① （唐）《太上洞玄灵宝净供妙经》，《道藏》第 6 册，第 285—288 页。

② 《太上洞玄灵宝净供妙经》主张信徒于"八日"（三元五腊）广设净供以济拔先亡，其称："唯三元吉日，五腊节者，总名八日。能于玄坛精舍，奉请道士，宿宵行道，及供香油，作诸甘果，积聚为山，随其大小，或复拌合，种种庄严，上献天尊。因此慈悲，惠及十方，无量无边，地狱囚徒饿鬼，皆得解脱。"这种说法多见于唐代道经，如《要修科仪戒律钞》卷八载："五腊通三元，名八解日，皆可设净供，建斋求福，兼祀先亡，名为孝子，得福无量"，其"八解日"与"净供祀先亡"之说同于《净供妙经》。唐代《洞玄灵宝太上六斋十直圣纪经》称："五腊日，常当祠献先亡，名为孝子，得福无量，余日皆是淫祀，通前三元日为八解日，皆可设净供求福焉。"以"五腊"作为祭祖之日是唐前道教之共识，但并未将"三元五腊"合为祠祭先亡之"八日"。如《陆先生道门科略》云"民人五腊吉日祠先人"。《斋戒箓》引《八道秘言》称："五腊日，并宜修斋，并祭祀先祖"，《赤松子章历》卷二称五腊为修真之士谢罪、请福、祭礼祖先之日。又，《太上正一盟威法箓》称："常以五腊吉日于堂上祝家亲九祖。"由上不难看出，唐前道教尚未将"五腊"与"三元"统合起来。这是因为，唐前道教通常视三元为道教徒忏罪除过之日。唐代以后，"三元"被赋予了新的用途。除作为忏罪之日外，更多的是用于祖先救度。这种转变为三元五腊合为"八日"提供了可能。如唐代《太上洞玄灵宝三元玉京玄都大献经》载："三元之日，各备上仿玉京玄都大献轨则，供养三代天尊、十方圣众、九玄七祖、法界苍生，咸蒙拔赎之因，俱得解脱。"值得注意的是，尽管六朝道教已有"八节斋"，但是此"八节"为"四时八节"，并非三元五腊。"八节斋"用于道徒忏谢己身和祖先之罪咎，重在"除罪"，而非独用于祭祖。综上所述，"三元五腊"为救度祖先之"八日"，这种观念应当形成于唐代。同时，"净供祭祖"之说多见于唐代道经，而唐前与宋代道经则鲜有此说。因此，本书推断《太上洞玄灵宝净供妙经》应当成书于唐代。此外，据《净供妙经》载："复见有经，名曰《大献》，直说三元，不明八日，不说功德广大如是，无边无际，不可思议。"其中的《大献》即《太上洞玄灵宝三元玉京玄都大献经》。《大献经》为唐代道士刘无待所撰，故可判定《净供妙经》的问世当稍晚于《大献经》。

③ （唐）《太上洞玄灵宝净供妙经》，《道藏》第 6 册，第 285 页。

元五腊的统称，亦称"八解日"① 或"八解脱日"。② 其"净供"
说，是早期道教祭祀鬼神与佛教功德说融合的产物。所谓
"净"，是指道士于精思静定中以清净之心建斋行道；"供"则指
斋主或道士为济拔先亡所设供献。③ 需要指出的是，虽然"净
供"说是从斋主设供和道士修斋两方面立论，但其重在从心性
论的层面阐述"净"之意义，认为唯以清净之心设"不住相供
献"，④ 方可建无量功德。经中"仙公净供祭鬼"的故事，应为
宋元道教"葛仙公祭炼法"之说的原型。

1. 《净供妙经》之祖先救度

唐代道教关于济拔先亡之日的说法大致有两种：一是以《净
供妙经》为代表的"八日"说；二是以《太上洞玄灵宝三元玉京
玄都大献经》为代表的"三元"说。《净供妙经》以"三元五腊"
为八解日，认为世人欲济拔先亡必须于"八日"延请道士建斋行
道，设"净供"上献天尊、下祭先亡，若不依八日行祠祭，则祖
先难获解脱，其称"祠祭先人，不依八日而祠饷之，番惧先人，
而更得罪。"⑤ 类似说法亦见于唐代其他道经，如《要修科仪戒律
钞》卷八云："八解日，皆可设净供，建斋求福，兼祀先亡，名为

---

①　（唐）朱法满：《要修科仪戒律钞》卷八，《道藏》第6册，第955页。
②　如郑所南《太极祭炼内法》卷上载："每年三元，正月十五日上元，七月十
五日中元，十月十五日下元。五腊，正月初一日天腊，五月初五日地腊，七月七日
道德腊，十月初一日民岁腊，十二月腊日王侯腊之日。谓之八解脱日。"《道藏》第
10册，第442页。
③　据《太上洞玄灵宝净供妙经》载："道士及孝子，皆得饷于先人，或亡父
母、姊妹弟兄，皆得解脱，饱满无饥，若不同此八日，不奉饷先人者，即为不孝。"
《道藏》第6册，第286页。
④　（唐）《太上洞玄灵宝净供妙经》，《道藏》第6册，第287页。
⑤　同上，第286页。

孝子，得福无量，余日名为淫祀，有罪。"① 又如《洞玄灵宝太上六斋十直圣纪经》称："五腊日，常当祠献先亡，名为孝子，得福无量。余日皆是淫祀，通前三元日，为八解日，皆可设净供求福焉。"② 不难看出，以"八日"为祭祖之日，并将祭祖作为子孙求福获佑的重要途径，是唐代道门较普遍的一种观念。此外，《净供妙经》还认为，即使是生前犯下诸如谋逆国君、弑亲害师、毁经谤道等重罪之亡魂皆可在八日俱获解脱。③

　　除"八日"外，唐代道教还有仅以"三元"为度祖日的说法。如《大献经》称："三元之日，各各上仿玉京玄都大献轨则，供养三代天尊、十方圣众、九玄七祖、法界苍生，咸蒙拔赎之因，俱得解脱。"④《大献经》是唐代道士刘无待仿效佛教盂兰盆会而作，⑤ 该经虽以三元立论，但尤重"中元"度祖之意义，⑥ 认为信徒在三元日布施道教教团，即可超度先亡往生天堂。《净供妙经》对这类观点持有异议，其称："复见有经，名曰《大献》，直说三元，不明八日，不说功德广大如是，无边无际，不可思议。"⑦ 文中的《大献》即《大献经》，《净供妙经》认为《大献经》仅以三元行济度之事只能建有限功德，而《净供妙经》"八日"净供祭祖则可建无量功德。

　　《救供妙经》的救度对象包括七世先亡及一切幽魂，尤以济

① （唐）朱法满：《要修科仪戒律钞》卷八，《道藏》第6册，第955页。
② （唐）《洞玄灵宝太上六斋十直圣纪经》，《道藏》第28册，第381页。
③ （唐）《太上洞玄灵宝净供妙经》，《道藏》第6册，第286页。
④ （唐）《太上洞玄灵宝三元玉京玄都大献经》，《道藏》第6册，第272页。
⑤ （唐）释玄嶷：《甄正论》卷三，《大正藏》第52册，第569页。《甄正论》成书于武后时期，《道藏》本《大献经》当成书于唐初，
⑥ （唐）《太上洞玄灵宝三元玉京玄都大献经》，《道藏》第6册，第275页
⑦ （唐）《太上洞玄灵宝净供妙经》，《道藏》第6册，第288页。

拔祖先为重。其祖先救度虽以孝道立论，但救度之目的更多是出于现实利益的考虑，即子孙后代不受七世先亡及一切外魔鬼神的伤害，以令现世之人财宝增益。[①]如其称："祠餉不依八日，则魂灵饥饿，于饥饿中即生伤害，招引外魔，合为凶害。若祠餉得所依于八日，则先亡欢悦，不为祸害，一切魔鬼贼等不能为害。"[②]这类救度观继承并发展了早期道教为防祟避灾，而祭祀先亡或鬼神的做法。如《正一醮墓仪》云："凡人墓山，年月深久，或有崩坏，须得补葺，或时凶衰，地气王动，致令子孙贫耗，遭非横祸，百事不利者，须飨祭墓之山川土地神祇，安稳亡人，即得子孙平安，所向吉利。"[③]尽管这里并未明言祖先救度，但其祭祀墓地神祇以安稳先亡，进而保佑子孙之说，已将祖先和子孙的利益联系在一起。又如《赤松子章历》卷二述"五腊"之王侯腊时，称："其日（十二月腊日）可谢罪，求延年益寿……祭祀先亡，大醮天官，令人所求从愿，求道必护。"[④]由此可见，早期道教的醮祭神灵和飨祭先亡都与生者的现实利益息息相关。《净供妙经》延续了这种做法，其救度观带有较强的功利主义色彩。从本质上讲，《净供妙经》济拔祖先之目的是为了子孙的现世利益。

2. "净供"的含义及特点

（1）"净供"之义

"净"，是指道士以清净之心建斋行道；"供"，则指斋主或

---

①　（唐）《太上洞玄灵宝净供妙经》，《道藏》第6册，第286页。

②　同上。

③　《正一醮墓仪》，《道藏》第18册，第299页。该书撰者不详，疑出于六朝。

④　《赤松子章历》卷二，《道藏》第11册，第187页。

道士为济拔先亡所设供献。① 《净供妙经》称，斋主在"八日"以香油、水果、米饭等物上献天尊、饷祭先亡，奉请道士建斋行道，先亡蒙此供献俱获解脱。这类设供度祖说，并非为《净供妙经》所特有，如《大献经》也是通过斋主设供与道士建斋以济拔先亡，两经的救度思路基本一致。但是，《净供妙经》以"净"作为"供"的限定条件，认为道士必须以清净之心为斋主建斋行道，对道士的心性修为有较高要求。净供之设，不仅是斋主超度祖先之方式，也是道士成就无量功德、得证无上道之重要途径。而《大献经》则未涉心性之说，其重在阐释斋主之"献"的意义与作用，并未就道士建斋有特别的规定。

　　大致而言，"净供"糅合了佛教功德说和早期道教为防祟祸而祭祀先亡、鬼神的观念，其施供的对象包括天尊与先亡，施供之目的是为了子孙不受祖先的伤害，获诸福报，同时亦可为修斋之道士建无量功德。《净供妙经》称斋主于"八日""上献天尊，因此慈悲，惠及十方，无量无边，地狱囚徒饿鬼皆得解脱"，② 意即亡魂蒙净供之功德而获度。这种以功德之力济拔先亡的说法亦见于《大献经》，其称"九玄七祖，法界苍生，凭兹供养之因，并获天堂之果报"。③ 可见，以功德力荐拔亡灵是唐代道教较常见的一种度亡方式。但是，《净供妙经》除了依靠功德之力外，还须设供祀饷祖先，而《大献经》的供养对象则仅限于道教教团，即天尊、众圣及道士等，并非直接施供予亡魂。值得注意的是，《净供妙经》虽有以食物祭祀先亡以令其饱满无饥之

---

　　① （唐）《太上洞玄灵宝净供妙经》，《道藏》第 6 册，第 286 页。
　　② 同上，第 286 页。
　　③ （唐）《太上洞玄灵宝三元玉京玄都大献经》，《道藏》第 6 册，第 272 页。

说，但这类"施食先亡"仍属于传统的食祭鬼神之范畴，似乎尚未涉及变施法食之法，有别于宋代道教施食仪。

（2）"净供"的内容及特点

① "不住相供献"：佛道二教心性论的产物

"净供"亦称"不住相供献"，强调在设供、献供时，施者之心不住于相，既不见能施之"我"，也不见所施之物，亦不见所施之人。在《净供妙经》中，施供者为道士，受供者则包括天尊众圣和地狱幽魂，所施之物由斋主所提供，经中要求道士在修斋献供时，应超越主体与客体的分别，于精思静定之中上奉天尊、下济亡爽。如其称："不住相供献，名为净供，名为无尽。"① 又云："凡为斋者，一会宿宵，亦复如是，可不勤行。若能常励其心，行不住相，善知无尽义者，决定令汝成无上道。"② 是知，"不住相供献"乃针对道士修斋而言，是道士得证无上道果的重要途径之一，而非对斋主施供之要求。该经认为"不住相供献"可建无量功德，这一概念糅合了佛教"无相施"与重玄学的内容。如《净供妙经》称：

> 向言供献功德因缘有二种意，何等二种？一者住相供献，名为有尽；二者不住相供献，名为净供，名为无尽。……夫一切有限之物，施随日消，无限之物，非劫能尽。③

上文的"住相供献"与"不住相供献"借鉴了佛教"住相

---

① （唐）《太上洞玄灵宝净供妙经》，《道藏》第6册，第287页。
② 同上。
③ 同上。

布施"与"无相施"① 之说。所谓"住相布施"是指著于色、声、香、味、触法之施，所建功德有限，② 而"无相施"是指行者不着于我相、人相、众生相，不带有任何功利目的之布施行为，"无相施"具有无量福德。《净供妙经》中的"不住相供献"也是一种无功利性的供献，道士修斋设供的重点既不在于所供之物，也不在于施供能否为自己积累多少功德，而关键在于施者无有分别的清净之心。"清净心"来自平时的心性修炼，"常励其心，行不住相"，③ 最后达到诸心即灭，法界无我之境界。以"清净心"所施之供具有无量功德，可助施者成就无上道，这种说法有取于佛教《金刚般若波罗蜜经》诸经的"住相施"与"不住相施"。④ 不仅如此，在涵养心性上，《净供妙经》还透露出佛教中观与道教重玄学的特点。如其称：

> 若欲求法界无我者，应须当知本无今无，既知本无今无，即知亦无法界。法界既无，则不生不灭，不生不灭，是故当知亦非不生，亦非不灭。所言不生不灭者，何以故，为说法故。是故云言不生不灭，得如是理，则名能为净供，则名为得法界无我，则名为得法界清净。⑤

不难看出，上文中的"不生不灭，亦非不生，亦非不灭"，

---

① （后秦）鸠摩罗什译：《金刚般若波罗蜜经》，《大正藏》第 8 册，第 749 页。（隋）智颚说，灌顶记：《摩诃止观》卷二，《大正藏》第 46 册，第 16 页。

② 如《护法论》云："以无量珍宝布施，不及持经句偈之功者。盖以珍宝住相布施，止是生人天中福报而已。若能持念，如说修行，或于诸佛之道一言见谛，则心通神会，见谢疑亡，了物我于一如，彻古今于当念，则道成正道，觉齐佛觉矣。"《大正藏》第 52 册，第 644 页。

③ （唐）《太上洞玄灵宝净供妙经》，《道藏》第 6 册，第 287 页。

④ （后秦）鸠摩罗什译：《金刚般若波罗蜜经》，《大正藏》第 8 册，第 749 页。

⑤ （唐）《太上洞玄灵宝净供妙经》，《道藏》第 6 册，第 287—288 页。

既与龙树菩萨的"八不中道"相契，也与重玄学双遣双非，不落两边的思辨方式一致。"法界无我""清净法界"本是佛教追求的至高境界，而《净供妙经》以重玄思辨的方式将其诠释为道士心性修炼的最高目标，并将这一目标与净供联系起来，意在突出心性在修斋行道中的作用，若心行不住于相，其所施则为净供，可建无量功德，证得无上道果。反之则为"住相供献"，仅建有限功德。

由上可知，《净供妙经》"净供"（不住相供献）之概念是佛、道二教心性说混合的产物，亦是唐代道教心性论愈趋成熟的一种反映。众所周知，重玄学是隋唐道教上承魏晋玄学，吸收佛教中论以重释《老》《庄》经典的基础上形成的一股哲学思潮。有唐一代，重玄的思辨方式和内在超越之追求，不仅丰富了道教义理，还影响了道徒的修炼观念，即从重视外在形体转为对内在心性之探赜。《净供妙经》将这类个人心性修炼之说运用于祖先救度的斋仪中，赋予了道教斋仪新的意义。外在之仪与心性修养的结合，是《净供妙经》最为显著之特点之一。

②"仙公净供祭鬼"为宋元道教"仙公祭炼"说之原型

《净供妙经》中"仙公净供祭鬼"的故事，与宋元时期盛行的葛仙公创祭炼法有密切联系。按《净供妙经》载，太极左仙公依三真人之言，于七月十五日弘建净供，是日午时，十方地狱幽魂俱来赴会，一名为"大威"的鬼王礼谢仙公称"净界道士，能为我等开解脱门……若非净戒慈悲，何能为我是诸眷属营建净供"。"是言已毕，皆沐浴香汤，衣服庄严，依位而坐，饮食具足，午时了竟，大王与诸眷属各辞仙公，言：'我等因此慈悲，有无量魂灵而得解脱。'"① 这段文字与元代《历世真仙体道通鉴》（以下简称《体道通鉴》）卷二三，以及郑所南《太极祭炼内法议略》卷下有关葛玄祭炼鬼神的记载相近。

据《体道通鉴》卷二三载：

> （葛玄）每于三元八节吉日良宵，普召十方诸大地狱穷魂滞魄来诣坛前，俱受祭炼，祗承符箓，各遂超生。行持之后，屡有感格，时当甲午岁下元令节之夕，正值祭炼之时，有一鬼王，形长五丈，身衣绯袍，稽首再拜，前进而言曰："某为下鬼，统管穷魂，动经累劫，沉沦恶道，无有出期。每蒙真仙普设法筵，祭拔魂爽，给赐符箓，济度幽冥，数百万众俱获超生，我等悉沾善利……径来朝谢。②

比较《体道通鉴》与《净供妙经》可知，两经皆有八节或八日祭鬼之说。不同的是，《净供妙经》将三元五腊统称为"八日"，《体道通鉴》将三元与八节分列，其"八节"很可能是指四时之八节③，而非八解脱日④。两经都把葛玄设定为救度者，

---

① （唐）《太上洞玄灵宝净供妙经》，《道藏》第6册，第288页。

② （元）赵道一：《历世真仙体道通鉴》卷二三，《道藏》第5册，第230页。

③ 如陆修静《洞玄灵宝五感文》云："八节斋，学士一年八过，谢七玄及己身宿世今生之罪。法以八节日于斋堂内，六时行道，礼谢十方也。"《道藏》第32册，第620页。又据《太上洞玄灵宝福日妙经》载："立春、春分、立夏、夏至、立秋、秋分、立冬、冬至是八节斋日，行道持戒，长斋诵经，居门欣庆，七祖欢乐。"《道藏》第6册，第227页。可知"八节"建斋有济拔祖先的意义。

④ 如郑所南《太极祭炼内法》卷上载："每年三元，正月十五日上元，七月十五日中元，十月十五日下元。五腊，正月初一日天腊，五月五日地腊，七月七日道德腊，十月初一日民岁腊，十二月腊日王侯腊之日，谓之八解脱日。八节，立春、春分、立夏、夏至、立秋、秋分、立冬、冬至。庚申甲子，一年之间共二十八会，祭炼幽冥所不可缺。"由此可知，"八解脱日"有别于"八节"，但二者皆为普济幽魂之日。《道藏》第10册，第442页。

《净供妙经》称太极左仙公广设净供济拔鬼魂，而《体道通鉴》则称葛仙公普设法筵祭拔幽魂。不过，《净供妙经》仅以净供为济亡之法，未涉及祭炼之概念。两经皆以"鬼王"为地狱幽魂的代表，并且都载有鬼王获度后礼谢先公之语。只是《净供妙经》中鬼王名为大威，而《体道通鉴》则未记鬼王之名。

由上可见，两经关于"八日"或"八节"，救度者与获度者等方面有相近的描述，但在祭亡时间及其方法上存在差别。在《净供妙经》中，太极左仙公于七月十五日（中元）午时设供祭鬼，而《体道通鉴》中葛玄是于十月十五日（下元）日落之时祭炼鬼魂。这两种时间点，很可能都与六朝灵宝斋所谓"六时行道"有关，而"六朝行道"又源自早期佛教布萨仪式。① 《净供妙经》将灵宝斋"午朝行道"演变为"午时祭鬼"，《体道通鉴》则是将施食祭亡安排在灵宝斋"晚朝行道"或"落景行道"的时间节点上。《净供妙经》中的设供祭鬼，没有明确言及变施法食之法，只是比较强调施供者的心性修为；而《体道通鉴》所说祭炼则有一套非常复杂的内炼存变之法，其"普设法筵"是指施食者通过存想，将人间俗食存变为无量法食以飨无量幽魂。这类借助存思术以"化有限为无限"的祭炼法直到宋代才出现。

宋代以降，诸多道书皆托称祭炼法为葛仙公所创，并云仙公因祭鬼而登真。② 如《太极祭炼内法议略》卷下云：

①　吕鹏志：《唐前道教仪式史纲》，北京：中华书局，2008年，第129—131页。
②　（宋）郑所南《太极祭炼内法》，《道藏》第10册，第440页。（元）《道法会元》卷二〇七，《道藏》第30册，第306页。（元）卫琪注：《玉清无极总真文昌大洞仙经》卷三，《道藏》第2册，第621页。（明）杨清叟述，赵宜真集：《仙传外科秘方》卷一一，《道藏》第26册，第717页。

　　　　葛仙公于若耶山中，精思静处，一旦感天上郁罗翘、真
　　定光、光妙音三真人从空乘凤辇而下，授仙公以《法轮
　　经》，且大赞叹开阐仙公济度幽爽之心。今天台山桐柏观
　　侧，有法轮观，正仙公祭炼古迹，观有碑，未之见。以精思
　　静处而深造自己真定之光，于其光中，宣自己之妙音，获见
　　郁罗翘之三师，此正仙公精思所得之妙。古神仙，以精思而
　　得道者，多矣。①

　　上文有关郁罗翘、真定光、光妙音三真人于若耶山授经予葛
仙公之说，与《净供妙经》所载大同小异。如《净供妙经》云
"太极左仙公于若耶山崇高之顶最极云峰，精思静处，永息六
尘，内虚冲素"，② 三真人授仙公无相净供之法。然而值得注意
的是，《议略》云"于自己真定之光"中"宣自己之妙音，获见
郁罗翘之三师"。③ 所谓"真定之光"，是指祭炼者于精思静定中
存炼内炁之产物。"于其光中，宣自己之妙音"，则表示三真人
盖由"我之内炁"所化，"神"即是"我"。而《净供妙经》则
未有此说，仅称仙公于静定中感应三真人降授是经，"神"与
"我"自是两事。并且，《议略》中三真所授为《法轮经》，而
《净供妙经》中三真所传即为是经。

　　"仙公祭炼"与"仙公净供祭鬼"皆以"精思"求静定，
只是其"精思"的含义及用途仍有区别。《议略》的精思有存炼
内炁之义，主张行者于静定中行水火升降之道以济度幽爽。而
《净供妙经》之精思更多是从心性论的层面予以解释，其精思的

　　① （宋）郑所南：《太极祭炼内法议略》卷下，《道藏》第 10 册，第 471 页。
　　② （唐）《太上洞玄灵宝净供妙经》，《道藏》第 6 册，第 285 页。
　　③ （宋）郑所南：《太极祭炼内法议略》卷下，《道藏》第 10 册，第 471 页。

目的在于"神"（三真）与"我"（葛玄）的感应，以及行者于静定之中以清净之心设供祭鬼。

《议略》与《净供妙经》都有"鬼王大威"礼谢仙公的描述，如《议略》卷下云"有大威鬼王稽首长跪，谓仙公度鬼八十万数，皆得受生"，[①]《净供妙经》则称"是诸鬼中，有一大王，王名大威……大威王言：'净界道士，能为我等开解脱门，得于今日……俱蒙清净，而得解脱。'"[②]《议略》关于鬼王的记载应当袭自《净供妙经》。

由上文可见，《议略》中的仙公祭鬼说与《净供妙经》所载确有相近之处。需要指出的是，郑所南述葛玄祭鬼一事不是为了坐实此说，反而意在暗示祭炼法并非由葛玄所创。如《议略》卷下称："昔葛稚川著族祖《葛玄传》，所纪甚多，却不载祭炼感应事。谓其后八月十三日大风作，失玄所在，或又有天诏作三月三日寅时上升，皆与今祭炼所载本末事迹不同……谓仙公度鬼八十万数，皆得受生，三年之后，位证大仙，后仙公上升，留《祭鬼经》于冲虚靖坛，今竟莫考。"[③]由此可见，郑所南对葛玄创祭炼法一事持怀疑态度。"仙公祭炼"当为后人附会之说。尽管如此，《议略》的相关记载仍提示我们，"仙公祭炼"与"仙公净供祭鬼"之间应当存在某种关联。

通过比较《净供妙经》《体道通鉴》和《议略》，笔者认为《净供妙经》中仙公净供祭鬼一事，极有可能是后世葛仙公创祭炼法之说的原型。

---

① （宋）郑所南：《太极祭炼内法议略》卷下，《道藏》第10册，第471页。
② （唐）《太上洞玄灵宝净供妙经》，《道藏》第6册，第288页。
③ （宋）郑所南：《太极祭炼内法议略》卷下，《道藏》第10册，第471页。

从"仙公祭鬼"到"仙公祭炼",其变化的关键在于,后者以存思炼爽的济度之法取代了前者强调心性修为的"不住相"净供。

3.《净供妙经》之斋仪

《净供妙经》要求世人于三元五腊日,奉请道士修斋行道,以香油、水果、米饭等供献天尊,饷祭先亡,其斋仪以忏谢为主。

据《净供妙经》载:

> 向所说者,是名八日,不可思议,名八解脱。当于此日卯时,安六道座,清净香汤,及诸衣服卧具,甘馔饮食,次第安之,道士于道场中所,清旦奏沐浴章表一道,午时行道忏谢,施主等家先灵已往,皆于今日解脱清净。①

上文介绍了八日之斋的道场布置、供献之物、救度仪式等内容,其济拔仪式以上章和忏谢为主。八日之斋用时较短,其行仪时间从卯时(日出之时)设六道座始,至午时脱度亡灵毕。其次,就仪式而言,主要有拜章和忏仪,即于清旦奏沐浴章表和午时行忏济拔先亡。《净供妙经》未载沐浴章的内容及用途,不过据《赤松子章历》卷六《沐浴章》载:"臣今谨为伏地拜章,上请沐浴君吏、沐浴夫人、洗浣玉女千二百人,鉴临亡人,沐浴身形,洗垢除秽,去离桎梏,得睹光明,逍遥快乐,衣食自然,无诸乏少,安稳冢墓,祐利生人,以为效信。"② 可知,拜沐浴章旨在祈请天界沐浴仙吏为亡魂洗除垢秽,去离桎梏以脱离幽途。

---

① (唐)《太上洞玄灵宝净供妙经》,《道藏》第6册,第287页。
② 《赤松子章历》卷六,《道藏》第11册,第222页。

忏谢，亦称礼方、忏方，是道教最早且最常见的一种度亡仪式，即通过为祖先建斋忏罪以令其超脱苦狱。唐代以后，忏仪的用途更为广泛，除度亡外，还用于祈福、消灾等，其内容主要有礼忏五方、十方、二十方等。不仅如此，唐代忏仪还将忏悔与功德说联系起来，以礼忏力和功德力济拔祖先，如《太上慈悲道场消灾九幽忏》卷八《救酆都地狱苦品》云："忏主某已过去者，九祖七玄、三世父母、伯叔兄弟及诸眷属，或处幽闭受罪苦者，愿乘忏力、功德力、难思力早证解脱，登无为道。"[1] 尽管《净供妙经》并未详述"午时忏谢"的具体内容，但根据六朝与唐代道书的相关记载，以及《净供妙经》"不住相供献"的无量功德说，可以推知，《净供妙经》的忏仪应当是一种将礼方忏罪和功德说相结合的超度祖先的仪式。

不难看出，《净供妙经》中的仪式内容与宋代道教施食亡魂之仪有较大差别。在宋代，施祭亡魂是黄箓斋或炼度仪的一个仪节，旨在消除亡魂饥渴妄念。[2] 这类仪式借鉴了焰口仪轨的济拔方式，如密教法师借助观想、结印及诵陀罗尼咒等方法，咒变法食施予饿鬼，以令其脱离地狱免受诸苦。而宋代道教法师亦以掐诀、存想、诵咒、布炁等方法为亡魂变施法食。此外，宋代道教还直接吸纳了焰口仪轨中的某些概念，如宋代道书中有数种"开咽喉""施甘露"一类的道符，并有一套存变"甘露法水"的仪法，而"开咽喉"与"变施甘露"本是焰口仪轨的核心内容。下文将对宋代道教施食仪与密教焰口仪轨之联系展开讨论。

---

① （唐）《太上慈悲道场消灾九幽忏》卷八，《道藏》第10册，第70页。
② （宋）《灵宝玉鉴》卷一，《道藏》第144—145页。

### （三）道教"施食亡魂"与焰口仪轨之联系

1. 焰口仪轨概述

在唐代，尤其是中唐以后，随着密教经典的大量传译，密教施食法也随之盛行于中土。密教施食，是指法师以观想、结印、诵陀罗尼等一系列密法加持法食并施予饿鬼或其他对象（如婆罗门仙、佛法僧三宝等），其施食的主体是密教法师或修行者。唐密施食法有数种，按施食的对象大致可分为两类，一是施食饿鬼之法，一是施予对象不属饿鬼的施食法。施食饿鬼之法，是唐密最为常见的一类施食法，它既是一种度亡仪式，也是一种修行方法，其中对道教影响最大的为焰口仪轨。唐密中施予对象不属饿鬼的施食法，这类仪轨仅为修持之法，而无度亡之用。如"欢喜母并爱子成就法"①，修行者通过施食欢喜母及其子毕哩孕迦，以图获得欢喜母子之护佑。

对宋代道教施食仪影响最大的是瑜伽焰口，其发展经历了三次高峰：第一次是中唐之际，"瑜伽焰口"随着不空的译经活动及其推动下盛极一时；第二次是在宋代，其标志是佛教内部出现了一批阐释焰口的著述；第三次是元明时期，因受藏密的影响，焰口仪轨之咒印、观想等内容较唐宋又有诸多变化。道教施食受焰口仪轨的影响已是学界的共识。但是，这种观点引出一个问题：密教施食仪盛行于中唐，而道教与之相似的"施食仪"出现于宋代。为什么焰口仪轨对道教的影响彰显于宋代，反而在其鼎盛时期（中唐）对道教的影响却不甚明显？欲解答这一疑问，本节有必要对唐、宋焰口仪轨的发展略作梳理，进而分析道教

---

① （唐）不空译：《大药叉女欢喜母并爱子成就法》（亦名《诃哩底母经》），《大正藏》第 21 册，第 286—289 页。

"施食祭亡"产生于宋代之原因。

（1）唐密焰口仪轨的内容

焰口经系最初由于阗僧人实叉难陀在武后时期传入中土，即《佛说救面然饿鬼陀罗尼神咒经》，该经内容与《佛说救拔焰口饿鬼陀罗尼经》基本一致。只是，两经饿鬼之名有异，前者记为"面然"，后者名为"焰口"。

中唐以后，密教因不空的传译活动及其在政教二界的显赫地位，极大地推动了密教仪轨的传播。不空所译施食法除上面提到的《救拔焰口饿鬼陀罗尼经》外，还有《瑜伽集要救阿难陀罗尼焰口轨仪经》《大药叉女欢喜母并爱子成就法》（亦名《诃哩底母经》）《施诸饿鬼饮食及水法》等。

焰口施食，即"无量威德自在光明如来陀罗尼法"，[①] 是一种以密言、观想、手印等方式变施斛食救度饿鬼的密教仪法。从仪的层面说，焰口是一种度亡仪式；从法的层面讲，它是密教法师的一种修持方法。该施食法不仅用于济拔无量饿鬼、多生父母、婆罗门仙等冥界众生，同时还用于供养佛法僧三宝。仪式所用食物通常有米饭或麦米制成的饼食、[②] 乳粥或乳酪、[③] 水果、汤药及净水。[④]

① 施食对象与仪式功德

焰口施食的对象为无量饿鬼、多生父母、婆罗门仙等一切冥

---

① （唐）不空译：《瑜伽集要救阿难陀罗尼焰口轨仪经》，《大正藏》第21册，第469页。

② （唐）不空译：《佛说救拔焰口饿鬼陀罗尼经》，《大正藏》第21册，第465页。

③ （唐）不空译：《大药叉女欢喜母并爱子成就法》，《大正藏》第21册，第286页。（唐）不空译：《施诸饿鬼饮食及水法》，《大正藏》，第21册，第467页。

④ （唐）不空译：《瑜伽集要救阿难陀罗尼焰口轨仪经》，《大正藏》第21册，第470页。

界众生。该仪式未限定行仪的日期，但对施食的时辰则有严格
规定。

如《瑜伽集要救阿难陀罗尼焰口轨仪经》载：

> 若圣众坛中明王诸天，若施饮食（置生台上是本法
> 也），若供养诸佛圣众，于上五更晨朝日出时是供养时；若
> 鬼神法，当于人定，子时亦得（人定最上）本阿阇梨法。
> 若于斋时尽于一日，但加持饮食、水等，布施飞空鸟兽水族
> 之类，不拣时节但用施之。若作饿鬼施食之法，当于亥时是
> 施食时，若于斋时施饿鬼食者，徒设功劳终无效也。不是时
> 节妄生虚诳，鬼神不得食也。①

上文表明，施食的对象除饿鬼外，还包括明王诸天、诸佛圣
众及一切水陆生灵。文中就各类对象的施食时间作了规定：日出
之时供养明王诸天及诸佛圣众；亥时施食饿鬼；至于鸟兽水族之
类则不限时节。可知焰口施食适用的范围极为广泛。不过在各类
施食对象中，布施饿鬼所获得的修行成就最大，其称："布施无
量饿鬼及余鬼神便能具足无量福德，则同供养百千俱胝如来功德
等无差别，寿命延长，增益色力，善根具足，一切非人夜叉罗
刹，诸恶鬼神不敢侵害，又能成就无量威德。"② 而施食（供养）
三宝虽亦能为修行者建立功德，得诸天善神之护佑，但这与施食
饿鬼所建无量福德仍有较大差距。也就是说，施饿鬼之功德远胜
于施供予三宝，这类功德说为唐密施食法所重。另一部密教典籍

---

① （唐）不空译：《瑜伽集要救阿难陀罗尼焰口仪轨经》，《大正藏》第 21 册，
第 471 页。

② 同上，第 472 页。

《佛说施饿鬼甘露味大陀罗经》曾以"悲田"对此予以解释。如其称：

> 我（世尊）于处处经中，说世间、出世间由，偏说悲田最为第一。……若人以深敬心施我饮食，未授我中间回以施狗，我赞此人得福无量。是故月爱（菩萨），虽然阿罗汉、辟支佛，现受其报，有限有量，但得五百劫人天果报。善施饿鬼一揣之食，是人福德即是菩提，菩提者不可限量，是故福寿不可限量。①

"悲田"为佛教三田之一，三田即供养三宝之敬田，孝敬父母师长之恩田，施惠于贫病之悲田。"悲田最为第一"的观点并非为密教所独有，大乘佛教历来认为悲田具有无量福德，而上文中佛祖施食于狗的故事与《大智度论》卷三二所载相近，仅细节略异而已。② 按《大智度论》的说法，舍利弗"供佛福田"所获之福远不及佛祖"施狗恶田"所得之福。不过大乘佛教所言悲田更多地是针对贫穷孤老乃至畜生而言，而非饿鬼。③ 尽管某些大乘经典中亦有救度饿鬼之说，如《佛说盂兰盆经》《佛说报恩奉盆经》等，但这类救度说率以孝道立论，意在度脱祖先。而焰口济拔的对象则包括饿鬼、先亡、婆罗门仙等，其救度范围

---

① （唐）跋驮木阿译：《佛说施饿鬼甘露味大陀罗尼经》，《大正藏》第21册，第487页。

② 如《大智度论》卷三二载："舍利弗以一钵饭上佛，佛即回施狗而问舍利弗：'汝以饭施我，我以饭施狗，谁得福多？'舍利弗言：'如我解佛法义，佛施狗得福多。'舍利弗者，于一切人中智慧最上，而佛福田最为第一，不如佛施狗恶田得福极多。"《大正藏》第25册，第301页。

③ 如《佛说像法决疑经》云："说布施者，欲令出家、在家人修慈悲心，布施贫穷孤老乃至饿狗，我诸弟子不解我意，专施敬田不施悲田。敬田者，佛法僧宝；悲田者，贫穷孤老乃至蚁子，此二种田，悲田最胜。"《大正藏》第85册，第1336页。

大于《盂兰盆经》《报恩奉盆经》。更为重要的是，焰口仪轨不仅是一种度亡仪式，还是一种修持方法，[①] 修行者通过救度饿鬼获取无量福德，乃至即身成佛。而《盂兰盆经》《报恩奉盆经》则不具有修持层面上的意义，并且其施食的对象是佛、菩萨及僧众，不涉饿鬼。此外，焰口仪轨虽然亦用于供养佛、菩萨，但其所供之食是经密教法师施法加持过的"法食"，不同于《盂兰盆经》《报恩奉盆经》中施主斋僧之俗食。

由上可见，唐代密教将施食饿鬼与悲田联系起来，甚至认为施饿鬼一揣之食即可证得无上菩提，这种观点为密教所特有。其次，尽管唐密与大乘佛教都有施食之说，且皆用于度亡，但两种施食说有着本质区别。密教施食是指法师为饿鬼先亡变施法食，度其升天；而大乘佛教的施食是指施主以食物及其他物品布施僧众以建功德，先亡蒙此功德力转生净土。

②　施食主体与仪式程序

按《佛说救拔焰口饿鬼陀罗尼经》所说，一个名为"焰口"的饿鬼告诉阿难，称阿难将于三日后命尽坠入饿鬼道，并称若想增寿，必须向无量饿鬼、婆罗门仙等施以斛食，并为焰口供养三宝，以度脱一切饿鬼往生净土。故事中施食的主体为阿难，象征所有获受佛祖"无量威德自在光明如来陀罗尼法"的修行者。阿难施食的出发点和最终目的是为了延长自己的福德寿命，而施食饿鬼则是达成该目的之途径，这表明焰口施食兼具济度幽亡与自我修持的双重功能。

---

①　据《瑜伽集要救拔阿难陀罗尼焰口轨仪经》载："佛告阿难，汝随我语，如法修行，广宣流布。令诸短命薄福众生普得见闻，常修此法，寿命延长，福德增长。"《大正藏》第 21 册，第 472 页。

修行者受持"无量威德自在光明如来陀罗尼法"的过程非常复杂，大致说来有"一心、三昧、两灌顶"，即发无上大菩提心，受三昧戒，先受大曼拏罗灌顶，后受大毗卢遮那如来五智灌顶。密教仪轨极其重视师承关系，该施食法也强调修持者必须依于师教，接受灌顶，修习瑜伽威仪法式。①

焰口施食有一套完整而复杂的仪程，详见表5—2。

**表5—2　唐代焰口施食仪程一览表②**

| 步骤 | 仪节名称 | 仪节内容 | 仪节用途 |
|---|---|---|---|
| 1 | 建三昧耶坛 | 香泥涂地，安五色火焰珠，树吉祥幢、悬缯幡盖，备饮食汤药、水果及余物，以法净秽等 | "施食"的预备环节 |
| 2 | 启告与忏罪 | 三白启告十方诸佛菩萨；以香华灯涂等供养诸圣；法师忏悔己身所有罪咎，还礼圣众 | 同上 |
| 3 | 运心入观 | 以涂香戒度涂掌 | 同上 |
| 4 | 结破地狱印 | 结印，观想地狱门开，三通真言 | 以此印、咒之威力破开诸狱 |
| 5 | 结召请饿鬼印又名普集印 | 结印，诵真言十七遍 | 普召饿鬼 |

① （唐）不空译：《瑜伽集要救阿难陀罗尼焰口仪轨经》，《大正藏》第21册，第469页。

② 表5—2据不空译《瑜伽集要救阿难陀罗尼焰口仪轨经》《施诸饿鬼饮食及水法》整理，《大正藏》第21册，第468—472页。

续表

| | | | |
|---|---|---|---|
| 6 | 结召罪印、摧罪印、定业印、忏悔灭罪印 | 结印,诵召罪、摧罪、净业、忏悔真言,观想饿鬼忏谢灭罪 | 荡除诸饿鬼之积罪 |
| 7 | 结施甘露印 | 结印,诵施甘露真言,诵时观想忍愿上有一镤字,流出甘露法水,以指弹洒空中 | 令饿鬼普得清凉、猛火熄灭、身田润泽 |
| 8 | 结开咽喉印 | 结印,诵开咽喉真言,想饿鬼咽喉自开 | 令饿鬼离诸障难 |
| 9 | 赞七如来名号① | 为饿鬼称赞七如来吉祥名号② | 饿鬼闻诸如来名号即可永离苦趣,成为如来清净弟子 |
| 10 | 归命三宝 | 为饿鬼宣三归依 | 以三宝护持受度饿鬼 |
| 11 | 发菩提心 | 作金刚掌,诵真言 | 为饿鬼发菩提心,令其具有破除一切无明烦恼之智慧 |

① 《瑜伽集要救阿难陀罗尼焰口轨仪经》记作"七如来",《施诸饿鬼饮食及水法》记为"五如来"(宝胜如来、妙色身如来、甘露王如来、广博身如来、离怖畏如来)。在《水法》中,除"甘露如来"外,其余四如来皆见于《焰口轨仪经》。《大正藏》第21册,第467、471页。

② 《瑜伽集要救阿难陀罗尼焰口仪轨经》"七如来":"南无宝胜如来",饿鬼闻此如来名号即消灭尘劳业火;"南无离怖畏如来",饿鬼闻此名号可永离惊怖、清净快乐;"南无广博身如来",饿鬼闻此名号可消除针咽业火,受甘露饮食;"南无妙色身如来",饿鬼闻此名号不受丑陋,诸根具足,相好圆满;"南无多宝如来",饿鬼闻此名号具足财宝,受用无尽;"南无阿弥如来",饿鬼闻此名号往生西方极乐世界;"南无世间广大威德自在光明如来",饿鬼闻此名号获五种功德。《大正藏》第21册,第471页。

续表

| 12 | 受三昧耶戒 | 结受三昧耶戒印,诵真言 | 饿鬼受戒后即入如来位,为真佛子 |
|---|---|---|---|
| 13 | 结无量威德自在光明如来印 | 结印,观想左羽掌中有一镤字,流出无量甘露法食,诵施食真言 | 以此印咒变一食为无量食,大如须弥 |
| 14 | 毗卢遮那一字心水轮观真印①（亦名普施一切饿鬼印） | (1)结印;(2)观想右手心中镤字②,如乳色,变为八功德海,流出甘露醍醐,即引手临食器上,诵镤字十七遍,即展开五指,向下临食器中,观想乳等从字中流出,犹如日月乳海,一切鬼等皆得饱满无有乏少;(3)法师将咒变之食倾泄于坛前或净地、泉池江海或树下(不得泄于桃树及石榴树下) | 以此印咒变施法食,令一切饿鬼获食饱满 |
| 15 | 结普供养印 | 作金刚合掌置印,诵真言 | 法师以此施食所生功德回施法界有情 |
| 16 | 结奉送印 | 结印,诵金刚解脱真言 | 发遣饿鬼往生净土 |

① 《瑜伽集要救阿难陀罗尼焰口轨仪经》《施诸饿鬼饮食及水法》关于该环节"手印"的记载略异。《施诸饿鬼饮食及水法》记为"毗卢遮那一字心水轮观真言印"（又名"普施一切饿鬼印"）。《瑜珈集要救阿难陀罗尼焰口仪轨经》则云"复以前印诵此真言曰:曩谟三满多没驮喃镤","前印"即"无量威德自在光明如来印"。虽然两经手印不同,但七字真言及该仪节普施一切饿鬼的用途是相同的。《大正藏》第21册,第467、471页。

② 《施诸饿鬼饮食及水法》记作"右手心",《瑜伽集要救阿难陀罗尼焰口轨仪经》作"左羽掌"。《大正藏》第21册,第467、471页。

表5—2据不空所译《瑜伽集要救阿难陀罗尼焰口轨仪经》（以下简称《焰口轨仪经》）及《施诸饿鬼饮食及水法》（以下简称《水法》）整理。两经各一卷，《焰口轨仪经》篇幅较长，仪节多于《水法》。两经大部分内容重合，但也有稍异或互补之处。除表中第9项"七如来"与"五如来"之别，以及第14项中的手印名称略异外，《水法》有一则偈语①未见于《焰口仪轨经》。此外，两经某些仪节顺序略异，如上表第11项"发菩提心"，《水法》将其列为最后仪节。

表5—2中共有十六个步骤，按其仪节用途可归纳为破狱、召请、开咽喉、变食、施食、皈依受戒、发遣等七个环节。其中，开咽喉、变食、施食为核心仪节，以下将着重介绍这三项内容。

首先，关于"开咽喉"。佛教认为饿鬼是一种面貌丑陋、口中燃火、咽如针锋的鬼魂，为六道之一。人因生前罪业死后坠入饿鬼道，不得饮食，受诸折磨。密教传入之前，大乘佛教已有专述救度饿鬼的经典，即盂兰盆经系。《盂兰盆经》中目连之母因生前悭吝，死为饿鬼，"不见饮食，皮骨连立"，目连遵循佛祖所说，设供斋僧救度母亲。尽管《盂兰盆经》已有对饿鬼"食未入口，化成火炭，遂不得食"的描述，但是尚未形成熄灭饿鬼业火的具体仪法，直到密教传入后才出现了解决饿鬼"不得饮食"的救度仪式，即"开咽喉"。密教法师以印、咒、想三种

---

① 据《施诸饿鬼饮食及水法》载："一器净食，普施十方，穷尽虚空，周遍法界，微尘刹中，所有国土，一切饿鬼，先亡久远，山川地主，乃至旷野诸鬼神等，请来集此，我今悲愍，普施汝食……愿乘此法，疾得成佛。"《大正藏》第21册，第467页。这段偈语未见于《瑜伽集要救阿难陀罗尼焰口轨仪经》。

方式为饿鬼消停针咽业火，整个"开咽喉"的过程是在法师观想中完成。作为焰口施食的核心环节，"开咽喉"是变食与施食的前提，法师必须先为饿鬼灭其口中之火，开通狭窄之喉，然后才能令其享用饮食。

其次，变食之法为密教特有，是指法师以陀罗尼咒加持水、乳、米饭或饼食，并观想此有限俗食变为无量甘露法食。其"变"有两层涵义：一为数量之变，即化有限为无限；二为性质之变，即化凡为圣。在《佛说救拔焰口饿鬼陀罗尼经》中，阿难为避免三日之后坠入饿鬼道，要向"百千那由他恒河沙数饿鬼，及百千婆罗门仙等种种饮食"，[①] 佛祖令阿难受持"无量威德自在光明如来陀罗尼法"，称以该法加持饮食七遍，能令一食变种无数甘露饮食，使无量饿鬼及婆罗门仙皆得饱满，往生净土。仪式所用皆为俗食，按《焰口仪轨经》所言，人间饮食皆为腥膻臭秽之物，如果将这类饮食施于饿鬼，犹如毒药损坏于身，只会使饿鬼徒增苦本，继续沉沦苦海，永无解脱之时。[②] 基于这一观点，在焰口施食中，无论是施予饿鬼，还是施予佛菩萨之食物及供养，都必须经过密法加持方能为施者建立功德。如《佛说救拔焰口饿鬼陀罗尼经》称："若比丘、比丘尼、优婆塞、优婆夷，若欲供养佛法僧宝，应以香华及净饮食，以前密言加持二十一遍奉献三宝。……亦为赞叹劝请随喜功德，恒为诸佛忆念称赞，诸天善神恒来拥护，即为满足檀波罗蜜。"[③]

---

① （唐）不空译：《佛说救拔焰口饿鬼陀罗尼经》，《大正藏》第21册，第464页。

② （唐）不空译：《瑜伽集要救阿难陀罗尼焰口仪轨经》，《大正藏》第21册，第471页。

③ （唐）不空译：《佛说救拔焰口饿鬼陀罗尼经》，《大正藏》第21册，第465页。

最后，施食仪节涉及内法与外仪两个层面。所谓"内法"即诵咒、结印、观想，尤以结印、观想为重。法师观想手印中流出甘露醍醐，普施一切饿鬼，令其充足饱满。其具体的观想内容及手印名称详见表5，此处不再赘述。"外仪"则包括建"三昧耶坛""启告忏罪"以及将加持后的食物泄于坛前、净地或泉池江河等处。也就是说，法师所施之食既有观想中的食物，也有现实中经过加持的法食，前者存在于法师的想象中，是无形无量之物；后者为有形有限之物。在变施过程中，观想中的法食比现实中的法食更为重要。

综上所述，唐密焰口是一种极其特殊的济拔饿鬼的仪式，它将修行者与亡魂的利益捆绑在一起，以施食饿鬼作为法师获取功德之途径，其最终目的是为了密教行者成就佛果。因此，从本质上说，焰口仪轨是一种修行法门，这一法门以悲田立论，借助陀罗尼的威力，融合内修观想等方式，将个人修行与超度幽冥结合起来，实有别于盂兰盆经系以功德转让济拔先亡的救度观念及救度方式。然而值得注意的是，唐密因会昌法难及五代之乱遭受重创。宋代以后，佛教掀起了一股恢复密教焰口仪轨之风潮，[①] 而这股风潮应是催生宋代道教"施食仪"的外因之一。

（2）宋代焰口仪轨的变化

唐密仪轨历五代之乱后渐已消歇，尽管焰口经典得以保存，

---

① 周叔迦先生认为宋代诸家对焰口施食企图恢复而未得其道。参见慈怡主编，星云大师监修：《佛光大辞典》"焰口"一条，台北：佛光文化事业有限公司，1988年，5065—5067页。

但其仪轨密法可能已部分失传。① 入宋后，佛教涌现了一批试图恢复唐密焰口施食仪法的著述，② 如北宋遵式《施食四文》③ 和仁岳《施食须知》，以及南宋宗晓《施食通览》等。需要指出的是，经宋代诸师恢复的焰口施食，与唐代不空传译的瑜伽焰口已有所变化。周叔迦先生认为，宋代施食诸书虽然沿用了唐密典籍中的真言咒语，但多取天台宗观想，已不属于密教仪轨，并且出现了焰口施食、冥道无遮大斋和水陆仪式混同的情形。④ 笔者部分认同这一观点，即宋代焰口与唐代瑜伽焰口不尽一致，但不认为宋代焰口完全脱离了密教仪轨。唐密虽于五代遭受重创，部分仪轨业已失传。但是，还有一部分密教仪轨因融入民间宗教而得

---

① 学界关于唐末五代焰口施食失传与否的问题持两种观点：第一种观点认为唐密历五代之乱遭受重创，其宗教仪轨及修持之法亦随之失传。参见周叔迦：《法苑谈丛》，北京：中国佛教协会，1990 年，第 41—42 页。魏成思：《中国佛教论稿》，上海：上海人民出版社，1991 年，第 290 页。李小荣：《隋唐五代至宋初的密宗信仰——以敦煌文献为中心》，浙江大学博士后出站论文，2001 年，第 119 页。第二种观点则主张唐密焰口施食法历五代之乱后并未完全失传。持此观点的学者主要依据的是明代袾宏的说法，即唐代由金刚智、不空所传瑜伽仪轨在"数传之后"仅存施食一法。[参见《云栖法汇（选录）》卷一四，《嘉兴藏》第 33 册，第 64 页。] 如陈玉女据袾宏之说推断，五代以后瑜伽施食法得以保存，但瑜伽法事原有的修持意义则已淡化。参见氏著：《明代的佛教与社会》，北京：北京大学出版社，2011 年，第 250—251 页。

② 慈怡主编，星云大师监修：《佛光大辞典》，台北：佛光文化事业有限公司，1988 年，5065—5067 页。

③ 《施食四文》收录于遵式《金园集》卷中，分别是《施食正名》《施食法》《施食文》《施食观想答崔育材职方所问》。（宋）遵式：《金园集》卷中，《卍新纂续藏经》第 57 册，台北：新文丰出版公司，1997 年，第 10—12 页。

④ 慈怡主编，星云大师监修：《佛光大辞典》，台北：佛光文化事业有限公司，1988 年，5065—5067 页。

以保留。① 此外，陈耀庭先生根据遵式《施食正名》判断，宋真宗、仁宗时期，江南一带的佛教寺庙举行施食仪已十分普遍，只是各家对施食的理解和仪式的演习有所不同。② 由此可见，焰口仪轨在宋代仍十分盛行，且有进一步的发展。尽管这类焰口已非唐密之原貌，但它仍对宋代乃至后世佛、道二教的度亡观念及仪式产生了重要影响。

大致而言，宋代诸施食著述大多保留了唐密焰口所用陀罗尼，但印法、观想法及施食对象已有别于唐代。如遵式《金园集》卷中《施食法》，③ 和宗晓《施食通览》卷上《施食法式》④ 所载，两书虽然保留了唐代焰口咒语，但未载手印，亦未对行持之人所受灌顶作任何要求，仪节程序较《瑜伽集要救阿难陀罗尼焰口轨仪经》和《施诸饿鬼饮食及水法》更为简略。

《金园集》与《施食通览》所载观想法及内容皆属天台宗，不同于唐密焰口。如《金园集》卷中云："准天台三种观中历事观作，既云历事随彼事相而设观想，故无常科，今准天台供养三宝运香华观想大旨一同也。又南岳禅师食观偈云：此食色香如栴

① 余欣先生对《敦煌愿文集》中两件结坛散食回向发愿文作了释析。他认为这两件愿文属于密教焰口施食仪轨文范，并指出"在敦煌的焰口施食仪轨中，大乘佛教、密教、道教和中国松散型宗教并行不悖，甚至在庶民举行的仪礼中，诸神的等级和分类也部分被打破，特别是杂类鬼神形成犬牙交错、水乳交融的态势。"不难看出，在古人的信仰世界中"诸教"与"诸神"并非完全是一种非此即彼的关系，尤其是在某些具有较强功利色彩的宗教仪礼中，不同宗教之"神"，乃至不同宗教之"法"并行共存。这种现象提示我们，尽管唐密在五代遭受重创，但并不意味着其宗教仪轨及修持方法彻底失传，至少其中的部分仪轨以民间宗教或民生宗教的形态得以保留。参见余欣：《神道人心——唐宋之际敦煌民生宗教社会史研究》，北京：中华书局，2006年，第73页。
② 陈耀庭：《道教礼仪》，北京：宗教文化出版社，2003年，第124页。
③ （宋）遵式：《金园集》卷中，《卍新纂续藏经》第57册，第11页。
④ （宋）宗晓：《施食通览》卷上，《卍新纂续藏经》第57册，第108页。

檀风，一时普熏十方世界，凡圣有感各得上味，六道闻香发菩提心，于食能生六波罗蜜。"① 其观想法乃"一事一观想"，有别于唐密之"一印一观想"。不仅如此，唐代焰口对每一手印及观想内容有明确的规定，而非天台宗所说"随相设观，故无常科"。

宋代佛教将饿鬼（焰口）、旷野鬼神、鬼子母一并视为焰口施食的对象，而唐密焰口主要以饿鬼和婆罗门仙作为施食对象。如仁岳认为施食之法最初为旷野鬼神、鬼子母而设，但因焰口的流传及影响，导致僧众已忽略了施食原初之义。其《施食须知》称："复有画阿难施饿鬼食并婆罗门仙众，传写救焰口咒七如来名于图之下，以食供养而已。相承既久，往往出家之流都忘佛制，本为旷野鬼神、鬼子母之事也。"② 此外，仁岳还将焰口陀罗尼用于呵利帝母及旷野鬼神的咒施法食中，其称："知法者，取食与水诵咒弹指呼名，运想所谓呵利帝母、旷野鬼神、焰口等一切饿鬼……或问施旷野鬼神、鬼子母等食今用焰口咒者，何耶？对曰：鬼神既有自尔之力，循业所现，能得几何。傥以咒法则微助其遍，供佛尚用真言，况此幽途，岂无密益。"③ "呵利帝母"，一译"诃哩底母"，即鬼子母，唐代不空译有《大药叉欢喜母并爱子成就法》（亦名《诃哩底母经》）。该《成就法》施食的对象是欢喜母子，而非饿鬼，施食之目的不是为了修行者积累功德或得证无上菩提，也非为度脱欢喜母子往生净土，而是通过施食以获得欢喜母子的护佑，满足行者所愿，并令行者免遭一

---

① （宋）遵式：《金园集》卷中，《卍新纂续藏经》第57册，第12页。
② （宋）仁岳：《施食须知》，收录于《施食通览》卷上，《卍新纂续藏经》第57册，第112页。
③ 同上。

切障难。① 按《成就法》载，欢喜母及其五百子有大威力，佛祖
将此《成就法》及陀罗尼传与欢喜母，令其母子饶益有情，护
佑众生。欢喜母子，亦称"鬼子母"，原为印度婆罗门教的恶
神，后来演变为佛教中护法二十诸天之一，② 即护法神。但据经
名"大药叉女"和经中佛祖告欢喜母言"汝今可于如来善法律
中，受持三归五戒，令汝长夜解脱诸苦，获大安乐"，③ 可知欢
喜母子应属冥界众生，但又不同于饿鬼。④ 前已述及，唐密有数
种施食仪轨，"瑜伽焰口"只是其中之一。⑤ 而"欢喜母子成就
法"的施食仪轨、施食对象及仪法用途均有别于焰口，可知该
法最初不属于焰口一系。然而，仁岳的《施食须知》则将这两
种原本用途各异、施予对象有别的施食法混淆了，甚至有以焰口
统摄所有施食法之趋向。

　　宋代以后，焰口更多的是被视为一种度亡仪式，不仅可独立
成仪，还被融入水陆道场中以迁拔亡魂，其原有的修持意义有所
淡化。如宗赜将焰口施食与梁武帝时期的水陆斋仪同视为水陆法
会之缘起，其《水陆缘起》称："今具水陆缘起于后。昔者阿难
独居静处，于中夜时见一饿鬼名曰面然……阿难白佛求免斯苦，

---

① （唐）不空译：《大药叉女欢喜母并爱子成就法》（亦名《诃哩底母经》），
《大正藏》第 21 册，第 286—289 页。
② （清）工布查布译解：《佛说造像量度经解》，《大正藏》第 21 册，第 948 页。
③ （唐）不空译：《大药叉女欢喜母并爱子成就法》，《大正藏》第 21 册，第
286 页。
④ 欢喜母子虽属冥界，但又有别于口中燃火、咽如针锋的饿鬼。施食欢喜母子
不是为了度其往生，而是令欢喜母子护佑施食者。而施食饿鬼则旨在度其往生净土。
⑤ 唐代密教施食法有种种。如跋驮木阿译《佛说施饿鬼甘露味大陀罗尼经》
载"嗼那毕唎多大道场会甘露味法"和"施甘露味大坛场法"两种施食法。该经讲
述了佛祖向月爱菩萨传授"施甘露味法"的过程，其施食的对象为三十六种饿鬼。
经中所载陀罗尼、手印与观想的内容和仪式程序皆异于焰口仪轨。

世尊为说一切德光无量威德力大陀罗尼（出《救面然饿鬼经》），此是水陆因缘最初根本，然未有水陆之名也。梁天监初二月十五日夜，武帝梦一神僧告曰，六道四生受大苦恼，何不为作水陆大斋而救拔之。"① 由此可知，宋代佛教已将阿难救面然（焰口）的故事释为水陆道场的成因之一，焰口施食也成为宋代水陆法会的重要仪式，用以济拔水陆一切生灵。而唐密焰口虽有济亡之用，但从本质上说仍属于一种日常行用的修持之法，其施食饿鬼的最终目的是为了施食之人证得无上菩提，为其现世利益提供某种保障。

焰口仪轨在宋代的复兴与发展，在一定程度上推动了宋代道教施食炼度科仪的兴起。整体而言，焰口仪轨对道教的影响主要体现在救度方式、仪节程序以及某些概念上的借鉴。但是，应当看到，道教施食度亡的"内核"，一方面建基于传统的存想布炁之法，另一方面又引入了道教特有的内丹理论。因此可说，道教对焰口的借鉴是一种"改造式"的借鉴，其仪式内核有别于焰口。

2. 宋代道教"施食"之义的变化及其原因

宋代道教施食，是指法师运用存想布炁之法为亡魂变施法食，以济其饥渴、慰其想念。② 亡魂获度与否盖系于法师一己之力，实有别于宋前道教以设供之功德力荐拔亡魂。导致这一变化的原因来自内外两个方面：就外因而言，宋代佛教施食仪的盛行

_____

① （宋）宗赜：《水陆缘起》，收录于《施食通览》卷上，《卍新纂续藏经》第57册，第114页。

② （宋）宁全真授，（元）林灵真编：《灵宝领教济度金书》卷三二〇，《道藏》第8册，第820页。

以及诸家力图恢复焰口仪轨的做法，在一定程度上刺激了道教施食仪的发展变化。即从效仿盂兰盆会之设供斋僧，以及融合早期道教祭祀鬼神和佛教"无相施"的"净供祭鬼"法，转变为借鉴焰口仪轨的"施食亡魂"之仪。宋代道教不仅直接采用密教施食咒语，还吸纳了焰口以观想变施法食的方式。就内因而言，随着内丹理论及其修证方法的成熟，以及成仙模式的转变，内修之法广泛应用于各类度亡仪式。内法外仪、道体法用的观念不仅改变并丰富了诸如施食、灯仪①等传统度亡仪式的内容及性质，同时还催生了一种全新的度亡科仪——炼度仪。这一内因正是促使道教施食从"设供度亡"演变为"以法度亡"的关键因素。尽管宋代道教借鉴了焰口仪轨的某些概念及救度方式，但是道教施食度亡的核心内容仍建基于道教独有的炁化论、存思法及内丹道。同时，这一内因也可解释：何以焰口于道教之影响彰显于宋代，而非在焰口鼎盛之中唐？正是由于彼时道教的内修之法与科仪活动之间尚未呈现出一种道体法用或体用相须之紧密联系。②而焰口仪轨则是即仪即法，施食饿鬼之仪本身就是一种修行之法，印法、观想、真言密咒为仪式之内法，其"内"与"外"、"仪"与"法"可谓体用无间。当两种宗教仪法体系之间尚未出

---

　　① （刘宋）陆修静：《洞玄灵宝斋说光烛戒罚灯祝愿仪》，《道藏》第9册，第822页。（刘宋）陆修静：《洞玄灵宝五感文》，《道藏》第32册，第620页。（唐）杜光庭：《太上黄箓斋仪》卷五六，《道藏》第9册，第367—369页。由以上诸书可知，中古道教灯仪鲜涉内法。宋代以后，尽管灯仪的用途较唐代并无太大变化，但是度亡灯仪中的请光、分灯、建狱、燃灯破狱每一环节皆有相应的存思布炁之法。

　　② "道体法用"之说多见于宋代以后的道书，雷法即是这一观念的直接产物。如《道法会元》卷一云："道体法用，道无法有，道微法显。故用不出于用而出于体，有不出于有而生于无，显不兆于显而兆于微。"《道藏》第28册，第675页。《道法会元》卷六一称："惟斩勘五雷法者，以道为体，以法为用。"《道藏》第29册，第165页。

现某种契合点，或者二者对内法外仪的认识不在同一层面上，这种差异难以为密教影响道教，或道教借鉴密教创造条件。也就是说，只有当道教自身具备了一套成熟的内修理论及道体法用的观念时，才能使这种借鉴成为可能。因此，影响道教施食仪变化的决定性因素是道教自身的变革与发展，而焰口仪轨之影响则为次要因素。

此外需要指出的是，除施祭亡魂外，焰口仪轨还对道教炼度有一定程度的影响，详如下。

3. 焰口仪轨对道教炼度仪之影响

（1）救度模式

焰口，既是一种修行之法，也是一种度亡仪式，这种"即修即度"的模式为道教炼度仪所吸纳。炼度仪主张"自炼以炼亡""自度以度亡"，如《济度金书》卷三二〇云："炼，谓以我之阳炼彼之阴，以我之全炼彼之缺"[1]，《太极祭炼内法议略》卷中称："大抵炼度，是炼自己造化以度幽魂，未能炼神，安能度鬼！"[2] 这表明，炼度亡魂其实就是炼度主体的一次自我修炼，这种"自炼"与"度亡"相结合的模式与焰口仪轨"即修即度"如出一辙。

在密教传入以前，大乘佛教与道教的度亡仪式大多以功德之力荐亡。密教传入后，佛教法师在仪式中的主体性得以极大提升。这一情形亦见于炼度仪。在焰口仪轨中，法师通过运心入观变神为观音菩萨，再行破狱、召魂、变施法食诸仪。如《瑜伽

---

[1]　（宋）宁全真授，（元）林灵真编：《灵宝领教济度金书》卷三二〇，《道藏》第 8 册，第 820 页。

[2]　（宋）郑所南：《太极祭炼内法议略》卷中，《道藏》第 10 册，第 449 页。

集要焰口施食仪》"入观音定"云："即入观自在菩萨三摩地。闭目澄心观想自身，圆满洁白犹如净月。……是菩萨作是思惟。"① 这里讲的是，密教法师借助观想变神为观自在菩萨。"变神"也是道教炼度的起始仪节，道教法师通过存想变神为元始天尊、太乙救苦天尊等炼度大神。虽然早期道教存神法亦有存想某神降注道徒身中之说，但是"神"与"我"仍是两个不同的范畴。并且在早期道教科仪中，法师通常扮演的是人与神之间的媒介，即匍匐于神灵之下的祈请者。在密教"变神"法中，法师通过观想赋予自身以神圣性，将"凡人"之属性退居幕后，以此提升自己在度亡仪式中的主体性。道教吸纳并进一步发展了这种观念，创设出一套内容更为丰富、且具有道教特色的"变神法"，如前所述"存想变神"与"以神变神"之法。

（2）救度对象

焰口施食的主要对象为口中燃火、咽如针锋的饿鬼。饿鬼为佛教六道之一，人因生前恶业于死后坠入此道，沦为饿鬼，不得饮食，受诸折磨。密教认为救度饿鬼的关键在于令其免受饥渴之恼，故于观想中以甘露法水灭其火、解其渴，再为饿鬼开通咽喉，变施法食，令其充足饱满，俱获解脱。

道教亦仿效佛教设六道之说，并借鉴佛教"饿鬼"的概念。如《高上玉皇本行集经》卷上云："六道一切众生闻是香者，普蒙开度。……若诸饿鬼道，一切饿鬼等或有能闻是此香者，即得饱满，无饥渴恼。"② 不过宋代道教炼度的对象并非仅限于"喉

---

① 《瑜伽集要焰口施食仪》，《大正藏》第 21 册，第 476 页。
② 《高上玉皇本行集经》卷上，《道藏》第 1 册，第 696 页。该经撰者不详，约出于隋唐。

细如针"的饿鬼，而是针对一切亡魂所设，其救度范围从饿鬼道扩展至六道四生诸类幽魂。因此，炼度仪中的施食仪节重视"甘露变食"而不重"开咽喉"之法。① 焰口仪轨中，开咽喉与变施甘露皆有特定的观想内容，而宋元道书关于"开咽喉"的记载往往一笔带过，仅提及与之相关的符咒，② 鲜有"开咽喉"的存变之法。

（3）科仪程式与内法

焰口仪轨主要有建坛、变神、破狱、召魂、变食、施食、宣戒、发遣。炼度仪一般亦包括建炼度坛、变神、破狱、摄召、天医全形、沐浴、施食、水火炼、宣戒授箓、发遣。不难看出，二者大部分仪节相重合。值得注意的是，焰口以变施法食为核心，饿鬼享食之后，即可宣戒、超度。而炼度仪是以"水火炼"为核心，"施食"只是一个辅助环节，仅有济亡之用。亡魂受食后，必须经由水火二炼方能发遣超度。

焰口的外仪甚简，主要有建"三昧耶坛""启告忏罪"以及诵咒加持法食，而炼度之外仪比焰口更为丰富。以"破狱"为例，焰口以结印、诵咒，观想地狱门开；炼度仪则主张先破"身狱"，后破"冥狱"。"破身狱"即法师存运内炁炼除自身阴翳、荡炼一切杂念。"破冥狱"则涉及建狱、燃灯、持杖破狱等外仪，每一环节皆有相应的存想内容。因此可说，炼度的科仪程

---

① 刘仲宇：《道教法术》，上海：上海文化出版社，2002年，第336页。

② 如（宋）吕太古《道门通教必用集》卷五"开咽喉普润法食咒"，《道藏》第32册，第33页。（宋元）《灵宝无量度人上经大法》卷七〇"甘露开咽喉符"，《道藏》第3册，第1044页。（元）《道法会元》卷二一"甘露符""太上开咽喉利饮食甘露法言"，《道藏》第28册，第793页。诸书仅载"开咽喉"的符咒，无涉"开咽喉"的存想之法。

式部分借鉴了焰口仪轨，但在具体内容和核心仪节上与焰口尚有较大差别。

就"内法"而言，焰口有结印、观想、诵陀罗尼三种方式。炼度仪亦有掐诀、诵咒、存想布炁等内容。但是，炼度仪中的炁法及存变方法更为复杂。以"施食"为例，炼度仪所谓"变施甘露"按炁法可分为两类：一指坛场水盂中的甘露法水。这类"甘露"是由法师以内外之炁咒变过的法水。"变食"时，法师需将此法水洒于米饭等食物上，象征变有限俗食为无限法食。二指"内甘露"，即法师存炼内炁之产物，与内丹术密切相关，通常是指法师于存想中将炼化内炁产生的五脏真津施与亡魂。

由上可知，宋代道教炼度仪与焰口仪轨是两种形式上相近，但在仪式内核上有着本质区别的度亡仪法。宋代道教借鉴了焰口仪轨的某些概念及救度模式，并在此基础上结合自身的救度观、济拔仪式及内炼之法等，创造了具有道教特色的施食仪和炼度仪。

## 二　宋代道教施食仪主要内容及特点

### （一）以炁变食

以炁变食，是宋代施食仪的主要内容，其存想之炁有两种：其一，为内外合炁，其"内炁"一般指五脏之炁，而"外炁"的范围则十分广泛，诸家说法各异，如三十二天炁、五方正炁、日月星三光之炁等，内外合炁的变食之法在宋代较为普遍。其二，仅以内炁变食，如"太极祭炼法""丹阳祭炼法"即属此类。

1. "内外合炁"变食法

"内外合炁"变食法在宋代道书中较为常见，说明这类炁法是道门内部大多数人的共识。只是由于各家对所取之炁众说纷纭，故而出现了数种内容有异、程序有别的变食之法。"合炁"变食法虽然种类繁多，但根据其变食的程序大致可分为间接变食和直接变食两类。"间接变食"，是指法师把所取之炁附着于某一媒介物上，再借此物完成变食。最常见的当是"以水变食"，其存变过程为炁——水——食。"直接变食"则指法师直接布炁于食，其存变过程为炁——食，无须中间环节。需要说明的是，这种划分只是为了便于论述，在某些情况下，间接变食与直接变食会交互使用，并未截然分开。

（1）间接变食

"间接变食"，一般是指法师存取内外之炁灌注"凡水"，使之化为"甘露法水"，再以此法水洒食，变有限俗食为无量云厨珍馐、玉液琼浆。如王氏《大法》卷五九云：

> 师于咒食之所，执水盂，焚变食符于内，存真炁入水，次念三光咒，取三光炁入水。又念青玄宝号，取青玄之炁入水；又念隐语，取五方正炁入水；次又念青玄号八十一遍，存太一慈尊居于东方云炁，吸炁归身，化为太一慈尊，启召溟滓大变神王下降变食。次以枝水洒食，如摄召不经下幕医治，则先当与亡灵开通咽喉，胃管生津。变化法食，皆是云厨甘灵，异品珍肴，果是交梨火枣，丹奈（乃）蟠桃之类，品味香美，遍满无边，馁腹皆充，食之无尽。①

---

① （宋）王契真：《上清灵宝大法》卷五九，《道藏》第31册，第246页。

　　上文"咒食"是施食仪的重要步骤，所咒之食通常为米饭，①是指法师通过存想变化凡俗之食为甘灵珍馐。其存想内容包括布炁于水、变神、召神、变食等，炁法上以存取内外炁为主。其变食过程大致如下：首先，法师存想内炁（真炁）和外炁（三光炁、青玄之炁、五方正炁）布注水盂，化"凡水"为"甘露"。"甘露"具有变化无量法食和解济幽魂饥渴之用，"甘露法水"亦有内外之别。"外甘露"乃由外炁或内外合炁所化，上文水盂之水即属此类。而"内甘露"则由内炁所化，与内丹修炼有关，容后详说。其次，法师存取东方云炁，变神为太乙救苦天尊，召溟涬大变神王下降变食，又以法水洒食，再于存想中完成变食。最后，为亡魂开通咽喉，令其享食。这一过程的核心环节为布炁于水、以水变食，而存想取炁则是咒变法食的主要手段。

　　（2）直接变食

　　"直接变食"，是指法师于存想中将内、外之炁直接灌注斛食，化一斛之食为无量法食。其"炁"与"食"之间无须任何媒介。如《灵宝玉鉴》卷三六云：

　　　　一遍结三途五苦印，每一方毕，存本方炁。东九、南三、西七、北五，灌注法食及吸吹水盂中。再一遍，存黄炁自五方来，日月星光，上引三十二天之炁，交映罗络，灌注法食，再诵三遍，存四方红光罩坛，良久，混成五色虹蜺，下注兆身口、五脏之间，混为大圆象……兆身如在日宫。其

---

　　① 如金允中《上清灵宝大法》卷一三"造斛"云："每用米一升，或二升至数升，皆随力，制为净饭，切忌荤秽，乘熟装成一小斛，不必用面食之类，有力者自从其厚，于其日晚间方造。"《道藏》第31册，第412页。

斛自一生二，二生三，三生九，九九之数，摄化无穷……天神地祇，六道四生，无不歆享，充满饱足也。①

不难看出，上文也以内外之炁变化法食，不过仪式内容、存取之炁皆异于王氏《大法》。上文布炁存变的对象为斛食，而非法水。值得一提的是，尽管文中有"吸吹水盂"之说，但其后所载未见法水变食的内容，并且其"布炁"的重点放在"法食"上。因此，该法属于"直接变食"。《玉鉴》所谓"灵书"应当是《灵宝无量度人上品妙经》卷一中的《元始灵书》上、中、下篇。存炁变食时，法师要讽诵《元始灵书》，借"灵书"之神力变化法食，故称"灵书存变"，而王氏《大法》则无诵经之说。存取外炁仅为"灵书存变"的第一步，且所取外炁较王氏《大法》更为复杂。上文"东九、南三、西七、北五"表示东方九炁、南方三炁、西方七炁、北方五炁。最后，还有五方黄炁、三光、三十二天炁等，盖为外炁。"灵书存变"的关键环节是以内外合炁变化无穷法食，即法师存四方红光（东南西北之炁）混为"五色虹蜺"入身中五脏，外炁与五脏之炁"混为大圆象"，再以此混合之炁存变坛中斛食广大无量。值得注意的是，法师存变之食不仅施于六道四生，还献于天神地祇，而王氏《大法》中的法食仅施于亡灵。

由以上可见，"间接变食"和"直接变食"在仪式内容、仪节程序上均有一定的差异。不过，二者的变食功能皆由"炁"所赋予。尽管它们存取之炁不尽相同，但皆遵循"内外合炁"之法作为变食之途径。

———————————

① （宋）《灵宝玉鉴》卷三六，《道藏》第 10 册，第 387 页。

2. "内炁" 变食

"内炁" 变食，是指法师运布身中内炁以变化法食。其内炁
升降运转的方式有取于内丹道，这类变食法亦有 "直接变食"
与 "间接变食" 两种。

（1）间接变食

"内炁" 间接变食，是指法师寓内炁于法水，再以法水洒
食，存变法食广大无边，以济无量众魂之饥渴。如《太极祭炼
内法议略》卷下云："鬼神受我饮食者，皆饮食我太和之甘露
也。我之造化不归根，安得有太和之甘露耶。甘露者，乃我清净
天中真造化也。身心清净，造化朝顶，自上而润下者，即甘露
也。"① 不难看出，上文所谓 "造化" "甘露" 皆属法师身内之
物。"造化" 即元神，是法师心肾相交之炁的产物，如《议略》
卷中云："盖自己造化之出现者，即我之元神也。"② 又称："凡
坎离交媾、水火既济之后，造化皆上朝泥丸，幽魂得此造化亦不
容于不生天。"③ 其 "甘露" 乃 "造化归根" 之结果，特指法师
内运五脏真炁上朝泥丸所化之甘津④，这一过程应即内丹所谓
"五气朝元" 或 "五炁交炼"。此 "甘露" 盖由内炁所化，是谓
"内甘露"。由此可知，上文变食之法率以内炁行事，其 "水火
既济" "坎离交媾" 之说表明其炁法有取于内丹道。

变食时，法师先变神为 "太一天尊"，遂布炁于水变降甘

---

① （宋）郑所南：《太极祭炼内法议略》卷下，《道藏》第 10 册，第 458 页。
② （宋）郑所南：《太极祭炼内法议略》卷中，《道藏》第 10 册，第 450 页。
③ 同上，第 449 页。
④ 如《太极祭炼内法议略》卷中云："上升至泥丸而下润者，五行相生真炁，
即是五脏相生真炁。心中运真火，肾中运真水，皆不出身内妙造化。"《道藏》第 10
册，第 448 页。

露，再将甘露法水洒于法食，存变法食广大无边，一切幽魂悉获饱满。如《太极祭炼内法》卷上云："遂见太一天尊在空玄中，圣像极大，了了分明，右手洒甘露，下注水盂中，净水变甘露。即于静定中，兆以甘露法水洒法食上，即想法食，顿然香润甘美，默念《灵书中篇》三遍，变食广大无边，充满十方，见众魂尽在无边白净世界中，皆得餐享斛食，又遍赐神水，普及一切幽魂，尽饮甘露，悉得饱满。"① 文中"太一天尊"乃法师元神之变现，②"太一天尊洒甘露于水盂"则表示法师以身中坎离交媾之阴阳正炁布注水盂，以化凡水为"甘露"。需要说明的是，水盂之水虽是"甘露"之外像，但却不能将其等同于"外甘露"。所谓"内外甘露"是根据炁法来划分的，文中水盂所寓为法师身中内炁，因此其"水盂之水"属"内甘露"。法师将"内甘露"洒于净饭，存变其化为无量法食，众魂皆得饱满，这一过程即"内炁"间接变食。

（2）直接变食

"内炁"直接变食，是指法师直接将"内炁"布注于食物，无寓炁于水的中间环节。如《丹阳祭炼内旨》"变食法"云："默念《元始灵书中篇》、玉皇宝号、太一睿号，不计多寡。存五方金光红玉之炁布于食上，其食广大，充塞天地，异香馥郁，无量无边。"③ 其"五方金光红玉之炁"应即法师五脏之炁，而非五方外炁。理由如下：据《丹阳祭炼内旨·祭炼枢翼》载："端坐静默，万虑俱忘，身心澄寂，行丹阳内炼，默奏慈尊，作

---

① （宋）郑所南：《太极祭炼内法》卷上，《道藏》第10册，第444页。
② （宋）郑所南：《太极祭炼内法议略》卷中，《道藏》第10册，第448页。
③ （元）《道法会元》卷二一〇，《道藏》第30册，第315页。

五岳诀破狱召魂，作用沐浴，变施法食，行水炼、火炼，说三归九戒，焚宣宝箓，祝白生天，止此而已。炼度已彻，方可起身，勿令间断。"① 不难看出，丹阳祭炼诸仪节悉于法师静坐深定之中完成，这一过程盖为内事，鲜涉外仪。丹阳祭炼在炁法上循水火既济之法，以法师身中阴阳二炁祭炼亡爽。如其变神、沐浴、水火炼、书丹阳符及生天宝箓等环节，都以坎离交媾之炁行事。也就是说，尽管其"变食法"未对变食之炁法予以说明，但是据《祭炼枢翼》及其他仪节可以推知，上文所谓"五方金光红玉之炁"应指内炁，即法师五脏之炁。变食时，法师以"五脏之炁"布注食物，存变其化为无边法食，这一过程即"内炁"直接变食。

## （二）荧郭判斛

"荧郭判斛"亦是宋代较常见的一种施食仪，通常用于黄箓等普度大斋中以普济幽魂。"荧郭"是用荧草或净茅草仿城郭而建的济斛坛场，修普度大斋必须设"荧郭"作为幽魂受施法食之所。"荧郭"通常列有八门或四门，八门即八卦中宫，法九州分野之义。② 坛中或建大斛，或设四十九小斛。四门荧郭，则于坛场东南西北各设一门，四门比附"四大神洲"，③ 即东弗于逮（东胜神洲）、西瞿耶尼（西牛货洲）、北郁单越（北俱卢洲）和南赡部洲（阎浮提洲）。"四洲"出自佛经，最初指欲界天之人趣，④ 道教借以象征天界。四门荧郭不仅于坛中陈设斛食，还

---

① （元）《道法会元》卷二一〇，《道藏》第 30 册，第 320—321 页。

② （宋）《灵宝玉鉴》卷一五，《道藏》第 10 册，第 252 页。

③ （宋）王契真：《上清灵宝大法》卷五五，《道藏》第 31 册，第 219 页。

④ 如《佛说决定义经》云："人趣者，谓四大洲，南赡部洲、东胜神洲、西牛货洲、北俱卢洲……如是四洲，名为人趣"。《大正藏》第 17 册，第 651 页。

在四门铺陈饭食酒果等以接济亡魂。正荐时，法师于茭郭中行变神之法，并以存想、布炁等方式普施斛食予幽魂。如王氏《大法》卷五五《斋法宗旨门》称："兆立茭郭，先须洒净，存身为元始，面东立，乘紫云，吸青炁，握玉清诀……引魂绕四门转三匝，沐浴化衣，再巡门从西入，面天尊，朝礼毕，立幡于中，焚符解秽，召将弹压，方依科施斛告戒。"① 这是说，茭郭判斛时，法师先存变为元始天尊，次存引亡魂围绕四门行三匝，复自西门（西瞿耶尼）入茭坛，而后存想亡魂朝礼天尊，普施斛食。

### （三）　重用《五厨经》

宋代诸多道书在论及施食仪时皆提到一部道经——《五厨经》，某些道书甚至认为该经乃祭炼变食之纲领。②《五厨经》即《老子说五厨经》，其成书时间尚难定论，明《道藏》收有唐代尹愔的《老子说五厨经注》，③ 尹氏之注应当是《五厨经》最早的注本之一。

《五厨经》在唐代被视为炁法之书，为道徒修身养神之用。宋代以后，《五厨经》的用途发生了重大变化，该经与施食济幽仪式的联系愈益紧密。部分道门中人通过重新诠释《五厨经》之炁法，将该经作为变食的立论基础，甚至视《五厨经》为祭炼变食之纲领，使《五厨经》的用途从个人修炼转变为炼炁济亡。不仅如此，宋代道教还将《五厨经》用作施食仪中的变食

---

① （宋）王契真：《上清灵宝大法》卷五五，《道藏》第31册，第219页。

② 如郑所南《太极祭炼内法议略》卷下称："《五厨经》乃太上宣说变食造化之经，最为微妙，其祭炼变食之纲领欤。"《道藏》第10册，第458页。周思得《上清灵宝济度大成金书》卷二三云："五厨者，乃五行太和之气聚而为厨，以祭鬼神也最为微妙，其祭炼变食之纲领欤。"《藏外道书》第17册，成都：巴蜀书社，1992年，第30页。

③ （唐）尹愔：《老子说五厨经注》，《道藏》第17册，第213—215页。

咒语，以咒变法食济施亡灵。

### 1. 唐代道教释"五厨"

尹愔《老子说五厨经注》（以下简称《五厨经注》）现存一卷，除注文外，原经仅有144字。据《五厨经注·序》称："伏读此经五章尽，修身卫生之要，全和含一，精义可以入神，坐忘遗照，安身可以崇德，研味滋久，辄为训注。"① 由此可知，《五厨经》原分五章，后人并作一卷，是一部专述服炁之法的道经。宋代张君房编《云笈七籤》，曾以《五厨经气法》之名全文收录了尹氏之注。② 但是，《五厨经气法》有五方之说，而《五厨经注》则无此说，如《云笈七籤》卷六一收《五厨经气法》首句为"东方一气和泰和"，③ 而《五厨经注》首句无"东方"二字，仅云"一炁和泰和"；④《五厨经气法》第五句为"南方不以意思意"，⑤ 而《五厨经注》则为"不以意思意"。⑥《五厨经气法》之"五方"应是对存炁方位的规定，很可能是宋人增衍之说。因为，唐末杜光庭《道教灵验记》卷一二述僧行端改《五厨经》为《佛说三停厨经》时，称："《五厨经》属太清部，玄宗朝谏议大夫、肃明观主尹愔注云：'盖五神之秘言，五藏之真气，持之百遍，则五气自和，可以不食。'其经第一咒云：一气和太和，得一道皆泰……"⑦ "第一咒"即《五厨经》的首句，杜氏所载并无"东方"二字。由此可知，《五厨经》在唐末

---

①　（唐）尹愔：《老子说五厨经注》，《道藏》第17册，第213页。

②　（宋）张君房：《云笈七籤》卷六一，《道藏》第22册，第427—429页。

③　同上，第427页。

④　（唐）尹愔注：《老子说五厨经注》，《道藏》第17册，第213页。

⑤　（宋）张君房：《云笈七籤》卷六一，《道藏》第22册，第428页。

⑥　（唐）尹愔注：《老子说五厨经注》，《道藏》第17册，第213页。

⑦　（唐）杜光庭：《道教灵验记》卷一二，《道藏》第10册，第841页。

五代之际无"五方"之说，亦未规定存炁的方位，这一点同于现存《五厨经注》，但有别于《五厨经气法》。然而，杜氏所载尹愔注语却不见于现存《五厨经注》。考《五厨经注》，并未有"持之百遍，五气自和"之说。因此，我们可以判定，现存《五厨经注》有后人删改之嫌，但炁法上基本保留了尹愔原注。而《云笈七籖》所收《五厨经气法》之"五方"说，则可能是宋以后增加的，尹氏原注无"五方"之规定。厘清材料后，下面我们拟就唐代道教对"五厨"的解释作进一步讨论。

唐代道教关于"五厨"的解释大致有两种，一释"五厨"为五脏之炁，炁法上以内炁为主；二释"五厨"为五方五牙，即五方之炁，以服外炁为主。有关五脏之"五厨"，旨在以身中泰和一炁濡养五脏真炁，如《五厨经注》云："一气和泰和。一气者，妙本冲用，所谓元气冲用在天为阳和，在地为阴和，交合为泰和也。则人之受生皆资一气之和以为泰和，然后形质具而五常用矣。"[1]"泰和一气"，即元炁，为天地阴阳交泰之炁。人禀阴阳二炁受生，身中即俱泰和之炁。因此，《五厨经注》主张炼养身中泰和一炁以充盈五脏，以此为修身养神之道，如云："夫存一炁和泰和，则五藏充满，五神静正，五藏充则滋味足，五神静则嗜欲除。此经是五藏之所取给，如求食于厨，故云五厨尔。"[2] 由此可知，《五厨经注》之炁法率为内事，无涉外炁，这一点与内丹修炼相近。但是，《五厨经注》的炁法思路是"炼一养五"，即内炼元炁以养五脏之炁；而内丹则是"炼五归一"，即炼聚五脏真炁复归于一炁（元炁）。

---

① （唐）尹愔注：《老子说五厨经注》，《道藏》第 17 册，第 213 页。
② 同上。

　　唐代道教还有以五方五牙释"五厨"之说，将"五厨"等同于五方外炁，而非五脏之炁。如《三洞珠囊》卷三载：

　　　　东方青牙，服食青牙，饮以朝华，三咽止。南方朱丹，服食朱丹，饮以丹池，三咽止。中央之野，戊己昂昂，服食精气，饮以醴泉，三咽止。西方明石，服食明石，饮以灵液，三咽止。北方玄滋，服食玄滋，饮以玉饴，三咽止。如此三十日，三虫皆死，伏尸走去，正神正气自然定，伏尸不复还心中，兆自仙矣。此为五方五牙之法，此即是五厨也。故《老子五厨经》云：修奉太和，不亏不盈，尝之无味，嗅之无声，子得闻之，命合真星，一受不退，长乐自然是也。①

　　文中的"五牙"是六朝道教常见的服五方外炁之法，如《上清握中诀》卷下载："东方青牙，紫云流霞……服食晨晖，饮以朝华。舌舐接上唇外，取津咽液三十过。南方朱丹，霞晖太微……服食灵晨，饮以丹池"。② 又如《太上灵宝五符序》卷下称："漱华池，食五芽，而不休者，便成仙人矣。"③ 并释"五芽"为东方青芽、南方朱丹、中央戊己、西方明石、北方玄滋，④ 与上文所载基本一致。可见《三洞珠囊》"服五牙法"仍延续了六朝道教的炁法。道教认为，五方之炁对应人体五脏，服

---

　　① （唐）王悬河：《三洞珠囊》卷三，《道藏》第 25 册，第 308 页。
　　② 《上清握中诀》卷下，《道藏》第 2 册，第 909 页。该经凡三卷，未题撰人，疑为梁陶弘景所撰。
　　③ 《太上灵宝五符序》卷下，《道藏》第 6 册，第 342 页。该经撰者不详，是古灵宝经之一，原本一卷，后分作三卷，约出于汉晋间。参见丁培仁：《增注新修道藏目录》，成都：巴蜀书社，2008 年，第 289—291 页。
　　④ 《太上灵宝五符序》卷下，《道藏》第 6 册，第 342 页。

五牙可宣通五脏。如司马承祯《服气精义论》称："凡服五牙之气者，皆宜思入其藏，使其液宣通，各依所主，既可以周流形体，亦可以攻疗疾病。"① 只是，《三洞珠囊》的特别之处在于释"五牙"为"五厨"，即以五方之炁等同于"五厨"，其炁法为服外炁，服五牙的主要目的是为了灭除体内三尸，实有别于《五厨经注》存炼内炁以修身养神之说。

由上可知，唐代道教对"五厨"的解释存在分歧。尽管"五厨"之释有内、外炁之别，但以《老子说五厨经》作为道徒修炼的炁法之书乃唐代道门之共识。然而，宋代以后，《五厨经》的炁法及用途出现了新的变化，不仅用于道士修行炼炁，还用于变化法食以济拔幽魂，甚至出现了"演经为咒"的现象，即以《五厨经》用作变食之咒以咒变法食，详如下。

2. 宋代道教对《五厨经》的解释及其新用途

宋代道教出现了以存想炼炁变化法食而济拔亡灵的施食仪。部分道门中人通过重新诠释《五厨经》之炁法，将该经作为变施法食的立论基础，甚至称《五厨经》为祭炼变食之纲领。② 这使《五厨经》的用途发生了重要变化，即由自我修炼转变为炼炁济亡，从而使该经与施食仪的联系愈趋密切。宋代道教对"五厨"的解释亦有两类：其一，以内丹理论重新诠释《五厨经》之炁法。这类炁法虽与唐代尹愔《五厨经注》同属内炁存炼的范畴，但二者的炁法思路有区别。内丹之五厨是"炼五归一"，注重逆返，而尹氏之五厨则是"炼一养五"，即内存一炁

---

① （唐）司马承祯：《服气精义论》，《道藏》第18册，第448页。
② （宋）郑所南：《太极祭炼内法议略》卷下，《道藏》第10册，第458页。（明）周思得：《上清灵宝济度大成金书》卷二三，《藏外道书》第17册，第30页。

以充盈五脏真炁。其二，沿用唐代尹愔《五厨经注》以五脏内炁释"五厨"之说。只是，由于《五厨经注》是一部修身养神之书，故在炼炁方式上注重于静定之中存炼内炁，而宋代道教则将《五厨经》用于祭炼科仪，多以掐诀存取内炁。

(1)《五厨经》之内丹新释

以内丹理论解释《五厨经》见于郑所南《太极祭炼内法》一书。《太极祭炼内法》包含"祭"与"炼"两个部分，祭即施食，炼即水火炼度，祭而后炼之。以往学界讨论《太极祭炼内法》时，通常将研究重点放在"炼"上，指出郑氏是以内丹释水火炼度，[①] 但却忽视了"祭"法中的内丹思想。事实上，郑所南对变食、施食的阐释也是基于内丹理论而作，而这种阐释又是通过重新诠释《五厨经》来完成的。

郑所南《太极祭炼内法议略》卷下言：

> 五厨者，本教人炼五行太和之炁，聚而为厨，以祭诸鬼神也。《五厨经》乃太上宣说变食造化之经，最为微妙，其祭炼变食之纲领欤。且鬼神受我饮食者，皆饮食我太和之甘露也。我之造化不归根，安得有太和之甘露耶。甘露者，乃我清净天中真造化也，身心清净，造化朝顶，自上而润下者，即甘露也。[②]

上文将"五"与"厨"分别释之。"五行太和之炁"即五脏之炁，"厨"则为五炁所聚。郑氏以"五"（五炁）作为

---

① 方强：《郑所南〈太极祭炼内法〉研究》，华东师范大学硕士学位论文，2010年，第31页。

② （宋）郑所南：《太极祭炼内法议略》卷下，《道藏》第10册，第458页。

"厨"的前提，将"厨"（五炁之结）视为"五"的归宿，即炼五归一。而唐代道书一般是将"五厨"统释为五炁或五牙，未将"五"与"厨"分释之。此外，文中的"五行太和之炁"虽同于唐代尹愔《五厨经注》的五脏真炁，但郑氏"炼五归一"的炁法思路显然有别于《五厨经注》存炼元炁以充盈五脏之说。其次，上文称炼化五炁以祭鬼神，并称《五厨经》是太上宣说变食造化之经，表明该经主要用于变化法食以济幽魂，而唐代道教则未有此说。在唐代，《五厨经》为一炁法用书乃道门之共识，并且这种看法至少持续到宋真宗时期，如张君房编《云笈七籖》将《五厨经注》归入《诸家气法》，[①] 仍视《五厨经》为炼炁之书。由此可知，《五厨经》为变食造化之经的说法出现较晚，其上限不会早于北宋中期。复次，上文指出，施于鬼神之食并非外物，而是法师身中的"太和甘露"，它具有变化无量法食、解济鬼魂饥渴之功能。所谓"太和甘露"，是法师存炼五脏真炁的产物。"太和"即《五厨经注》的"泰和一炁"，[②] 指元炁。而关于"甘露"，上文仅云"造化朝顶，自上而润下者，即甘露也"。[③] 又据《太极祭炼内法议略》卷中称"盖自己造化之出现者，即我之元神也"，[④] 可知"造化"即元神，有炼炁成丹之意。"造化朝顶"应当是内丹"三花聚顶，五炁朝元"[⑤] 的另一种表述，其理由如下：第一，《太极祭炼内法议略》卷中曾批评当时的一些祭炼道书"皆无内事，率是取外炁，想外境者，

① （宋）张君房：《云笈七籖》卷六一，《道藏》第22册，第427—429页。
② （唐）尹愔注：《老子说五厨经注》，《道藏》第17册，第213页。
③ （宋）郑所南：《太极祭炼内法议略》卷下，《道藏》第10册，第458页。
④ （宋）郑所南：《太极祭炼内法议略》卷中，《道藏》第10册，第450页。
⑤ （宋）曾慥：《道枢》卷二五，《道藏》第20册，第731页。

以讹传讹，误人多矣"，① 表明郑氏释所说五行太和之炁应当是五脏之炁，而非五方外炁。按内丹的说法，五脏之炁是由元炁所化，人生之时，元炁在脐，五行之炁散于五脏，统以丹田、绛宫、泥丸三宫。世人因汩于嗜欲，导致五炁散荡，元炁耗散，故有"顺即成人，逆则成丹"② 之说。其主张炼化五脏之炁以成丹，丹成则元神现，三宫之阳聚于顶，则髓海充盈。③ 第二，文中"甘露自降"之说亦屡见于内丹道书中。所谓"甘露"是指存炼内炁时口中自然产生的唾液，即五脏津液，如《碧虚子亲传直指》称：

> 先天一气，自然由三关朝泥丸，下重楼，入绛宫。然其来有时，采亦有时，须得卯酉一旺时，默默端坐，不须用力摩动，须臾觉顶热，喉中有甘露，时时滴下，便以目内视，以意内送，直纳之绛宫而止。……自然两肾气来，夹脊如车轮，泥丸如汤注，口常有甘露，滴滴而来。④

上述材料表明，"甘露"实为先天一气所化，自泥丸而下，充盈口中，历重楼（喉咙），以意念导入绛宫（中丹田），这与郑氏所说"自上而润下者"基本一致。但是，《太极祭炼内法》并未详述"太和甘露"产生的具体过程，未明言其炁机的升降

---

① （宋）郑所南：《太极祭炼内法议略》卷中，《道藏》第 10 册，第 450 页。
② （元）李道纯：《中和集》卷二，《道藏》第 4 册，第 488 页。
③ 如傅飞卿注《高上月宫太阴元君孝道仙王灵宝净明黄素书》云："学《黄素书》，务使五脏之炁则朝于元，而金丹成就。三宫之阳皆聚于顶，而髓海充盈。或飞举升真，神用无方，而入于圣焉。"《道藏》第 10 册，第 500 页。
④ （宋）《碧虚子亲传直指》，《道藏》第 4 册，第 379—381 页。

运行,① 我们惟有参照其他道书进行了解。据《紫阳真人悟真篇三注》卷一载：

> 甘露、黄芽皆金丹之异名，天地、坎离乃龙虎法象。天地之气氤氲，甘露自降；坎离之气交会，黄芽自生。……《易》之《泰卦》曰：天地交泰。又曰：天地交而万物通，上下交其志同也。且一阳之气上升，而一阴之气下降，则降甘露。若真水润上，而真火炎下，则结黄芽。要知甘露、黄芽，即先天一炁，此气才至，即结成丹。②

上文称"甘露"为金丹之异名，并非说"甘露"等同于"金丹"，而是就丹成之时"甘露自降"这一征候而言，即甘露降、知丹成。又称"一阳之气上升，一阴之气下降，则降甘露"，一语道破甘露产生之炁机。所谓"一阳之气、一阴之气"皆属先天一炁，"一阳"是指肾水真阳、真火，"一阴"则是心中真液、真水。炼炁时需以肾宫真火熏蒸心府真水，是谓水火既济，甘露自降，金丹结成。

由上可知，郑所南的"太和甘露"即是内丹道书所称"甘露"。但是，二者的用途仍有差别。"太和甘露"主要用于祭炼科仪，而内丹之"甘露"属于个体修炼的范畴。换句话说，在郑氏看来，"甘露"既是道士修炼精、炁、神的产物，又是济拔幽魂的必要前提。据此可推，《太极祭炼内法》之存变法食有两层内容：其一，法师存炼内炁产生五脏津液（太和甘露）；其

---

① 《太极祭炼内法》关于水火炼度的炁机运行描述较详，但对"太和甘露"的内炼之法所述甚简。

② （北宋）张伯端著，（南宋）薛道光、陆墅，（元）陈致虚注：《紫阳真人悟真篇三注》卷一，《道藏》第2册，第981页。

二，法师存想中以自己津液为亡魂变施法食。虽然同属存想，但两种存想体现的身体观是不同的。存炼内炁时，是将人体比附为炼丹的鼎炉，而济施鬼魂时则身为天地，含容鬼神，把天宫地狱移入体内，以我之津液灌注身中狱魂。

综上所述，郑所南《太极祭炼内法》以内丹理论解释《五厨经》，将这部炁法之书演变为"变食造化之经"，用以炼炁变食，济施幽魂，赋予了《五厨经》新的意义与用途。

（2）五脏真炁之"五厨"

宋代道教率以内炁释"五厨"，除了五脏真炁聚而为厨的解释外，还有以五脏真炁分释"五厨"之说，这类说法基本沿用了唐代《五厨经注》的五脏五炁说。但是，将"五厨"用作变食法门时，除五脏之炁外，还须辅以外炁方可完成济幽之事。如王氏《大法》卷五九《斋法宗旨门·五厨经》载：

> 长生秘章，卯文，青炁。一炁和太和，得一道皆太；和乃无一和，玄理同玄际。
>
> 不饥秘章，离文，赤炁。不以意思意，亦不求无思；意而不复意，是法如是持。
>
> 不热秘章，中文，黄炁。诸食炁结炁，非诸久定结；炁归诸本炁，随取当随世（疑为"泄"）。①
>
> 不寒秘章，酉文，白炁。修理志离志，积修不符离；志而不修志，已业无己知。
>
> 不渴秘章，坎文，黑炁。莫将心缘心，还莫住绝缘；心

① 尹愔《老子说五厨经注》记为"随取当随泄"。《道藏》第17册，第215页。

在莫存心，真则守真渊。①

《五厨经》原文共 144 字，上文将原经中的 100 字五言诗单列出来，分作五章，即长生秘章、不饥秘章、不热秘章等。文中的卯、离、中、酉、坎文为掐诀。"掐诀"，是道教科仪最常见的取炁方式，如《太极祭炼内法议略》卷下云："诀者，窍也。《黄庭经》云'子为人关把盛衰'，则手能握一身之造化，掐子则肾水之神盛，掐午则心火之神盛，一一有说，不可尽究。"②道教认为，手指和掌上某些位置为人体之气窍，掐这些部位或以手指结为某种固定姿势，即可存取相应的内炁。如卯文对应肝脏，离文应心，中文应脾，酉文应肺，坎文应肾。由此可知，上文五诀所取五色之炁即五脏内炁，一诀取一炁，并诵念一句《五厨经》。取内炁毕，法师再存取外炁入身，变神为太乙救苦天尊。如王氏《大法》卷五九云"取炁入身，化身为太一慈尊"，③ 所取之炁为东方云炁，④ 属外炁。而后，法师存想太乙救苦天尊以甘露洒于法食，复取三十二天之光炁灌注法食，令其遍满无极世界，一切幽魂俱享饱饮。可知王氏《大法》的变施法食有两个环节，即变神和变食，两个环节皆取用内、外二炁。尽管王氏《大法》未明言二炁相合，但其先内后外、由外归身的取炁方式暗示了二炁交合于内的思路。

---

① （宋）王契真：《上清灵宝大法》卷五九，《道藏》第 31 册，第 249 页。
② （宋）郑所南：《太极祭炼内法议略》卷下，《道藏》第 10 册，第 462 页。
③ （宋）王契真：《上清灵宝大法》卷五九，《道藏》第 31 册，第 249 页。
④ 王契真《上清灵宝大法》卷五九述《五厨经》变食时，仅云"取炁入身，化身为太一慈尊"，未明言该"炁"的来源。但据同卷释"咒食"称："存太一慈尊居于东方云炁，吸炁归身，化为太一慈尊。"可知在其"五厨经"一节中，存变太一天尊时所取之炁应为东方云炁，属外炁。《道藏》第 31 册，第 246 页。

　　王氏《大法》卷五九《斋法宗旨门·五厨经》基本沿用了唐代尹愔《五厨经注》的说法，即以五脏之炁释五厨，不同于郑所南"五炁聚而为厨"之说。① 如王氏《大法》卷五九称："夫《五厨经》之旨，则令五脏充满，五神正。五脏充则滋味足，五神静则嗜欲除，则此经是五藏之所治，如求衣食于厨，故曰五厨耳。"② 此句与《五厨经注》之首句如出一辙。③ 但是，王氏《大法》是以《五厨经》变化法食济拔亡魂，而非用于自我修炼。王氏《大法》以掐诀取五脏之炁，有别于《五厨经注》于静定中炼养内炁。此外，王氏《大法》变食时，除五脏之炁外，还须借助外炁，并在存想中运内外合炁变化法食。内、外之炁在变食过程中同等重要，缺一不可，实有别于《太极祭炼内法》纯粹以内炁变化法食之说。郑所南曾批评内外合炁的变食之法，他说："以内炁而合外炁，是亦外事，岂若运我身中真造化耶。"④ 可见，尽管王、郑二人皆以内炁释"五厨"，但二者变食时的炁法观念仍有差异。因"合炁"与"内炁"之别，导致王、郑二人的"变神"说亦大相径庭。郑所南以内丹理论阐释祭炼，认为太乙救苦天尊是由法师之元神所变；⑤ 王氏《大法》则主张内外合炁存变为太乙慈尊，无元神一说。

---

　　① （宋）郑所南：《太极祭炼内法议略》卷下，《道藏》第 10 册，第 458 页。

　　② （宋）王契真：《上清灵宝大法》卷五九，《道藏》第 31 册，第 249 页。

　　③ 如尹愔《老子说五厨经注》曰："夫存一炁和泰和，则五藏充满，五神静正。五藏充则滋味足，五神静则嗜欲除。此经是五藏之所取给，如求食于厨，故云五厨尔。"《道藏》第 17 册，第 213 页。

　　④ （宋）郑所南：《太极祭炼内法议略》卷中，《道藏》第 10 册，第 448 页。

　　⑤ 如《太极祭炼内法议略》卷中称："太一天尊即是自己元神。藏经云：自己天尊，何劳仰望；自己老君，何劳外觅。"《道藏》第 10 册，第 448 页。

（3）演经为咒：从诵咒炼气到诵咒变食

《五厨经》用作变食咒语，在宋元道教施食仪中较为常见。《五厨经》全文仅 144 字，篇幅极短，早在唐玄宗时期已有将《五厨经》用作咒语之说。如杜光庭《道教灵验记》卷一二《经法符箓灵验·僧行端改〈五厨经〉验》载：

> 僧行端，性颇狂谲，因看道门《五厨经》只有五首咒偈，遂改添题目，云《佛说三停厨经》，以五咒为五如来所说，经末复加转读功效之词，增加文句，不啻一纸。《五厨经》属太清部，玄宗朝谏议大夫、肃明观主尹愔注云：盖五神之秘言，五藏之真气，持之百遍，则五气自和，可以不食。其经第一咒云：一气和太和，得一道皆泰，和乃无不和，玄理同玄际。开元中，天师赵仙甫为疏，皆以习气和神为指。行端旁附此说，即云读诵百二十遍，可以咒水，饮之令人不食，名为《三停厨经》。①

上文称《五厨经》为五首咒偈，并引尹愔之注称"持之百遍"则五气自和，"持之百遍"即诵读百遍。考现存尹愔《五厨经注》主述存气之法，无诵经之说，又据《五厨经注·序》云"伏读此经五章尽，修身卫生之要"，② 可知该经原分五章，现作一卷，疑有后人改动之嫌。杜光庭的记载应当更贴近尹注之原貌。因此，我们可以推断，尹愔原注既有炼气之法，也有以经为咒的倾向，即以诵经调和五脏。也就是说，《五厨经》用作咒语的现象可能在唐玄宗时期已经存在。但是，这类演经为咒强调地是诵读

---

① （唐）杜光庭：《道教灵验记》卷一二，《道藏》第 10 册，第 841 页。
② （唐）尹愔：《老子说五厨经注》，《道藏》第 17 册，第 213 页。

五咒①以调和五气，主要用于个人修炼，并非用于咒食济施鬼魂。

　　宋代以后，《五厨经》常用作施食济幽仪式中的变食咒语，如《太极祭炼内法议略》卷下载："祭炼诸咒中……《五厨经》全文尤妙，不可作空言诵过。凡太上一切经、一切咒，皆说人身中至妙造化，今人尽作言语诵之，惜哉！"② 可知《五厨经》在宋代已成祭炼咒语，文中特别指出"不可作空言诵过"，又称太上一切经咒皆说"人身中至妙造化"，可见诵"五厨经咒"时还应辅以内法。然而，《太极祭炼内法议略》未对诵咒之内事作进一步说明。但是，王氏《大法》卷五九《斋法宗旨门·五厨经》述"变食"时，云："长生秘章，卯文，青炁，一炁和太和，得一道皆太，和乃无一和，玄理同玄际。"③ 意即一诀取一炁，诵一句《五厨经》。王氏《大法》将存想取炁与讽诵经咒联系在一起，可知存炁即诵咒之内事。此外，《道法会元》卷二〇三提到"老子五厨真经咒"④，其咒语即《五厨经》全文，并称"讽演灵章，加持法食"⑤。"灵章"指"五厨真经咒"，法师诵此咒以加持法食。又如《灵宝施食法》载："以神咒力，变化法食，广大无边，却持'五厨咒'一遍，须从容缓念。"⑥ 其"五厨咒"亦全部抄录《五厨经》。凡此种种表明，宋代道教施食仪以《五

---

　　① "五咒"是《老子说五厨经注》中的百字五言诗，共五句，乃炁法口诀。即："一气和泰和，得一道皆泰；和乃无一和，玄理同玄际。不以意思意，亦不求无思；意而无有思，是法如是持。莫将心缘心，还莫住绝缘；心在莫存心，真则守真渊。修理志离志，积修不符离；志而不修志，已业无己知。诸食气结气，非诸久定结；气归诸本气，随取当随泄。"《道藏》第 17 册，第 213—215 页。
　　② （宋）郑所南：《太极祭炼内法议略》卷下，《道藏》第 10 册，第 463 页。
　　③ （宋）王契真：《上清灵宝大法》卷五九，《道藏》第 31 册，第 249 页。
　　④ （元）《道法会元》卷二〇三，《道藏》第 30 册，第 295 页。
　　⑤ 同上。
　　⑥ 《灵宝施食法》，《道藏》第 34 册，第 773 页。

厨经》为变食之咒已成为一种普遍现象，该经的用途已大异于唐时个人修身养神之用。

综上所述，可知唐代道教实视《五厨经》为炁法之书，释"五厨"为五脏内炁或五方外炁，主要用于个人修炼。宋代以降，部分道门中人则通过重新诠释《五厨经》之炁法，将该经作为变施法食的立论基础，使《五厨经》的用途从个人修炼演变为炼炁济亡。《五厨经》在宋代大抵有两条发展轨迹，一是以内丹理论重新诠释该经炁法，如郑所南以"五脏之炁聚而为厨"释"五厨"，炁法上强调"炼五归一"。这种将内丹技术用于度亡科仪的做法，既是内丹理论成熟的表现，也是宋代道教科仪有别于前代之处。二是继承了唐代尹愔《五厨经注》中的五脏、五厨之观念，如王契真释"五厨"为五脏之炁，以掐诀存取内炁。尽管宋代道教皆以内炁释"五厨"，但在变食之法上仍有区别，如郑所南的"内炁"说，率以内炁为祭鬼变食之法门，而王契真则以"内外合炁"存变法食。此外，唐宋道教皆有将《五厨经》用作咒语的现象，但诵咒之目的却大不相同。唐代道教以《五厨经》为咒语，其目的是为了调和五脏之炁，为个人修炼之用。而宋代道教则将《五厨经》作为变食之咒，与存想取炁相结合，用以咒变法食，济拔幽魂，使《五厨经》与施食仪的联系更为紧密。

## 第二节　水火炼

"水火炼"是炼度的核心仪节。亡魂享食之后，必须经由水火荡炼方能获度超升。本书第二章已就水火炼的类型、用途及行炼原理等进行介绍，本节不再重复。下文拟重点探讨"水"与"火"的具体炼法，对其行炼方式与内法特点作一番考察，尝试回答"怎样炼"的问题，进而揭示炼度仪受内丹影响之具体表现。

通过对宋代道教炼度文献的考察，本文认为，就行炼方式而言，宋代"水火炼"大致可归纳为三种，即"外池沼"炼、"内外水火"炼，以及"内水火"炼。以下将着重从概念、特点、内法等方面对这三种炼法展开讨论。

## 一　"外池沼"炼

### （一）"外池沼"炼的含义及特点

所谓"外池沼"，即炼度坛场所设水池、火沼。一般以"圆器"为火沼、"方器"作水池，以象征日精月华。如王氏《大法》卷五九云："火池用圆炉盛真火，水池用方器盛真水。"[1] 蒋氏《立成仪》卷二七称："先以一方器，安坛之西北，以牌书云：南宫太阴水炼池。又以一圆器，安坛之东南，以牌书云：南宫太阳火炼池。"[2] 这种"火沼为圆""水池为方"以法日月的观念，应当源于汉代道家"阳燧取火于日，方诸取露于月"[3]之说。

"外池沼"炼最明显的特点是以坛场水池、火沼为炼亡之

----

[1]　（宋）王契真：《上清灵宝大法》卷五九，《道藏》第31册，第252页。

[2]　（宋）蒋叔舆：《无上黄箓大斋立成仪》卷二七，《道藏》第9册，第535页。

[3]　（汉）刘安：《淮南鸿烈解》卷一一，《道藏》第28册，第44页。"方诸"即月下承露取水的方形器皿，"阳燧"即日下取火的圆形凹面铜镜，二者所取水火上应日月之气。

所，一般设有建水、火二池的环节，并有专门的布炁变池之法。① 大致而言，行炼时，法师先于坛场立水池、火沼，并于存想中以内外混合之炁变凡间水火为"真水火"，次存神召将引魂入池受炼更生。如《无上玄元三天玉堂大法》卷一八云："吾身造化，随念运行，即我阳神分形官将，合天之炁，寄委符形，借凡水火呼吸之，内与道合真。"② 就外像看，这类水火是有形、有限的。法师借助存想化其"有限"为"无限"，以之含容无量幽魂。不难看出，由于法师的存想是基于现实之物而展开，即以有形相的池沼水火为存想对象，意想亡魂入池受炼，故称之为"外池沼"炼。这种水火炼亡的方式在宋代比较常见，仪式内容亦较繁琐，所涉内法（炁法）亦不尽一致。下面拟就"外池沼"炼的主要仪法略作介绍。

**（二）"外池沼"炼的主要仪法**

1. 建、变水火池

建池的关键步骤有二：其一，取太阳、太阴真精，此为有相水火；其二，于存想中将日月之精布入池沼。取太阳真火，是指法师于午时用阳燧或柳木炭、杨柴炭与苦竹等引火。③ 以阳燧为

---

① （宋）路时中：《无上玄元三天玉堂大法》卷一八，《道藏》第4册，第57—58页。（宋）《灵宝玉鉴》卷三八，《道藏》第10册，第398—402页。（宋）王契真：《上清灵宝大法》卷五九，《道藏》第31册，第250页。（宋）蒋叔舆：《无上黄箓大斋立成仪》卷二七，《道藏》第9册，第536—537页。（宋）蒋叔舆：《无上黄箓大斋立成仪》卷三一，《道藏》第9册，第560—561页。（宋）金允中：《上清灵宝大法》卷一三，《道藏》第31册，第417页。

② （宋）路时中：《无上玄元三天玉堂大法》卷一八，《道藏》第4册，第57页。

③ （宋）王契真：《上清灵宝大法》卷五九，《道藏》第31册，第252页。（宋）蒋叔舆：《无上黄箓大斋立成仪》卷二七，《道藏》第9册，第535页。（宋）蒋叔舆：《无上黄箓大斋立成仪》卷三一，《道藏》第9册，第560页。（宋）宁全真授，（元）林灵真编：《灵宝领教济度金书》卷二八三，《道藏》第8册，第492页。

例，法师在正午于日下，以阳燧取日中真火点燃取火符，[①] 以此符火点燃传光烛，此烛火用于分灯、破狱和炼度火池。建池时，法师将此火移入火沼当中，并借助罡、诀、符诰、祝咒以行布炁之法，存想日精与身中之炁下注火沼。如《灵宝玉鉴》卷三八"太阳宝诰"和"建火沼符"皆用于建火沼。宣"太阳宝诰"前，法师存想太阳赤光入于下丹田（元宫），复自右肾上透昆仑，从左目而出，运此内外混合之炁布入"宝诰"，次步罡剔诀，存诰中之炁降入火沼。焚"建火沼符"时，法师取南炁，以目光虚书离卦入火沼中。[②]

太阴真精，即东井黄华水，是指井宿之炁与太阴之精相激而成的黄色水华。此水应择月临井宿之日，于井宿言位的水井处取之，盛于瓶中，每夜露天，并辅以祝咒存想，俟沐浴、水炼时用之。[③] 建池时，法师将此水盛入水池，并辅以罡、诀、符诰等行布炁之法，存想太阴真精与身中之炁注入水池。如《灵宝玉鉴》卷三八"太阴宝诰""建水池符"，前者寓有太阴之炁与法师身中之炁，后者则寓北方（主水）之炁，法师用此符诰投建水池，象征池中之水乃太阴真精所化。

建池后，法师行变池之法，即将坛场池沼存变为日月，或流

<hr>

① 常见的取火符有"请火符""请真火符""慧光符"等。参见（宋）王契真：《上清灵宝大法》卷五九，《道藏》第31册，第252页。（宋）金允中：《上清灵宝大法》卷一三，《道藏》第31册，第414页。（宋）宁全真授，（元）林灵真编：《灵宝领教济度金书》卷二八三，《道藏》第8册，第492页。

② （宋）《灵宝玉鉴》卷三八，《道藏》第10册，第399—400页。

③ （宋）宁全真授，（元）林灵真编：《灵宝领教济度金书》卷二八三，《道藏》第8册，第498—499页。（宋）王契真：《上清灵宝大法》卷五九，《道藏》第31册，第251—252页。

火神庭、天河东井等。① 行仪时亦需辅以变池用符诰，该环节旨在变降"真水火"。如《玉堂大法》卷一八"变炼"法称："焚黄诰、赤箓之时，存各曜，各曜乃水池为月，火沼为日也，乘光入吾身，混合吾身之水火，俱入池中。"② 其"黄诰"用于变降真水，"赤箓"以请降真火，焚诰箓时，法师存变水池火沼化为日月，这一过程即是变池。又如《灵宝玉鉴》卷三八中，法师以数道符变化池沼，并存想水池火沼分别作"森罗净霱"③（东井黄华）与"流火神庭"。④ 金氏《大法》卷一三"变水池"称："存真水自天而下，径入（水）盂中，化成广大水池。"⑤这是通过存想将坛场水池化为可以含容无鞅众魂的"真水池"。

　　由上可见，建池与变池之法皆有化凡为圣之义。不过，建池之法旨在取日中之火、井华之水，并通过存想、焚符、祝咒等仪法，将此水火存变为寓有太阳、太阴真精之物。而变池之法则是在此基础上对有限之水火进一步圣化（如存变为日月、流火神庭、天河东井）。建、变池毕，法师遂行召将之法引魂入炼。该环节所涉神将名号甚多，常见的有"主水、主火大将军""掌

　　① （宋）蒋叔舆：《无上黄箓大斋立成仪》卷三一，《道藏》第9册，第560—561页。

　　② （宋）路时中"《无上玄元三天玉堂大法》卷一八，《道藏》第4册，第57页。

　　③ 如《灵宝无量度人上经大法》卷四称："净霱者，丹池东井黄华，诸天真仙炼形之所。故下世罪魂，若以净霱黄华之泉，炼其阴翳，即得升阳境。"《道藏》第3册，第633页。

　　④ 法师用"降真水符""十二河源符""月魄符"等变降真水，以化水池为净霱；用"变火沼符""降真火符""掷火万里符""日魂符"等，存变火沼化为流火神庭。（宋）《灵宝玉鉴》卷三八，《道藏》第10册，第400—402页。

　　⑤ （宋）金允中：《上清灵宝大法》卷一三，《道藏》第31册，第417页。

水、火池使者""炼度官君"等。这些将吏当隶属于"南昌受炼司",① 其职能主要有两种：合炁炼魂与引魂入炼，详如下。

2. 召将行炼

召将之法以炁化论为基础，道教认为，宇宙万物无一不由炁化而成，炼度官将亦不例外。基于此，"合炁炼魂"遂成为某些"外池沼"炼所召神将的职司之一。所谓"合炁炼魂"是指法师借助存召"某将"及其所象征之炁，混合身中之炁，以此"合炁"变化水火、荡炼亡魂。如《灵宝玉鉴》卷三九云："高功入科水炼，鸣召：谨召主水大将军王燕，速至坛所，合炁炼魂。右神皂袍金介、胄绿仙带，自北方乘云而至。师吸炁归中，化作金魋字，以阴斗诀发此字于水池，光明莹彻，内如碧天皓月之状，受炼众魂，俱入月中，黄华荡形。"② 这是"水炼科"的存召之法，其中，法师既要存想"主水大将军"的具体形象，如"皂袍金介、胄绿仙带"，还要存取该将所象征的北方之炁，如"自北方乘云而至"一句。"北方"在五行中属水，表示"主水大将军王燕"乃北方炁所化。"师吸炁归中"则表示法师于存想中将北方炁与身中炁混合（化作金魋字），并以此合炁变水池为皓月，存想亡魂入池受炼。又如《灵宝玉鉴》卷四〇载："入火炼科……谨召主火大将军赵仲明，速至坛所，合炁炼魂。右神红袍金介，胄绿仙带，自南方乘云而至。师吸炁归中，化作金魋字，以阳斗诀发此字于火沼中，光明洞焕，如天边晓日之状，受炼众

---

① "南昌受炼司"即南昌上宫，乃炼化度仙之所。上文"主火大将军""主水大将军""掌水池使者""掌火池使者"等神将，在王契真《上清灵宝大法》卷六五"南昌受炼司主职神将"以及《灵宝无量度人上经大法》卷五七"炼度师尊官吏"中皆有迹可循。《道藏》第31册，第328—329页；《道藏》第3册，第945—946页。

② （宋）《灵宝玉鉴》卷三九，《道藏》第10册，第405页。

魂，俱入日中，玉眸炼质。"① 这是"火炼科"的存召之法，其存想布炁的理路与"水炼科"基本一致。不同的是，"主火大将军"的方位在南方，象征南方之炁（五行属火），并且要将火沼存变为日。由上不难看出，这类召将之法的真正意图在于取炁、合炁，进而灌炼亡魂，其存想内容较为丰富。

除"合炁炼魂"外，"外池沼"炼中还有部分神将仅扮演"引领员"的角色，主要职责是引导亡魂入池受炼，其存召之法甚为简易。这类神将在宋代"外池沼"炼中较为常见。如蒋氏《立成仪》卷二七"火池法"云："指挥掌火池使者、炼度官童将吏、日中阳精，速降池中伺候，引亡魂等入火池。"② 其"水池法"云："指挥掌水池使者、荡形官童将吏、月中黄华灵根，速降池中伺候，引亡魂等入水池。"③ 文中所召将吏仅起到引魂入池之用，无涉变化水火、合炁炼魂之事。又如《度人经大法》卷六一云："谨召掌水池使者，炼度一行官君将吏，引领所度亡魂入水池受炼。……谨召掌火池使者，同九光童子、火铃灵童、炼度使者、火府将吏，引领所度亡魂入火池受炼。"④ 显然，其"炼度官将"的职司为"引魂入池"，而不涉具体的行炼事宜。

由上文可见，无论是建、变池环节，还是召将行炼，均涉及极为复杂的存想内容，这尤其体现在"炁法"的表述上。比如，就方位而言，有南方炁、北方炁、西北炁等；以诀目而言，有以"真火诀"取"午炁"，以"真水诀"取"北炁"等；以表义而

---

① （宋）《灵宝玉鉴》卷四〇，《道藏》第 10 册，第 410 页。
② （宋）蒋叔舆：《无上黄箓大斋立成仪》卷二七，《道藏》第 9 册，第 537 页。
③ 同上。
④ （宋元）《灵宝无量度人上经大法》卷六一，《道藏》第 3 册，第 957—958 页。

言，或存"流火神庭"之烈焰①，或存"绛宫赤炁"入注火池以变降真火②，又有存想日精月华流布水池火沼等。某些"外池沼"炼在建、变池之际甚至需要存取数种"炁"，这些"炁"名称各异，存想之法亦不相同，着实令人目眩。然而，在讨论炼度仪乃至其他道教科仪时，炁法的研究实乃不可回避之对象，这是了解道教仪式至关重要的一环。为此，本书有必要对"外池沼"炼的炁法特点进行提炼、归纳，以便从"内法"的角度对该类炼法作进一步说明。

3. 炁法特点

"外池沼"炼大多遵循"内外合炁"之法变化水火以炼度亡灵。所谓"内炁"，即炼度者身中阴阳二炁，而"外炁"则指自然界之炁与意存外境所取之炁。内外混合之炁在宋代炼度仪中十分普遍，不仅是水火炼度，其他仪节诸如变神、破狱、摄召等亦循"合炁"之法。就"外池沼"炼而言，其建池、变池、行炼以及炼度符法皆以"内外合炁"行事。

如《灵宝玉鉴》卷一云：

> 炼度者，以我身中之阴阳造化，混合天地阴阳之造化，为沦于幽冥者，复其一初之阴阳造化也。……所设有形之水火者，假天之象、地之形、日精月华之真炁，又假诸符箓以神其变化，使死魂复得真精合凝之妙，而仙化成人也。③

上文称，炼度就是以法师身中阴阳二炁，混合"天地阴阳"

---

① （宋）蒋叔舆：《无上黄箓大斋立成仪》卷二七，《道藏》第9册，第537页。
② （宋）金允中：《上清灵宝大法》卷一三，《道藏》第31册，第417页。
③ （宋）《灵宝玉鉴》卷一，《道藏》第10册，第145页。

寓于坛场池沼和炼度符篆中，以为亡魂炼聚真精，度其超升。文中"混合"二字，表示"身中阴阳"与"天地阴阳"（日月真炁）有内外之别，前者言内炁，后者为自然界之炁。值得注意的是，"内"与"外"不仅是指身内、身外之别，还体现在存想内容上，即以行者"心系之境"来判定。如《玉堂大法》卷三○云：

> 早朝，则思上丹田之阳神，朝元尊于泥丸。午朝，则思中丹田之阳神，朝于绛宫。晚朝，则思下丹田之阳神，朝于丹田。复从本处乘炁而出，早则乘泥丸之青炁朝元始，午则乘心中之黄炁朝道君，晚则乘肾中之白炁朝老君，使内炁以合外炁，外神以符内神，则一瞬之间，报应如响矣。[①]

上文为"一日三朝"之法，依先内后外之序行事。文中"三田阳神"为身中之神，象征"三田之炁"。行持时，当先思"三田阳神"，次存三神乘三炁各从三田而出，朝觐"元始""道君""老君"，此"三尊"乃行者存想的身外之神。上文称此过程为"使内炁以合外炁，外神以符内神"，其"内炁""内神"即"三田阳神"与"三田之炁"；而"外炁""外神"则指"三尊"及其所象征之炁。显然，其"内"与"外"是根据行者之存想系于身内或身外来判定。换言之，这是以存想的客体作为判定标准。因为，从存想主体的角度来说，无论所存对象为何，都是主体意念中事，皆属"内事"，也就无所谓内外之别了。这种以意存之境判定内、外炁之说，亦见于炼度仪中。如《太极祭炼内法议略》卷中称：

---

① （宋）路时中：《无上玄元三天玉堂大法》卷三○，《道藏》第4册，第120页。

今人行持，多是存想作用外事，岂知天地万化尽备在我
身中。若曰：吸天门炁、三清祖炁、十方生炁、东方青炁、
西方白炁，及想金光百千万道降注兆身之类。至如遽然存想
太一天尊、朱陵火府、天河东井者，皆外事也。有取合炁
者，如嘘出肝炁，存想与东方青炁来相接，吸之仍嘘出者，
谓取天地至灵之炁合自己至灵之炁，凡此之类，皆谓之合
炁。以内炁而合外炁，是亦外事，岂若运我身中真造
化耶。①

郑所南指出，宋元之际有相当一部分祭炼仪（炼度仪）率
为"存想作用外事"（意存外境），并对这类存想取炁之法颇有
微词。在郑氏看来，天地万物悉备于"我"身，一身之中已含
容天宫及众真、地狱与幽魂，"祭炼"之事盖取决于"我身中真
造化"。所谓"真造化"，是指炼度者于深潜静定中行坎离交媾
之道，以荡除阴翳、息灭妄念，进而现证元神。② 他主张行炼者
必须以自炼元阳作为祭炼幽魂的前提。"太极祭炼"在内法上实
有取决于内丹道，这种取向亦造就了其重内事而轻外仪之特点，
相关内容详见后文。

依郑氏所言，凡是心系外境皆属"外事"，意存此境所取之
炁即属"外炁"。此外，上文所谓"内外合炁"，是指身中之炁
混合意存外境之炁，亦被郑氏视为"外事"，这与其专于内事而
不重外仪的观点不无联系。此类"合炁"与《灵宝玉鉴》所言
"合炁"有所区别，后者主张以身内阴阳混合天地阴阳。换言

---

①　（宋）郑所南：《太极祭炼内法议略》卷中，《道藏》，第 10 册，第 448 页。
②　（宋）郑所南《太极祭炼内法议略》卷中称："盖自己造化之出现者，即我
之元神也，与遽然存想太一天尊不同。"《道藏》第 10 册，第 450 页。

之，"内炁"与"外炁"是根据身内身外与意存之境两个层面来划分的，下文将对内外之炁作进一步析论。

（1）外炁

"外池沼"炼的外炁大致有两种：其一，自然界之炁；其二，意存外境之炁。前者常用于建池，后者多见于变池、入炼等环节。

建水、火池时，通常要求取"日中真火"与"黄华真水"，二者寓有自然界的日月真精。如王氏《大法》卷五九云："凡欲取阳精真火，先以杨柴炭，用苦竹当日午面日，截竹取火，……以符（请火符）引火烧炭用之。"① 这是说，法师于午时以苦竹取太阳真火，此火中寓有当日太阳真精。取火之后，法师还要将心中赤炁布入火中。由此可知，其"阳精真火"盖由太阳真精（外）与身中之火（心中赤炁）混合所化。又如"黄华真水"，本指井宿之炁与太阴真精相激而成之黄色水华。早期上清经中已有"黄华浴魂"之说，最初是指"天人"以"东井黄华"沐浴自炼，② 后世又将"黄华"的用途拓展至度亡科仪。在炼度仪中，"黄华真水"用于沐浴和水炼两个仪节。取"黄华水"，需于月亮运行至东井之日，在位于井宿方的水井处取水，此水之中寓有太阴真精与井宿之炁，当属自然界之炁。如王氏《大法》卷五九云："凡取东井黄华神水，以月内井宿之日，用月将加临

---

① （宋）王契真：《上清灵宝大法》卷五九，《道藏》第31册，第252页。

② （东晋）《上清黄气阳精三道顺行经》云："诸上仙万帝皆以立秋之日，悉诣广灵之堂、东井之泉，沐浴自炼，更受津源通真之容也。"又称："秋分之日，月宿东井之上、广灵之堂，沐浴东井之池，以炼月魂，明八朗之芒。当此之日，月受阳精于日晖，吐黄气于玉池。秋分之日，诸天人悉采环树之花，以拂日月之光，月以黄气灌天人之容。"《道藏》第1册，第824、826页。

宿直之上，逆数看井宿在何方，便于本方上取之。"① 取水时，要辅以存想、祝咒、焚符等仪法；取水毕，法师还要运双肾之炁注入水中，这一过程即以内外之炁变化真水。

接下来，意存外境之炁，这是"外池沼"炼中最为常见的一类"外炁"。这里所说的"外境"通常具有圣化的特点，比如存想天宫、仙真、神将及其所象征之炁。如蒋氏《立成仪》卷二七称："师行水池法，……存天河东井之水，自水池西北角流入，湛然澄清。取西北炁一口，吹池中。"② 其"东井之水"是指法师存想中的太阴真精，有别于上文所说的"东井黄华"。法师以此东井炁混合西北炁变化水池。又如《灵宝玉鉴》卷四〇云："谨召主火大将军赵仲明，速至坛所，合炁炼魂。右神红袍金介、胄绿仙带，自南方乘云而至。师吸炁归中，化作金魒字，以阳斗诀发此字于火沼中，光明洞焕，如天边晓日之状，受炼众魂，俱入日中，玉晔炼质。"③ 其"主火大将军"象征南方之炁，法师存此炁与身中之炁混合（吸炁归中，化作金魒字），以之变化火沼，炼化亡魂。

在"外池沼"炼中，通常会同时涉及以上两种炁法。以太阳真精为例，建池时，法师要于午时面日取火，此火寓有日中之炁；变池时，又要存变火沼为日，这是存想中的太阳真精。天地阴阳——日中之炁与意存外境——日中真精，皆属外炁。但是，前者要受时空（午时、取火方位）及其他条件的限制（如以阳燧、苦竹取火）；后者则系于意念之中，除必要的法器（火沼、

---

① （宋）王契真：《上清灵宝大法》卷五九，《道藏》第 31 册，第 251—252 页。
② （宋）蒋叔舆：《无上黄箓大斋立成仪》卷二七，《道藏》第 9 册，第 537 页。
③ （宋）《灵宝玉鉴》卷四〇，《道藏》第 10 册，第 410 页。

符诰）外，少有外部条件的制约。

（2）内炁

内炁，即炼度者身中阴阳二炁，其存想以"系念于身"为特点。"外池沼"炼所涉内炁有两种，即心肾未交与心肾相交之炁。前者未行阴阳升降、坎离交媾之法。在这类炁法中，肾属阴、主水，心属阳、主火，卦象呈离上坎下之势（火上水下）。而后者则受到内丹道的影响，以肾为真阳（阴中求阳），以心为真阴（阳中求阴），卦象呈坎上离下之象（水上火下），即以肾中真火与心中真液相交之阴阳正炁为"水火"。

从现存宋代炼度文献看，部分"外池沼"炼在行炼过程中并未涉及"坎离交媾"之道。如金氏《大法》卷一三"变火池"法称："存身中绛宫赤炁腾出，渐盛遍满身外，注入炉中化成真火。"① 绛宫，即心宫，亦称朱陵火府，其炁色赤，五行属火，法师存绛宫之炁以变化真火。其"变水池"法云："存下田黑炁腾出，渐盛遍身，注入盂中化成真水。"② "下田黑炁"即肾中之炁，其炁色黑，五行属水，以此炁变化真水。不难看出，上文"真水火"分别取自肾、心二宫，肾为阴（水），心为阳（火），在其存想过程中并未体现出"升降阴阳""颠倒坎离"之法。所谓"颠倒坎离"，是以肾为真阳，心为真阴，于肾宫取真火，于心府取真水。如《玉宸经法炼度内旨》称："诸家之说，惟用心火肾水，离火坎水，皆指后天之水火，非先天之真水真火已。……夫真火者，坎中之阳也；真水者，离中之阴也。此

---

① （宋）金允中：《上清灵宝大法》卷一三，《道藏》第31册，第417页。
② 同上。

之阴阳，得乾坤之中炁。"① 文中所谓"后天水火"应指未济之水火，上引金氏《大法》即属此类；而"先天水火"则为既济之水火，即法师以肾中真阳熏蒸心宫真液，遂运此交混之炁炼度亡灵。

　　就整体上说，未涉坎离交媾的"外池沼"炼尤其注重"内"与"外"的和合，其中某些仪式的存想方式更接近于早期道教的存神之法。如蒋氏《立成仪》卷二七云："取北方水炁五口，运自己肾炁五道，相交吹入水池。"② 其"北方水炁"即意存外境所取之炁，"肾炁"即内炁，法师以内外合炁变降真水。这一过程中强调的是内外之合，而非心肾之交，其间未涉颠倒坎离之法。又如《度人经大法》卷三七云："右法（指水炼法）以水一器，正北叩齿九通，思男玉童三人从心出，女玉女七人从肾出，唾津七口。"③ 这也是在说变化真水之法，虽然其存思的对象——玉童、玉女，分别象征着心肾之炁，但其间并不存在升降阴阳之道。在"坎离交媾"中，内炁的运行轨迹一般是自下丹田循督脉而上至泥丸，复自泥丸沿任脉而降下。而文中存玉童、玉女自心、肾二宫出，这类存神法实际上与早期道教出身神之法并无二致。因此，尽管其水炼法同时提到了心肾之炁，但在炁法上不属于"坎离交媾"。又如《度人经大法》卷五八称："取日光一道入池（火池），存日光中有童阳君，冠飞天冠，衣朱陵丹衣下降。又存自己左目中有童阳君一人，与上合成一人而入池内，

---

① （元）《道法会元》卷一七，《道藏》第 28 册，第 773 页。
② （宋）蒋叔舆：《无上黄箓大斋立成仪》卷二七，《道藏》第 9 册，第 541 页。
③ （宋元）《灵宝无量度人上经大法》卷三七，《道藏》第 3 册，第 825 页。

日光五色焕烂，内外皆明。"① 文中有两位"童阳君"，其"日光童阳"属外炁（意存外境），象征太阳真精；"左目童阳"属内炁，象征法师身中阳炁。法师存想两童阳君合二为一降入火池，表示以内外合炁变化真火。显然，这是借助"存神"与"合炁"变化火池，其中无涉"既济水火"之法。②

除"心肾未交之炁"外，亦有部分"外池沼"炼吸纳了内丹"颠倒坎离"之道，主张以"心肾相交之炁"炼化亡魂。下文将以《无上玄元三天玉堂大法》"三光炼度"和"玉宸经法炼度仪"为例介绍这类炁法。

《玉堂大法》卷一八"三光炼度"，是一种兼含"未济"与"既济"两种炁法的"外池沼"炼。该仪式有水炼、火炼、水火交炼三个环节，前两个环节不涉既济阴阳之法，唯"交炼"是以"坎离交媾"之炁行事。

水、火二炼时，法师以"心肾未交之炁"变降"真水火"。如其称："先存吾身中肾间一点光明，如豆大，良久长成，飞出水波，波间官将皆衣玄衣，玉女乘水炁立于吾身之右，委入水池之侧。存心间一丸如橘大，良久迸出真火，火间官将赤衣，玉童乘光，立于吾身之左，委入火池之侧。"③ 这是水火二炼的召将之法，其水、火炼官将分别出于肾、心二府之说，暗示着真水取于肾，真火取自心。召将毕，法师焚"黄诰""赤箓"，并"存各曜，各曜乃水池为月，火沼为日也，乘光入吾身，混合吾身之

---

①　(宋元)《灵宝无量度人上经大法》卷五八，《道藏》第3册，第947页。

②　需要说明的是，该法属"生身受度品"，其炼度的对象为生者。这类仪式仍以"水火炼"为核心仪节，亦有建、变池等环节，旨在为受度者炼俱身神、去除尸魄，以图令其死后不经地府而径升天界。

③　(宋)路时中：《无上玄元三天玉堂大法》卷一八，《道藏》第4册，第57页。

水火俱入池中，但见光明晃曜，不睹凡界，然后行事。"① 这是以"内外合炁"之法变化水、火二池。具体地说，法师借助"黄诰""赤箓"布炁于池，② 存想二池为日月，并以此存想中的日月真精混合身中"水火"变化池沼，其"合炁"之法与前述数种"外池沼"炼基本一致。需要指出的是，文中并未就"吾身之水火"作具体说明。不过，根据其"召将"的存想内容，即水、火炼将吏出于肾、心之说，笔者推断，其"吾身之水火"亦当分别出自肾、心二府，而非于坎（肾）中求真阳，离（心）中求真阴。换言之，"三光炼度"的水、火二炼，盖以内外合炁之法冶炼亡魂，其以肾为真水、心为真火，呈水下火上之势，表明其内炁应属"未济之水火"。

　　水、火二炼毕，法师遂行水火交炼以令亡灵炼质成真、超凌三界。在"交炼"环节中，《玉堂大法》明确提到了"既济阴阳"，其称："交炼之法，其造化尤为至妙，故全夺造化交合之妙，借箓符运用之功，既济阴阳，和同魂魄，阴消阳长，自然成其真，岂小小法力也耶！"③ 其"既济阴阳"即坎离交媾、心肾相交的另一种表述。只是文中并未言明"交炼"之内法，仅云"借箓符运用之功，既济阴阳"，这说明箓符与"既济阴阳"之间当存在密切联系。该"交炼法"共使用三道符，即"水火既

---

① （宋）路时中：《无上玄元三天玉堂大法》卷一八，《道藏》第4册，第57页。

② 即"素华真玄玉光黄诰"和"元阳自然炼魂赤箓"，前者用于变降真水，后者用以变降真火。《玉堂大法》中仅载有"玉光黄诰"的书写内法，其称："此'黄诰'者，即是变真水之法也。当引月芒灌笔书之，焚时，存月华入混水池。"这表明法师在书诰与焚诰时的存想对象为太阴真精。据此可推，与之对应的"赤箓"，其书箓、焚箓时存想的对象当为太阳真精。换言之，"黄诰"与"赤箓"所寓之炁为法师存想中的日精月华，而非坎离交媾之炁。《道藏》第4册，第57—58页。

③ （宋）路时中：《无上玄元三天玉堂大法》卷一八，《道藏》第4册，第59页。

济合炼成真玉符""全真备道返阳合体大符""混合全形符"。①
笔者根据三符的名称及其咒语推断，此三符当寓有"心肾相交
之炁"。具体地说，书符时，法师行坎离交媾之法将心肾相交之
炁布入"交炼三符"中。行炼时，又借助焚符、祝咒、存想等
方式，将符中所寓之阴阳正炁布入池沼以炼化亡魂。这一推断的
依据，在于《玉堂大法》十分重视道符在炼度仪中的运用，如
其称："假吾身修持之造化，借水火交姤之玄功，因咒以度之，
仗符以生之，故聚残为全魄，炼尸为阳质，一时之内，得遂超
凌。"②又云："运吾之神，寄委符形，借凡水火呼吸之。"③不
难看出，符的神圣效力率由炁所赋予，是法师炼度亡灵的重要法
器。其"交炼三符"炼质成真的功能，当取决于法师心肾交媾
之炁。

　　"交炼三符"所附咒语亦能辅证以上推断。如"水火既济合
炼成真玉符"有"坤母覆乾父""碧海生赤焰，火中迸天渊"等
咒语。所谓"坤母覆乾父"，其"覆"字当释为循环往复，即阴
而复阳之义。这个过程中涉及一个重要概念——"取坎填离"。
为便于理解，我们用卦象来阐释其反阴复阳之理。乾坤二卦乃坎
离之体，象征先天；坎离二卦为乾坤之用，象征后天。阴阳交
感，乾陷于坤以成坎，乾则成离。欲返还先天纯阳（乾），须将
坎卦☵中间的阳爻，移填离卦☲中间之阴爻，遂演为☰。从坤卦
的角度看，其经历了☷（先天）→离卦☲（后天）→乾卦☰
（取坎填离）的三次转变，是谓"坤母覆乾父"。不难看出，这

---

① （宋）路时中：《无上玄元三天玉堂大法》卷一八，《道藏》第4册，第59—60页。
② 同上，第57页。
③ 同上。

一过程旨在强调阴阳（坎离、水火、心肾）之交合。而"碧海生赤焰，火中进天渊"当解为水中藏真火（坎、肾含真阳），火中藏真液（离、心藏真阴）。此外，焚"全真备道返阳合体大符"时，法师存"日月交光，引魂立中，然后备通。"① 焚符，即意味着将符中所寓之炁布入池沼。其"日月"应有两层含义：一指水池火沼，此为太阳、太阴真精之外像；二指法师身中阴阳正炁。"日月交光"是指法师以符为媒介，将身中阴阳相交之炁布入水池火沼，即以"我"既济之水火，混合太阳、太阴真精以灌炼亡魂。由此可知，"三光炼度"的"交炼"法，实有取于内丹道的相关理论与方法。只是，《玉堂大法》是以道符作为内炁之媒介，通过寓炁于符以行炼亡之事；而内丹修炼则鲜涉符法，并且内丹之炁机升降运转亦更为复杂。

综上所述，《玉堂大法》"三光炼度"是一种包含了"未济"与"既济"两种内炁的"外池沼"炼。在炼亡过程中，注重寓炁于符、借符行炼，其书符（交炼三符）内法运用了内丹"坎离交媾"之道。

相较于"三光炼度"中"未济"与"既济"兼而有之的情况，"玉宸经法炼度仪"则可谓是一种更为典型的以既济之炁炼度亡灵的仪式，其行炼过程中所涉内炁率为心肾相交之炁。该仪式由元明时期道士赵宜真撰集，收录于《道法会元》。需要说明的是，虽然"玉宸经法炼度仪"出现时间略晚，但其关于炁法的记载，有助于我们更好地了解"坎离交媾"之法在炼亡仪式中的情形，故以之为例介绍如下。

---

① （宋）路时中：《无上玄元三天玉堂大法》卷一八，《道藏》第4册，第59页。

　　"玉宸经法炼度仪"属于"外池沼"炼，其水火炼度大致分为两个部分，即建、变池与行炼。① 建、变水火池时，法师以内外合炁变降"真水火"，存想火池化为朱陵火府，水池变为玄冥水府。如其"建火池法"称："师焚'真火符'，掐日君诀，取太阳炁合己真火，呵布火池，化为朱陵火府。"② 其变化火池的关键在于以"太阳炁合己真火"，其中，"太阳炁"乃外炁，即法师意存太阳（外境）所取之炁，而"己之真火"则指肾中真火。③ 变池时，法师存内外混合之炁降布火池，变化真火。其"建水池法"与"建火池法"相类，亦以内外合炁变化水池，只是外炁的存想对象变为"月华"，内炁则指"己之真水"，即心中真液。不难看出，该仪式以内外合炁变化池沼的做法与其他"外池沼"炼基本一致。两者的区别在于：第一，就"内炁"而言，部分"外池沼"炼在变池环节，多以肾为水府，心为火府；真水出于肾，真火出自心，为水火未济之象。而"玉宸经法炼度仪"是于肾中取真火，心中取真水，呈水上火下之势，乃水火既济之象。第二，"玉宸经法炼度仪"在建水、火池后，还要行"混合水火"之法，这一环节鲜见于其他"外池沼"炼中。

　　所谓"混合水火"，是指法师存想池中水火与身中水火相混融，使阴阳正炁充盈己身，以荡除自身一切阴翳，返归清净灵明

---

　　① "玉宸经法炼度仪"的仪节依次为：存神启告、建火池、建水池、混合水火、解释（解冤释结）、医治、沐浴化衣、咒食（施食）、火炼、水炼、混炼超度。

　　② （元）《道法会元》卷一七，《道藏》第28册，第774页。

　　③ 《玉宸经法炼度内旨》云："心火肾水，离火坎水，皆指后天之水火，非先天之真水真火已。……夫真火者，坎中之阳也；真水者，离中之阴也。"所谓"坎中之阳"，意即真火出于肾；"离中之阴"，意为真水出于心。此种炁法呈水上火下之势，乃水火既济之象。由此可知，玉宸经法炼度仪之"真火"盖指肾中真火，"真水"乃心府真液。（元）《道法会元》卷一七，《道藏》第28册，第773页。

之性。如其称："师中立，举手结五岳印，如莲座，迎降三境慧
光、诸天梵炁、日精月华，照耀水火炉鼎，交映兆身。师内视规
中，吸呼定息，良久，身心合一，表里洞彻，如日月合璧初出海
之状。"① 这是说，法师立于水火二池之间，通过结印与存想，②
请降梵炁、日月精炁等下布二池与己身。而后，法师定息凝神，
返观内照。文中"日月合璧"之喻，表示法师通过内视定息以
返太极之性，得冲和之炁。众所周知，道教以阴阳两极立论，二
炁在天为日月，在人为心肾，在时为子午，在卦为坎离。其
"日月合璧"既象征阴阳互含、两仪未判之性，亦象征乾坤冲和
之炁。由上可见，"混合水火"虽为"内外水火"混融之义，但
其关键在于内视定息之法，目的是使法师身心清净、正炁充盈，
以便为之后的摄召、解释、医治等一系列仪节奠定内法基础。

　　行炼时，"玉宸经法炼度仪"按照火炼、水炼、混炼超度的
顺序炼度亡灵，③ 这三个环节皆以心肾相交之炁行事。如其"火
炼"法称：

　　　　焚火炼符，召主火神君、火府将吏、太玄左神，引魂聚
　　集于日光境内受炼。师密运坎中真炁，如日轮上升南宫，发
　　炎炎流金之火，自天目而出，仍呵布成大火，遍空炎炎。众
　　魂欣悦，皆在其中育炼形魂，悉化婴儿之状。④

---

　　① （元）《道法会元》卷一七，《道藏》第 28 册，第 775 页。
　　② 通常情况下，双手称"印"，单手谓"诀"。
　　③ 其"先火后水"的行炼顺序，亦是遵循内丹修炼先进阳火、后退阴符之说。
如其称："故修炼之工要，不可不先火而后水也。……炼度之法，盖取诸此而推以及
人，则运吾身纯阳之道炁，而点化纯阴之鬼魂，则是以我之阳而炼彼之阴。"（元）
《道法会元》卷一七，《道藏》第 28 册，第 773 页。
　　④ （元）《道法会元》卷一七，《道藏》第 28 册，第 776 页。

火炼时，先焚符召将，引魂入"日光境内"。"日光"指火池，法师存召主火神君等引魂入于火池。随后，内运肾中真阳（坎中真炁）上升"南宫"，即南昌上宫朱陵火府，在人指绛宫心府。这是说，法师运肾中真火交于绛宫，想此相交之炁变为流金之火，自两眉正中的天目穴（印堂）而出，遂以此真火冶炼亡魂。次行水炼法，法师以绛宫真阴之炁布入水池，存想亡魂于其中受炼。其称：

> 焚水炼符，召主水神君、水府将吏、太玄右神，引魂森集于月华境内受炼。师密运离中真液，如月轮流降玉池，为洋溢黄华之水，即以赤龙搅水，仍吹布成净霠，汪洋润泽，众魂欣悦，皆在其中澡育精魄，即颜色膏润，体相端严。①

上文"月华"指水池，法师先存召主水神君等引魂入池，次内运心中真水（离中真液）降注"玉池"。"玉池"指舌下，其"真水"应即阴阳二炁交媾后自泥丸降注口中之津液。复以"赤龙"搅水，即以舌搅津液，遂存此真液之炁布入水池，化为东井黄华之池（净霠），② 存想亡魂于池中澡育精魄。

水炼毕，遂行"混炼超度"法。即法师返观内照，运心肾二炁相交于黄道（中宫），存想身中火铃自泥丸透顶而出，一切

---

① （元）《道法会元》卷一七，《道藏》第28册，第776页。
② "净霠"通常有三种释义：第一，指元始天尊治下玄都玉京山玉清殿下的"森罗""净霠"两池沼，在人则为泥丸九宫之一。参见（宋）陈椿荣集注：《太上洞玄灵宝无量度人上品经法》卷二，《道藏》第2册，第484页。第二，指玉京山三清殿下之雨池。参见（宋）金允中：《上清灵宝大法》卷三，《道藏》第31册，第361页。第三，以"净霠"为东井黄华之池、仙人炼形之所。参见（宋元）《灵宝无量度人上经大法》卷四，《道藏》第3册，第633页。上文"净霠"应为第三义，即东井黄华之池。

幽魂乘"火铃之光"上升霄极，俱获解脱。如其称：

> 师复攒簇五行，和合四象，追二炁于黄道，会三性于元官，调燮火符，交姤水火，即得身心合一，性命混融，表里洞明，了无挂碍。在会受度仙魂亦皆如是。师速命火铃大将摄引上升，却运自己火铃上入泥丸，透出顶门，烜赫如日，一一众魂乘火铃光，冉冉腾空上升霄极，万化寂然。①

上文"混炼超度"在内法上与"金液还丹"之法有相近之处。文中"五行、四象、二炁、三性"之说，当出自张伯端《悟真篇》。《紫阳真人悟真篇三注》云："夫炼金液还丹者，则难遇而易成。要须洞晓阴阳，深达造化，方能追二气于黄道，会三性于元宫，攒簇五行，合和四象，龙吟虎啸……始得玄珠成象。"② 所谓"追二气于黄道"，是指行者内运阴阳正炁相交于黄道。"黄道"，亦名黄庭、黄房、黄婆、明堂，为中宫，其五行属土，丹书中常称作"戊己真土"。其位于脾胃之下，膀胱之上，心北之，肾之南，肝之西，肺之东。"黄道"是内丹的一个重要概念，乃采药烹炼、玄珠成象之所。所谓"会三性于元宫"，是指将精、气、神三宝会于中宫（黄道），务令行者身、心、意相混融，此即"三家相见结婴儿"。③ 而"攒簇五行"则

---

① （元）《道法会元》卷一七，《道藏》第28册，第776页。
② （北宋）张伯端著，（南宋）薛道光、陆墅，（元）陈致虚注：《紫阳真人悟真篇三注》，《道藏》第2册，第973页。
③ （元）李道纯：《中和集》卷二，《道藏》第4册，第489页。内丹著述隐语颇多、晦涩难明，且多涉易理、术数。为便于读者理解"水火"之内法，同时，鉴于内丹道法的延续性与传承性，本文除运用宋代内丹材料外，还使用了几部元代释义清晰、图文结合的内丹道书，如《中和集》《修真十书》等。前者成书于元初，后者乃宋元丹道著述之汇编，二书有关内法的阐释相对较为明了。

指行者运五脏之炁入于中宫。"四象"即青龙、白虎、朱雀、玄武，常用于表示四方，或二十八星宿四方七宿之四神。在内丹著述中，"四象"则象征人的四种感官：青龙——眼、白虎——鼻、玄武——耳、朱雀——口。"合和四象"即凝耳韵、含眼光、缄舌气、调鼻息，以使心无妄念、意不散乱。如图5—1所示：

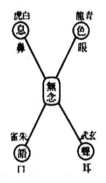

**图5—1　《修真十书杂著指玄篇》卷一"和合四象图"①**

此外，在超度之际，上文还提到亡魂乘"火铃"之光上升天界。其"火铃"有两层所指：一指法师存召的"火铃大将"，其专辖摄引亡魂升天之事；二指法师身中坎离相交后的正阳之炁，即"自己火铃"，这类"火铃"常见于超度环节，②是法师阳神的象征。文中"火铃"自泥丸透出顶门之说，应即阳神跃顶之义，似与内丹"调神出壳"有异曲同工之处。不过，内丹

---

① （元）《修真十书杂著指玄篇》卷一，《道藏》第4册，第606页。
② （宋）郑所南《太极祭炼内法议略》卷中云："凡坎离交遘、水火既济之后，造化皆上朝泥丸……运我一点灵光化为火铃，上透泥丸，现前幽魂皆随我一念而生天，正是祭炼幽魂要紧处。"《道藏》第10册，第449页。

修炼虽以炼毓阳神为旨归，但"玄珠成象"并非一蹴而就，修行者需耗费较长时间涵养、调和体内阳炁，① 方能证得阳神出壳之境。因此，"火铃透顶"可能借鉴了内丹"阳神出壳"的概念，但其行持之目的、方式、用途等方面仍有别于内丹。

　　由以上可见，"玉宸经法炼度仪"运用了内丹相关理论与内法。其炼亡之水火与内丹主张的"坎中真阳、离中真阴"并无二致。其"混炼超度"法亦有取于内丹"金液还丹"之法。然而，作为一种度亡仪式，"玉宸经法炼度仪"与专注于自我修炼的内丹术仍有一定的区别，这主要体现在以下四个方面：其一，该仪式有一套较为复杂的存想内容，如存想炼度诸真、火府将吏、水府神将等。而内丹注重的是内观返照，非以神真为存念对象。其二，炼度亡灵时，一般要使用烛灯（破狱用）、符箓、水池、火沼等物，而内丹修炼中几乎不涉此类法器。其三，"玉宸经法炼度仪"行仪主体为高功和道众，前者在仪式中起主导作用，后者起辅助作用。比如，高功行水火炼时，道众于坛场讽诵《洞玄灵宝本章》《元洞玉历宝章》，② 通过团队的相互协作以完成整个仪式。而内丹则属于个人修炼的范畴。其四，"混炼超度"乃仪式的终结环节，虽然其内法与金液还丹法相近，但二者在救度对象及用途上有所区别。"混炼超度"以内丹炁法为基础，法师行"混炼"之法虽亦能起到自炼形神之用，但仪式的终极目标旨在超度无量幽魂。换言之，尽管"玉宸经法炼度仪"

---

　　① （元）李道纯《中和集》卷三云："澄心定意，性寂神灵，二物成团，三元辐辏，谓之成胎。爱护灵根，谓之温养。所谓温养者，如龙养珠，如鸡覆子，谨谨护持，勿令差失，毫发有差，前功俱废也。"《道藏》第4册，第499页。

　　② （元）《道法会元》卷一七，《道藏》第28册，第776页。

试图将法师与亡魂、个体与群体的利益兼而顾之，但在实践中更侧重于"群体利益"，即令无鞅亡灵俱获解脱。而内丹修炼中不存在主、客体之分，修炼的主体与获度的客体为同一人。并且，内丹修持强调物我两忘、绝去对待，即泯除一切主、客观的分别。

综上所述，"玉宸经法炼度仪"是一种以内丹炁法为基础，融入了存神召将、布炁建池、变化水火等一系列内容的度亡仪式。该仪式以坛场池沼为炼亡之所，属于"外池沼"炼，对高功的内法修为有较高要求，同时还需要一干道众的相互协作，从而实现"内法"与"外仪"之契合。

以上讨论了宋代道教最常见的一种水火炼——"外池沼"炼，对其主要仪法及炁法特点作了归纳，并与内丹相关内容进行比较，揭示了"外池沼"炼受内丹影响之具体表现。下文将介绍第二种炼法——"内外水火"炼。

## 二　"内外水火"炼

### （一）"内外水火"炼的含义及特点

所谓"内外水火"炼，是指法师既要存想亡魂在坛场水池火沼受炼（即"外池沼"炼），还要存想亡魂由池沼移入身中，内运心肾相交之炁行陶镕冶炼之法（即"内水火"炼）。这类炼法的特点是将存炼亡魂的场景分为内、外两个部分，一般遵循先外后内之序行炼。如《灵宝玉鉴》中的"灵宝九炼返生仪"即属此类，① 其水火炼度由水火炼和水火交炼构成。

　　水、火二炼时，法师借助焚符祝咒、存神召将以及内外合炁变化坛场水火，存想亡魂于水、火二池煅炼，此即"外池沼"炼，其水火为有相之物。② 水火交炼时，法师以心肾为水池火沼，以心肾相交之炁为"真水火"，存想亡魂于"内水火"中荡炼形神，其水火乃无相之物。如《灵宝玉鉴》卷四〇云：

　　　　师舌拄上腭，自中运祖炁下丹田，过尾闾，上透泥丸，化成元始上帝，内诵《中篇》一遍，心肾二炁相交，水池

────────────

　　① 《灵宝玉鉴》中没有"灵宝九炼返生仪"这一称谓，该称谓是本文根据其卷三八开篇所题"灵宝九炼返生符法"，并结合该卷及之后五卷内容而命名，详如下。《灵宝玉鉴》卷三八至卷四三《炼度更生门》，此六卷所载实为一场黄箓普度大斋中的数种连续性的炼度仪法。卷三八开篇题有"灵宝九炼返生符法"，但事实上该卷内容乃水火炼度的预备环节，即建变水、火池之法，并列有建变池沼所用符诰及祝咒。卷三九述"水炼法"及其所用符咒。卷四〇载"火炼法"与"水火交炼"以及相应符咒。卷四一述"太阴混元化形炼"及其符咒。卷四二载"阴尸九炼"及其符诰、祝咒。卷四三述"五芽炼"及其符咒。这几种炼法前后相续，法师须依次第如法行炼。如卷四〇末称："水至此矣，当灭水火有形之相，返其清净自然之质，庶得更生再造，聚炁回灵，次第而行，不失于次序矣。"这是说"水火交炼"应以"无相水火"（内水火）行事，交炼之后"次第而行"之仪即卷四一"太阴混元化形炼"，此法旨在为亡魂摄炁返灵、全形复性。"太阴混元化形炼"炼毕后，其卷末云："师行九转生神之道"，此即卷四二"阴尸九炼法"。又，据卷三八称："是故灵宝大法有受炼更生之道。外则置设水火，内则交媾坎离，九炁以生其神，五芽以寓其炁。"其"九炁生神"即"阴尸九炼"，"九炼"之后还要以"五芽寓其炁"，即卷四三"五芽炼"。由上可知，《灵宝玉鉴》卷三八至卷四三诸种仪法共同构成一场黄箓斋的炼亡仪式，这些炼法极为重视符、诰、咒、诀的运用。同时，据卷三八开篇所题"灵宝九炼返生符法"，而该卷内容仅述建、变池之法，不涉具体的行炼仪式（如水火炼、水火交炼、阴尸九炼等），也没有以"灵宝九炼"或"九炼返生"为名的符箓。因此，本文认为，"灵宝九炼返生符法"应当是对卷三八至卷四三所有炼法及其炼度符法的统称。换言之，"灵宝九炼返生符法"之题应解为"灵宝九炼返生仪及其书符内法"，该仪式由水火炼、太阴混元化形炼、阴尸九炼、五芽炼组成，炼亡时须依次第施行。

　　② （宋）《灵宝玉鉴》卷三九，《道藏》第 10 册，第 405 页。（宋）《灵宝玉鉴》卷四〇，《道藏》第 10 册，410 页。

火沼炼化形神清净，俱入洞阳流火之中，焚炼有生以来有为之身悉为灰烬。存性，次存灰烬中，微有一缕真炁，如露珠，即是太极以前一点灵明中和之性。①

上文所述率为法师身内之事，其"水池火沼"应指心肾二府，而非坛场池沼。如其称："炼至此矣，当灭水火有形之相，返其清净自然之质。"② 这是说，交炼之际不以有相之水火作为存想对象，其"清净自然之质"即上文所谓"灵明中和之性"。是知，上文"水池火沼"盖指身内池沼，表征心肾阴阳二炁。交炼时，法师先变神为"元始上帝"，次以心肾相交之炁化为"洞阳流火"，此火象征坎离交媾后的正阳之炁。"俱入洞阳流火"则意味着法师以正阳之炁炼化自己与亡魂之形神，以返清净灵明之性。这类"焚身"说亦见于其他炼度仪，如《太极祭炼内法议略》卷中云："存自己为火焚荡俱尽者，是表荡涤一切恶念也。"③ 其"焚身"旨在以身中之阳炼除己身阴翳及一切杂念，以令元神自现。上文"焚身"的目的在于复返"灵明中和之性"，文中"存性"一说应即"炼神"之义。④ 由以上不难看出，该"交炼法"在本质上应属于法师自炼形神之法，但从相关咒语看，该法的主旨仍以迁拔亡魂为目的，如其称："水火既

---

① （宋）《灵宝玉鉴》卷四〇，《道藏》第10册，第414页。

② 同上，第415页。

③ （宋）郑所南：《太极祭炼内法议略》卷中，《道藏》第10册，第448页。

④ （北宋）张伯端撰，（南宋）翁葆光注，（元）戴起宗疏《紫阳真人悟真篇注疏》卷八云："存性即玉液炼己之功，修命则金液还丹之道。"《道藏》第2册，第967页。又如（元）李道纯《中和集》卷六称："学道在乎存性。若欲存性，必先以慧剑斩群魔，火符消六欲。次以定力忘情绝虑、释累清心，至于心清累释、虑绝情忘，是谓存性。真性既存，则无造化。"《道藏》第4册，第523页。

济五行合并，死魂受炼仙化成人。"① 也就是说，《灵宝玉鉴》其实是将"自炼"与"炼亡"同时融合于"水火交炼"中，以法师自炼作为迁拔亡灵的必要途径，这一过程是由法师于内观中完成。

在"灵宝九炼返生仪"中，法师存炼亡灵之所包括坛场池沼和身内池沼（内水火）两个部分，依先外后内之序行炼。然而值得注意的是，《灵宝玉鉴》并未言明"外"与"内"的衔接环节，即以何种方式实现"由外及内"。对此，另一部稍晚问世、同属于东华派典籍的《灵宝领教济度金书》提供了相关线索，② 详如下。

**（二）"由外及内"之方式**

《灵宝领教济度金书》卷二八四"水火炼度"亦属"内外水火"炼。其水火炼度的程序大致分为三步：建变水火池、水火二炼（"外池沼"炼）、五炁交炼（"内水火"炼）。法师不仅要存想亡魂于坛场池沼受炼，还要存想亡魂入于身中，内运五脏之炁交合灌炼之。

建、变池时，法师亦以内外合炁变降"真水火"。③ 次入水火炼，即"外池沼"炼，主要借助召将与焚符两种方式行炼。④

---

正炼之际，法师以十四道符（水、火炼各七道），[①] 依次行事。炼度诸符的效力，来自于法师书符与焚符时的存想布炁之法。以"日精符"为例，该符用于火炼，书符时，法师"掐日君诀，即卯文，念密咒九遍，存见红日一轮紫光九芒，吸引日中太阳真炁注入符中"。[②] 焚符时，"存日中有玉童三人，与亡魂冶炼"。[③] 其余十三符的行用方式与之相类，皆重寓炁于符、以符行炼。需要指出的是，《济度金书》卷二八一《书篆旨诀品》中炼度诸符的书符内法，与卷二八四《存思玄妙品》"水火炼度"中诸符焚用存想之法，均未见水火既济之说。此外，其建池环节亦不涉坎离交媾之法。由此可知，《济度金书》卷二八四"水火炼度"中，建、变池与水火炼两个环节之"真水火"，实非取自心肾相交之炁。

水火炼后，遂行"五炁交炼"法。"五炁"即五脏之炁，行炼时，法师存己身五脏之炁化为虹桥自口中出，接引"外池沼"受炼众魂入于身内黄庭之中，运五脏之炁交合灌炼之。炼毕，又存五炁化为虹桥，身中受炼众魂乘此桥复归坛前，再由法师宣戒授箓、召将送魂。如《济度金书》卷二八四云：

> 二炼（水火炼）既毕，然后交炼。焚符，存见亡魂出在火池边，存五藏之炁拥成虹桥，自玉池出（玉池即口），

---

① "水炼七符"即水炼符、月华符、月简符、真水炼形符、黄华荡形符、太阴玄生符、水炼变仙符；"火炼七符"即火炼符、日精符、日简符、真火炼形符、玉眸炼质符、太阳玄生符、火炼变仙符。（宋）宁全真授，（元）林灵真编：《灵宝领教济度金书》卷二八四，《道藏》第8册，第500—501页。

② （宋）宁全真授，（元）林灵真编：《灵宝领教济度金书》卷二八一，《道藏》第8册，第476页。

③ （宋）宁全真授，（元）林灵真编：《灵宝领教济度金书》卷二八四，《道藏》第8册，第501页。

径接火池。以口吸引亡魂，自虹桥来，咽液三过，存亡魂随
咽入我黄庭中。运心中真水在上，肾中真火在下，肝中真金
在水上，肺中真木在火下，脾中真土在中，五脏之炁交合灌
炼。良久，复以五脏之炁拥我虹桥，再自玉池出，接于坛
前，亡魂并随此桥出在坛前，貌如婴儿，不问男女，并衣仙
衣、道冠、朱履，形貌雍容，普得欢适。①

　　上文中，法师存炼的场景包括身外和身内两个部分，两种场
景相互联系，其特点为先外后内、外内相续。法师借助存想炼炁
之法，实现外、内两种炼亡场景的转换。在由外及内的过程中，
五脏之炁起到了至关重要的作用。它既是衔接外、内的媒介，如
法师存五炁化为虹桥以接引亡魂；同时也是法师内炼亡魂的重要
方式，即以五脏之炁行交合灌炼之法。文中"运心中真水在上，
肾中真火在下"一句，表明"五炁交炼"时须行颠倒坎离之法。
此外，值得注意的是，上文以"黄庭"为炼亡之处，用五脏之
炁交炼亡魂。这透露出"五炁交合"之处即是"黄庭"（中
宫），即"五炁"会于中宫，这其实是将内丹"攒簇五行"之法
运用于炼亡仪式中。② 由以上可见，《济度金书》卷二八四"水
火炼度"中，唯"五炁交炼"环节才真正涉及内丹"水火"之
概念，其行炼过程效法了内丹"攒簇五行"之说。

　　内丹修炼亦以五脏之炁的升降运转，作为取"真水火"以

---

　　① （宋）宁全真授，（元）林灵真编：《灵宝领教济度金书》卷二八四，《道
藏》第 8 册，第 501 页。
　　② （元）李道纯《中和集》卷三云："使精、神、魂、魄、意各安其位，谓之
'五气朝元'，运入中宫，谓之'攒簇五行'。"精、神、魂、魄、意分别对应肾、
心、肝、肺、脾五脏，"攒簇五行"就是将五脏之气交汇于中宫（黄庭）。《道藏》
第 4 册，第 499 页。

及炼炁成丹之途径。如《玉清金笥青华秘文金宝内炼丹诀》卷中云："夫五行之用，不可缺一。……脾气与胃气相接而归于心缕，肝气与胆气相接，从大、小肠接于肾缕，肺气伏心气而通于鼻。是气也，皆静定之余，元气周流，自东而西，自南而北之气也。……忽然有一物，超然而出，不内不外，金丹之事，不言可知矣！"① 又如《钟吕传道集·论水火》称："心生液，非自生也。因肺液降于心液行，液行夫妇，自上而下以还下田，乃曰妇还夫宫。肾生气，非自生也。因膀胱气升而肾气行，气行子母，自下而上以朝中元，乃曰夫返妇室。"② 应当看到，内丹之"水火"虽然着眼于心肾二宫，但"水火"之所得并非仅限于心肾之炁。大致而言，"水火"乃五脏之炁升降运转的结果，而五脏之炁则是采"真水火"不可或缺之途径。

由以上不难看出，《济度金书》之"五炁交炼"旨在通过五脏之炁的运转而得心肾相交之水火，法师运此水火以内炼亡魂。该"交炼法"不仅吸纳了内丹炁法，即以五脏之炁作为取"真水火"之途径，还在此基础上作了更进一步的发挥，即以五脏之炁作为衔接法师身外、身内两种炼亡场景之媒介。而这种以炁为媒介、连接"外池沼"与"内水火"的方式，亦为我们理解前述"灵宝九炼返生仪"提供了重要参考。

前文提及，《灵宝玉鉴》"灵宝九炼返生仪"属"内外水火"炼，其水火二炼环节为"外池沼"炼，炁法上主内外合炁；其水火交炼率为内事，炁法上主心肾相交之炁，其炼亡场景亦有

---

① （宋）张伯端：《玉清金笥青华秘文金宝内炼丹诀》卷中，《道藏》第4册，第370页。

② （元）《修真十书》卷一五，《道藏》第4册，第665页。

内、外之别。只是《灵宝玉鉴》没有说明由"外"及"内"的转换过程。而《济度金书》卷二八四"水火炼度"法则提示我们，在"外池沼"与"内水火"之间，应当存在某种联系方式（如借助存想炼炁），将外、内两种炼亡场景统一起来。据此可推，在"内外水火"炼中，"外池沼"与"内水火"之间不是割裂、分立的关系，而是一种"外内相续"的炼法。只是，这种内外有别、外内相续的炼亡场景，仅存在于法师的存想当中。①

除"外池沼"炼、"内外水火"炼外，宋代道教还有一种较为特别的炼法——"内水火"炼。其特点表现为"重内轻外"，即以内事为重，鲜涉外仪及外物（法器），仪式内容亦较前两类炼法更为简易。

## 三　"内水火"炼

### （一）"内水火"炼的含义

"内水火"炼，一般以法师身中坎离交媾之炁炼化亡灵，仪式中无建池、变池等环节，不以坛场池沼为炼亡之所，法师一身即含容天宫天尊、炼度诸神、地狱幽魂、水池火沼等，整个炼亡过程率为身内之事。这类炼法在宋元道书中比较少见，较具代表性的有《灵宝无量度人上经大法》卷五七《元始灵宝自然九天生化超度阴炼秘诀》（以下简称"阴炼法"）、《灵宝大炼内旨行

---

① 本文关于"内"与"外"的划分，是依据法师存想的对象或内容来判定，即以存想之客体为划分标准。若以存想之主体为标准，则无所谓"内外"之别。因为，无论其所存之对象为何，皆属于主体意识中事，在此意义上说，其所存皆为内事。

持机要》、郑所南《太极祭炼内法》，以及《道法会元》卷二一〇《丹阳祭炼内旨》。

"内水火"炼通常有两种情况：其一，不设水池火沼，只以身中水火行事，如"阴炼法"、《灵宝大炼内旨行持机要》、《丹阳祭炼内旨》即属此类。[①] 其二，设有水池火沼，但无建池、变池之法，无布罡于池、变降"真水火"等内容，亦不存二池为炼亡之处。其"池沼"仅是一种象征而已，仪式中真正起作用的是法师身中阴阳二罡，如《太极祭炼内法》。下文将以《灵宝无量度人上经大法》卷五七"阴炼法"与《太极祭炼内法》为例，探讨"内水火"炼的两种类型，以便进一步了解"内水火"炼的行炼方式及其特点。

**（二）"内水火"炼的行炼方式**

1. 不设池沼的"内水火"炼

关于"阴炼法"，已有学者指出该法受内丹存思术的影响，并注意到其大部分内容与《灵宝大炼内旨行持机要》重合。[②] 内丹存思以返观内照为特点，"阴炼法"的炼亡过程确系于法师身内，由法师于静定中完成。[③] 该法共有六个步骤，依次为：变

---

① "丹阳祭炼"不设水池火沼，仪式内容及所涉外物亦甚简易。其祭炼仪程依次为变神（丹阳内炼）、破狱召魂、沐浴、施食、水火炼、宣戒、授箓、发遣（祝白生天）等八项。整个炼亡过程是由法师一人于"端坐静默"中完成。仪式所涉外物主要有净饭、竹枝水盂、沐浴池、丹阳符及升天宝篆。其净饭与竹枝水盂用于施食环节，丹阳符与沐浴池用于为亡灵濯形荡质，升天宝篆用以超度亡魂。其中，既无建、变水火池的仪法，也无存想亡魂入池受炼的内容。《道藏》第30册，第320—321页。其次，"丹阳祭炼"之水火皆出自"黄庭"，其水火二炼有取于内丹罡法。《道藏》第30册，第315页。

② ［美］Judith M. Boltz，"Opening the Gates of Purgatory：A Twelfth—century Taoist Meditation Technique for the Salvation of Lost Souls"，in Michel Strickmann，ed.，*Tantric and Taoist Studies*，Bruxelles：Institut Belge des Hautes Études Chinoises，1983，v.2，pp.487—511.

③ （宋元）《灵宝无量度人上经大法》卷五七，《道藏》第3册，第944页。

神、破狱、水炼、施食、火炼与超度，每一环节均伴随存想炼炁，其间无涉外物，如坛场池沼、符箓、烛灯、幡幢等法器。就内法而言，其身内炼亡的炁机运转应是对内丹周天循行的模拟。为便于论述，下文将对"阴炼法"六个步骤略作介绍，从而揭示各环节在内法上的关联。

"阴炼法"第一步为"变神"，此变神法从下丹田（水府、双肾中间）着手。[①] 法师存聚"九炁"于下田化为"婴儿"（象征圣胎法身），次运五脏之炁载"婴儿"沿督脉（夹脊双关）升入泥丸，化为"黍米宝珠"，珠中化现"元始上帝"，这一过程即是变神。[②]

第二步，行破狱之法。"阴炼法"中有两处关于破狱的记载，其一云："元始放眉间白毫祥光，下照酆都九幽诸狱，自泥丸而照及脐之下也。……一一光中，皆有救苦天尊，随光入诸地狱。所有酆都诸狱，承天尊道力，阳光所及，一时照破，顿灭重昏，化为净土。"[③] "元始"乃法师元神所变，居于泥丸上田。破狱时，法师存此"元始上帝"放大光明，自泥丸下照脐下，脐下即诸狱之所在。其二称："存两肾为酆都宫门，以至诸狱悉开，自内两肾而下，所谓大小肠胃者，皆幽阴积结，真阳不及，皆地狱也。"[④] 这里对身内诸狱的具体位置作了更进一步的说明，指出大、小肠乃人体藏污纳秽之处，即"幽阴积结"之地，其

---

① 《灵宝无量度人上经大法》卷五七记作"丹田""水府"。《道藏》第3册，第945页。《灵宝大炼内旨行持机要》称："水府，经云：两部水王对生门，即水部。聚九炁之光结一婴儿，此造化正在两肾中间一点明，即此处也。"其"两部水王"指左右二肾，"生门"即两肾中间，这一区域可统称为"水府"。《道藏》第6册，第556页。

② （宋元）《灵宝无量度人上经大法》卷五七，《道藏》第3册，第944—945页。

③ 同上，第945页。

④ 同上。

性属阴，故视为地狱。不难看出，文中以泥丸阳光下照脐下幽狱，这一破狱过程实指法师返光内照，运己之阳以破己之阴，以"我"之慧光荡涤己之秽垢。当中"元始上帝"与"地狱幽魂"各有其表义，前者象征法师身中真阳之炁，后者喻指身内阴翳染垢。

第三步，行水炼之法。破狱毕，法师存想众魂于"水府"洗炼，其称："存元始上帝命赤龙奋鼓霝池之浪，下灌东井如瀑布。急存舌为赤龙，搅华池，候神水满溢，左顾咽直入府前，天河也。次存水府前大海无量无边，一切罪魂入浴，祥风和炁。"[1]文中"神水""天河"即"真水"，实指法师华池甘津。此"甘津"乃下田之炁历督脉上入泥丸，炁化为液，入于口中，又沿任脉复归于下田。行炼时，法师存想"真水"下灌"水府"（咽津），众魂于府中（下田）浴炼，这一存炼场景其实就是在说内炁自任脉而降的过程。此外，需要指出的是，虽然上文仅云"罪魂入浴"，就字面看该环节似指"沐浴"。但事实上，在"阴炼法"的语境中浴炼之义同于水炼。[2]

第四步，施食。水炼后，法师存变为救苦天尊，以甘露法水为亡灵开通咽喉，施以法食。如其称：

---

[1]　（宋元）《灵宝无量度人上经大法》卷五七，《道藏》第3册，第945页。

[2]　此证据有二：第一，《灵宝无量度人上经大法》卷三五称："一为泉曲之府，是名肾宫，此主天一水位之精，则当存水神为水沼，以洗涤孤魂；二为阳明之府，是名心宫，此属地二火位之精，则存火神为火池。"文中将泉曲之府（水府）与阳明之府相对应，前者存为水沼，后者存为火池。"水沼"通常用于水炼亡魂，而文中则称"洗涤孤魂"，这说明在其语境中，水炼与浴炼是同义。《道藏》第3册，第800页。第二，《太极祭炼内法议略》卷中称："沐浴与水炼自是两义，沐浴则涤体，水炼则生精，今人多不能辨之。"尽管这是在表达郑氏对将沐浴与水炼混为一谈的不满，但其中透露出当时确有将沐浴与水炼等而视之的情况。《道藏》第10册，第456页。据此可知，"阴炼法"所谓"浴魂"应即水炼。

想宝珠中千真万圣，异口同音诵《救苦经》大梵语。
次存太一救苦天尊、十方救苦天尊，随诵步景云而下，以甘
露法水遍洒诸魂，即得身心清凉……以甘露玉膏，玄空散哺
诸魂，享以法食，一一饱满讫。①

上文"宝珠"在"阴炼法"中共出现两次，皆喻指元神。
其一，变神时，法师存运九炁依次化为婴儿、黍米宝珠及元始上
帝，三者名异而实同，皆为法师元神所变。其二，施食时，法师
存变的主神由元始上帝变为太乙、十方救苦天尊，"救苦天尊"
亦出于"宝珠"，即由元神所化。这说明法师可根据仪程的需
要，将己之元神灵活地存变为任一神真。"元神"与众神之间存
在着类似"一多相即"②的关系："我"之元神即是众神，众神
摄于"我"之元神。二者相即相入的基础在于先天一炁，即元
神与众神率由先天之炁所化，是故凡圣皆备于我身而不假外求。

变神为救苦天尊后，法师遂以"甘露法水"为亡魂开咽喉，
施予"甘露玉膏"以令其饱满。此处所言"甘露"与前述"水
炼"真水相同，皆指法师存炼内炁的产物。上文中，"太一、十
方救苦天尊"为法师元神所变，居于泥丸宫中，"步景云而下"

---

① （宋元）《灵宝无量度人上经大法》卷五七，《道藏》第3册，第945页。
② "一多相即"本是华严十玄门的重要概念，华严宗认为世间一切法性相不
二，事事无碍，是故一可以摄多，多亦可以容一，是谓"一即一切，一切即一"。需
要说明的是，本文只是概念上的借鉴，即借用"一多相即"一词以阐明"神"与
"我"的关系，与华严义理有着本质的区别。

则暗示着其内炁自上而下的运行轨迹，即从泥丸沿任脉降至下田。[①] 这种"内甘露"施食之法亦见于其他炼度仪，如《太极祭炼内法议略》卷下云："甘露者，乃我清净天中真造化也。身心清净，造化朝顶，自上而润下者，即甘露也。"[②] 其"造化"即元神，施食时，法师存己元神化为太乙救苦天尊。[③] 这与"阴炼法"存宝珠（元神）化为"太一、十方救苦天尊"相类。其次，将"造化朝顶，自上而润下者"，与"阴炼法"中"救苦天尊步景云而下"比较可见，二者虽表述方式有异，但皆表征元神现于泥丸，其炁亦随之化为"甘露"真津，自泥丸而降以济施"我"身中众魂。换言之，"阴炼法"施食之甘露与水炼仪节之真水相同，乃法师内炁升降运转产生的华池甘津。其产生与施用过程皆于存想中完成，而其存想的空间囿于法师一身，即运"我"之元神，以"我"之津液济施身中狱魂。

第五步，行火炼。施食毕，法师存脊骨为升天法桥，接引众魂自水府上入绛宫火池受炼。其称：

> 存脊骨为升天大法桥，接至朱陵府，绛宫也，下通水府。玉童玉女手执幢幡，飞香散花，引诸亡魂升桥，至朱陵火府。府中有长生大君，帝王服；司马大神，星官服；韩君

---

① 在破狱和水炼仪节中，法师先存想两肾为丰都宫门。破狱时，存诸魂集于酆都宫前；水炼时，法师存想众魂于水府（下田）洗炼。炼毕，遂行施食之法。需要说明的是，尽管《度人经大法》未明确记载亡魂受食之处，但通过联系上下文可知，下田水府应即法师存想施食之所。换言之，救苦天尊"步景云而下"之处即是水府，而"太一、十方救苦天尊"是由法师泥丸宫中元神所变。故可推知，其内炁的运行轨迹是从水府沿督脉升入泥丸，次第化为"婴儿""宝珠""元始上帝""救苦天尊"；复自泥丸沿任脉还归下田，即"救苦天尊步景云而下至水府"。

② （宋）郑所南：《太极祭炼内法议略》卷下，《道藏》第10册，第458页。

③ （宋）郑所南《太极祭炼内法议略》卷中云："太一天尊即是自己元神"，又称："盖自己造化之出现者，即我之元神也。与遽然存想太一天尊不同。"《道藏》第10册，第448、450页。

丈人，白玉冠、青衣皂绿；司命司录、延寿益算度厄尊神，
星官服。监度诸魂，入大火池，猛火炼度。一经火炼，并衣
天衣。①

　　上文中，法师存想亡魂自下田升入绛宫（中田）受炼，表
明"火炼"是以下田为炁机发动处，这与某些炼度仪直接存想
心府、心火有明显的区别。此外，上文称亡魂从"水府"移至
"火府"，这应是坎离相见、既济阴阳之义，即下田之炁上交于
中田。文中"大火池""猛火"位于绛宫，当象征着阴阳交媾之
纯阳正炁，此"火"不仅用于火炼，还用以超度亡魂，详如下。

　　第六步，行"火龙负魂"法超度众魂。"火龙"即法师绛宫
正阳之炁所化，超度之际，法师存想火龙负载诸魂，自火池
（绛宫）历十二重楼（喉咙）透出顶门，飞空而上，面朝元
始。② 此"火龙负魂"说又称"龙负长庚瓶"，③ 亦见于其他炼

---

　　① （宋元）《灵宝无量度人上经大法》卷五七，《道藏》第3册，第945页。
　　② （宋元）《灵宝无量度人上经大法》卷五七云："有百千火龙自火池中乘火焰
跃出，载诸亡者，历十二重楼，飞空而上，直至玉清境，面拜元始上帝，致身宝光
之中。"《道藏》第3册，第945页。
　　③ "龙负长庚瓶"（"庚"亦作"绠"）约出现于晋末，《洞玄灵宝二十四生图
经》〈上部第一真炁颂〉即有此句。《道藏》第34册，第338页。宋代以降，此颂又被
称作"东井咒""东井颂""沐浴东井咒"等，通常出现于炼度仪"沐浴"或"超度"
仪节中，大致有两种用法：其一，用作"沐浴"咒颂。参见（宋）蒋叔舆：《无上黄
箓大斋立成仪》卷二六，《道藏》第9册，第532—533页；（宋元）《灵宝无量度人上
经大法》卷五九，《道藏》第3册，第951页；（宋）金允中：《上清灵宝大法》卷三
八，《道藏》第31册，第605—606页。其二，将"龙负长庚瓶"一句单列出来，用以
表示亡灵获得超升。如（宋）王契真《上清灵宝大法》卷五九"九天炼度"将"火龙
负婴儿而上"释为"龙负长庚瓶"，以示超度亡灵。《道藏》第31册，第251页。

度仪。① 将"阴炼法"之"火龙"与其他炼度仪比较，可以发现它们之间有三个共通的特征：其一，皆为法师体内阳炁所化；其二，"火龙"象征升腾之义，以"向上"的轨迹运行；其三，"火龙"用于水火炼后，这意味着其所负之魂的性质已由"阴"返"阳"，即"火龙"与"众魂"的性质皆属阳。这些特征提示我们，"火龙负魂"说与前述"火铃透顶"法相类，极有可能受到内丹"调神出壳"之启发。

　　"火龙"一词在内丹著述中通常有两种用法：其一，将"火龙"与"水虎"相对，以阐明五行颠倒、水火既济之义。② 其二，以"火龙"喻指"调神出壳"。如《道枢》卷三八曰："出壳之法，吾得三焉。……纯阳子曰：如正阳子之法，内观紫河之车，般神入于天宫，留恋而不能超出，故起真火于其中，而化火龙跃出于昏衢，乃弃壳之妙者也。"③ 这是说，阳神出壳有三法，"火龙跃顶"乃其中之一。其"火龙"起于真火，乃行者身中纯阳之炁所化。又如《大丹直指》卷下曰："古今上真，皆传弃壳之法，诚非难矣。功到自然内丹成就，纯阳气生而本灵神现，内观识认，弃壳超脱。次第相须，自然化火龙而出顶中，身外有

---

　　① （宋）王契真《上清灵宝大法》卷五九"灵宝大炼"称："官吏引魂自脊骨天阶而上，登朱陵火府。师焚度桥符，存诸魂度桥而去，再为阳光所炼，骨相不凡。火沼中有无限火龙，各乘载婴儿上升，郁罗萧台随品受生。"同卷"九天炼度"云："师存水火二池，结为流火之庭，在心府官君，次第引魂上登流火之庭，运化无限火龙，此乃'龙负长庚瓶'，各载婴儿上升……随品受化。"《道藏》第31册，第250、251页。

　　② （元）《修真十书金丹大成集》卷一〇曰："何谓火龙、水虎？答曰：虎，西方金也，金生水，反藏形于水。龙，东方木也，木生火，反受克于火。太白真君曰：五行不顺行，虎向水中生，五行颠倒术，龙从火里出是也。"《道藏》第4册，第639页。

　　③ （宋）曾慥：《道枢》卷三八，《道藏》第20册，第822页。

身，并无异相。"① 所谓"本灵神现"，即阳神显现之义。"弃壳超脱"就是升神出顶，即以阳神所化火龙冲出顶门，以令行者身外生身，与道合真。"阳神出壳"是内丹修炼的最高证境，证得此境即意味着得道成仙，行者即可摆脱凡躯一切束缚，寄神于无限之中，不生不灭。

"阴炼法"亦以"火龙"表征纯阳之炁，其所负之魂经由水火炼化，已从阴尸转变为阳质。"火龙"与"众魂"皆属阳质，其"负魂"之目的在于度亡超升，即以火龙载魂透顶而出。不难看出，"火龙负魂"与"调神出壳"皆以纯阳之炁行事。不过，"调神出壳"须以内丹成就为前提，其"火龙跃顶"乃丹熟炁足的自然显现，而非刻意存想之结果。至于"阴炼法"中则未对此有明确的限定要求，并且其存想内容亦十分丰富，这与内丹以无念为念之主张仍有区别：前者为"有相存想"，后者可谓"无相存想"。据此可推，"火龙负魂"法可能受到内丹"火龙跃顶"的启发，在借鉴后者的同时，又从宗教仪式的角度对其加以改造、简化。将一种原本精深玄妙、次第修证的修真之道，转化为一种简便易行的度亡之法；将个人修行的最高证境，演绎为度亡成仙之津梁。

以上是关于"阴炼法"六个步骤的简要介绍，该法由法师于静定中完成，其炼亡场景系于法师一身，所存变的对象皆为身内之物。在其繁杂的存想表象之下，实际上是炁循任督、光透三田之法。行炼伊始，即以下田之炁历督脉入泥丸行变神之法；水炼之时，以泥丸中炁化甘津沿任脉而降复归下田，用此真水浴炼

---

① （金）丘处机：《大丹直指》卷下，《道藏》第4册，第402页。

身中狱魂；火炼之际，运下田之炁交于中田，发绛宫之火烧炼亡魂；最后以坎离相交之正阳之炁超度亡魂。不难看出，这一过程相当于一次小周天的运行，只是这个过程被种种"有相存想"所掩盖。事实上，"阴炼法"各环节在内法上环环相扣，每一种存炼场景皆有其特定的意涵。就本质上说，"阴炼法"应视为法师自炼元阳之法，其所炼亡魂乃身中阴翳之象征。"自炼"与"炼亡"是合二而一的关系：自炼即是度亡，度亡即是炼己。

综上所述，"阴炼法"在内法上将内丹周天循行之道融入其中，并在此基础上，借助"有相存想"的方式将"自炼元阳"推己及他，进而演变为一种炼度亡灵的仪法。此外，其炼亡过程悉皆内事，不涉外仪，亦无须借助任何外物或法器，这种做法即使是在"内水火"炼中也显得极为特别。比如，"太极祭炼""丹阳祭炼"在行炼过程中仍需运用少许法器（沐浴池、丹阳符、生天宝篆等）。下文将以《太极祭炼内法》为例，对第二种"内水火"炼进行讨论。

2. 设有外池的"内水火"炼

明正统《道藏》收有郑所南《太极祭炼内法》三卷，卷上为《内法》，卷中与卷下为《议略》，后者为前者的释文。据其卷下载："此祭炼说，在胸中久矣，集而成《祭炼议略》，则庚午岁也。"[1]"庚午岁"为 1270 年，即南宋咸淳六年，可知此书最初成于南宋末年，后来在其流传过程中又出现了数个版本。[2]

---

① （宋）郑所南：《太极祭炼内法议略》卷下，《道藏》第 10 册，第 472 页。
② 祝逸雯：《郑思肖〈太极祭炼内法〉研究——在法师身中完成的济度仪式》，《汉学研究》2016 年第 34 卷第 4 期，第 38—40 页。

郑所南的身份是文人，而非道士，① 他自称"始于儒，中于道，终于释"，② 其《祭炼内法》亦体现了"理贯三教"的特色。有学者注意到，《太极祭炼内法》虽然继承了灵宝仪式的程序，但却以一种近乎完全内在化的形式呈现出来。③ 陈文龙博士认为，《祭炼内法》应与东华派之上清灵宝大法有密切关联。④ 本书无意于探究《祭炼内法》与其他法派之关系，而是将重点放在其行炼方式和内法特点上。关于这一话题，祝逸雯博士已有所论及，⑤ 本书拟在此基础上作更进一步的说明。

《太极祭炼内法》主张祭炼者于默坐真定之中，以身中水火祭炼幽魂。正炼程序大致有八个步骤，即：变神、召魂、沐浴、施食、水炼、火炼、宣戒、超度。⑥ 其行仪时间较为灵活，既适用于"二十八会日"，也可于每夜行之。⑦ 该法将内丹技术融入其中，⑧ 以内事为重，对外物（法器）、外仪的要求甚简。如

---

　　① 宋代道书编纂者并不仅限于道士，皇帝、官员乃至普通文人亦参与其中。参见陈文龙：《王契真〈上清灵宝大法〉研究》，济南：齐鲁书社，2015 年，第 209—212 页。

　　② （宋）郑所南：《太极祭炼内法议略》卷下，《道藏》第 10 册，第 472 页。

　　③ 祝逸雯：《郑思肖〈太极祭炼内法〉研究——在法师身中完成的济度仪式》，《汉学研究》2016 年第 34 卷第 4 期，第 48 页。

　　④ 陈文龙：《王契真〈上清灵宝大法〉研究》，济南：齐鲁书社，2015 年，第 78—79 页。

　　⑤ 祝逸雯：《郑思肖〈太极祭炼内法〉研究——在法师身中完成的济度仪式》，《汉学研究》2016 年第 34 卷第 4 期，第 35—62 页。

　　⑥ "正炼"即祭炼当日的所有仪节。在祭炼前一日，行炼者需发"城隍牒"奏申"本府城隍主者"，奏告本坛将于某日奉行太极祭炼法以拔度孤魂一事。（宋）郑所南：《太极祭炼内法》卷上，《道藏》第 10 册，第 442 页。

　　⑦ （宋）郑所南：《太极祭炼内法》卷上，《道藏》第 10 册，第 442 页。

　　⑧ ［法］Isabelle Robinet, *Taoism: Growth of a Religion*, trans. Phyllis Brooks (Stanford, CA: Stanford University Press, 1997), p. 183. 并见祝逸雯：《郑思肖〈太极祭炼内法〉研究——在法师身中完成的济度仪式》，《汉学研究》2016 年第 34 卷第 4 期，第 41—42 页。

《太极祭炼内法议略》卷下称：

> 祭炼时，辟一静室，置一净几，小小一盂饭，一小盂
> 水，又一盂水作沐浴池，焚丹阳符投之于水，并一炷香，外
> 像以香炉为火，以水盂为水，及先焚宝箓外，更无他物。不
> 要灯烛，方静打坐一更许，乃行持作用。纯是以我一团精神
> 祭炼幽冥，岂独鬼神得济，我之精神亦豁然清爽。①

上文表明，"太极祭炼"的关键在于"以我之精神"祭炼幽
冥。"精神"指既济之水火，即炼度者运心肾相交之阴阳正炁行
炼。同时，文中还列出了祭炼所需一应外物，包括净水、净饭、
香炉、宝箓与丹阳符，明确提到以水盂、香炉为水火之外像。值
得注意的是，除"外像水火"外，其余"外物"或法器皆寓有相
应的内法，它们在仪式中的效用皆由内法所赋予。因此，"太极祭
炼"的特点可用"重内轻外"以概之。相较于同时期的其他祭炼
仪，该法的特别之处，在于它将内丹修炼之法运用于祭炼过程中，
一次炼亡即是一次自炼。② 同时，它对祭炼者的内法修为有较高
的要求，拒斥"存想外事"（意存外境）和"内外合炁"。③ 限
于篇幅，本书重点以"太极祭炼"变神（内炼法）、水炼、火炼
三个仪节为考察对象，对其行炼方式和内法特点展开讨论。

---

① 　（宋）郑所南：《太极祭炼内法议略》卷下，《道藏》第 10 册，第 462 页。
② 　郑所南主张将"炼毓阳神"与"祭炼阴鬼"合二为一。在祭炼仪式中，"非
惟鬼神获大利益，而我一身精神亦大充盈，神仙可觊也"。《道藏》第 10 册，第 448、
449 页。
③ 　（宋）郑所南：《太极祭炼内法议略》卷中，《道藏》第 10 册，第 448 页。

"太极祭炼"变神、① 水炼、火炼三个环节皆从下丹田（双肾中间）着手，② 这与"阴炼法"无异。不同的是，前者以"焚身炼神"作为变神之法，而后者则无此说。《太极祭炼内法》卷上云：

> 存我下丹田真炁如火，如大红玉丸，左右九转，甚是分明。良久，自觉玉池水满，即肾水上升之外候也。共真火一丸，始升上绛宫心府，号曰"南昌上宫"，亦号曰"朱陵火府流火之庭"，即发炎炎流金之火。存想己身尽为火所焚。良久，炼形如婴儿状，端坐绛宫中，己身复完如故。婴儿渐登十二层（重）楼，上金阙玉房之中，乃顶门泥丸宫，婴儿即化成天尊圣像，端坐宫中，左手执碧玉盂，右手执空青枝，号曰"太一救苦天尊"。③

上文"内炼法"是"太极祭炼"起始仪节，其变神之法先以下田真炁带动肾水上升，又运下田之炁（真火一丸）自任脉依次上入绛宫、泥丸，最后变神为太一救苦天尊。其中有一重要环节，即存绛宫真火焚身化为"婴儿"，郑氏对此解释云："存自己为火焚荡俱尽者，是表荡涤一切恶念也。己身复完如故者，是表天真之不坏也。"④ 其"焚身"应从两方面理解：其一，从"法身"的

---

① 本书第四章第一节中将宋代炼度仪的变神之法归纳为两种："存想变神"与"以神变神"。前者是传统存神之法的延续，其"存"的成分居多，"变"的比重较少，这类存变之法比较常见。后者在内法上有取于内丹道，在炼度仪中出现的频率不多，注重以内炁的升降运转将"我之元神"变为"炼度大神"，即"元神化神"。《太极祭炼内法》中的变神之法即属"以神变神"。

② （宋）郑所南《太极祭炼内法》卷上云："两肾中间曰丹田。"《道藏》第10册，第443页。

③ （宋）郑所南：《太极祭炼内法》卷上，《道藏》第10册，第443页。

④ （宋）郑所南：《太极祭炼内法议略》卷中，《道藏》第10册，第448页。

层面说，"焚身"意味着灭尽一切妄念心识，旨在令"识神"退位，以使元神（婴儿）自现，此即"圣胎法身"。其二，从"色身"的层面说，"己身复完如故"则表示灭尽阴翳妄识的清净之身，这是对"有漏色身"的一种超越。① 这类"焚身"说与内丹"内观起火"非常接近。如《修真太极混元指玄图》称："内观起火炼形质，又曰焚身。……内丹起火，鬼神不敢近，水火不能害，自己见之，炎炎万丈于火中矣！"② 所谓"内观起火炼形质"，就是以丹中纯阳之炁"烧炼"己身，以灭除生理及心理上的一切阴秽之物，比如以"丹中之火"灭尸魄、降魔障、杀五鬼、下九虫、除疾病等。同时，"丹中之火"还用以炼集阳神，以防"阴魔"随附于炁上窜泥丸。③ "太极祭炼"以"焚身"灭除妄识、炼就"婴儿"以及超越"有漏色身"之说，与"内观起火"降魔除障（幻境、妄念）、炼集阳神以及火炼形质几乎如出一辙。然而，应当看到，"内观起火"必须以内丹成就为前提，即"有丹而后可为也"。④ 这是否也意味着行"太极祭炼"者当具备一定的内丹基础呢？⑤ 这个问题需要结合水火炼来讨论，容后详说。

---

① 前述"内外水火"炼中，《灵宝玉鉴》卷四〇"交炼法"亦有"焚身"之说，但其与"太极祭炼"之"焚身"略有区别。《玉鉴》是先"变神"，次"焚身"。其"焚身"不是用于变神，而是表示以"心肾相交"之炁（洞阳流火）炼化法师与亡魂之形神，以返其清净自然之性。此外，《玉鉴》中亦没有存"己身复完如故"或类似之说。可知《玉鉴》中的"焚身"应当从"法身"的层面理解。

② （宋）《修真太极混元指玄图》，《道藏》第3册，第102页。

③ （金）丘处机：《大丹直指》卷下，《道藏》第4册，第400页。

④ （宋）曾慥：《道枢》卷一三，《道藏》第20册，第674页。

⑤ 郑所南称撰此祭炼法"以指初学者之路"，但又云此法"非深定者不足以至之，如不永断妻妾念者，决不可入定，纵能入定，断断落于魔道，可畏可畏。"此外，其书中屡次提到"泰定""真定""深潜静定""深静之天"，以及"念而无念""一心不动""百脉归源"等，这又非一般初学者所能达到之境界。《道藏》第10册，第467、471页。

《太极祭炼内法》中有关水火炼的内容可分作外、内两个部分，即外像水火与身内水火。所谓"外像水火"，是指以水盂、香炉为水火之外像。行仪时，需备两盂净水和一香炉，两盂净水用途各异：其一，作沐浴池，以为亡灵荡秽完形，"丹阳符"在此仪节中起至关重要的作用。具体地说，行炼者应于祭炼当日书"丹阳符"，书符时需将坎离交媾之炁与五行相生真炁布于符中。① 祭炼当夜，行炼者于默坐内炼之前焚符于池。② 至沐浴仪节时，行炼者存变沐浴池化为汪洋，众魂于池中俱获清净、秉炁完形。从表面上看，此存变沐浴池之法，似与"外池沼"炼、"内外水火"炼的建、变水池法相近，皆以存想布炁变化水池，并想亡魂入池受炼。然而值得注意的是，"太极祭炼"中"沐浴"与"水炼"的意义、用途及其内法是有区别的。如其称："沐浴与水炼自是两义，沐浴则涤体，水炼则生精，今人多不能辨。未食之前，以其业秽，则濯之净质，非浴则不能使之洁净享食也。"③ 这表明，沐浴其实是为施食仪节做准备，旨在为亡灵荡秽涤体，以便令其清净享食。因此，不能将其存变沐浴池之法，完全等同于"外池沼"炼、"内外水火"炼的建、变池之法。

　　其二，用作水池，为外像之设，这是"太极祭炼"有别于其他"内水火"炼之处。前已述及，"内水火"炼是以身中水火行事，而非以坛场池沼为炼亡之所，一般不设水、火二池，无

---

建、变池之法，亦没有亡魂入外池受炼的存想内容，如"阴炼法"、《灵宝大炼内旨行持机要》《丹阳祭炼内旨》皆是如此。应当看到，尽管"太极祭炼"以水盂、香炉为水火二池，但其意义与作用实有别于"外池沼"炼和"内外水火"炼。如其称："水火即精神之外名，如世人竞想以水为水池，以火为火沼者，可谓惑甚。若外象，设外水火却无妨。"① 这里明确指出，"水火"即精神，水火炼度就是运"我"身中坎离交媾之炁冶炼阴魂，以令其精生神全，复返阳质。同时，郑氏还批评那些将坛场池沼存想为炼亡之所的做法，认为水盂与香炉只是"水火"的外像，在炼亡过程中并无任何实际的意义，这种观点明显有别于"外池沼"炼与"内外水火"炼。②

水火二炼时，法师于默坐静定中祭炼幽魂，这一过程中不涉符、咒、诀等外仪及外物。如其"水炼作用"称："不念咒、不用符、不掐诀。先想两肾中间有一点极明，须臾，如大月轮，注视良久，水火交媾，玉池水生。……须臾，觉真水自顶中流于舌上而下，满口甘润香美，是自己黄华真水也。即见满前化成汗漫黄色水华之水，其水自然无边无际，一切幽魂皆在其中炼育精髓。"③ 其"黄华真水"即华池甘津。取真水时，法师于静定之中降运心火，肾中真炁沿夹脊上入泥丸，遂炁化为津入于口中。水炼时，先炼自己"黄华真水"，当华池津满即为"黄华"之征候，于此时存想周围一切皆化为黄华，众魂于其中澡炼精髓。火炼时，

① （宋）郑所南：《太极祭炼内法议略》卷中，《道藏》第10册，第456页。
② 《太极祭炼内法》中既无布炁于池、变降"真水火"等内容，亦不存外像二池（水盂、香炉）为炼亡之处，更无存神召将引魂入池受炼之说。而这些内容正是"外池沼"炼与"内外水火"炼中不可缺少的环节。
③ （宋）郑所南：《太极祭炼内法》卷上，《道藏》第10册，第444—445页。

亦不涉外事，其存想对象为身中之物。如其"火炼作用"称："不念咒、不用符、不掐诀。存想两肾中间一点真炁，须臾，如大红日轮，注视良久，水火交媾，玉池水升，其日轮竟升于绛宫，发灿烂流金之火，即见飞燄化成大火，遍空炎炎，一切幽魂皆喜悦入火冶炼。"① 其"流金之火"象征坎离交媾之后升入绛宫的纯阳正炁。行仪时，祭炼者存想绛宫阳炁化为大火炼化众魂。

由上可见，"太极祭炼"是以心肾相交之炁为"水火"，水火炼亡的过程中不涉外事，亦不存水盂、香炉为炼亡之所。更为重要的是，其"焚身"变神与水火炼度，皆以下丹田（双肾中间）作为炁机发动处，并以之为水火之源。这意味着，行"太极祭炼"者当具有较高的内法修为，甚至应具备一定的内丹成就。为便于论述，笔者借用《清微丹诀》所言以释之。

《清微丹诀》云：

> 玄关一窍乃先天一炁，此乃万法英华，金丹之枢纽，在于灵宝谓之玄珠，在于神霄谓之真王，在于雷法谓之雷祖，在于炼度谓之水火。……此是真一之炁，变化无量大神，可降伏六天魔鬼，可追九地精灵，炼度亡灵以生天。②

文中所谓"玄关一窍"，前对脐，后对肾，位置上接近于"太极祭炼"之丹田（两肾中间），内丹采药、结丹、火候、脱胎俱在此窍。上文"先天一炁""万法英华""金丹枢纽"云云，旨在突显"玄关一窍"的重要性。"先天一炁"即元始祖炁，亦称元炁，与后天之气相对。道教认为先天之炁唯于至静真

---

① （宋）郑所南：《太极祭炼内法》卷上，《道藏》第 10 册，第 445 页。
② 《清微丹诀》，《道藏》第 4 册，第 964 页。

定中方现，但因世人逐物迷方，渐失本真，故而主张行者内安其神，外摒其欲，借助后天之气的呼吸存运以复返先天。文中称"先天一炁"为万法之本（英华），而"玄珠""雷祖""水火"乃至"变化无量大神"盖为"先天一炁"之用。这与"太极祭炼"于默坐深定中以下田之炁作为变神、水火之源的行炼方式基本一致，也就是说，"太极祭炼"是以"先天之炁"行炼，此炁即行炼者在真定之中体内自然出现的"肾间动炁"。先天既现，后天则隐，外息断绝，这说明"太极祭炼"的行炼者极有可能是在胎息的状态下施行该法。此外，郑氏称该祭炼法与"默朝上帝法"同理。所谓"默朝上帝"，是指祭炼者交媾坎离，以"我之精神"上朝于泥丸。① "默朝"的特点在于闭息行炁、三田往返。② 在"太极祭炼"中，变神与超度首尾两个环节均涉及"精神"上朝泥丸，如其称："吾默朝泥丸，则千万亿魂悉随吾而生天。"③ 这或可进一步证明，"太极祭炼"正炼诸仪节自始至终皆是在胎息状态下完成的。④

　　"太极祭炼"以"焚身炼神"作为起始仪节，"焚身"不仅是为了变神，更重要的是借"丹中之火"灭尽身内一切（生理与心理的）阴秽之物，以使祭炼者身中正炁充盈，进而以"我"

---

① （宋）郑所南：《太极祭炼内法议略》卷中，《道藏》第10册，第449—450页。
② （元）李道纯《中和集》卷三云："默朝上帝，舌拄上腭，三田还返，闭息行气……"《道藏》第4册，第497页。
③ （宋）郑所南：《太极祭炼内法议略》卷下，《道藏》第10册，第464页。
④ 祝逸雯博士注意到，"太极祭炼"中的"内炼法"是以"闭息"行事。笔者受此启发，在重新释读《太极祭炼内法》后，进一步推断该祭炼法不仅是"内炼"变神，其余仪节亦应当是在胎息的状态下进行。参见祝逸雯：《郑思肖〈太极祭炼内法〉研究——在法师身中完成的济度仪式》，《汉学研究》2016年第34卷第4期，第42页。

之阳以炼"彼"之阴。同时，在变神之后诸项仪节中，如水火炼、超度（火铃透顶）等，① 皆会涉及"内炁"在三田（上田、中田、下田）的升降往返，其将"焚身"置于首，亦有防止身内"阴翳"随炁窜入上田之用意。

郑所南称"此内炼法乃是神炼，大胜于炁炼"，② 并批评其他祭炼法"皆非入泰定而祭炼也"。③ 从字面上看，"神炼"应指行者于真定中以"元神"所变太乙救苦天尊行炼，而"炁炼"则可能指那些以存想合炁之法行炼的仪式。这两种炼法的区别在于前者行炼的主体是"我之元神"（身中真造化），而后者行炼的主体为"我之识神"（意念存想）。虽然二者同属于"我"，但在修证的层面说，"神炼"与"炁炼"有本质的差别。④

由以上可知，"太极祭炼"以丹中起火炼集阳神，于胎息定观中以"我之元神"祭幽炼亡，这意味着行此法者当具备较高

---

① 郑氏关于"火铃透顶"的说法亦与内丹"调神出壳"极为接近。其称："运我一点灵光化为火铃，上透泥丸，现前幽魂皆随我一念而生天，正是祭炼幽魂要紧处。……若度众魂生天，则念念升我之造化于泥丸上，苟力行之，则顶门微动。如无欲事，能勤行数年，火铃自然常照后，顶门当豁然，初如万蚁集而甚痒，后如巨石裂而大开。"所谓"灵光""造化"皆象征祭炼者之元神，"火铃透顶"即以"我"之元神自绛宫上入泥丸透出顶门，幽魂亦随之而生天。文中"勤行数年"一句，暗示着该法很可能是将祭炼幽魂与修炼内丹融为一体的仪式。同时，结合该祭炼法可每夜行之的特点，以及郑氏将"炼毓阳神"与"祭炼阴鬼"合二为一的主张，笔者认为，一次"祭炼"即可视为一次内丹炼养。《道藏》第 10 册，第 449 页。

② （宋）郑所南：《太极祭炼内法议略》卷下，《道藏》第 10 册，第 467 页。

③ 同上。

④ 郑所南特别强调"意识"（识神）与"元神"的区别，甚至在诵经之法中亦作此区分，如其称："有一内炼法，不打坐，不入真定境界，但存炼婴儿化为元始天尊，端坐绛宫中朗诵《度人经》，谓之元始天尊亲行炼度。殊不知，乃'我之意识'诵也，非我元神也，非真元始天尊亲口诵经说法也。"文中前一位"元始"是炼度者以意念（识神）存想所变，其"元始诵经"乃"意诵"。后一位"元始"为"我之元神"所变，是谓"真元始"，其"元始诵经"为"神诵"。《道藏》第 10 册，第 467 页。

的内法修为，甚至已有一定的内丹成就。唯有如此，方能自如地运用"先天之炁"行祭炼之事。

此外，需要指出的是，"太极祭炼"虽鲜涉外仪，但并非对外仪持全然否定之态度。如其称："欲设坛场威仪者，自使有道心人，摄行科仪法事。我则别辟一静室，竟不干涉一毫醮事，只独自于静室打坐，愈久愈静愈妙，密行内炼祭炼，一如上法，则内有实效，外可美观。昔多有宗师建大黄箓亦如此行，若必欲好看者，此法亦两得之。"① 这表明郑所南并非完全否定外仪，他提出由一位"有道心人"阐演科法，再由"我"于静室中密行祭炼。即一场祭炼仪由两位祭炼者共同完成，一主外、一主内，以此"内有实效，外可美观"的两全之法，在内法与外仪之间作一折中。② 对于行仪主体而言，"内法"是最为重要的一环。仪式的成功与否取决于那位在静室中密行祭炼之人，而坛场演科者所发挥的效用则居于次要地位。对于斋主而言，坛场威仪则能给予他们心灵上的慰藉和感观上的满足。不过，这类"两全之法"并非由郑所南首创，其称"昔多有宗师建大黄箓亦如此行"。可知在郑氏之前，道门中已有宗师以此种方式建黄箓大斋。

上文从行炼方式着手，对宋代道教水火炼亡之法进行讨论，并对其内法特点——尤其是"水火炼"受内丹影响之具体表

---

① （宋）郑所南：《太极祭炼内法议略》卷下，《道藏》第 10 册，第 471 页。

② "丹阳祭炼"亦有类似的说法，如其称："至大炼日，广设醮筵，曲尽威仪，以塞俗眼，但令知有罪福，清洁高士摄行法事，师乃入室静默志诚恳奏，只作一箓，密行祭炼，广度沉滞，庶得两全其美。"这也是由两位祭炼者共同完成一场仪式，即由"清洁高士"阐演科仪以慰藉斋主（以塞俗眼），"师"则入室密行祭炼，以此为"两全其美"之法。（元）《道法会元》卷二一〇，《道藏》第 30 册，第 316 页。

现——作了介绍。不难看出，第一，尽管炼度仪在概念和内法上皆受内丹之影响，但是作为一种度亡仪式，其目的侧重于炼亡成仙，而内丹修炼则以个人成仙为终极目标。第二，炼度仪在存想方式上仍与内丹有较大差别。大致地说，炼度之存想注重"系念一境"以求感应，其"境"包括身内与身外之境，如天尊、神真、幽魂、心府肾宫等，这类存想方式可谓"有相存想"。而内丹之精思强调不以意求，主张由外绝缘境渐至内伏散动，于返观内照中涵养精炁神，这一过程中鲜涉复杂的存想"画面"，其存想方式可谓"无相存想"。前者是道教传统存神之法的延续与发展，后者则是对前者的一种超越。不过，二者在实践中并非是一种"非此即彼"的关系。事实上，某些炼度仪同时运用了这两种存想方式，如"太极祭炼""丹阳祭炼""玉宸经法炼度仪"等。

此外，需要说明的是，上文只是从行炼方式的角度对宋代"水火炼度"作初步分类与析论。这种分类方式并不能囊括宋代所有的炼度仪，尚有极少数仪式难以归入本文的三种炼法中，如金氏《大法》卷三七"水火炼度"和《高上神霄玉清真王紫书大法》卷一一"炼度法"。前者以水池、火沼为外像水火，但这仅是"以备典式而已"，① 并不以之为存变对象，在炼亡过程中无任何实际意义。其次，金氏《大法》卷三七中的"变池"，是指法师执剑"画地成池"，② 此"无形之池"即是存炼亡魂之所。这不同于"外池沼"炼以"有形池沼"作为存变对象和炼亡之处。《紫书大法》则设有十八个火池、九个水池，无建、变

① （宋）金允中：《上清灵宝大法》卷三七，《道藏》第31册，第587页。
② 同上，第588、589页。

池之法，注重以符行炼，行炼过程甚简。最特别的是该法是将火炼作为水炼失误后的一种补救性措施。①

# 第三节　超　度

亡魂经由水火炼及其他炼法后即可获度超升。超度环节一般有宣戒、授箓、度桥发遣三项内容。"宣戒""授箓"是指法师为亡灵颁授"九真妙戒"与"生天宝箓"，以象征亡灵皈依道教成为"道子"。"度桥发遣"则指法师以特定的"度桥"仪式超度亡魂往生天界。

## 一　宣戒

"宣戒"即宣"九真妙戒"。②"九真戒"出自《太上九真妙戒金箓度命拔罪妙经》，原是唐代九幽斋的主要仪节之一，九戒宣授的对象涵盖生者与亡魂，旨在令受度者皈奉正道、奉戒防愆、渐跻仙品。宋代以后，九真戒成为炼度仪中最常见的道戒，

---

① （宋）《高上神霄玉清真王紫书大法》卷一一，《道藏》第28册，第654—655页。
② （宋）路时中：《无上玄元三天玉堂大法》卷二〇，《道藏》第4册，第69页。（宋）金允中：《上清灵宝大法》卷三七，《道藏》第31册，594页。（宋）金允中：《上清灵宝大法》卷四四，《道藏》第31册，第651页。（宋元）《灵宝无量度人上经大法》卷二，《道藏》第3册，第617页。（宋）蒋叔舆：《无上黄箓大斋立成仪》卷二八，《道藏》第9册，第544—545页。（宋）郑所南：《太极祭炼内法》卷上，《道藏》第10册，第445页。

亦为生亡两度。① 不过，在炼度仪中，"九真戒"不仅用于"度他"，还用于施度者之"自度"。而唐代九幽斋中的九真戒只能用于"度他"，其直接作用的对象为受度者。如王氏《大法》卷八述"无上十戒、十二戒、九真戒"时，称："凡欲尊敬上法、济生度死、摧伏凶魔、统制百灵，须受如上诸戒。"② 不难看出，其"十戒、十二戒、九真戒"授受对象为道士，并宣称惟有受持这三种戒的道士方可行济生度死、统制百灵之事。又如《太极祭炼内法议略》卷下云："我持一戒，则一切无边幽魂亦各各持一戒，而善心发现。我忠彼亦忠，我孝彼亦孝，我不杀彼亦不杀，四戒五戒，至于九戒皆然。……大哉戒乎! 鬼神得食、得水火炼度，而不得受戒者，犹造塔而欠相轮，终不成就。"③ 文中的"我"指高功法师。郑所南认为，授戒一事应推己而及他，即施度者必须恪守九戒、正己身行，以为鬼神之表率。④ 同时，他还特别强调亡魂受戒的重要性，指出亡魂在飨食受炼后必须得授"九真戒"，否则难获超升。这表明在《太极祭炼内法》中，"祭"（施食）"炼"（水火炼）"戒"（九真戒）三者缺一不可。

　　宋代炼度仪一般将宣授"九真戒"的环节置于水火炼及其

　　① "九真戒"既用于生身受度仪，还用于度亡类炼度仪。如《无上玄元三天玉堂大法》卷二〇《生身受度品》中的"无上预修九真妙戒"，其宣授对象为生身受度者，《道藏》第 4 册，第 69 页。又如金允中《上清灵宝大法》卷三七《水火炼度品》中的"太上三皈九戒"，其授受对象为亡魂，《道藏》第 31 册，第 593—594 页。
　　②（宋）王契真：《上清灵宝大法》卷八，《道藏》第 30 册，第 718—719 页。
　　③（宋）郑所南：《太极祭炼内法议略》卷下，《道藏》第 10 册，第 464 页。
　　④ 同上，第 465 页。

他炼法结束之后。① 如《玉堂大法》卷二〇在"水火预修炼度"后，法师须向"生身受度者"颁授九真戒，② 意在令受度者皈依大道、持戒守正，以待他日身殁之后不经地狱、迳升南宫福堂。金氏《大法》卷一三在水火炼后，法师要为亡灵宣说"三皈九戒"。③ 同书卷三七和卷四四中，也是在水火炼、五芽炼、九天炼结束后，由法师为亡魂宣授"太上三皈九戒"。④ "三皈依"即皈依道、经、师三宝，"九戒"即九真妙戒，以示亡灵皈奉道教，成为道子，具备超升天界之资格。值得注意的是，亦有极个别炼度仪主张将宣戒授箓置于水火炼之前。如《道法会元》卷一七《玉宸经法炼度内旨》和卷二〇《玉宸经法炼度仪》就是在水火炼之前传戒授箓。《玉宸经法炼度内旨》对此解释称："唯诸家以传戒给箓或在受炼之后不同耳。夫受炼之后，宛如成道之人，至超升之际，方才受戒受箓，则成挂碍。今先说戒给箓者，喻如初真学道之人，必先持奉戒科，请受符箓。……炼度亡者，亦取此义，而先传戒给箓，然后行炼。"⑤《炼度内旨》认为诸家炼度仪以水火炼为先、告戒授箓为次的做法不妥。在其看来，宣戒给箓即意味着皈依道门，这是亡魂获得道教神真救度的

　　① （宋）《高上神霄玉清真王紫书大法》卷一一，《道藏》第28册，第656页。（宋）蒋叔舆：《无上黄箓大斋立成仪》卷二八，《道藏》第9册，第544—545页。（宋）郑所南：《太极祭炼内法》，《道藏》第10册，第445页。（元）《道法会元》卷三三，《道藏》第28册，第871页。（元）《道法会元》卷二〇五，《道藏》第30册，第301页。（元）《道法会元》卷二一〇，《道藏》第30册，第315页。诸书所载炼度仪皆以水火炼及其他炼法结束后宣授九真戒。
　　② （宋）路时中：《无上玄元三天玉堂大法》卷二〇，《道藏》第4册，第73页。
　　③ （宋）金允中：《上清灵宝大法》卷一三，《道藏》第31册，第418页。
　　④ （宋）金允中：《上清灵宝大法》卷三七，《道藏》第31册，第593—594页。（宋）金允中：《上清灵宝大法》卷四四，《道藏》第31册，第650—651页。
　　⑤ （元）《道法会元》卷一七，《道藏》第28册，第776—777页。

先决条件。而水火炼旨在为亡魂炼聚灵识、度其超升，其经水火
荡炼后，已由阴尸转为阳质，"宛如成道之人"。因此，若于
"成道"之际才宣戒给箓则于理不通。尽管《炼度内旨》的主张
自有其道理，但应当看到，将颁戒授箓置于水火炼之后仍是宋元
道教通行的做法。

## 二　授箓

　　宋代炼度仪通常是"戒箓同授"，即除九真戒外，还要向亡
魂授受"宝箓"作为其超升仙化的凭证。"宝箓"出于灵宝法，
炼度仪所用"宝箓"① 有数种，其中最常见的是"生天宝箓"，
亦名"无上玄元太上敕赦生天宝箓"② "太上生天宝箓"③，参见
图5—2至5—5。

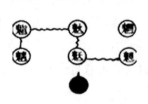

图5—2　《太极祭炼内法》
"生天宝箓"④

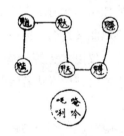

图5—3　王氏《大法》
"无上玄元太上敕赦生天宝箓"⑤

---

① （宋）《太极祭炼内法议略》卷中，《道藏》第10册，第450页。
② （宋）王契真：《上清灵宝大法》卷四四，《道藏》第31册，第101页。
③ （宋）金允中：《上清灵宝大法》卷一三，《道藏》第31册，第413页。
④ （宋）郑所南：《太极祭炼内法》卷上，《道藏》第10册，第443页。
⑤ （宋）王契真：《上清灵宝大法》卷四四，《道藏》第31册，第101页。

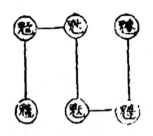

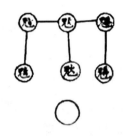

图5—4　金氏《大法》　　　图5—5　《丹阳祭炼内旨》
"太上生天宝箓"①　　　　"太上敕赦生天宝箓"②

　　以上四种"生天宝箓"形制比较接近，箓上皆书南斗六星
秘讳，此秘讳隶属朱陵火府火铃之司。③ 六字外围的圆圈象征南
斗六星，书箓时的存想内容亦多与南斗有关。如王氏《大法》
述"生天宝箓"云："左手掐南斗诀……存六星如日轮初出之
状，自南而下，光明无极。剔诀入箓中，存六星光芒透入箓中，
与箓之六星合而为一。"④ 金氏《大法》卷一三称："次想南斗
盖顶，化身为真人状，然后见天尊遣玉女乘宝光持宝箓下至面
前。"⑤ 可知"生天宝箓"的出现与南斗信仰相关。道教素有
"北斗落死、南斗上生"之说，即北斗主割移死籍、南斗司注上
生籍。"生天宝箓"乃亡魂受炼更生的凭证，故而书箓存神以南
斗星君为主，箓上以南斗六星及其秘讳象征注移玄籍、拔亡升迁
之义。

　　"生天宝箓"大多以"唵吽吒唎"四字为书箓秘咒，亦有个

　　①　（宋）金允中：《上清灵宝大法》卷一三，《道藏》第31册，第413页。
　　②　（元）《道法会元》卷二一〇，《道藏》第30册，第316页。
　　③　（宋）彭耜等编：《海琼白真人语录》卷二，《道藏》第33册，第120页。
　　④　（宋）王契真：《上清灵宝大法》卷四四，《道藏》第31册，第100页。
　　⑤　（宋）金允中：《上清灵宝大法》卷一三，《道藏》第31册，第414页。

别道书记作"唵吟吒唎"。据《太极祭炼内法》卷上载："默念
'唵吽吒唎'四字，依次第书，唵字上书吽，吽字上书吒，吒字
上书唎。每书一字，掐一诀，涂三转，默念'唵吽吒唎'一遍，
系四诀，共十二转，念咒十二遍成箓。"① 这是说，书"生天宝
箓"时，法师不仅要默诵四字秘咒，还要将四字叠书于南斗六
星图案的下方。即以"唵"字覆"吽"字、"吒"覆"吽"、
"唎"覆"吽"的书写方式，涂成火铃 ●。又如王氏《大法》
卷四四云："'唵吟吒唎'，右念此四字为咒，不计其数。又念四
字，每一字四转涂之，共一十六转。"② 不难看出，"唵吽吒唎"
或"唵吟吒唎"四字秘咒在书写宝箓的过程中具有重要意义。
在宋代，关于四字秘咒至少有两种解释：一指心神内讳；二指太
乙慈尊内讳。如《太极祭炼内法议略》卷中称："当知'唵吽吒
唎'，吾心神之内讳。当炼度之时，以吾之心宫譬南昌上宫，故
受南昌炼形之后，用心神内讳为生天作用秘语。"③ "太极祭炼"
以心宫喻指南昌上宫朱陵火府，称"唵吽吒唎"为心神内讳，
以此内讳作为超升亡灵之秘语。此外，《太极祭炼内法》还提
到："或谓'唵吽吒唎'四字是太一慈尊内讳，则非。太一天尊
乃至妙之道，与元始同初，无实体，岂有内讳。因随感应化而
出。"④ 尽管其意在否定四字秘咒为"太一内讳"之说，但也从
一个侧面说明当时道门内部确有将"唵吽吒唎"释为太乙救苦
天尊内讳的现象。

---

① （宋）郑所南：《太极祭炼内法》卷上，《道藏》第10册，第443页。
② （宋）王契真：《上清灵宝大法》卷四四，《道藏》第31册，第101页。
③ （宋）郑所南：《太极祭炼内法议略》卷中，《道藏》第10册，第450页。
④ 同上，第451页。

在"宝箓"的使用数量及行用顺序上，诸家所言不尽一致。如《太极祭炼内法》认为，幽魂得度悉仰"高功宝箓造化之功，盖溥一而为万万，实高功广大之心"，① 指出"宝箓不在乎多，而在乎专一也"。② 可见"太极祭炼"看重的不是宝箓的数量，而是其所蕴含的内法（如书箓、焚箓的存想布炁等），甚至认为只要如法行持，即使"一简一箓"亦可度无边幽魂。③ 又，王氏《大法》中亦未对"生天宝箓"的数量作具体要求。与之相反的是，某些炼度仪对"宝箓"的数量则有明确的规定。如金氏《大法》卷一三云："合用：符三道，降召符，真文五幅……'生天箓'十道"。④ 又如其述"太上生天宝箓"称："每用十道，每道皆依式书箓之。"⑤ 金氏《大法》要求祭炼幽魂所用"生天宝箓"的数量不得低于十道。由上可知，在使用"宝箓"的数量上，宋代道门尚未达成共识。至于"宝箓"的行用顺序，宋代道教的通行做法是将"焚箓"置于炼度的结束环节。即在水火炼及其他炼法之后，由法师向亡魂宣授九戒，并焚烧宝箓、度其升迁。但也有个别仪式是将"焚箓"置于水火炼之前。如《太极祭炼内法议略》卷下称："或问：如何先焚宝箓？予曰：既是默坐，理当先焚，若是寻常法祭炼，则当焚之于后。"⑥ 这种安排是由"太极祭炼"的特殊性所决定。因为"太极祭炼"是由法师在静坐真定的状态下进行，既入真定，遂不可妄动，故

①　（宋）郑所南：《太极祭炼内法议略》卷中，《道藏》第10册，第452—453页。
②　同上，第453页。
③　同上。
④　（宋）金允中：《上清灵宝大法》卷一三，《道藏》第31册，第412页。
⑤　同上，第414页。
⑥　（宋）郑所南：《太极祭炼内法议略》卷下，《道藏》第10册，第461页。

而将"焚箓"置于仪式之初、正炼之前。

## 三　度桥发遣

度桥发遣，指法师通过存变"升天法桥"接引亡魂超登天界。"升天法桥"的存想方式大致有两种：其一，以身中之物为存变对象；其二，以外物为存想对象。

宋元炼度仪通常将脊骨、舌、内炁等身内之物存变为"升天法桥"。如《灵宝玉鉴》卷一五云："至炼度毕，运自己桥梁为通天大度法桥，一炁透关，引领亡魂，上升天境。"① 其"自己桥梁"是指以舌为桥。② 又如《度人经大法》卷五七称："存脊骨为升天大法桥，接至朱陵府。"③ 这是说，法师存变自己脊骨为升天法桥，接引亡魂上登朱陵火府。《道法会元》卷二四四云："天梁脊骨同舌为法桥。"④ 这是以脊骨和舌同为"生天法桥"。此外，某些炼度仪还以内炁为法桥。如《道法会元》卷二四五称："咽液一过，上升丹房，发起金红运碧之光，直透泥丸上宫，一炁直彻长虹之势，运金瑞色合照，有金桥万丈，一头注射坛前，一头正接朱府。玉清诀，引魂上升法桥，官君引导无碍而升，上彻天关。"⑤ 文中的"丹房"即中宫，"金红运碧之光"一句则指法师提运内炁自中宫上透泥丸，存变此炁化为"金桥"（升天法桥）引魂超升。

---

① （宋）《灵宝玉鉴》卷一五，《道藏》第10册，第255页。
② （宋）《灵宝玉鉴》卷三九，《道藏》第10册，第409页。
③ （宋元）《灵宝无量度人上经大法》卷五七，《道藏》第3册，第945页。
④ （元）《道法会元》卷二四四，《道藏》第30册，第505页。
⑤ （元）《道法会元》卷二四五，《道藏》第30册，第517页。

除存变身中之物为法桥外，还有部分炼度仪是通过存变"外物"为法桥以超度亡魂。如王氏《大法》卷五三述"流火亭符"云："右符黄纸朱书，上帝诀，南炁，吹贴朱陵火府亭中，其桥上仍安《九天生神章》一卷。……存火铃满地，照耀天界，光明夺日。次云：兴此大法桥。想经为长桥，亡魂乘阳光而升天，其亭想为朱宫，魂皆登天矣。"① 文中的"朱陵火府亭"，应当是一种象征"朱陵火府"的纸制模型，亭中可能设有或画有"法桥"。其"火铃"（阳光）应即法师绛宫真火，如王氏《大法》称："存心中有真火自口中出数百丈，存亡人乘火光升桥。"② 此处的"真火数百丈"应是"火铃满地，照耀天界"的另一种表述，其"亡人乘火光"与上文"亡魂乘阳光"同义。由王氏《大法》中的两段文字可以推知，在升度亡魂时，法师先以"流火亭符"吹贴于亭上，并将《九天生神章》置于亭中"法桥"之上，存想"火府亭"为"朱宫"，存变《九天生神章》为升天法桥（想经为长桥），存亡魂乘"火铃之光"（心中真火）升法桥而登天界。这一过程即度桥发遣，其"法桥"有两种：一指"朱陵火府亭"中所设或所画"法桥"，此乃外像之设；二指《九天生神章》。不难看出，这两种"法桥"皆属外物，行仪时，法师主要以《九天生神章》为存变对象，即"以经为桥"。

在度桥发遣时，宋代某些道书还提到以"龙吏"负魂上升，

---

① （宋）王契真：《上清灵宝大法》卷五三，《道藏》第 31 册，第 196 页。
② 同上，第 197 页。

这类仪式称为"祝龙科"或"祭祝龙吏科"。① "龙"即荧龙与金龙；"吏"即金龙驿、荧龙驿、风火驿、金马驿等"四驿神君"②。"龙吏"主司传递符命及赦罪迁神之职。以"龙"负魂，盖取其升腾变化之义。如金氏《大法》卷四四称："送魂度桥，旧以水养鱼于亭子下，取其鱼龙变化、传达符命之意，……既有草龙，以备传符之仪式，则鱼不必用。"③ 按金氏所言，"度桥旧仪"中设有亭、鱼，"亭"似指纸制的"朱陵火府亭"；亭下养鱼，则取"鱼龙变化"之义。后世以"草龙"行传宣符命之仪，即"祝龙科"，故度桥发遣不再用鱼。通常在升度亡魂之前，法师须先用荧草扎制两条草龙，以象征荧、金二神龙。升度时，法师行"祝龙"之法，即以掐诀、符祝、存想、布炁等方式，存变草龙化为荧、金二龙，并存召"四驿神君"与二龙开通九夜、负魂超升。如王氏《大法》卷五五云："兆以符祝发荧龙，左手掐辰卯二诀，取东炁剔诀，吹布龙身。……化鳞甲四体爪牙备具，以水洒之，存其龙运动。"④ 接下来，法师存变"金龙"引魂升迁，如王氏《大法》称："既化荧龙负命开通九夜。然亡魂受炼之后，将归何境？故假金龙驿吏以迁神也。"⑤ 由上可见，"荧龙"的主要职责为下开幽壤、追拔罪魂；"金龙"则用以"迁神"，即引魂升迁。存变"金龙"毕，法师遂行度桥发遣之仪。据王氏《大法》载："次存变一亭，如朱陵府，悬居（金）

---

① （宋）《灵宝玉鉴》卷一五，《道藏》第 10 册，第 255 页。（宋）王契真：《上清灵宝大法》卷五五，《道藏》第 31 册，第 214 页。
② （宋）《灵宝玉鉴》卷一五，《道藏》第 10 册，第 255 页。
③ （宋）金允中：《上清灵宝大法》卷四四，《道藏》第 31 册，第 653 页。
④ （宋）王契真：《上清灵宝大法》卷五五，《道藏》第 31 册，第 214 页。
⑤ 同上。

龙背之上。龙负运转，复回朝谒天坛。四驿之中，神君将吏引龙亭立于坛之下……至炼度毕，兆运化升天法桥上接于龙亭，玉女引魂升入丹天之境。"① 炼度结束后，法师存想"金龙"负"火府亭"（龙亭），并存运"升天法桥"上接"龙亭"，亡魂步法桥、上龙亭而升天界。文中未言明"升天法桥"的存变之法。不过，上文与《灵宝玉鉴》卷一五《茭郭龙吏门》所载比较接近，后者载有"法桥"存变的内容。据《玉鉴》载："次存变一亭，如朱陵府，下有金龙负之，四驿神君引龙立于亭之四畔……至炼度毕，运自己桥梁为通天大度法桥，一炁透关，引领亡魂上升天境。"② 文中所谓"自己桥梁""一炁透关"，表明法师是以身中内炁作为"升天法桥"。据此可推，王氏《大法》中"兆运化升天法桥"，也应当是指法师存运内炁化为升天法桥以度亡超升。

① （宋）王契真：《上清灵宝大法》卷五五，《道藏》第31册，第214页。
② （宋）《灵宝玉鉴》卷一五，《道藏》第10册，第255页。

# 第六章　炼度仪对道教度亡斋仪的影响

炼度仪对道教度亡斋仪的影响主要表现为两个方面：其一，宋代道教将炼度仪融入黄箓斋中，极大地丰富了黄箓斋仪；[①]其二，炼度仪成为元明道教度亡斋科及荐拔道场中不可或缺之仪式。

## 第一节　炼度仪与宋代黄箓斋的联系

### 一　宋前黄箓斋概况

黄箓斋是一种古老的道教度亡斋科，其斋仪的发展经历了由简至繁的演进过程。早在陆修静整理的"九斋十二法"[②]斋科体

---

① 陈文龙博士对南宋黄箓斋与炼度仪之间的联系作了初步析论。参见氏著：《王契真〈上清灵宝大法〉研究》，济南：齐鲁书社，2011年，第267—274页。本文拟就此议题作进一步的补充说明。

② （刘宋）陆修静《洞玄灵宝五感文》，《道藏》第32册，第619—620页。

系中，黄箓斋即用于救度先亡，在灵宝斋法中位列第二，其斋仪主要有立坛、燃灯、礼方、投龙简等。据《洞玄灵宝五感文·众斋法》载："黄箓斋为同法，拔九祖罪根。法亦立坛，广狭门户与金箓同，但围坛四面安力十灯，十门三香火……行道礼谢二十方，日数如金箓，随四时之制。事竟，投龙于水，又埋于山，余纹缯散为功德也。"① 不难看出，刘宋时期的黄箓斋仪比较简易，主要用于救度先亡（拔九祖罪根），这种情形持续了相当长的一段时间，直到唐末，黄箓斋才有了较大变化。

唐末杜光庭对中古道教科仪详加考订，因事制法，提出"二十七品斋"之说，这一数字远远超出陆简寂的"九斋十二法"。在杜氏撰集的斋仪体系中，用于度亡的斋法亦有所增加，如"二十七品"② 中除黄箓斋外，又出现了解考斋、五炼斋、拔度斋等度亡斋科。此外，杜光庭进一步扩大了黄箓斋的用途，提升了这类斋法在道教科仪中的地位。据《太上黄箓斋仪》卷四九载："无上正法黄箓大斋，解除生死，先身今身，身、口、意罪。上资帝祚，下及群生，保国宁人，禳灾却害，增延禄寿，解厄销灾，拔度九玄七祖，一切幽爽，济度存殁，惠泽普加。"③ 又如《大上黄箓斋仪》卷五七称："黄箓斋，拯救幽灵，迁拔飞爽，开度长夜，升济穷泉，固其大旨也。然祛灾致福，谢罪希恩，人天普修，家国兼利，功无不被矣。"④ 由以上不难看出，杜光庭将黄箓斋的功能从九斋十二法中的"拔九祖罪根"扩展

---

① （刘宋）陆修静：《洞玄灵宝五感文》，《道藏》第32册，第620页。
② （宋）《金箓大斋启盟仪》，《道藏》第9册，第73页。
③ （唐）杜光庭：《太上黄箓斋仪》卷四九，《道藏》第9册，第330页。
④ （唐）杜光庭：《太上黄箓斋仪》卷五七，《道藏》第9册，第371页。

至"人天普修，家国兼利"，使原本用于救度先亡的黄箓斋，演变成一种利益存亡、用途广泛的道教斋科。应当说，杜光庭赋予了黄箓斋新的意义，提高了黄箓斋在灵宝斋法中的地位。正是在他的影响下，宋代以后的道教科仪著述都将黄箓斋视为一种重要的度亡斋科，并出现了数部专论黄箓斋仪的道书。

## 二　炼度仪对宋代黄箓斋的影响

随着新道法、新道派的出现，宋代道教科仪的发展愈趋复杂①，这当中最明显的就是仪式的增衍。如王氏《上清灵宝大法》卷五四云："盖斋法出于灵宝，属洞玄部也。自告斋始事，以至醮谢散坛，则广成科中无不备具。自后世世，纷纭斋科，虽参三洞之众经，而多出于洞玄之十二部，若奉行斋事，符书咒诀，关奏文移，在科不载。"② 这表明王契真当时所见斋仪有相当一部分为宋代新出，仪式中的符咒诀目、文检书诰均未见于广成斋科。③ 又如金氏《上清灵宝大法·总序》称："灵宝大法近者编述多门，有百二十卷者，似乎过详，未免三洞经典通取以入其中。福唐王升卿编作二十卷，颇为适中，然多应世之科，亦分列曹局，及有预修之斋，颇无经据。"④ 金允中指出，宋代有关灵宝斋法的著述在内容上或过于繁冗，或为"应世之科"，某些新增斋科（预修之斋）"颇无经据"，实为后人所创。由以上可

① 卢国龙：《道教哲学》，北京：华夏出版社，2007 年，第 98 页。
② （宋）王契真：《上清灵宝大法》卷五四，《道藏》第 31 册，第 201 页。
③ 金允中《上清灵宝大法》卷一六亦有类似的说法，《道藏》第 31 册，第 428 页。
④ （宋）金允中：《上清灵宝大法》，《道藏》第 31 册，第 345 页。

见，科仪的增衍在宋代已是一种普遍现象。

就黄箓斋而言，宋代道教既延续了广成科格，又在此基础上加入了新的仪法。尤其是炼度仪出现后，该仪式被拆分为若干个仪式单元融入黄箓斋中，极大地丰富了宋代黄箓斋仪的内容。如蒋氏《立成仪》卷一一称："三日三夜，九朝行道，预依次第，宣演真科。……颁宣符命，开赦九幽，然灯续明，请光破狱，普施无碍斛食，摄召预荐亡魂，沐浴朝坛，闻经听法，传符授戒，炼度超生。"① 这里讲的是黄箓三日斋仪，其中有相当一部分内容与炼度仪重合。需要指出的是，从仪式的功能看，炼度仪同于黄箓斋，二者皆用于救度亡灵。从仪式的规模看，黄箓斋大于炼度仪，后者只是前者的一个组成部分。下面，我们以金氏《大法》卷一六《黄箓次序品》为例，讨论炼度仪对宋代黄箓斋的影响。为便于论述，特以表格形式归纳金氏《大法》黄箓修斋次序及内容，参见表6—1。

表6—1　金氏《大法》卷一六"修斋节次"②

| 修斋次序 | 仪节名称及内容 | 备　注 |
| --- | --- | --- |
| 1 | 预告：高功召将启白事意 | |
| 2 | 扬幡：设香案于扬幡所，高功宣扬幡咒 | |
| 3 | 诵经 | |

---

① （宋）蒋叔舆：《无上黄箓大斋立成仪》卷一一，《道藏》第9册，第434—435页。

② 本表据金允中《上清灵宝大法》卷一六《黄箓次序品》整理，《道藏》第31册，第427—435页。

| 修斋次序 | 仪节名称及内容 | 备　注 |
|---|---|---|
| 4 | 发正奏：铺列道场，敷陈六幕，内外整备，关发正奏文字 | 此仪节不属广成斋科，乃宋代通行之仪① |
| 5 | 拜章：拜素车白马章，破酆都拔罪章 | |
| 6 | 告符命玉札：高功变神，焚符召将；次发遣焚燎，焚符简 | |
| 7 | 立幕：高功诣玄师幕，请玄师下降；次诣三官幕、三师幕、五帝幕、天师幕、监斋幕，上香祝白 | "立幕""请光""宿启"皆遵广成科格② |
| 8 | 请光：高功于玉清前燃一烛，次燃"慧光符"，将此符付于侍灯，由其燃点余烛 | |
| 9 | 宿启：①高功诣六幕上香，先五帝西三幕，次自外东三幕，末至玄师幕上香。②高功先行入外坛，旋绕地户，入天门，升内坛。③高功宣卫灵咒，发炉，宣科礼十方，宣忏，礼三宝。④左行至东方敷落真文，道众随声和之，四方各如式，以金龙镇之。⑤高功还位，于坛前面北而立，心礼十方，自北为始；次三上香，说戒奉戒颂，三礼、补职，高功以下各受职，三礼宣禁。⑥高功复炉，自天门出内坛，与众官自地户出中坛。⑦事毕，众官复位，破狱。燃灯烛、立香案，关九狱灯，高功默启告符，执策杖破狱如式，九狱毕回向 | 其"破狱"之仪不属广成斋科，当出自灵宝法③ |

① （宋）金允中：《上清灵宝大法》卷一六，《道藏》第31册，第429页。
② 同上，第430—431页。
③ 同上，第431页。

| 修斋次序 | 仪节名称及内容 | 备　注 |
|---|---|---|
| 10 | 正斋第一日：①清旦：上十方香，礼师，宣卫灵咒，发炉，出官，行十方忏，命魔，步虚。②午分：不出官、不用卫灵咒，其余并如早朝式。③静夜：进拜通天救苦表，开通道路章，破狱，摄召正荐亡魂及一切孤魂归位，咒食，引孤魂于茭郭斛筵，广行咒食，听法闻经，以俟次夜炼度 | 正斋第一夜行破狱、普召、施食诸仪 |
| 11 | 正斋第二日：早、午、晚三朝并同第一日，只不出官。午朝或晚朝拜沐浴炼度章，晚朝上木公金母表、九天帝表。静夜炼度十类孤魂，宣戒、传符、给箓，度化登升 | 正斋第二夜为普度，炼度一切幽魂 |
| 12 | 正斋第三日：早、午、晚三朝并同第二日，午朝拜升度亡魂章，静夜炼度正荐亡魂，宣戒传符，度桥超升 | 正斋第二夜为专度，炼度正荐亡魂 |
| 13 | 第四日：醮谢散坛：斋后拜言功朱表，告山水土简，投龙颂，上香，重启降圣，设醮谢恩，三献法事。醮毕，还戒纳职，解坛散席 | 散坛醮谢之仪全系广成斋法① |

　　在表6—1中，第7至9项"立幕""请光""宿启"（破狱除外）以及第13项"醮谢散坛"皆属广成科制，其余内容多为后世增衍。当中最明显的是第10至12项，这三项为正斋仪法。黄箓正荐一般为三日，每日三时行道，第四日为设醮散坛。② 这

---

① （宋）金允中：《上清灵宝大法》卷一六，《道藏》第31册，第432页。
② 同上。

种框架与广成斋科基本一致，如杜光庭《太上黄箓斋仪》卷一至卷九所载黄箓斋也是三日行斋，每日三朝。① 不过在斋仪内容上，金氏《大法》已有变化。以《太上黄箓斋仪》正斋第一日为例，"第一日清旦行道仪"主要有：上香、礼师、宣卫灵咒、发炉、上启、读词、礼方、步虚、三启三礼、复炉等仪节。② "第一日中分行道仪"有：礼师、宣卫灵咒、读词、礼方、忏谢、步虚、三启三礼、发愿、复炉。③ "第一日落景行道仪"有：礼师、宣卫灵咒、读词、礼方、忏谢、步虚、三启三礼、发愿、复炉等内容。④ 其第二、三日三朝的仪节与第一日基本相同。比较金氏《大法》与杜氏《太上黄箓斋仪》可以发现以下两点：其一，金氏《大法》"黄箓三日斋"早朝大部分内容同于广成斋科，如行忏、礼方、宣卫灵咒、出官、发炉、复炉、步虚等，而午朝斋仪较广成斋科更为简易。其二，金氏《大法》在三日晚朝之后增加了新内容。如"第一夜"主要有破狱、摄召、咒施法食等内容；"第二夜"有沐浴、普炼孤魂、传符授箓、超度诸仪；"第三夜"为炼度正荐亡魂、说戒传符、度桥送亡等。不难看出，金氏《大法》其实是将一场完整的炼度仪拆分成若干仪节，分置于黄箓正斋三日夜间。甚至可说，其夜间斋仪才是整场黄箓斋的关键，也是救度亡魂最重要的环节。而在杜氏《太上黄箓斋仪》中晚朝内容与早、午二朝无甚区别，且救度手段亦较为单一，以礼方、忏谢为主。

---

① （唐）杜光庭：《太上黄箓斋仪》卷一至九，《道藏》第9册，第181—206页。
② （唐）杜光庭：《太上黄箓斋仪》卷一，《道藏》第9册，第181—186页。
③ （唐）杜光庭：《太上黄箓斋仪》卷二，《道藏》第9册，第186—188页。
④ 同上，第188—190页。

以"夜斋"为重是金氏《大法》黄箓斋最为显著的特征，而"夜斋"的重要性及特殊性又是由炼度仪所赋予。这种情况在宋代非常普遍。如王氏《大法》卷五四中的黄箓斋，其"第一夜"有忏灯、破狱、召魂等仪式；"第二夜"有普召六道、全形、沐浴更衣、施食、水火炼度（普炼普度）；"第三夜"为水火炼度（正荐专炼）、宣九真戒、告长生灵符、度桥超升等内容。[①] 又如蒋氏《立成仪》卷一云：

> 第一日正斋，参谒六幕，依科三时行道。……参朝三宝，忏谢罪愆。发炉、出官毕，引灵朝坛大谢毕，引灵复位。静夜，法师至九狱神灯前，祝告玉清破地狱真符，依式忏灯，诵九清梵唱破狱咒，持策杖，发符破狱。……第二日，正斋行道如第一日之仪。静夜，普召九泉六道，全形沐浴，设斛炼度，施戒传符。第三日，如第一日之仪，晚朝进升度亡灵宝章。静夜，宣行炼度，变炼亡魂，传授九真妙戒，告行长生灵符，给付券诰……保举亡灵上登天府。第四日侵（清）晨（或先一日亦可），关发设醮请状奏请三清上帝……克日进投龙简，依式次第，散坛进拜，言功朱表，还戒纳职，奉辞三宝，解坛下榜。……至夜，设醮谢恩，进奉车辇钱马，功德都疏三清玉帝、灵宝五师，言功三官……竣事，法师归堂，弟子拜谢，交贺礼成。[②]

上文黄箓建斋时间为四日，第一至第三日白天所行斋仪与广成斋科及金氏《大法》基本相当。其正斋第一至三日夜晚，也

---

① （宋）王契真：《上清灵宝大法》卷五四，《道藏》第31册，第203页。
② （宋）蒋叔舆：《无上黄箓大斋立成仪》卷一，《道藏》第9册，第381页。

是将炼度诸仪节分置于三夜晚朝依次施行，这种做法与金氏《大法》、王氏《大法》并无二致。只是《立成仪》将"投龙简""言功朱表""还戒纳职"置于第四日清晨，将"设醮谢恩"放在第四日晚朝，这与金氏《大法》将"醮谢散坛"设于第四日凌晨的做法略有差异。由上不难看出，尽管宋代诸家黄箓斋法在细节上存在某些差异，但在夜间斋仪中却表现出高度的一致性。这种一致性源自炼度仪与黄箓斋的融合。炼度仪的出现不仅丰富了宋代黄箓斋仪，还提升了"夜斋"在黄箓斋中的地位。宋代道教将炼度仪融入黄箓斋的做法亦为后世道教所继承。元明时期，除黄箓斋外，炼度仪还被融入诸多度亡斋科与荐拔道场的"夜斋"之中，成为道教度亡斋科不可缺少的仪式。

## 第二节　　炼度仪对元明道教度亡斋科的影响

### 一　元明道教度亡斋科概况

元明道教度亡斋科品目有所增加，部分传统度亡斋法的内容与用途也有所变化。如《济度金书》卷二所列"迁拔道场""九炼生神斋""十回度人经法道场""师友命过行道诵经道场""度星灭罪斋"① 等，这些度亡斋法鲜见于宋代道书，应当是元代以后出现的。并且，某些传统度亡斋科的类型、用途及内容有

① （宋）宁全真授，（元）林灵真编：《灵宝领教济度金书》卷二，《道藏》第7册，第33—44页。

了更进一步的细化。以"黄箓斋"为例，《济度金书》卷二有"开度黄箓斋"①"青玄黄箓救苦斋"②"祈禳黄箓斋"③"预修黄箓斋"④ 等四种。"开度黄箓斋"建斋五日，主要用于济拔先亡；"青玄黄箓救苦斋"建斋三日，主要用于超度亡魂（包括专荐与普度）；"祈禳黄箓斋"正斋五日，该斋法主要通过修设玄都大献玉供和普炼普度一切幽魂，以及醮献土地司神煞，以保身命、护家宅、资经营、辟除不祥。"预修黄箓斋"建斋五日，该斋法由宋代生身受度仪演变而成，斋主通过修设此斋为自己建预修功德，佩授九真妙戒、救苦真符及长生灵符，以令其死后不经地狱，迳上朱宫。需要说明的是，尽管该斋法主要用于生者自度，但其中也包含超度玄祖和普炼孤魂等度亡仪式。如其要求于正斋之前两日，进拜"超度祖玄解释冤债朱章"，修设"玄都大献玉山净供"，普召斋主的宗祖冤亲及六道四生一切幽魂，享食受炼、发遣超生⑤。由上可见，元明道教黄箓斋科的类型、用途及斋仪较之宋代更为丰富。

此外，值得注意的是，某些度亡斋科的用途在元明之际已有明显变化。以"灭度五炼生尸斋"为例，该斋法应当是由唐代高道张万福所创。蒋氏《立成仪》卷一六提及"张清都《灵宝五炼生尸斋仪》"⑥，"张清都"即张万福，这说明张万福曾撰有《灵宝五炼生尸斋仪》。随后，《立成仪》又云："咒五方玉字一

---

①　（宋）宁全真授，（元）林灵真编：《灵宝领教济度金书》卷二，《道藏》第7册，第33—35页。

②　同上，第36—37页。

③　同上，第38—39页。

④　同上，第39—40页。

⑤　同上，第40页。

⑥　（宋）蒋叔舆：《无上黄箓大斋立成仪》卷一六，《道藏》第9册，第473页。

遍毕，高功归位，出《五炼生尸经》"①，其《五炼生尸经》即
东晋《太上洞玄灵宝灭度五炼生尸妙经》，该经主述葬仪。经中
宣称以"五方炼度真文"安镇尸形，并上拜黄缯章表祈告灵宝
五帝，可令死魂脱离幽冥，超升南宫受炼更生。由此可知，张万
福在《五炼生尸经》葬仪的基础上创设了一种新的度亡斋科，
即"五炼生尸斋"。

　　"五炼生尸斋"最初用于道教徒超度其亡过的师友，如《道
门科范大全集》卷七五称："此仪用黄箓修真十戒，用明真宿启
仪，乃五炼生尸古仪。宿启也，所以有迁拔灭度之魂之句。万福
天师著《同学行道仪》，始自疾苦，至于终亡，皆须忏谢、救
拔、解灾、悔过。且夫修道升仙，非师不度；超凡证圣，非友不
成。……师友沦没，弟子同学皆当齐集，以高德者为法师，其余
依位次第，沐浴更衣，可设坛出官，关启行事。"② 文中的"明
真宿启仪"即"五炼生尸古仪"，且与张万福所著《同学行道
仪》有关，原为道徒济拔先师或学友之用，其斋仪以烧香、忏
谢为主。元代以降，"五炼生尸斋"的用途及斋仪有所变化。如
《济度金书》卷二"灭度五炼生尸斋"，修斋三日，救度的对象
有正荐亡魂与六道四生一切幽魂。其斋仪主要有灯仪（燃灯破
狱）、宿启仪、摄召、沐浴、施食、炼度、宣戒授箓、炼度醮、
谢恩醮等，这些内容明显比《道门科仪范大全集》"五炼生尸
仪"更为丰富。此外，《济度金书》卷二载"师友命过行道诵经
道场"，乃道徒超度师友专用，该仪式的功能与早期"五炼生尸

---

① （宋）蒋叔舆：《无上黄箓大斋立成仪》卷一六，《道藏》第 9 册，第 474 页。
② （唐）杜光庭删定，（明）仲励编修：《道门科范大全集》卷七五，《道藏》第 31 册，第 935 页。

斋"并无二致，只是在名称及具体仪式上存在差别。由上可知，"五炼生尸斋"发展至元明时期，其适用的范围已从道门之内扩展至道门之外，救度对象涵盖六道四生一切幽魂，具有专荐与普度双重用途。其原有的专度师友之功能已被"师友命过行道诵经道场"所取代。

尽管元明道教度亡斋科的类型、斋仪及用途较之宋代已有所变化，但这些仪式之间有一个共通之处，即皆以炼度亡灵作为其斋仪的重要组成部分。这种情况实际上是延续了宋代道教将炼度融入黄箓"夜斋"的做法。

## 二　炼度仪对元明度亡斋科的影响

炼度仪与黄箓斋相结合的模式始于宋代，这种模式不仅为元明道教黄箓斋所沿用，还被这一时期的其他度亡斋科所采用。以"明真斋"为例，"明真斋"亦是一种古老的度亡斋法，最初用于道徒自拔先亡，在陆修静的"灵宝九斋"中位列第三，仅次于黄箓斋[①]。唐宋时期，道门在"明真斋"的用途上出现分歧，大致有三种说法：其一，主张"明真斋"为帝王之斋，用于迁拔宗庙，须奉旨修设。如唐杜光庭《太上灵宝玉匮明真斋忏方仪》《太上灵宝玉匮明真大斋忏方仪》《太上灵宝玉匮明真大斋言功仪》中的"明真斋"乃奉旨修设以迁拔宗庙先灵。宋吕元素《道门定制》亦主此说，其称："盟（明）真斋，宗庙迁拔，及臣下拔亡，皆可兼奉。"[②] 其二，沿用陆修静之说，为道徒自

①　（刘宋）陆修静：《洞玄灵宝五感文》，《道藏》第 32 册，第 620 页。
②　（宋）吕元素：《道门定制》卷六，《道藏》第 31 册，第 713 页。

拔先亡之用。如《云笈七籤》卷三七云："明真斋，学士自拔亿曾万祖长夜之魂。"① 其三，唐宋某些道书仅称明真斋用于拔幽夜之魂，既非为帝王而设，也非为道徒专用。如唐朱法满《要修科仪戒律钞》卷八引《圣纪经》云："明真斋，忏悔九幽。"② 宋谢守灏《混元圣纪》卷七称："明真斋，超度幽爽，解诸冤对也。"③ 由上不难发现，自刘宋至唐宋，"明真斋"一直是道门重要的度亡斋科，通常以灯仪、礼方、忏谢为救度手段。只是在其适用对象上尚有分歧，这种分歧自元以后逐渐消弭。

元明时期，明真斋基本上未再限定修斋者的身份，主要是为世俗之人服务。如《济度金书》卷二"明真斋"未限定斋主身份，济拔对象包括"正荐亡灵"与"六道四生"诸类幽魂，其普度功能愈益强化。更为重要的是，炼度仪与明真斋的融合，进一步丰富了这类斋法的内容。

据《济度金书》卷二"明真斋三日节目"载：

> 建斋之日（第一日）清旦，立真师幕，次行小禁坛仪……午前行呼阴召阳仪，次开启斋坛，召本司诸部官吏翊卫，午后进拜沐浴炼度朱章……入夜，请光分灯，宿启告斋……次关灯破狱，夜中发催召文檄，摄召正度魂灵及亡者身后冤仇，本宗先远滞识赴坛，沐浴全形，医治解结，咒献法食安奉。次日（第二日）清旦行道，上通天救苦表。次临午行道，落景行道……入夜，关诸大地狱灯，修设玉清溟滓大梵甘露净供，普召六道四生诸类幽魂，飨食受炼，传戒超

---

① （宋）张君房：《云笈七籤》卷三七，《道藏》第22册，第259页。
② （唐）朱法满：《要修科仪戒律钞》卷八，《道藏》第6册，第954页。
③ （宋）谢守灏：《混元圣纪》卷七，《道藏》第17册，第849页。

生。第三日清旦，升坛诵经。……入夜，设炼度醮，炼度正荐亡灵，传授符箓，发诣南昌上官，证果超生。①

上文"明真斋"建斋三日，重要仪节皆置于夜间：第一夜为破狱、摄召、沐浴、全形医治、解冤释结；第二夜行普度，普召六道四生飨食受炼；第三夜为炼度正荐亡灵。不难看出，此三夜行道的内容与宋代黄箓斋夜间斋仪基本一致，只是日间的仪式有异。也就是说，元明道教仿效宋人将炼度置于黄箓夜斋的做法套用于明真斋，使明真斋的救度方式由过去的忏谢、礼方、燃灯等，转变为以炼度仪为核心内容的度亡斋法。应当说，将炼度仪融入度亡斋科是元代以后道教度亡科仪的主要发展趋势。除明真斋外，还有"灭度五炼生尸斋"②"九天生神斋"③"青玄黄箓救苦斋"④"度星灭罪斋"⑤"师友命过行道诵经道场"⑥"迁拔道场"⑦"十回度人经法道场"⑧等，这些度亡斋科与荐拔道场皆将炼度诸仪节置于其夜间斋仪中。如表6—2所示：

---

① （宋）宁全真授，（元）林灵真编：《灵宝领教济度金书》卷二，《道藏》第7册，第35页。
② 同上，第37页。
③ 同上，第36页。
④ 同上，第36—37页。
⑤ 同上，第38页。
⑥ 同上，第38页。
⑦ 同上，第36页。
⑧ 同上，第37页。

**表 6—2　《济度金书》度亡斋科及荐拔道场夜间仪式①**

| 序号 | 名　称 | 建斋时间 | 夜间仪节 |
|---|---|---|---|
| 1 | 开度黄箓斋 | 五日 | 第一夜：分灯、破狱<br>第二夜：召摄正度魂灵及七祖九幽、亡者身后冤仇，赴坛沐浴，全形医治，解冤释结，安奉法食<br>第三夜：上请水火表，设玄都大献玉山净供，普召六道四生诸类幽魂，飨食受炼，传戒往生<br>第四夜：设炼度醮，炼度正荐亡魂，传符授箓，发诣黄箓院，证果超生 |
| 2 | 明真斋 | 三日 | 第一夜：分灯、破狱，摄召正度亡灵，及亡者身后冤仇、本宗先远滞识，赴坛沐浴，全形医治，解冤释结，安奉法食<br>第二夜：设玉清溟滓大梵甘露净供，普召六道四生，飨食受炼，传戒超生<br>第三夜，设炼度醮，炼度正荐亡灵，传授符箓，发诣南昌上宫，证果超生 |
| 3 | 迁拔道场 | 二日 | 第一夜：分灯宿启，立天师幕，行宿启仪，告行救苦符简、生天宝箓、九龙符命。次摄召正度灵仪，沐浴医治，全形安奉<br>第二夜：告行出离生死符、长生简，送五师。修设经法祭炼，普召六道幽魂与正度亡灵，一同受炼发遣，诣东极注生宫，证果超生。夜中设三界醮，焚献钱马 |

① （宋）宁全真授，（元）林灵真编：《灵宝领教济度金书》卷二，《道藏》第7册，第33—44页。

| 序号 | 名　　　称 | 建斋时间 | 夜间仪节 |
|---|---|---|---|
| 4 | 灭度五炼生尸斋 | 三日 | 第一夜：分灯、宿启、破狱，摄召正度亡魂，沐浴化衣，献食安奉<br>第二夜：上请水火表，设玉清溟滓大梵甘露净供，普召六道四生，飨食受炼，传戒超生<br>第三夜：设炼度醮，炼度正荐亡灵，传授符箓，发诣南昌上宫，证果超生 |
| 5 | 九天生神斋 | 三日 | 第一夜：分灯，宿启，摄召正度亡魂及祖宗冤仇，赴坛沐浴，全形医治，咒食安奉<br>第二夜：设玉清溟滓大梵甘露净供，普召六道四生，飨食受炼，传戒超生<br>第三夜：设炼度醮，炼度正荐亡灵，传授符命，发诣朱陵火府，证果超生 |
| 6 | 青玄黄箓救苦斋 | 三日 | 第一夜：分灯、破狱，摄召正度亡魂及祖宗冤仇，赴坛沐浴，全形医治，咒食安奉<br>第二夜：设青玄普度净供，普召六道四生，飨食受炼，传戒超生<br>第三夜：设炼度醮，炼度正荐亡灵，传符授戒，发诣东极注生宫，证果往生 |
| 7 | 十回度人经法道场 | 二日 | 第一夜：宿启，破狱，摄召正度魂灵及宗祖冤仇，赴坛全形，沐浴安奉<br>第二夜：行经法炼度，传授符箓，发诣南昌上宫，证果超生 |
| 8 | 迁拔道场 | 二日 | 第一夜：分灯，宿启，摄召正度亡魂，沐浴医治，全形安奉<br>第二夜：修设经法祭炼，普召六道幽魂，与正度亡灵一同受炼发遣，诣东极注生宫，证果超生 |

| 序号 | 名　　称 | 建斋时间 | 夜间仪节 |
|---|---|---|---|
| 9 | 师友命过行道诵经道场 | 二日 | 第一夜：宿启，摄召正度亡魂，全形沐浴<br>第二夜：设真灵醮，行炼度 |
| 10 | 度星灭罪斋 | 三日 | 第一夜：分灯、宿启、破狱，摄召正度亡魂及祖宗冤仇，赴坛医治，咒食安奉<br>第二夜：设紫庭幕醮，请水火表，设玉清大梵甘露净供，普召六道四生，飨食受炼，传戒超生<br>第三夜：设炼度醮，炼度正荐亡灵，传授符箓，发诣南宫，证果超生 |
| 11 | 祈禳黄箓斋 | 五日 | 第一夜：入夜，请光分灯，次宿启告斋，行卷帘仪，上表入坛，安镇补职，说戒宣禁，行宿启仪<br>第二夜：告行利夫妻利子孙符，关南斗灯、北斗灯、十一曜灯，设紫府醮，禳度行年星运<br>第三夜：告行六畜除万病符，修设玄都大献玉山净供，普召六道四生诸类幽魂，飨食受炼，往生仙界<br>第四夜：告行解冤家解咒祖符，设土府醮，献住宅土地司命神煞，保护宅舍，辟斥不祥<br>第五夜：开启醮坛，请圣设谢恩醮，投山水简 |

| 序号 | 名　称 | 建斋时间 | 夜间仪节 |
|---|---|---|---|
| 12 | 预修黄箓斋① | 五日 | 正斋前三日，具奏玉清大帝，上清大帝，太清大帝，昊天上帝救苦天尊，九幽拔罪天尊，十方灵宝天尊，朱陵大帝等神真<br><br>正斋前第二日午朝：颁宣生天宝箓，告行九龙符命，玉清破地狱、拔幽魂二符。午后，发神虎玉札，进拜超度玄祖解释冤债朱章<br><br>正斋前第二夜晚朝：入夜，修设玄都大献玉山净供，普召弟子宗祖冤仇及六道四生诸类幽魂，享飨受炼，发遣超生 |

表6—2据《济度金书》卷二《修奉节目品》整理。由上表可见，炼度仪已成为元明道教诸度亡斋科、荐拔道场夜间仪式的重要内容。前已提及，宋代黄箓斋与炼度仪的结合方式，就是将炼度诸仪节分置于各个夜间依次施行。上表中诸度亡斋科也遵循了这一方式。以表中诸三日斋为例，如"明真斋""五炼生尸斋""九天生神斋""青玄救苦黄箓斋""度星灭罪斋"等，皆于第一夜行破狱、摄召、沐浴、施食诸仪；第二夜则行普度，即普炼一切孤魂；第三日炼度正荐亡魂。这种安排与金氏《大法》卷一六《黄箓次序品》和王氏《大法》卷五四《斋法宗旨门》，以及蒋氏《立成仪》卷一《建斋总式》所载黄箓斋夜间仪次基本一致。这说明，宋代炼度仪与黄箓斋相结合的模式对元明道教

---

①　尽管"预修黄箓斋"不属于度亡斋科，但其斋仪中仍有炼度相关内容，故亦将之列入上表。"预修黄箓斋"在正斋开始之前，法师与道众须进行相关的预备仪式，其中一项就是为受度者的玄祖以及六道四生诸类幽魂行施食炼度之仪。

度亡斋科具有直接影响。炼度仪与度亡斋科的融合在宋代已基本成型，无论后世道教度亡斋法如何增衍与变化，都未曾脱离这一基本框架。

# 结　语

炼度仪体现了宋代道门中人对于传统经教道教的继承与革新。尽管这种仪式形成于宋代，但其中有相当一部分仪法皆可上溯至中古道教相关道法，这些道法在宋人的演绎下，由自炼证真之法转变为炼亡成仙之仪。这种演绎从一个侧面反映了宋代道教对于"传统"与"变革"的态度与取向。诚如劳格文先生所说，"道教仪式包含着中国人对宇宙以及人自身的整体认知、经验及精神诉求"①，炼度仪也在一定程度上折射出宋代道教关于宇宙、生死以及"永恒之道"等问题的认知与观念。这种认知与观念既是道教为顺应宋代社会文化和信仰需求的产物，也是宋代道教愈趋世俗化的重要表现之一。

## 一　炼度的实质

"炼度"是一个非常古老的概念。在早期道经中，"炼度"

---

①　[法] 劳格文著，蔡林波、李兰译：《从仪式的角度解读道教》，《世界宗教文化》2011 年第 3 期，第 58 页。

一词涉及尸解与自炼两类道法，前者用于变炼尸性、度亡成仙，后者则用于道徒自炼形神、修真证道。这两类道法蕴含的"炼亡成仙"和"自炼证真"的炼度观，在宋代炼度仪中得到了统一。在炼度仪中，法师以自炼元阳作为济拔亡魂的前提，又以炼亡成仙作为炼度之旨归，即在同一仪式中实现了"自炼"与"炼亡"的双重功用，有效地兼顾了法师与亡魂的利益。然而应当看到，尽管"炼度"之说由来已久，但在其具体意涵与仪法上，晋唐道教与宋代道教仍有较大差别。

"水火炼度"是宋代道教炼度仪最核心的内容，这一概念在东晋末年上清经及灵宝经系中业已出现。如《洞真上清神州七转七变舞天经》以"水火炼"作为上清派道徒自炼证真之法。修行者通过存思"水火"灌炼己身，并配合呼吸吐纳、叩齿咽津、服符祝咒诸法以变炼形神、召真致灵。其"水火"是指修行者存想中的水、火二物。又如《太上洞玄灵宝灭度五炼生尸妙经》宣称借助"五方炼度真文"① 和"黄缯章表"可令亡者获得道教神真的救度，经由"水火"荡炼尸形进而更生成仙。其"水火"是指自然界的洪水与山火，这种"水火炼尸"的观念源于尸解之道的水、火二解。不难看出，早期道教所言"水火"大致有两类：一指自然界之水火，二指存想中的水火。宋代以后，随着内丹理论的成熟及其修证之法的盛行，内丹道的相关概念和内炼之法亦被广泛运用于科仪法事中，"外仪内法"遂成为宋代道教科仪最为显著的特征之一。

炼度仪吸纳了内丹"水火"的概念。内丹道释"水火"为

---

① （东晋）《太上洞玄灵宝灭度五炼生尸妙经》，《道藏》第6册，第261—264页。

阴阳二炁，对应人体心肾二宫，喻以坎离二卦，以阴阳互含为立论基础，主张阴中求阳、阳中求阴，强调真火取于肾水，真水取于心火，要求行者于真定之中升降坎离、交聚水火，运阴阳相交之炁濡养腑脏、熏蒸百脉。炼度仪亦以阴阳二炁象征"水火"，主张法师内运身中阴阳正炁为亡魂炼聚灵识。此外，还有部分炼度仪直接将内丹炁法引入到炼度亡灵的过程中。如《太极祭炼内法》《元始灵宝自然九天生化超度阴炼秘诀》《灵宝大炼内旨行持机要》《丹阳祭炼内旨》等，这些仪式皆遵循坎离交媾之道，以既济之水火行炼亡之事，整个炼亡过程相当于一次小周天的运行。

　　炼度仪蕴含的救度观与身体观较之宋前道教度亡科仪有了明显变化。以救度观而言，炼度仪强调法师必须以自炼元阳为前提，再以"我"之阳而炼"彼"之阴。这种修度结合、即仪即法（外仪与内法并举）的救度模式，已不同于宋前道教注重以功德之力荐拔亡灵的做法。这一转变可能受到密教焰口仪轨的影响。焰口施食既是一种修持之法，也是一种度亡仪轨，其"即修即度"的模式与道教炼度仪主张的"自炼以炼亡"相近。密教修持以"三密"为宗，即身密（手印）、意密（观想）、口密或声密（陀罗尼咒、真言密咒），强调身、意、口三业相应，以即身成佛为终极目标。道教亦有与"三密"相类的修行法门，如掐诀、存想、祝咒等。需要说明的是，道教与密教产生于不同的文化背景之下，前者植根于中国传统文化的土壤中，后者源出于古印度的婆罗门教、佛教，两种宗教体系在宇宙论、身体观、修持方法、宗教仪轨、终极目标等方面仍有较大差别。尽管道教在某些修行方式上与密教确有相近之处，但这只是形式上的相似，二者的宗教内核是不同的。就焰口仪轨而言，该仪式以手印、观想、密咒作为密教行者自我修持与超度饿鬼的主要方式，仪式内容包括变神、破狱、召魂、变施法食、授戒超度等。道教炼度亦有这些仪节，且仪式内容比焰口施食更为丰富。比如，炼度之变神有"存想变神"和"以神变神"两种，前者延续了早期上清派存神之法，后者则与内丹道"丹火焚身"烧炼元神之法相关，其所变之神通常为元始天尊、太乙救苦天尊、昊天金阙上帝、九华真人等。在存想内容上，道教炼度又有"有相存想"和"无相存想"两种，前者主张"系念于境"以求感应，后者强调"念而无念"炼神合道。而焰口施食则主要以"入观音定"变神为观自在菩萨。又如破狱召魂，炼度仪主张先破"身狱"、次破"冥狱"。自破身狱实乃法师荡炼身内翳障及消除一切杂念的过程。破除"冥狱"则涉及一系列复杂的仪法，如建狱、请光、分灯、请策杖以及于存想中叩开狱扃等。而焰口仪轨之破狱法则更为简易，密教法师主要借助印与咒的威力（结破狱印与三诵破狱真言），配以观想破开诸狱。此外，在炼度仪中，亡魂受食之后还必须经由水火及其他炼度法（如九天炼、五芽炼、九阳梵炁炼、十二混元仪等）的淬炼方能受箓超升。而在焰口仪轨中，饿鬼享食之后遂可受戒超度，无涉炼聚灵识或炼阴复阳之说。由上可知，道教炼度与密教焰口是两种形式相近，但在仪式内核上有着本质区别的度亡仪法。宋代道教借鉴了焰口"即修即度"的救度模式以及变神、破狱、召魂、施食等仪程框架，并在此基础上结合道教的内炼之法与济拔仪式，创造了具有道教特色的炼度科仪。

　　就身体观而言，炼度仪突破了传统的"三部八景"说。在炼度仪中，法师一身即含容天界与地狱、神真与幽魂，通常以泥丸为天宫，即天尊众真之居处；以脐下大小肠为地狱，乃冥曹狱吏及幽魂之所在；以肾宫或双肾中间（下丹田）为水府，以心宫为南昌上宫朱陵火府。这种身体观明显有别于道门内部流传甚久且颇具影响力的"三部八景"说。早期上清派将人体分为上、中、下三部，每部各有八神君，一身中有二十四身神，道徒通过存念这些神真以营卫腑脏、致真通灵。以"脑神"为例，该神为上部八神之首，其所处位置与炼度仪所谓"天宫"（泥丸）相当，主要起安镇脑部之用。不过，炼度仪中的"天宫"诸神（元始天尊、太乙救苦天尊等）乃由法师元神所变，在变神过程中有相应的内炼之法。而在"三部八景"中，既未将"脑神"与"天宫"相对应，也未出现元神变神之说。又如"下部八神"第三神为"大小肠神，名逢送留，字道厨"①，道徒通过存念该神名，以令其镇治大小肠。而在炼度仪中是以大小肠为地狱幽关，乃冥曹府司与幽魂之居处，这明显与"三部八景"说相悖。不难看出，炼度仪将天宫、地狱移入体内与内丹道将人体比附为宇宙的观念有异曲同工之处。不过，内丹修炼通常鲜涉双肾以下的部位，在内丹修行者眼中，大小肠垢秽积结，不能作为存思修炼之处。② 而炼度仪却以此作为济拔幽魂的重要场所。以《元始灵宝自然九天生化超度阴炼秘诀》为例，该法以大小肠为地狱，法师存想亡魂自地狱而出（破狱），次入水府受炼（肾宫），次存想亡魂由水府上登朱陵火府经猛火冶炼（绛宫），最后以脊骨为升天法桥超度亡魂。这一炼亡过程皆为身内之事，其变神、破

---

① （北周）《无上秘要》卷五，《道藏》第25册，第15页。
② （元）陈冲素：《陈虚白规中指南》卷下，《道藏》第4册，第389页。

狱、召魂、水火炼、超度诸仪节，其实就是法师调动内炁在任督二脉之间的升降循环。因此可说，虽然"宇宙内化"的身体观源自内丹道，但将这一观念推向极致的是炼度仪。天堂与地狱的"内移"是宋代炼度仪对内丹身体观的引申与发挥。

## 二 从炼度仪看宋代道教的"法"与"箓"

宋代是道教发展史上的一个特殊时期，这一时期出现了许多新道法、新道派，"以法为派"① 成为宋代道教宗派划分的新趋势，打破了以经、箓授受作为分派依据的传统。值得注意的是，所谓"新道法"并非是说这些道法是在完全脱离经教道教的基础上产生的。新道法的形成，是道教对宋代社会文化与信仰需求的一种回应。其回应的方式之一就是重新诠释与演绎早期道教经典，在依托于"传统"的同时，又赋予其新的内涵。炼度仪即产生于这种背景之下，其仪法内容亦呈现出"亦旧亦新"的特点。

在炼度仪的形成过程中，传统道派（上清派、灵宝派）和新兴道派（如神霄派、天心派、东华派等）都曾发挥过作用。无论是传统道派还是新兴道派所创炼度仪，其中某些仪法皆可溯源于早期道教经典。如"九天炼""五芽炼"就是在《洞玄灵宝自然九天生神章经》《太上洞玄灵宝赤书玉诀妙经》的基础上演变而来。其次，宋代炼度仪注重寓炁于符、借符行炼，将道符作为炼化亡灵的重要法器，其中有相当一部分炼度用符实出自早期

---

① 陈文龙：《"法"与宋元道教的变革——评〈道教天心正法研究〉》，《世界宗教研究》2012 年第 4 期，第 180 页。

上清经。如宋代常见的"石景水母符"和"阳精玉胎炼仙符"，分别用于水炼、火炼环节。此二符系出于《洞真太上八素真经服食日月皇华诀》，上清派道徒通过吞服二符以采食日月精华、濡养五脏。宋代道门在沿用二符的同时，又对其原有的存想、祝咒等内容加以改动，赋予其炼度亡灵的新用途。又如炼度中的"沐浴"与"水炼"仪节，主张以"黄华真水"为亡魂荡涤阴秽、澡育精魄。"黄华真水"有专门的取水之法，这类取水法与东晋上清派"井华沐浴自炼"法有密切关联。由上可知，炼度仪中的某些仪法实际上是宋人阐演早期道教经典的产物，这种情况亦出现在宋代其他新出道法中。[①]"经"是神圣永恒的，但是，人们对于经典的理解与诠释可以随着时空的转换而变化。宋代道门法派林立、诸法并举，重释经典、演经制仪的现象一直贯穿于整个宋代道教科仪的发展历程中。这种现象反映出宋代道门试图借助"经"的权威性与神圣性为新出道法、道派提供一种合理性的依据与支撑，从而肯定这些新出法、派存在的价值与意义。

经、箓、法是道教传承的重要内容。中古道教以三者为一整体，缺一不可，其中又以道箓的授受为重。道箓与经、法呈对应关系。道徒获受某箓，即可得到与该箓相应的一系列经书以及获得修证该箓所应道法的资格。[②]道箓，是入道的凭证，有不同的阶秩以及严格的授受规范，它既是世人皈依大道的象征，也是受箓者教阶的体现。[③]箓上一般记有诸仙真圣、天曹吏兵，其数目和名

---

①　陈文龙：《王契真〈上清灵宝大法〉研究》，济南：齐鲁书社，2015年，第199—203页。

②　（唐）张万福：《传授三洞经戒法箓略说》卷上，《道藏》第32册，第186页。

③　刘仲宇：《道教授箓制度研究》，北京：中国社会科学出版社，2014年，第12—13页。

称因受箓者教阶的不同而有差异，这些天界神真或官将吏兵既可供受箓者行法时任意调遣，还能在平时起到护身护法的作用。

宋代以降，道箓的类型及用途出现了变化。就炼度仪而言，该仪式所涉道箓按照授受的对象可分为两类：其一，为行仪主体（高功法师）所受法箓，这类道箓的性质及用途与早期道箓并无二致。如金氏《大法》卷一〇云："佩是箓、补是职，则合行是事无疑矣"①，"箓"是高功教阶之体现，"职"即法职，指高功阐教演科时所领职衔。其二，为受炼对象所受之箓。炼度的对象有生、亡之分，故其所受道箓亦有所区别。通常情况下，授予生者的箓名前一般冠有"预修"二字，表示受箓者"以凡身度于未死之前，预备将死之路。"② 如《玉堂大法》卷二〇"太上预修救苦黄箓"③ "无上预修长生金箓"④，此二箓专为生身受度者而设，得授者生前佩之以护其身、死后焚之以翊其魂，亡殁之时不坠地狱、径升天界。"预修"之箓上亦列有诸仙众真，只是这些神真只起到护佑生身和死后接引的作用，并不能由受箓者任意差遣或移作他用。由上不难发现，法箓与"预修"之箓既有相近之处，又有本质区别。这两类箓皆是受箓者皈奉道教的凭证，箓上均列有神真官将，二者授予的对象皆为生者（道士与俗众）。二者的区别在于：法箓不仅是受箓者教阶等级的标示，还有行法、护法等用途。而"预修"之箓则无涉教阶品秩，仅起到护生翊死的作用。此外，炼度仪中还有一类专门为死魂而设的

---

① （宋）金允中：《上清灵宝大法》卷一〇，《道藏》第 31 册，第 402 页。
② （宋）路时中：《无上玄元三天玉堂大法》卷二〇，《道藏》第 4 册，第 66 页。
③ 同上，第 67—68 页。
④ 同上，第 68—69 页。

"生天宝箓",这类道箓是亡魂获度超升的凭证。通常情况下,死魂受炼毕,法师要焚烧"生天宝箓"以示死者获得道教神真的救度而往生天界。这种为死魂授箓的做法鲜见于宋前道书。

其次,就法箓而言,宋代道教亦强调"箓"与"法"的一致性,① 不过这一原则在某些炼度仪中似乎并未得以严格执行。如《太极祭炼内法议略》卷下云:"凡欲行此祭炼,更不问受箓不受箓,皆可行。或谓必有法职乃可行祭炼法,则至谬论。"② 在郑所南眼中,"受道箓"与"领法职"已不再是对行仪主体的硬性规定,即使无箓、无法职之人亦可行太极祭炼。如果说由于郑氏的身份是文人,故而有此主张。那么作为道士的王玄真亦有类似的说法,其称:"曾受箓者,申奏具职全衔奉行太极祭炼事臣姓某;未受箓者,只作木(疑为"太")上初真弟子奉行太极祭炼事臣姓某。"③ 这表明,受箓者与未受箓者皆可施行太极祭炼。这不同于中古道教以授受"某箓"作为施行"某法"或修证"某法"之先决条件的做法。炼度仪这种"重法轻箓"的现象,从一个侧面反映出宋元道教在"法"与"派"上的阶秩之别和门户之见有所淡化④。事实上,宋元炼度仪中不同法派互用其法,或对他派道法稍加改动"为我所用"的现象十分普遍。一种炼度仪可以兼摄其他法派的炼亡之法,而一位行仪道士亦可以兼修诸法。

① (宋)王契真:《上清灵宝大法》卷二七,《道藏》第30册,第900页。
② (宋)郑所南:《太极祭炼内法议略》卷下,《道藏》第10册,第465页。
③ (元)《道法会元》卷二一〇,《道藏》第30册,第319页。
④ 丁培仁:《元前道派研究》,成都:四川人民出版社,2014年,第424页。

# 参考文献

**一、道藏类文献：**

1. 《道藏》，文物出版社、上海书店、天津古籍出版社，1988 年。

2. 《藏外道书》，成都：巴蜀书社，1994 年。

3. 《敦煌道藏》，北京：中华全国图书馆文献缩微复制中心，1999 年。

4. 《中华道藏》，北京：华夏出版社，2004 年。

5. 《灵宝无量度人上品妙经》，《道藏》第 1 册。

6. 《元始说先天道德经注解》，《道藏》第 1 册。

7. 《上清大洞真经》，《道藏》第 1 册。

8. 《太上三十六部真经》，《道藏》第 1 册。

9. 《高上玉皇本行集经》，《道藏》第 1 册。

10. 《高上玉皇心印经》，《道藏》第 1 册。

11. 《上清黄气阳精三道顺行经》，《道藏》第 1 册。

12. 《太上玉佩金珰太极金书上经》，《道藏》第 1 册。

13. 《元始无量度人上品妙经四注》，《道藏》第 2 册。

14. 《元始无量度人上品妙经注》，《道藏》第 2 册。

15. 《元始无量度人上品妙经通义》，《道藏》第 2 册。

16. 《元始无量度人上品妙经内义》，《道藏》第 2 册。

17.《太上洞玄灵宝无量度人上品经法》,《道藏》第2册。

18.《玉清无极总真文昌大洞仙经》,《道藏》第2册。

19.《崔公入药镜注解》,《道藏》第2册。

20.《上清握中诀》,《道藏》第2册。

21.《紫阳真人悟真篇注疏》,《道藏》第2册。

22.《紫阳真人悟真篇讲义》,《道藏》第3册。

23.《修真太极混元指玄图》,《道藏》第3册。

24.《三洞众戒文》,《道藏》第3册。

25.《太上九真妙戒金箓度命拔罪妙经》,《道藏》第3册。

26.《太上十二上品飞天法轮劝戒妙经》,《道藏》第3册。

27.《太真玉帝四极明科经》,《道藏》第3册。

28.《灵宝无量度人上经大法》,《道藏》第3册。

29.《无上玄元三天玉堂大法》,《道藏》第4册。

30.《清微斋法》,《道藏》第4册。

31.《玉清金笥青华秘文金宝内炼丹诀》,《道藏》第4册。

32.《碧虚子亲传直指》,《道藏》第4册。

33.《陈虚白规中指南》,《道藏》第4册。

34.《大丹直指》,《道藏》第4册。

35.《玉谿子丹经指要》,《道藏》第4册。

36.《西山群仙会真记》,《道藏》第4册。

37.《中和集》,《道藏》第4册。

38.《全真集玄秘要》,《道藏》第4册。

39.《修真十书金丹大成集》,《道藏》第4册。

40.《修真十书钟吕传道集》,《道藏》第4册。

41.《修真十书杂著捷径》,《道藏》第4册。

42.《三极至命筌蹄》,《道藏》第4册。

43.《析疑指迷论》,《道藏》第4册。

44.《清微丹诀》,《道藏》第 4 册。

45.《抱一子三峰老人丹诀》,《道藏》第 4 册。

46.《列仙传》,《道藏》第 5 册。

47.《历世真仙体道通鉴》,《道藏》第 5 册。

48.《茅山志》,《道藏》第 5 册。

49.《太上济度章赦》,《道藏》第 5 册。

50.《洞玄灵宝自然九天生神章经》,《道藏》第 5 册。

51.《太上洞玄灵宝赤书玉诀妙经》,《道藏》第 6 册。

52.《太上洞玄灵宝福日妙经》,《道藏》第 6 册。

53.《太上洞玄灵宝灭度五炼生尸妙经》,《道藏》第 6 册。

54.《太上洞玄灵宝三元玉京玄都大献经》,《道藏》第 6 册。

55.《太上洞玄灵宝净供妙经》,《道藏》第 6 册。

56.《洞玄灵宝自然九天生神章经解义》,《道藏》第 6 册。

57.《太上洞玄灵宝天尊说救苦妙经注解》,《道藏》第 6 册。

58.《灵宝大炼内旨行持机要》,《道藏》第 6 册。

59.《太上大道三元品诫谢罪上法》,《道藏》第 6 册。

60.《太上洞玄灵宝三元品戒功德轻重经》,《道藏》第 6 册。

61.《要修科仪戒律钞》,《道藏》第 6 册。

62.《斋戒箓》,《道藏》第 6 册。

63.《灵宝领教济度金书》,《道藏》第 7—8 册。

64.《洞玄灵宝斋说光烛戒罚灯祝愿仪》,《道藏》第 9 册。

65.《金箓大斋启盟仪》,《道藏》第 9 册。

66.《太上黄箓斋仪》,《道藏》第 9 册。

67.《无上黄箓大斋立成仪》,《道藏》第 9 册。

68.《玉箓济幽判斛仪》,《道藏》第 9 册。

69.《灵宝五经提纲》,《道藏》第 9 册。

70.《太上慈悲道场消灾九幽忏》,《道藏》第 10 册。

71.《灵宝玉鉴》,《道藏》第 10 册。

72.《太极祭炼内法》,《道藏》第 10 册。

73.《高上月宫太阴元君孝道仙王灵宝净明黄素书》,《道藏》第 10 册。

74.《灵宝净明黄素书释义秘诀》,《道藏》第 10 册。

75.《道教灵验记》,《道藏》第 10 册。

76.《赤松子章历》,《道藏》第 11 册。

77.《太上玄灵北斗本命延生真经》,《道藏》第 11 册。

78.《文始真经注》,《道藏》第 14 册。

79.《老子说五厨经注》,《道藏》第 17 册。

80.《混元圣纪》,《道藏》第 17 册。

81.《正一醮墓仪》,《道藏》第 18 册。

82.《服气精义论》,《道藏》第 18 册。

83.《明真破妄章颂》,《道藏》第 19 册。

84.《真诰》,《道藏》第 20 册。

85.《道枢》,《道藏》第 20 册。

86.《云笈七籤》,《道藏》第 22 册。

87.《至言总》,《道藏》第 22 册。

88.《太上修真玄章》,《道藏》第 23 册。

89.《玄宗直指万法同归》,《道藏》第 23 册。

90.《上阳子金丹大要》,《道藏》第 24 册。

91.《原阳子法语》,《道藏》第 24 册。

92.《金丹正宗》,《道藏》第 24 册。

93.《洞玄灵宝玄门大义》,《道藏》第 24 册。

94.《洞玄灵宝三洞奉道科戒营始》,《道藏》第 24 册。

95.《陆先生道门科略》,《道藏》第 24 册。

96.《道教义枢》,《道藏》第 24 册。

97.《无上秘要》,《道藏》第 25 册。

98.《三洞珠囊》,《道藏》第 25 册。

99.《法海遗珠》,《道藏》第 26 册。

100.《仙传外科秘方》,《道藏》第 26 册。

101.《太上感应篇》,《道藏》第 27 册。

102.《秘传正阳真人灵宝毕法》,《道藏》第 28 册。

103.《洞玄灵宝太上六斋十直圣纪经》,《道藏》第 28 册。

104.《太上正一盟威法箓》,《道藏》第 28 册。

105.《正一法文经章官品》,《道藏》第 28 册。

106.《高上神霄玉清真王紫书大法》,《道藏》第 28 册。

107.《道法会元》,《道藏》第 28—30 册。

108. 王契真:《上清灵宝大法》,《道藏》第 30—31 册。

109. 金允中:《上清灵宝大法》,《道藏》第 31 册。

110.《道门定制》,《道藏》第 31 册。

111.《道门科范大全集》,《道藏》第 31 册。

112.《道门通教必用集》,《道藏》第 32 册。

113.《太平御览·道部》,《道藏》第 32 册。

114.《洞玄灵宝五感文》,《道藏》第 32 册。

115.《太上洞渊神咒治病口章》,《道藏》第 32 册。

116.《灵宝炼度五仙安灵镇神黄缯章法》,《道藏》第 32 册。

117.《洞真上清青要紫书金根众经》,《道藏》第 33 册。

118.《洞真太上八素真经服食日月皇华诀》,《道藏》第 33 册。

119.《洞真太一帝君太丹隐书洞真玄经》,《道藏》第 33 册。

120.《洞真上清神州七转七变舞天经》,《道藏》第 33 册。

121.《洞真太上上清内经》,《道藏》第 33 册。

122.《上清太上帝君九真中经》,《道藏》第 34 册。

123.《洞玄灵宝长夜之府九幽玉匮明真科》,《道藏》第 34 册。

124.《太上元始天尊说北帝伏魔神咒妙经》,《道藏》第 34 册。

125. 《紫皇炼度玄科》,《道藏》第 34 册。

126. 《灵宝施食法》,《道藏》第 34 册。

127. 《天皇至道太清玉册》,《道藏》第 36 册。

128. 《铁罐斛食全集》,《藏外道书》第 14 册。

129. 《青玄济炼铁罐施食全集》,《藏外道书》第 14 册。

130. 《上清灵宝济度大成金书》,《藏外道书》第 16 册。

131. 《太极灵宝祭炼科仪》,《藏外道书》第 17 册。

132. 《太上九真妙戒金箓度命九幽拔罪妙经》,《敦煌道藏》第 1 册。

133. 《太上洞玄灵宝灭度五炼生尸妙经》,《敦煌道藏》第 2 册。

134. 《太上洞玄灵宝中元玉京玄都大献经》,《敦煌道藏》第 2 册。

135. 《天尊说随愿往生罪福报对次说预修科文妙经》,《中华道藏》第 4 册。

136. 《大道通玄要》,《中华道藏》第 28 册。


**二、佛藏类文献:**

1. 《大正新修大藏经》,台北:新文丰出版公司,1983 年。

2. 《卍新纂续藏经》,台北:新文丰出版公司,1997 年。

3. 《出曜经》,《大正藏》第 4 册。

4. 《大般若波罗蜜多经》,《大正藏》第 5 册。

5. 《金刚般若波罗蜜经》,《大正藏》第 8 册。

6. 《佛说盂兰盆经》,《大正藏》第 16 册。

7. 《佛说报恩奉盆经》,《大正藏》第 16 册。

8. 《佛说决定义经》,《大正藏》第 17 册。

9. 《建立曼荼罗护摩仪轨》,《大正藏》第 18 册,第 929 页。

10. 《佛说大乘观想曼拿罗净诸恶趣经》,《大正藏》第 19 册。

11. 《佛说七俱胝佛母准提大明陀罗尼经》,《大正藏》第 20 册,第 173 页。

12. 《不空罥索神变真言经》,《大正藏》第 20 册,第 227 页。

13. 《佛说持明藏瑜伽大教尊那菩萨大明成就仪轨经》,《大正藏》第 20 册。

14. 《佛说妙吉祥最胜根本大教经》,《大正藏》第 21 册。

15. 《大药叉女欢喜母并爱子成就法》,《大正藏》第 21 册。

16. 《佛说救拔焰口饿鬼陀罗尼经》,《大正藏》第 21 册。

17. 《佛说救面然饿鬼陀罗尼神咒经》,《大正藏》第 21 册。

18. 《施诸饿鬼饮食及水法》,《大正藏》第 21 册。

19. 《瑜伽集要救阿难陀罗尼焰口轨仪经》,《大正藏》第 21 册。

20. 《瑜伽集要焰口施食起教阿难陀缘由》,《大正藏》第 21 册。

21. 《瑜伽集要焰口施食仪》,《大正藏》第 21 册。

22. 《佛说施饿鬼甘露味大陀罗尼经》,《大正藏》第 21 册。

23. 《佛说造像量度经解》,《大正藏》第 21 册。

24. 《大智度论》,《大正藏》第 25 册。

25. 《摩诃止观》,《大正藏》第 46 册。

26. 《甄正论》,《大正藏》第 52 册。

27. 《护法论》,《大正藏》第 52 册。

28. 《经律异相》,《大正藏》第 53 册。

29. 《翻译名义集》,《大正藏》第 54 册。

30. 《出三藏记集》,《大正藏》第 55 册。

31. 《开元释教录》,《大正藏》第 55 册。

32. 《佛说像法决疑经》,《大正藏》第 85 册。

33. 《楞严经合辙》,《卍新纂续藏经》第 14 册。

34. 《金园集》,《卍新纂续藏经》第 57 册。

35. 《施食通览》,《卍新纂续藏经》第 57 册。

36. 《瑜伽集要施食仪轨》,《卍新纂续藏经》第 59 册。

37. 《修设瑜伽集要施食坛仪》,《卍新纂续藏经》第 59 册。

38. 《百丈丛林清规证义记》,《卍新纂续藏经》第 63 册。

39. 《云栖法汇(选录)》,《嘉兴藏》第 33 册。

### 三、一般古籍

《后汉书》，北京：中华书局，1965 年。

《晋书》，北京：中华书局，1974 年。

《隋书》，北京：中华书局，1973 年。

《旧唐书》，北京：中华书局，1975 年。

《新唐书》，北京：中华书局，1975 年。

《旧五代史》，北京：中华书局，1976 年。

《新五代史》，北京：中华书局，1974 年。

《宋史》，北京：中华书局，1977 年。

《元史》，北京：中华书局，1976 年。

《资治通鉴》，北京：中华书局，1956 年。

《宋大诏令集》，北京：中华书局，1962 年。

《宋史纪事本末》，北京：中华书局，1977 年。

《夷坚志》，北京：中华书局，1981 年。

《宾退录》，上海：上海古籍出版社，1983 年。

《洞霄图志》，台北：成文出版社有限公司，1983 年。

《景印文渊阁四库全书》，台北：商务印书馆 1986 年。

《古今图书集成》，北京：中华书局，1990 年。

《宋元方志丛刊》，北京：中华书局，1990 年。

《四库全书总目》，北京：中华书局，1997 年。

《续资治通鉴长编》，北京：中华书局 1995 年。

《唐五代笔记小说大观》，上海：上海古籍出版社，2000 年。

《容斋随笔》，北京：中华书局，2005 年。

### 四、今人著述：

1. 周绍良：《敦煌变文汇录》，上海：上海出版公司，1955 年。

2. 陈垣：《南宋初河北新道教考》，北京：中华书局，1962 年。

3. 中国佛教协会编：《中国佛教》第一辑，上海：知识出版社，1980 年。

4. 中国佛教协会编：《中国佛教》第二辑，上海：知识出版社，1982 年。

5. 萧登福：《道教与密宗》，台北：新文丰出版公司，1982 年。

6. 萧登福：《道教术仪与密教典籍》，台北：新文丰出版公司，1982 年。

7. 傅勤家：《中国道教史》，上海：上海书店，1984 年。

8. 王明：《道家和道教思想研究》，北京：中国社会科学出版社，1984 年。

9. 王家祐：《道教论稿》，成都：巴蜀书社，1987 年。

10. 葛兆光：《道教与中国文化》，上海：上海人民出版社，1987 年。

11. 刘子健：《两宋史研究汇编》，台北：联经出版社，1987 年。

12. 卿希泰：《道教文化新探》，成都：四川人民出版社，1988 年版。

13. 慈怡主编，星云大师监修：《佛光大辞典》，台北：佛光文化事业有限公司，1988 年。

14. 李养正：《道教概说》，北京：中华书局，1989 年。

15. 萧登福：《汉魏六朝佛道两教之天堂地狱说》，台北：台湾学生书局，1989 年。

16. 周叔迦：《法苑谈丛》，北京：中国佛教协会，1990 年。

17. 任继愈：《中国道教史》，上海：上海人民出版社，1990 年。

18. 任继愈：《道藏提要》，北京：中国社会科学出版社，1991 年。

19. 柳存仁：《和风堂文集》，上海：上海古籍出版社，1991 年。

20. 魏成思：《中国佛教论稿》，上海：上海人民出版社，1991 年。

21. 刘复生：《北宋中期儒学复兴运动》，台北：文津出版社，1991 年。

22. 李冀诚：《佛教密宗仪礼窥密》，大连：大连出版社，1991 年。

23. 萧登福：《道教星斗符印与佛教密宗》，台北：新文丰出版公司，

1994 年。

24. 吕建福：《中国密教史》，北京：中国社会科学出版社，1995 年。

25. 胡孚琛：《中华道教大辞典》，北京：中国社会科学出版社，1995 年。

26. 朱越利：《道经总论》，沈阳：辽宁教育出版社，1995 年。

27. 萧登福：《道教与佛教》，台北：东大图书股份有限公司，1995 年。

28. 萧登福：《道佛十王地狱说》，台北：新文丰出版公司，1996 年。

29. 卿希泰：《中国道教史》（四卷本），成都：四川人民出版社，1996 年。

30. 朱越利：《道藏分类解题》，北京：华夏出版社，1996 年。

31. 刘仲宇：《中国精怪文化》，上海：上海人民出版社，1997 年。

32. 许地山：《道教史》，上海：上海古籍出版社，1999 年。

33. 张泽洪：《道教斋醮科仪研究》，成都：巴蜀书社 1999 年。

34. 胡孚琛、吕锡琛：《道学通论——道家·道教·仙学》，北京：社会科学文献出版社，1999 年。

35. 《法国汉学》丛书编辑委员会编：《法国汉学》第五辑《敦煌学专号》，北京：中华书局，2000 年。

36. 吕鹏志：《道教哲学》，台北：文津出版社，2000 年。

37. 王育成：《道教法印令牌探奥》，北京：宗教文化出版社，2000 年。

38. 张广保：《唐宋内丹道教》，上海：上海文化出版社，2001 年。

39. 盖建民：《道教医学》，北京：宗教文化出版社，2001 年。

40. 《法国汉学》丛书编辑委员会编：《法国汉学》第七辑《宗教史专号》，北京：中华书局，2002 年。

41. 刘仲宇：《道教法术》，上海：上海文化出版社，2002 年。

42. 王承文：《敦煌古灵宝经与晋唐道教》，北京：中华书局，2002 年。

43. 贾二强：《唐宋民间信仰》，福州：福建人民出版社，2002 年。

44. 赵世瑜：《狂欢与日常：明清以来的庙会与民间社会》，北京：生活·读书·新知三联书店，2002 年。

45. 陈耀庭：《道教礼仪》，北京：宗教文化出版社，2003 年。

46. 葛兆光：《屈服史及其他：六朝隋唐道教的思想史研究》，北京：三联书店，2003 年。

47. 李远国：《神霄雷法——道教神霄派沿革与思想》，成都：四川人民出版社，2003 年。

48. 唐代剑：《宋代道教管理制度研究》，北京：线装书局，2003 年。

49. 万晴川：《巫文化视野中的中国古代小说》，北京：中国社会科学出版社，2003 年。

50. 刘黎明：《宋代民间巫术研究》，成都：巴蜀书社，2004 年。

51. 王卡：《敦煌道教文献研究——综述·目录·索引》，北京：中国社会科学出版社，2004 年。

52. 闵智亭：《道教仪范》，北京：宗教文化出版社，2004 年。

53. 刘屹：《敬天与崇道——中古经教道教形成的思想史背景》，北京：中华书局，2005 年。

54. 严耀中：《汉传密教》，上海：学林出版社，2006 年。

55. 余欣：《神道人心——唐宋之际敦煌民生宗教社会史研究》序，北京：中华书局，2006 年。

56. 张勋燎、白彬：《中国道教考古》，北京：线装书局，2006 年。

57. 李零：《中国方术正考》，北京：中华书局 2006 年。

58. 李零：《中国方术续考》，北京：中华书局 2006 年。

59. 张振国、吴忠正：《道教符咒选讲》，北京：宗教文化出版社，2006 年。

60. 卢国龙：《道教哲学》，北京：华夏出版社，2007 年。

61. 蒲慕州：《追寻一己之福——中国古代的信仰世界》，上海：上海古籍出版社，2007 年。

62. 黎志添：《广东地方道教研究：道观、道士及科仪》，香港：中文大学出版社，2007 年。

63. 吕鹏志：《唐前道教仪式史纲》，北京：中华书局，2008 年。

64. 丁培仁：《增注新修道藏目录》，成都：巴蜀书社，2008 年。

65. 蒲慕州：《墓葬与生死——中国古代宗教之省思》，北京：中华书局，2008 年。

66. 皮庆生：《宋代民众祠神信仰研究》，上海：上海古籍出版社，2008 年。

67. 夏广兴：《密教传持与唐代社会》，上海：上海人民出版社，2008 年。

68. 郑志明：《道教生死学》，北京：中央编译出版社，2008 年。

69. 郑志明：《佛教生死学》，北京：中央编译出版社，2008 年。

70. 卿希泰：《中国道教思想史》（四卷本），北京：人民出版社，2009 年。

71. 闻一多：《神话与诗》，武汉：武汉大学出版社，2009 年，

72. 李丰楙：《神化与变异：一个"常与非常"的文化思维》，北京：中华书局，2010 年。

73. 郑志明：《民间信仰与仪式》，台北：文津出版社，2010 年。

74. 刘黎明：《中国古代民间密宗信仰研究》，成都：巴蜀书社，2010 年。

75. 陈耀庭：《道教神学概论》，香港：青松出版社，2011 年。

76. 陈玉女：《明代的佛教与社会》，北京：北京大学出版社，2011 年。

77. 李志鸿：《道教天心正法研究》，北京：社会科学文献出版社，2011 年。

78. 巫鸿：《黄泉下的美术——宏观中国古代墓葬》，北京：三联书店，2010 年。

79. 刘屹：《神格与地域：汉唐间道教信仰世界研究》，上海：上海人民出版社，2011 年。

80. 萧登福：《正统道藏提要》，台北：文津出版社，2011 年，

81. 游彪：《庙堂之上与江湖之间——宋代研究若干论题的考察》，北京：北京师范大学出版社，2011 年。

82. 潘雨廷：《道教史丛论》，上海：复旦大学出版社，2012 年。

83. 潘雨廷:《道教史发微》,上海:复旦大学出版社,2012 年。

84. 任宗权:《道教科仪概览》,北京:宗教文化出版社,2012 年。

85. 戈国龙:《道教内丹学探微》,北京:中央编译出版社,2012 年。

86. 陈兵:《佛教生死学》,北京:中央编译出版社,2012 年。

87. 张泽洪:《道教礼仪学》,北京:宗教文化出版社,2012 年。

88. 柳立言:《宋代的宗教、身份与司法》,北京:中华书局,2012 年。

89. 尕藏加:《密宗——藏传佛教神秘文化》,北京:中国藏学出版社,2012 年。

90. 周一良著,钱文忠译:《唐代密宗》,上海:上海远东出版社,2012 年。

91. 盖建民:《金丹派南宗考论》,北京:社会科学文献出版社,2013 年。

92. 谢世维:《大梵弥罗:中古时期道教经典中的佛教》,台北:商务印书馆,2013 年。

93. 丁常春:《道教性命学概论》,北京:社会科学文献出版社,2013 年。

94. 郑志明、简一女:《道教符咒法术养生学:以〈道法会元〉为核心》,台北:文津出版社,2013 年。

95. 袁瑾:《佛教、道教视野下的焰口施食仪式研究》,北京:宗教文化出版社,2013 年。

96. 丁培仁:《元前道派研究》,成都:四川人民出版社,2014 年。

97. 陈国符:《道藏源流考》(新修订版),北京:中华书局,2014 年。

98. 刘仲宇:《道教授箓制度研究》,北京:中国社会科学出版社,2014 年。

99. 陈文龙:《王契真〈上清灵宝大法〉研究》,济南:齐鲁书社,2015 年。

100. 姜生:《汉帝国的遗产:汉鬼考》,北京:科学出版社,2016 年。

101. 程乐松：《身体不死与神秘主义——道教信仰的观念史视角》，北京：北京大学出版社，2017 年。

102. 刘屹：《六朝道教古灵宝经的历史学研究》，上海：上海古籍出版社，2018 年。

103. 侯冲：《中国佛教仪式研究——以斋供仪式为中心》，上海：上海古籍出版社，2018 年。

104. 丁培仁：《道教文献学》，成都：四川大学出版社，2018 年。


五、论文：

1. 陈耀庭：《论道教仪式的结构——要素及组合》，陈鼓应主编：《道教文化研究》（第一辑），上海：上海古籍出版社，1992 年。

2. 王育成：《中国古代道教法印研究》，《中国历史博物馆馆刊》1993 年第 2 期。

3. 陈耀庭：《以生度死，以己度人——论炼度仪的形成及内容》，收入《道家思想文化——海峡两岸道家思想与道教文化研讨会论文集》，台北：宗教哲学出版社，1994 年。

4. 郭武：《论道教神仙体系的结构及其意义》，陈鼓应主编：《道家文化研究》（第七辑），上海：上海古籍出版社，1995 年。

5. 刘仲宇：《道教科仪在近代的传承和演变》，《宗教学研究》1996 年第 2 期。

6. 唐代剑：《论林灵素创立神霄派》，《世界宗教研究》1996 年第 2 期。

7. 唐代剑：《宋代道教发展研究》，《广西大学学报》1997 年第 4 期。

8. 陈兵：《道教生死观及其与佛教的关系》，《宗教学研究》1997 年第 4 期。

9. 柏登基：《台湾道教科仪与炼养》，《宗教学研究》1998 年第 3 期。

10. 张泽洪：《论科教三师》，《宗教学研究》1998 年第 4 期。

11. 卿希泰：《天心正法派初探》，《世界宗教研究》1999 年第 3 期。

12. 卿希泰：《道教神霄派初探》，《社会科学研究》1999 年第 4 期。

13. 李远国：《道教咒术初探》，《宗教学研究》1999 年第 2 期。

14. 曹在松：《内丹学在宋代思想史上之意义》，《宗教学研究》1999 年第 2 期。

15. 王宗昱：《三洞缘起》，《世界宗教研究》2000 年第 2 期。

16. 张泽洪：《早期正一道的上章济度思想》，《宗教学研究》2000 年第 2 期。

17. 刘仲宇：《道教对民间信仰的收容和改造》，《宗教学研究》2000 年第 4 期。

18. 刘仲宇：《五雷正法渊源考论》，《宗教学研究》2001 年第 3 期。

19. 李远国：《道教神霄派渊源略考》，《宗教学研究》2001 年第 1 期。

20. 张泽洪：《论宋朝道教斋醮科仪的时代特点》，《社会科学研究》2001 年第 6 期。

21. 李远国：《道教雷法沿革考》，《世界宗教研究》2002 年第 3 期。

22. 刘仲宇：《简论道教法术科仪的表演特征》，《世界宗教研究》2002 年第 2 期。

23. 葛兆光：《古代中国道教的修炼、仪式和方法》，《中国典籍与文化》2002 年第 2 期。

24. 戈国龙：《神形问题与内丹学的解脱观念》，《宗教学研究》2002 年第 4 期。

25. 葛兆光：《关于道教研究的历史和方法》，《中国典籍与文化》2003 年第 1 期。

26. 刘浦江：《宋代宗教的世俗化与平民化》，《中国史研究》2003 年第 2 期。

27. 王永平：《论道教法术与唐代民间信仰》，《首都师范大学学报》（社会科学版）2003 年第 6 期。

28. 葛兆光：《"唐宋"抑或"宋明"——文化史和思想史研究领域变

化的意义》，《历史研究》2004 年第 1 期。

29. 史孝君：《论炼度仪》，《中国道教》2004 年第 1 期。

30. 李远国：《道教符箓派诸宗概述》，《中国道教》2004 年第 3 期。

31. 范立舟：《两宋道教内丹学的发展与成熟》，《中国道教》2004 年第 6 期。

32. 张泽洪：《论白玉蟾对南宋道教科仪的创新——兼论南宗教团的雷法》，《湖北大学学报》（哲学社会科学版）2004 年第 6 期。

33. 刘黎明：《〈夷坚志〉与"天心法"》，《西南民族大学学报》（人文社科版）2004 年第 3 期。

34. 刘黎明：《宋代民间"人祭"之风与密宗的尸身法术》，《四川大学学报（哲学社会科学版）》2005 年第 3 期。

35. 曹玉华：《道教"仙真"形态演变论》，《四川大学学报（哲学社会科学版）》2005 年第 3 期。

36. 皮庆生：《宋人的正祀、淫祀观》，《东岳论丛》2005 年第 4 期。

37. 丁强：《"书符箓法"所体现的象征义蕴——以清微派"玉宸经法"炼度科仪为例》，《云南民族大学学报》2006 年第 2 期。

38. 柳立言：《何为"唐宋变革"》，《中华文史论丛》2006 年第 1 期。

39. 汪桂平：《鄂东地区民间道士所用度亡科书的研究——兼论〈上清灵宝济度大成金书〉的流传地域》，《世界宗教研究》2006 年第 3 期。

40. 游彪：《传说与事实之间：道教与宋代社会的融和》，《清华大学学报》（哲学社会科学版）2006 年第 3 期。

41. 李志鸿：《天心派的三光之说与三光密咒》，《中国道教》2006 年第 6 期。

42. 周作奎、张全晓：《道教的施食科仪——放焰口》，《中国宗教》2007 年第 10 期。

43. 李志鸿：《天心正法与两宋道教的斋醮之变》，《世界宗教研究》2008 年第 1 期。

44. 张泽洪：《中国西南少数民族宗教中的道教法术探析》，《中国道教》2008 年第 1 期。

45. 刘敏：《论宋元道教的社会化存在形态》，《社会科学研究》2008 年第 1 期。

46. 刘杰：《宋前目连故事的流变及其文化阐释》，《敦煌学辑刊》2009 年第 1 期。

47. 李志鸿：《道教法术"家书式"考》，《中国道教》2009 年第 5 期。

48. 李刚：《道教的身体观初探》，《天府新论》2009 年第 6 期。

49. 刘莉：《谭紫霄与天心派》，《求索》2010 年第 2 期。

50. 霍巍：《唐宋墓葬出土陀罗尼经咒及其民间信仰》，《考古》2011 年第 5 期。

51. 吕鹏志：《法位与中古道教仪式的分类》，《宗教学研究》2012 年第 2 期。

52. 韩吉绍、张鲁君：《试论汉代尸解信仰的思想缘起》，《宗教学研究》2012 年第 2 期。

53. 李向平、李思明：《信仰与民间权威的建构——民间信仰仪式专家研究综述》，《世界宗教文化》2012 年第 3 期。

54. 陈文龙：《"法"与宋元道教的变革——评〈道教天心正法研究〉》，《世界宗教研究》2012 年第 4 期。

55. 刘屹：《死后成仙：晋唐至宋明道教的"炼度"主题》，《唐研究》2012 年第 18 卷。

56. 谢世维：《练形与炼度：六朝道教经典当中的死后修练与亡者救度》，《"中央研究院"历史语言研究所集刊》2012 年第 83 本第 4 分。

57. 刘仲宇：《太乙教的唯一传世科仪——蓬壶炼度科》，《宗教学研究》2013 年第 2 期。

58. 吕鹏志：《中国现存地方道教仪式新探》，《宗教学研究》2013 年第 3 期。

59. 刘永明:《P. 3562V〈道教斋醮度亡祈愿文集〉与唐代的敦煌道教（一）》,《敦煌学辑刊》2013 年第 4 期。

60. 李海波:《佛教信仰及其死亡观念的当代意义》,《华东师范大学学报》（哲学社会科学版）2013 年第 5 期。

61. 黎志添:《道教施食炼度科仪中的忏悔思想：以当代四种广东与江浙道教科本作为中心考察》,《中国文化研究所学报》2013 年第 57 期。

62. 王驰:《天师张继先与龙虎山正一雷法》,《世界宗教研究》2012 年第 4 期。

63. 王志跃:《宋代国家、礼制与道教的互动考论》,《西南大学学报》（社会科学版）2012 年第 4 期。

64. 张悦:《宋代民间生活中的道教驱邪活动——以〈夷坚志〉"安氏冤"为例》,《史林》2013 年第 3 期。

65. 姜生:《汉代天厨贻食信仰与道教施食炼度科仪之起源》,《中国道教》2016 年第 1 期,第 45—49 页。

66. 祝逸雯:《郑思肖〈太极祭炼内法〉研究——在法师身中完成的济度仪式》,《汉学研究》2016 年第 34 卷第 4 期。


## 六、外文文献及译著

1. ［日］吉冈义丰:《道教と佛教》第一卷,东京：日本学术振兴会,1959 年。

2. ［美］Judith M. Boltz, "Opening the Gate of Purgatory：A Twelfth-century Taoist Meditaiton Technique for the Salvation of the Lost Souls", in Michael Strickman ed. , *Tantric and Taoist Studies*, Vol. 2 , Bruxelles, 1983.

3. ［荷］Piet van der loon, *Taoist books in the libraries of the Sung period*, London：Ithaca Press, 1984.

4. ［日］福井康顺等监修,朱越利译:《道教》第一卷,上海：上海古籍出版社,1990 年。

5. ［法］Isabelle Robinet, *Taoist Meditation*: *The Mao-shan Tradition of Great Purity*, trans. By Julian F. Pas and Norman Girardot, Albany: State University of New York Press, 1993.

6. ［日］丸山宏:《臺灣南部の功德について——道教儀禮史からの考察》, 野口铁郎编:《中國史における教と國家》, 东京:雄山阁出版, 1994 年。

7. ［日］丸山宏著, 张泽洪译:《论台湾南部的功德仪礼——从道教仪礼史角度的考察》,《宗教学研究》1999 年第 1 期。

8. ［美］太史文著, 侯旭东译:《幽灵的节日》, 杭州:浙江人民出版社, 1999 年。

9. ［美］韩森著, 包伟民译:《变迁之神——南宋时期的民间信仰》, 杭州:浙江人民出版社, 1999 年。

10. ［罗马尼亚］米尔恰·伊利亚德著, 王建光译:《神圣与世俗》, 北京:华夏出版社, 2001 年。

11. ［日］小林正美著, 李庆译:《六朝道教史研究》, 成都:四川人民出版社, 2001 年。

12. ［法］索安著, 吕鹏志、陈平等译:《西方道教研究编年史》, 北京:中华书局, 2002 年。

13. ［日］丸山宏:《道教儀禮文書の歷史的研究》, 东京:汲古书院, 2004 年。

14. ［法］Kristofer Schipper and Franciscus Verellen, *The taoist canon*, Chicago: The University of Chicago Press, 2004.

15. ［美］贾志扬著, 赵冬梅译:《天潢贵胄:宋代宗室史》, 南京:江苏人民出版社, 2005 年。

16. ［美］杨庆堃著, 范丽珠等译:《中国社会中的宗教:宗教的现代社会功能及其历史因素之研究》, 上海:上海人民出版社, 2006 年。

17. ［日］横手裕:《張宇初の齋法觀とその周邊——南昌派考察序

說》，收入小林正美编：《道教の齋法儀禮の思想史研究》，东京：知泉书馆，2006 年。

18. ［日］松本浩一：《宋代の道教と民間信仰》，东京：汲古书院，2006 年。

19. ［美］韩明士著，皮庆生译：《道与庶道：宋代以来的道教、民间信仰和神灵模式》，南京：江苏人民出版社，2007 年。

20. ［意］Fabrizio Pregadio, *The Encyclopedia of Taoism*, London：Routledge, 2007.

21. ［英］王斯福著，赵旭东译：《帝国的隐喻：中国民间宗教》，南京：江苏人民出版社，2008 年。

22. ［日］大渊忍尔著，隽雪艳、赵蓉译：《敦煌道经·目录编》，济南：齐鲁书社，2016 年。

23. ［日］小林正美著，王皓月译：《中国的道教》，济南：齐鲁书社，2010 年。

24. ［美］刘子健著，赵冬梅译：《中国转向内在：两宋之际的文化转向》，南京：江苏人民出版社，2011 年。

25. ［法］Isabelle Robinet, *The world Upside Down*：*Essays on Taoist Internal Alchemy*, trans. By Fabrizio Pregadio, Lexington, KY：Golden Elixir Press, 2011.

26. ［英］巴瑞特著，曾维加译：《唐代道教——中国历史上黄金时期的宗教与帝国》，济南：齐鲁书社，2012 年。

27. ［法］戴思博著，李国强译：《修真图——道教与人体》，济南：齐鲁书社，2012 年。

28. ［日］小林正美著，王皓月译：《唐代的道教与天师道》，济南：齐鲁书社，2013 年。

29. ［日］小林正美著，王皓月译：《新范式道教史的构建》，济南：齐鲁书社，2014 年。

30. ［法］劳格文著，蔡林波、李兰译：《从仪式的角度解读道教》，《世界宗教文化》2011 年第 3 期。


七、学位论文：

1. 李小荣：《隋唐五代至宋初的密宗信仰——以敦煌文献为中心》，浙江大学博士后出站论文，2001 年。

2. 程群：《道教生死观研究》，四川大学博士学位论文，2007 年。

3. 刘晓艳：《道教象征思维研究》，厦门大学博士学位论文，2008 年。

4. 方强：《郑所南〈太极祭炼内法〉研究》，华东师范大学硕士学位论文，2010 年。

5. 李冬哲：《〈道法会元〉雷法研究》，云南民族大学硕士学位论文，2011 年。

6. 张晓俊：《从炼度看道教的死亡观》，浙江大学硕士学位论文，2013 年。

7. 王驰：《宋元清微雷法研究》，南京大学博士学位论文，2014 年。

8. 叶聪霈：《宋元时期道教"太极炼度"考探》，辅仁大学硕士学位论文，2017 年。

# 后　记

　　本书是在我的博士论文的基础上修改而成的。本书得以顺利出版，实仰仗诸位师友的指教与帮助。

　　对宗教学的关注始于读硕士阶段，尽管当时我的专业为中国史，但却对老庄和禅宗有极为浓厚的兴趣。2013 年 9 月，我有幸进入四川大学道教与宗教文化研究所，拜入郭武教授门下从事道教研究。在博士学位论文撰写过程中，从确定论文选题，到拟定论文框架，再到收集材料等方面，郭武教授都给予我很多帮助，学生受益匪浅。感谢我的导师！

　　在宗教所学习期间，我还得到诸多老师的指教与帮助。在此要特别感谢盖建民教授、詹石窗教授、李刚教授、唐大潮教授、丁培仁教授、张崇富教授、胡锐教授，各位老师的治学态度和悉心指导让我受益良多。同时，还要感谢李平老师和张晓粉老师对我生活上的关照。

　　感谢四川师范大学历史文化与旅游学院的方燕教授。在我的求学之路上，方燕教授一直关心并鼓励着我，给予我无私的帮助与坚定的支持。方老师对我的关怀与期望，我将铭记于心。

　　此外，在川大求学期间，我有幸结识黄豪、赵建华、孙伟杰、王亚、郭佳兴、陈颖、张璐、郭鸿玲等同好。诸位学友不仅在学业上给予我帮助和支持，还在生活中给予我关怀与陪伴。这让我倍感温暖，也令我的校园生活充满很多乐趣。特此致谢！

　　本书的出版也有赖《儒道释博士论文丛书》编委会的推荐和巴蜀书社的支持，谨致谢忱。

　　最后，我要感谢我的父母，给予我无尽的爱。

刘　陶
2022 年 3 月

# 《儒道释博士论文丛书》已出书目

**图书在版编目（CIP）数据**

宋代道教炼度研究/刘陶著 . —成都：巴蜀书社，2022.8

（儒道释博士论文丛书）

ISBN 978-7-5531-1773-7

Ⅰ.①宋… Ⅱ.①刘… Ⅲ.①道教－研究－中国－宋代 Ⅳ.①B959.2

中国版本图书馆 CIP 数据核字（2022）第 127393 号

# 宋 代 道 教 炼 度 研 究
**SONGDAI DAOJIAO LIANDU YANJIU**

刘 陶 著

责任编辑　谢正强
出　版　巴蜀书社
　　　　　成都市锦江区三色路 238 号新华之星 A 座 36 层
　　　　　邮政编码：610023
　　　　　总编室电话：(028) 86361843
网　址　www.bsbook.com
发　行　巴蜀书社
　　　　　发行科电话：(028) 86361852
经　销　新华书店
印　刷　四川宏丰印务有限公司
　　　　　电话：(028) 85726655　13689082673
版　次　2023 年 4 月第 1 版
印　次　2023 年 4 月第 1 次印刷
成品尺寸　203mm×140mm
印　张　14.875
字　数　420 千字
书　号　ISBN 978-7-5531-1773-7
定　价　78.00 元

本书如有印装质量问题，请与印刷厂调换